Ordensritter – Landesherr – Kirchenfürst

Damian Hugo von Schönborn

Stephan Mauelshagen

Ordensritter – Landesherr – Kirchenfürst

Damian Hugo von Schönborn (1676–1743)
Ein Leben im Alten Reich

Titelbildnachweis:
Damian Hugo von Schönborn. Ausschnitt aus einem Bild im Haupttreppenhaus des Bruchsaler Schlosses (Landesdenkmalamt Baden-Württemberg. Außenstelle Karlsruhe. Negativnummer 15853).

Die Deutsche Bibliothek – CIP-Einheitsaufnahme

Mauelshagen, Stephan:
Ordensritter - Landesherr - Kirchenfürst : Damian Hugo von Schönborn (1676 - 1743) ; ein Leben im alten Reich / Stephan Mauelshagen. Hrsg.: Historische Kommission der Stadt Bruchsal. - Ubstadt-Weiher : Verl. Regionalkultur, 2001
  (Veröffentlichungen der Historischen Kommission der Stadt Bruchsal ; Bd. 18)
  Zugl.: Mannheim, Univ., Diss., 1999
  ISBN 3-89735-173-0

Herausgeber: Historische Kommission der Stadt Bruchsal
Text: Stephan Mauelshagen

Gesamtherstellung: verlag regionalkultur
Lektorat, Satz, Umschlaggestaltung: Marc Millenet, Jürgen Weis, verlag regionalkultur
Endkorrektur: Jens Hartmann, Heidelberg

Diese Publikation ist auf alterungsbeständigem und säurefreiem Papier (TCF nach ISO 9706) gedruckt entsprechend den Frankfurter Forderungen.

© Alle Rechte vorbehalten.

verlag regionalkultur
Stettfelder Straße 11 · 76698 Ubstadt-Weiher · Telefon (0 72 51) 6 97 23 · Fax 6 94 50
E-Mail: verlag_regionalkultur@t-online.de · www.verlag-regionalkultur.de

Vorwort des Oberbürgermeisters

In diesem Jahr erinnern wir uns in besonderer Weise an Fürstbischof Damian Hugo von Schönborn, der vor 325 Jahren, am 19. September 1676, in Mainz das Licht der Welt erblickte. Hineingeboren in eine Familie, aus der zahlreiche weltliche und kirchliche Würdenträger hervorgingen, ist es nicht verwunderlich, daß auch er nach seiner Studienzeit und einer mehrjährigen Tätigkeit im diplomatischen Dienst für ein höheres Amt bestimmt war. Auf Vorschlag Kaiser Karls VI. wurde er in Rom zum Kardinal ernannt und schließlich übernahm er im Jahre 1719 das Amt des Speyerer Fürstbischofs, das er bis zu seinem Tode am 19. August 1743 innehatte. Nach Zerwürfnissen mit der Stadt Speyer hatte er zu Beginn seiner Regierungszeit beschlossen, in Bruchsal eine neue Residenz zu errichten. Diese herrliche, nach ihrer Zerstörung im 2. Weltkrieg wiedererbaute Schlossanlage erinnert uns heute noch an die Zeit, in der Bruchsal die Hauptstadt des Fürstbistums Speyer war.

Über die Familie Schönborn wurden schon zahlreiche Werke veröffentlicht. Nicht nur in der kirchengeschichtlichen Literatur spielt sie eine Rolle, auch in der Architekturgeschichte trifft man auf ihren Namen. Die Schönbornsche Lust am Bauen war besonders ausgeprägt und daher finden sich noch heute im süddeutschen Raum zahlreiche Kirchen- und Profanbauten, die im Auftrag der weitverzweigten Familie errichtet wurden.

Es freut mich, mit dem vorliegenden Band nun auch ein Buch vorstellen zu können, das sich ausführlich mit dem Leben des „Bruchsaler Schönborn" beschäftigt und das bei diesem Gesamtüberblick über dessen Wirken auch auf Lebensabschnitte eingeht, die bisher wenig oder noch gar nicht von der Forschung beleuchtet wurden. Es handelt sich hierbei um eine Dissertation, die am Historischen Institut der Universität Mannheim verfasst wurde und auf Vermittlung von Herrn Prof. Dr. Wolfgang von Hippel nun in unserer Veröffentlichungsreihe erscheint. Ihm möchte ich an dieser Stelle recht herzlich für die konstruktive Zusammenarbeit danken.

Meinen Dank und meine besondere Anerkennung möchte ich natürlich dem Autor der Forschungsarbeit, Stephan Mauelshagen, aussprechen. Durch seine Arbeit gibt er uns neue Einblicke in das Leben des Damian Hugo von Schönborn und vermittelt uns neue Erkenntnisse über Aspekte unserer Stadtgeschichte im 18. Jahrhundert.

Ich wünsche dem Buch eine weite Verbreitung und zahlreiche Leser, sowohl in den Kreisen der Wissenschaft als auch bei den stadtgeschichtlich interessierten Bürgern unserer Stadt.

Bernd Doll
Oberbürgermeister

Vorwort

Damian Hugo von Schönborn (1676–1743) – Landkomtur der Deutschordens-Balleien Hessen (seit 1703) und Altenbiesen (seit 1711), kaiserlicher Gesandter im Niedersächsischen Kreis (1707–1716), Kardinal (seit 1715), Fürstbischof von Speyer (seit 1719) und von Konstanz (seit 1740), um nur die wichtigsten Ämter zu nennen, die er im Laufe seines Lebens bekleidete – war schon bisher kein Unbekannter. Vor allem als Bauherr der Bruchsaler Residenz hat er sich über Südwestdeutschland hinaus einen Namen gemacht. Die Vielfalt seiner Tätigkeitsbereiche hat dazu geführt, daß zwar eine ganze Reihe größerer und kleinerer Beiträge über Teilaspekte seines Wirkens vorliegen, daß aber eine Studie fehlt, die anhand des reichlich vorhandenen Quellenmaterials einen zusammenfassenden Überblick über das gesamte Leben und Lebenswerk des Schönborn bietet und ihn dabei ebenso als Individuum wie als Mitglied einer seinerzeit politisch höchst einflußreichen Familie und als Repräsentanten der damaligen adeligen Herrschaftsschicht und der katholischen Reichskirche begreift. Stephan Mauelshagen beschreibt den Weg zu einer solchen Synthese, jedenfalls soweit es die „politische Biographie" betrifft; über den Mäzen der schönen Künste oder auch über ‚Damian Hugo privat' wird der Leser daher nur am Rande etwas erfahren. Dafür behandelt der Autor Lebensabschnitte und Aktivitäten ausführlicher, über die bisher vergleichsweise wenig bekannt war, erweitert unsere Kenntnis auch über bereits besser erforschte Sachverhalte und zeigt Zusammenhänge und Querverbindungen auf, die ein tieferes Verständnis von Persönlichkeit und Werk des Schönborn im Rahmen der damaligen Staats- und Gesellschaftsordnung ermöglichen. Das Buch liefert wertvolle Beiträge zu einem umfassenden Lebensbild dieses bedeutenden Kirchenfürsten, damit aber auch zur Geschichte des deutschen Südwestens und zur Reichsgeschichte im 18. Jahrhundert. Ein Quellenband, der in absehbarer Zeit erscheinen soll, wird Leben und Werk Damian Hugos anhand einer Serie ausgewählter Dokumente weiter veranschaulichen und auf diese Weise die vorliegende Studie ergänzen.

Die Entstehung der Untersuchung wurde von der Stiftung Volkswagenwerk im Rahmen des Schwerpunkt-Programms „Das Alte Reich im europäischen Kontext" finanziell unterstützt. Dafür sei ihr auch vom Unterzeichneten als Projektleiter herzlich gedankt.

Wolfgang v. Hippel

Danksagung des Verfassers

Die vorliegende Arbeit wurde zu Beginn des Wintersemesters 1998/99 von der Philosophischen Fakultät der Universität Mannheim als Inauguraldissertation zur Erlangung des akademischen Grades eines Doktors der Philosophie angenommen und für die Drucklegung überarbeitet.

Es ist guter Brauch, daß sich der Autor bei denjenigen bedankt, die zum Entstehen seines Werkes Entscheidendes beigetragen haben. So gilt mein erster Dank Herrn Prof. Dr. Wolfgang v. Hippel, der die Untersuchung angeregt und über Jahre hinweg kritisch und sorgfältig betreut hat. Frau Prof. Dr. Sylvia Schraut, Prof. Dr. Klaus-Jürgen Matz, Prof. Dr. Willi Kreutz (Mannheim) und Prof. Dr. Arnold (Bonn) gilt ein herzliches Dankeschön für viele wertvolle Hinweise, Ursula v. Hippel und Daniel Nagel für ihren intensiven Einsatz bei Korrektur und Endredaktion des Manuskripts, nicht zuletzt der Stiftung Volkswagenwerk für die Finanzierung des einschlägigen Forschungsprojekts im Rahmen des Förderschwerpunkts „Das Alte Reich im europäischen Kontext".

In den Archiven habe ich stets Hilfe und Rat gefunden. Ihren Mitarbeiterinnen und Mitarbeitern sei dafür bestens gedankt; namentlich genannt seien wenigstens Dr. Kurt Andermann (Generallandesarchiv Karlsruhe), Dr. Hermann Langkabel (Hessisches Staatsarchiv Marburg), Dr. Werner Wagenhöfer (Bayrisches Staatsarchiv Würzburg), Dr. Jozef Mertens (Reichsarchiv Hasselt/Belgien) und Dr. Bernhard Demel OT (Deutschordenszentralarchiv, Wien). Den Damen und Herren der Universitätsbibliothek Mannheim danke ich für die nicht immer ganz einfache Beschaffung der benötigten Literatur.

Die menschliche und geistig anregende Atmosphäre, in der ich während meiner Studienzeit lernen und forschen durfte, verdanke ich meinen Kommilitonen und Freunden in Mannheim. Ihnen sei das Buch gewidmet.

Rendsburg, im Juli 2001, Stephan Mauelshagen

Inhalt

1. Einführung 11
   1.1. Zum Thema 11
   1.2. Literatur 13
   1.3. Quellen 15

2. Herkunft und frühe Jahre 17
   2.1. Die Familie Schönborn 17
   2.2. Lehr- und Wanderjahre 20
   2.3. Kurmainzer Diplomat 26

3. Die Jahre in Norddeutschland (1708–1716) 35
   3.1. Aufstieg zum kaiserlichen Gesandten 35
   3.2. 40 000 unbändige Bürger. Die Hamburger Kommission 39
   3.3. Die Mecklenburgischen Wirren 50
   3.4. Die kleinen Reichsstände des Nordens 55
   3.5. Der Braunschweiger Kongreß 63
   3.6. Die Gottorfer Frage 69
   3.7. „Emissär der Jesuiten".
        Damian Hugo und die Katholiken in Norddeutschland 73
   3.8. Der Gesandte Damian Hugo 82

4. Ritter des Deutschen Ordens 85
   4.1. Vom Soldaten zum Ritter: Der Weg in den Deutschen Orden 85
   4.2. Die Ballei Hessen 94
   4.3. Im Streit mit Hessen-Kassel 103
   4.4. Wiedereinführung der katholischen Religion in Hessen 110
   4.5. Die Ballei Altenbiesen 111
   4.6. Im Dienste des Ordens 115
   4.7. Der Ordensritter Damian Hugo 118

5. Zwischen Hamburg und Speyer 119
   5.1. Das „rothe Cappel" 119
   5.2. Vergebliche Bewerbungen um Corvey,
        Stablo-Malmedy und Kempten 123
   5.3. Koadjutor von Speyer 127

6. „Regieren wie es sich gebührt".
   Das Hochstift Speyer unter Damian Hugo 135
   6.1. Das Hochstift Speyer 135

	6.2. Reform und Reorganisation der Zentralbehörden	136
	6.2.1. Kammer und Kammerzahlamt	136
	6.2.2. Die Regierung	144
	6.2.3. Der Geheime Rat	150
	6.2.4. Die Fachämter	151
	6.2.5. Die Zentralbehörden nach Damian Hugo	154
	6.2.6. Vorbilder und Einflüsse	155
	6.2.7. Lokale Verwaltung	157
	6.3. Ökonomie	158
	6.3.1. Wirtschaft	158
	6.3.2. Private und öffentliche Finanzen	170
	6.4. Die Beamtenschaft	172
	6.5. Fürsorge und Disziplinierung – Damian Hugos Milde Stiftungen	174
	6.6. Odenheim und Weißenburg	178
	6.7. Damian Hugo, der Landesfürst	180
7.	Hirt und Herde. Die Diözese Speyer unter Damian Hugo	183
	7.1. Die Diözese Speyer. Bischof und Domkapitel	183
	7.2. Ratgeber und Vertraute. Der Geistliche Rat	190
	7.3. Bemühen um einen vorbildlichen Klerus	193
	7.4. Visitationen	198
	7.5. „Monumentum pietatis et vigilantissimi pastoris". Das Bruchsaler Priesterseminar	199
	7.6. Pfarreien und Landkapitel	211
	7.7. Förderung von Frömmigkeit und religiösem Leben	213
	7.8. Das Verhältnis des Fürstbischofs zu Klöstern und Stiften	219
	7.9. Der Bischof Damian Hugo	222
8.	Fürstbischof von Konstanz	225
9.	Reichs- und Kreisfürst	229
10.	Persönlichkeit und Werk – ein Würdigungsversuch	241
Anmerkungen		253
Quellen und Literatur		273
	Archivalische Quellen	273
	Gedruckte Quellen und Literatur	274
Abkürzungen		284
Bildnachweis		285

1. Einführung

1.1. Zum Thema

Nachdem der Reichsdeputationshauptschluß das nur noch aus seinem rechtsrheinischen Gebiet bestehende Hochstift Speyer dem aufstrebenden Baden zugesprochen hatte, bereiste der Geheime Referendär Herzog im Auftrag der badischen Regierung das kleine Territorium. Am 24. September 1802 meldete er nach Karlsruhe: *„So sehr die Verfassung verloren hat, so dürfte doch das Ländchen immer noch die Perle der neuen Besitzungen sein. Es ist wahrhaft sehr schön und fruchtbar, im allgemeinen blickt Wohlstand hervor, überall das Aussehen eines eine Reihe von Jahren wohladministrierten Staats, noch unvertilgte Spuren der Regierungen des Kardinals von Schönborn und des verewigten Fürsten August Grafen von Styrum".*[1] Herzog erwähnt nicht den letzten Bischof, Walderdorff (1797–1802), der in seiner kurzen Amtszeit offenbar keine Akzente setzen konnte. Ungenannt bleibt auch Bischof Hutten (1743–1770). Limburg-Styrum (1770–1797), mütterlicherseits ein Neffe Damian Hugos, ist noch gut in Erinnerung. Bemerkenswert aber ist vor allem die ausdrückliche und lobende Erwähnung Schönborns (1719–1743).

Damian Hugo von Schönborn war zu diesem Zeitpunkt schon 60 Jahre tot. Sein Leben und Wirken, sein Beitrag zum „wohladministrierten" Staatswesen muß bedeutend gewesen sein, wenn sein Name noch zu Beginn des 19. Jahrhunderts im allgemeinen Bewußtsein präsent war. Wer heute mit der Bahn von Mannheim oder Heidelberg nach Karlsruhe fährt, kann seine Eremitage in Waghäusel oder sein Schloß in Bruchsal an sich vorbeigleiten lassen. Aus Bruchsal kommt das „Schönborn-Quelle" genannte Mineralwasser. In der Stadt besteht ein „Schönborn-Gymnasium". Zwischen Speyer und Bruchsal gibt es einen ausgebauten Radweg mit dem Namen „Schönborn-Route". Als sich die nördlich von Bruchsal liegenden Gemeinden Bad Mingolsheim und Bad Langenbrücken 1971 zusammenschlossen, nannte sich der neue Ort „Bad Schönborn". Kurzum: Schönborns Taten und sein Name sind auch nach mehr als 200 Jahren in dem Land, das er einmal regierte, gegenwärtig.

Dementsprechend ist Schönborns Leben und Wirken in vielen Arbeiten unterschiedlichster Art behandelt worden. Das Lob seiner Person und seines Wirkens ist dabei allgemein. Darstellungen, die sich mit dem Bischof beschäftigen, sehen in ihm den asketischen und frommen Hirten, der sich mit väterlicher Milde und Strenge um Befestigung wie Reinigung des katholischen Glaubens verdient machte. Ähnliches gilt für den Fürsten. So wird hervorgehoben, er habe das durch Krieg und Mißwirtschaft am Boden liegende Hochstift in seiner gut zwanzigjährigen Regierungszeit zu neuer Blüte gebracht. Dabei wird immer wieder das zeitgenössische Urteil zitiert, er habe den Staat in „neuen Flor" gebracht und „muros et mores" (Mauern und Sitten) wieder aufgerichtet. Aber Damian Hugo war nicht nur Fürstbischof von Speyer und seit 1740 auch von Konstanz. Er war zunächst Diplomat im Dienste von Kurmainz, dann des Kaisers. Durch ihn zog wieder Frieden ein in die durch innere Unruhen zerrüttete Stadt Hamburg. Mit Hilfe des Braunschweiger Kongresses versuchte er, das Reich vor Verwicklungen in den Nordischen Krieg zu bewahren. Als Ritter des Deutschen Ordens war er Landkomtur gleich zweier Balleien. Als Kardinal nahm er an zwei Papstwahlen teil. Er hatte eine Fülle vom Ämtern und Würden inne, und überall leistete er Außerordentliches, glaubt man der Literatur. Wo große Erfolge ausblieben, bescheinigt man ihm, zumindest einen gewissen Einfluß auf Ereignisse und Prozesse gehabt zu haben. Wo er war, hinterließ sein Wirken deutliche Spuren.

Trotz oder gerade wegen dieses bewegten und facettenreichen Lebens liegt bis heute keine größere Biographie Damian Hugos vor. Folglich bleibt von seinem Lebensgang bisher manches unbekannt und manches erscheint widersprüchlich, auch zu glatt und zu einfach. Die vorliegende Arbeit will versuchen, dem Bild seiner Persönlichkeit und seines Werkes mehr Tiefenschärfe und differenziertere Farbtöne zu geben. Sie versteht sich als vornehmlich „politische" Biographie und geht daher auf die Aktivitäten des Kunstfreundes und Mäzens Damian Hugo nicht näher ein. Dafür ist sie bemüht, in dem solchermaßen abgesteckten Rahmen den Menschen, Politiker und Fürsten Damian Hugo jenseits seiner individuellen Eigenheiten stets auch als Repräsentanten seiner Zeit zu sehen, der geprägt war von seiner Herkunft, seiner Erziehung, seinen standes- und auch amtsspezifischen Denk-, Verhaltens- und Handlungsweisen sowie von den Rechten und Pflichten, welche mit den ihm übertragenen Ämtern verbunden waren. Der Untertitel der Arbeit – „Ein Leben im Alten Reich"– zielt auf solche Einbettung des biographischen Aspekts in die übergreifenden zeitspezifischen Zusammenhänge.

Da sich ein Leben nicht in festgefügten, säuberlich voneinander getrennten Abschnitten vollzieht, sondern in einem inkommensurablen Mit- und Gegeneinander verschiedenster Faktoren verläuft, erschien es sinnvoll, nicht nach chronologischer, sondern nach systematischer Ordnung vorzugehen. Es ergaben sich im wesentlichen folgende Frage- und Arbeitsschwerpunkte: 1. Familie, 2. Deutscher Orden, 3. Gesandtschaft in Norddeutschland, 4. Fürstbischof von Speyer, 5. Reichspolitik.

1. Schon die Tatsache, daß Damian Hugo zwischen 1695 und 1750 nicht der einzige Schönborn war, der im Reich eine hohe Position einnahm, zwingt dazu, nach der Bedeutung der Familie Schönborn zu fragen. Wie hat sie ihn geprägt, wie hat sie ihn bei seiner geradezu phantastischen Karriere unterstützt, und was tat er für sie? Dabei können auch Erkenntnisse über die Struktur und das Selbstverständnis einer adligen Familie im Reich gewonnen werden. So erscheint nicht nur Damian Hugo, sondern die ganze Familie Schönborn als Repräsentant einer Ära.

2. In ähnlicher Weise soll nach Damian Hugos Rolle im Deutschen Orden gefragt werden. Der Deutsche Orden war wie die vielen Domkapitel vor allem eine Versorgungsanstalt des Adels. Trifft dies auch für Damian Hugo zu? Wie intensiv hat er seine Aufgaben als Landkomtur zweier Balleien wahrgenommen und sich für die Belange des Deutschen Ordens eingesetzt?

3. Bei Damian Hugos Tätigkeit als kaiserlicher Gesandter in Norddeutschland zeigt sich, wie sehr seine Lebensgeschichte mit der Reichsgeschichte verbunden war. Der Kaiser suchte zu Beginn des 18. Jahrhunderts seinen Einfluß im Norden des Reiches zu stärken, der schon lange als kaiserfernster Teil des Reiches galt und sich nach 1700 dem Kaiser noch mehr entzog, da es den norddeutschen Territorien gelang, ihre Position erheblich zu stärken. Der Schönborn war bemüht, verlorenes Terrain für das Reich (und den Katholizismus) zurückzugewinnen, soweit sich Gelegenheit dazu bot, dies des öfteren auch in Spannung und Widerstreit mit dem Kurs der Wiener Politik.
4. Damian Hugos exzellenter Ruf als weltlicher und geistlicher Reorganisator des Hochstifts Speyer steht in einem auffälligen Gegensatz zu dem bereits im 18. Jahrhundert entstandenen Urteil, daß nichts im Reich so schlecht regiert werde wie die geistlichen Territorien. Die spätere Geschichtsschreibung ging noch weiter und sah in den geistlichen Staaten geradezu den Inbegriff des morschen, dem sicheren Untergang geweihten Alten Reiches. Hat Damian Hugo mit seiner Regierung vielleicht einen Gegenbeweis angetreten? Jedenfalls darf man Einblicke in die Gegebenheiten eines mindermächtigen geistlichen Reichstandes erwarten.
5. Eng damit verknüpft ist die Frage nach dem Reichspolitiker Damian Hugo und seinen Handlungsspielräumen. Hatte er als Fürstbischof weiterreichende Einflußmöglichkeiten, und welche politischen Ziele verfolgte er?

Das abschließende Kapitel der Arbeit verknüpft die verschiedenen angesprochenen Aspekte in einer resümierenden Gesamtwürdigung von Damian Hugos Persönlichkeit und Werk.

1.2. Literatur

Die Literatur zur Familie Schönborn ist kaum noch zu übersehen. Katharina Bott nennt in ihrer Bibliographie über 3 700 Titel,[2] darunter allerdings zahlreiche Beiträge zu kunst- und kulturgeschichtlichen Fragen, die für die vorliegende Arbeit nur am Rande von Interesse sind. Fast jede Veröffentlichung, die ganz oder in Teilaspekten die Geschichte des Alten Reiches und der Reichskirche zwischen 1650 bzw. 1690 und 1750 analysiert, geht auf die Familie Schönborn ein, besonders auf Johann Philipp, den „deutschen Salomon", Lothar Franz, Kurfürst von Mainz, und Friedrich Karl, Reichsvizekanzler, später Bischof von Würzburg und Bamberg.[3] Natürlich gibt es eine Reihe von zumeist älteren Arbeiten über die Politik der Fürsten aus dem Hause Schönborn. Es existiert aber bisher keine übergreifende Gesamtdarstellung der Schönbornschen Politik, und auch Studien über einzelne Schönborn-Fürsten, die der häufig attestierten großen Bedeutung der Familie Rechnung trügen, sind rar gesät. Hervorzuheben bleibt Hugo Hantschs grundlegende Biographie über Reichsvizekanzler Friedrich Karl (1674–1746):[4]

Sie berücksichtigt auch die anderen Kirchenfürsten aus dem Hause Schönborn (Lothar Franz, Johann Philipp Franz, Damian Hugo und Franz Georg) und bezieht die politischen Ziele und das Selbstverständnis der Familie ausführlich in ihre Darstellung ein. Wertvolle Arbeiten über die Familie Schönborn, ihre Mitglieder und ihre Stellung im Reich haben des weiteren Alfred Schröcker und Friedhelm Jürgensmeier vorgelegt. Ihre Untersuchungen wurden mit Gewinn für die vorliegende Biographie ausgewertet.[5]

Was für die Familie Schönborn insgesamt gilt, trifft auch für Damian Hugo zu. Es fehlt nicht an Studien zu Teilbereichen, eine übergreifende Darstellung von Leben und Werk liegt bisher jedoch nicht vor. Kürzere biographische Überblicke geben Franz Xaver Remling,[6] Alfred A. Strnad[7] und Otto B. Roegele.[8] Etliche Veröffentlichungen befassen sich mit einzelnen Aspekten von Damian Hugos Wirken. Auf diejenigen Titel, welche für die vorliegende Biographie besonders hilfreich waren, sei in gebotener Kürze hingewiesen: Über die Tätigkeit des Landkomturs der Ballei Hessen informiert kurz Theodor Niederquell. Damian Hugos Tätigkeit in der Ballei Altenbiesen beschreibt Udo Arnold. Die Kommissionsarbeit in Hamburg ist von verschiedenen Chronisten der Hansestadt dargestellt worden. Frühere Untersuchungen schrieben dem Schönborn das alleinige Verdienst an der erfolgreichen Kommissionstätigkeit zu. Doch auch die neueste Arbeit zu diesem Thema sieht in dem umsichtigen Wirken des kaiserlichen Gesandten den Schlüssel für den Erfolg des Unternehmens.[9] Gertrud Staniszewski untersuchte Damian Hugos Wirken auf dem Braunschweiger Kongreß.[10] Seine drei Berliner Missionen in den Jahren 1712/13 hat Roegele dargestellt.[11] Eine Arbeit Roegeles über die Tätigkeit Damian Hugos als kaiserlicher Diplomat ist leider verschollen. Für die Geschichte des Hochstifts Speyer unter Damian Hugo erlaubt wiederum Remling den ersten Zugriff. Von der Regierung Damian Hugos entwarf Jakob Wille ein stimmungsvolles Porträt.[12] Er beurteilt die Tätigkeit des Schönborn als außerordentlich erfolgreich, ohne jedoch analysierend auf Details einzugehen. Präzisierende Arbeiten zur Verwaltung und Wirtschaft des Stiftes unter Damian Hugo liegen nicht vor. Heinrich Maas behandelt die entsprechenden Fragen nur für die Zeit von Damian Hugos Nachfolger Hutten, Banholzer für den wiederum auf Hutten folgenden Bischof August von Limburg-Styrum, einen Neffen Damian Hugos.

Uta Hassler kommt das Verdienst zu, Damian Hugos Bild um wichtige Facetten ergänzt zu haben. Nach ihrer Darstellung baute der Schönborn seinem Selbstverständnis vom treusorgenden Landesvater entsprechend Scheunen und Ställe mit der gleichen Sorgfalt wie das Bruchsaler Schloß. Ihrer an Baufragen orientierten Dissertation stellt die Autorin einen kurzen Abschnitt über Damian Hugos Reformen voran, in dem sie die Erfolgsgeschichte seiner Regierung differenzierter als bisher geschehen beurteilt. Viele seiner Initiativen und Reformprojekte, so stellt sie fest, blieben stecken oder brachten nicht den gewünschten Erfolg. Dennoch ist für Hassler Damian Hugo der Fürst, unter dessen Regierung auf vielen wichtigen Gebieten des Staates und seiner Wirtschaft eine ordentliche und regelmäßige Verwaltung überhaupt erst begann. Seine Regierung habe für die Geschichte des Stiftes eine wirkliche Zäsur bedeutet.[13] Schon Hans Hausrath hat zeigen können, daß das Forstwesen damals erstmals in geregelte Bahnen gelenkt wurde.[14]

Soweit es den „Kirchenfürsten" Damian Hugo betrifft, ist zunächst auf die allgemeinen Überblicke von Remling und von Ludwig Stamer zu verweisen. Für das Verhältnis zwischen Domkapitular und Bischof liefert die Arbeit von Karl Kloe erste Information. Wichtige Aspekte des Schönbornschen Bemühens um das geistliche Wohl seiner Untertanen behandelt wiederum Otto B. Roegele in Aufsätzen über die Gründung des Bruchsaler Seminars und über das Schulwesens.

1.3. Quellen

Je nach Lebensabschnitt und Tätigkeitsfeld Damian Hugos sind einschlägige Quellen in den verschiedensten Archiven zu finden. Das heute im Staatsarchiv Würzburg verwahrte Schönbornarchiv enthält die reiche Korrespondenz der Familie. Neben dem Briefwechsel Damian Hugos mit Vater, Onkel und Brüdern befinden sich hier Schriftstücke, die Damian Hugos Gesandtschaft in Norddeutschland betreffen (Berichte über den Zustand der katholischen Gemeinden, Notizen über die militärische Lage im Niedersächsischen Kreis und ein Protokollbuch über Damian Hugos Amtshandlungen als Verwalter des Landes Hadeln), ferner Teile der Korrespondenz mit seinen Agenten in Rom und, in geringem Umfang, Akten aus den hochstiftisch-speyrischen Regierungsstellen. Ein besonders interessantes Dokument ist eine autobiographische Notiz Damian Hugos aus dem Jahre 1716. Zu beachten bleibt daneben besonders der Briefwechsel zwischen dem Mainzer Erzbischof Lothar Franz und dem Reichsvizekanzler Friedrich Karl, die an ihrem Neffen und bzw. Bruder Damian Hugo wiederholt herbe Kritik äußerten. Man möchte fast meinen, daß Damian Hugo seine schärfsten Kritiker innerhalb der eigenen Familie fand. In Würzburg liegen auch die wenigen Dokumente, die nähere Auskunft über das Schönbornsche Regiment geben, das Damian Hugo formal als Hauptmann befehligte.

Für Damian Hugos Missionen im Auftrag des Kurfürsten von Mainz und für seine Tätigkeit als kaiserlicher Gesandter in Norddeutschland bietet das Haus-, Hof- und Staatsarchiv in Wien reichhaltiges Material. Ergänzend wurden einschlägige Bestände der Staatsarchive in Wolfenbüttel und Schleswig herangezogen. Da der Herzog von Wolfenbüttel Kreisausschreibender Fürst des Niedersächsischen Kreises war, finden sich in Wolfenbüttel Dokumente, die ein genaueres Bild der politischen Lage in Norddeutschland bieten. Die erhaltenen Akten der Regierung von Holstein-Gottorf in Schleswig zeigen, wie feindselig man dem kaiserlichen Gesandten gegenüberstand und wie man ihn dennoch für die Gottorfer Interessen zu benutzen versuchte. Auch für die Hamburger Mission liefern die beiden Archive interessante Notizen.

Im Staatsarchiv Marburg lagert reiches Material zur Geschichte der Ordenskommende Marburg und der Ballei Hessen für die Zeit, während der Damian Hugo das Amt des Landkomturs innehatte. Das Deutschordensarchiv in Wien bietet für die Ballei Hessen nur wenig, besitzt jedoch genügend Bestände, um das Wirken des

Schönborn für den Orden allgemein genauer nachzeichnen zu können. Unbefriedigend ist dagegen die Überlieferung für die Ballei Altenbiesen. Auch die Bestände des Reichsarchivs Hasselt/Belgien können diese Lücke nicht schließen.

Einen ersten wertvollen Einblick in die weltliche und geistliche Regierung des Schönborn vermitteln die gedruckten Bischöflich Speierischen Hirtenbriefe und Diöcesanverordnungen sowie die Hochfüstlich Speirischen Gesetze und Landesverordnungen.[15] Sehr viel umfassender und differenzierter über die Regierungspraxis informieren die einschlägigen Bestände des Hochstifts Speyer im Generallandesarchiv Karlsruhe; als besonders aufschlußreich erweisen sich hierbei die Kammer- und Regierungsprotokolle, die für die Zeit Damian Hugos lückenlos vorliegen. Dokumente aus dem Landesarchiv Speyer wurden ergänzend herangezogen. Leider hat sich jedoch aus den Kanzleien der hochstiftisch-speyrischen Oberämter und Ämter nur wenig erhalten, so daß z. B. nicht genauer verfolgt werden kann, ob und wie Reformprojekte Damian Hugos auf der unteren Verwaltungsebene umgesetzt wurden. Auch über die geistliche Regierung Damian Hugos sind nur noch vergleichsweise wenig Akten, Protokolle und Korrespondenzen vorhanden; vor allem der Verlust der Protokolle von Vikariat und Geistlichem Rat macht sich bei der Erforschung seines Handelns als Seelenhirte schmerzlich bemerkbar. Die Diözesanarchive in Mainz, Speyer und Freiburg im Breisgau bieten hierzu leider kaum Material.

Sehr spärlich für Damian Hugos Regierungszeit erscheint auch die Überlieferung des Hochstifts bzw. der Diözese Konstanz. Daß sie zudem auf verschiedene Archive verstreut ist, erschwert es, ein präziseres Bild vom Wirken des Schönborn in seinem Zweit-Bistum zu zeichnen. In der vorliegenden Arbeit wird dieser Aspekt daher nur gestreift.

2. Herkunft und frühe Jahre

2.1. Die Familie Schönborn

Der Aufstieg der Familie Schönborn ist in der neueren deutschen Geschichte nahezu beispiellos.[16] Für etwa 50 Jahre prägten die Schönborns die Geschichte des Reiches und der katholischen Reichskirche entscheidend mit. Jedin spricht sogar von einer „Schönbornzeit".[17]

Die Schönborns waren zunächst ein eher unbedeutendes reichsritterschaftliches Geschlecht mit Besitz in Taunus und Westerwald. Einige Mitglieder wirkten als Burgleute und Amtmänner der Grafen von Nassau, Katzenellenbogen, Sayn und Wied sowie der Kurfürsten vom Mainz und Trier.[18] Der Aufstieg der Familie begann mit den Brüdern Johann Philipp (1603–1673) und Philipp Erwein (1607–1668), die nach dem Tode ihres Vaters Georg (1574–1614), Amtmann von Runkel im Dienste des Grafen von Wied, von ihrer Mutter Maria Barbara von der Leyen 1616 zur Ausbildung nach Mainz geschickt wurden. Auf den Universitäten von Mainz, Würzburg, Orléans und Siena studierten sie Theologie und Jura. In Mainz konvertierten die Brüder, die noch protestantisch getauft worden waren, zum Katholizismus. 1642 wählte das Würzburger Domkapitel Johann Philipp überraschend zum Bischof. Als hochgebildeter, tatkräftiger und ehrgeiziger Fürst suchte er sein Hochstift aus den Wirren des Dreißigjährigen Krieges herauszuhalten und sich aktiv an der Reichspolitik zu beteiligen. 1644 schickte er Gesandte zu den Verhandlungen in Münster und Osnabrück. Als er 1647 zum Erzbischof und Kurfürsten von Mainz gewählt wurde, vergrößerte sich sein politischer Spielraum erheblich. Ungerührt von der heftigen Kritik der radikalkatholischen Partei verlangte er, im Interesse des Friedens der protestantischen Seite in der Frage ihrer reichsrechtlichen Gleichstellung mit der katholischen Konfession und der endgültigen Regelung des Kirchengutes entgegenzukommen. Johann Philipp hatte einen nicht geringen Anteil am Zustandekommen des Westfälischen Friedens. Zeitgenossen nannten ihn den „deutschen Salomon".[19] Nach dem Friedensschluß beobachtete Johann Philipp die Politik Österreichs mit Mißtrauen und suchte eine engere Verbindung zu Frankreich. Höhepunkt dieses Kurses war der sogenannte Erste Rheinbund von 1658,[20] ein gerade von der älteren Forschung mißmutig kommentiertes Bündnis. Erst als Frankreich eine zunehmend aggressivere Politik gegenüber dem Reich betrieb, wandte sich Johann Philipp, der 1663 noch die Bischofswürde von Worms hinzugewann, seit 1668 Kaiser Leopold I. zu. Seine Maßnahmen zum Wiederaufbau der vom Krieg in Mitleidenschaft gezogenen Stifte Würzburg, Mainz und Worms führten zwar zu einigen guten Ergebnissen, aber noch zu keinen größeren Erfolgen.[21] Dem weltlichen Zweig der Familie, den Philipp Erwein fortführte, kam der politische Kurwechsel des einflußreichen geistlichen Verwandten bald zugute: Nachdem Philipp Erwein 1650 die Herrschaft Gaibach im

Fränkischen und 1661 die Herrschaft Heusenstamm bei Frankfurt erworben hatte, wurden er und seine Nachkommen von Kaiser Leopold I. in den Reichsfreiherrenstand erhoben. 1668 erhielt die Familie die reichsständische Herrschaft Reichelsberg und mit ihr Sitz und Stimme im Fränkischen Kreis und im Fränkischen Grafenkollegium des Reichstages.[22] Philipp Erwein hinterließ ein stattliches Vermögen von 620 000 fl.

Philipp Erwein und seine Frau Maria Ursula von Greiffenklau zu Vollraths hatten zwölf Kinder. Der älteste Sohn Franz Georg (1639–1674) hatte die ersten Stufen einer geistlichen Karriere bereits erklommen, als er plötzlich starb. Die Hoffnung der Familie, wieder einen der Ihren in einem der höchsten geistlichen Ämter zu sehen, ruhten fortan auf Lothar Franz (1655–1729). Tatsächlich wurde Lothar Franz 1693 Bischof von Bamberg und zwei Jahre später Erzbischof von Mainz. Unter seiner Regierung erholten sich die beiden von Kriegen und Krisen angeschlagenen Hochstifte. Lothar Franzens Bruder Johann Philipp (1642–1703) war als Ritter des Johanniterordens zur Ehelosigkeit verpflichtet, und von den beiden ‚weltlichen' Brüdern blieb Johann Erwein (1654–1705), Herr von Reichelsberg und Heusenstamm, ohne Nachkommen. Melchior Friedrich (1644–1717) hingegen, kurmainzischer Diplomat und Vizedom von Aschaffenburg, sorgte mit den dreizehn Kindern, die er mit Maria Sophia von Boineburg (1652–1726) zeugte, für den Fortbestand der Familie und erreichte im Zusammenspiel mit Lothar Franz dafür, daß die Familie Schönborn 1701 in den erblichen Reichsgrafenstand einrücken konnte.

Lothar Franz und Melchior Friedrich gelang es zudem dank nie erlahmender Bemühungen, ihren Neffen bzw. Söhnen hohe geistliche und weltliche Ämter und Würden zu verschaffen.[23] Sie vollendeten hierbei das Prinzip der Patronage, das Johann Philipp in Grundzügen angelegt hatte, durch konsequente Anwendung zur Meisterschaft. Hatte ein Schönborn eine hohes Amt erhalten, etwa als Bischof oder Erzbischof, so förderte er weitere Familienmitglieder durch die Vergabe von Ämtern und Ehren. Auf diese Weise konnte auch das Vermögen der Familie gemehrt werden, das den Kauf weiterer Herrschaften ermöglichte und die Schönborns zu Landesherren machte. Dank solchen Ansehens- und Machtgewinns fiel es der Familie leichter, wiederum eines ihrer Mitglieder zum Bischof wählen zu lassen, der dann seinerseits die Familie, Brüder und Neffen fördern konnte. Schritt für Schritt wurde der Kreis der Freunde und Gönner vergrößert, die man nicht vergaß, um nicht von ihnen vergessen zu werden. Die Krönung des gemeinsamen Aufstiegs hätte die Erhebung der Familie in den erblichen Fürstenstand sein können; zeitweise rückte er in greifbare Nähe, ohne daß die Familie ihn aber wirklich entschlossen anstrebte. Immerhin erwarben die Schönborns 1710 zu ihrem bisherigen Besitz die fränkischen Grafschaften Wolfsthal und Pommersfelden hinzu. Sie hatten somit ihr Zentrum planvoll ins Fränkische verlegt.[24] Entscheidende Grundlage der Familienpolitik aber bildete die unbedingte Orientierung am Bestand der katholischen Religion und des Heiligen Römischen Reiches, das gerade auch die Existenz der geistlichen Territorien, der Reichsritterschaft und der kleineren Reichsstände sicherte. Nur in diesem Reich war der familiäre Aufstieg möglich gewesen, nur in und mit ihm war die erreichte glanzvolle Stellung zu behaupten. Der Familie Schönborn mußte also auch mit Blick auf das eigene Interesse an der Erhaltung des Reiches in seiner überkommenen Form gelegen sein.

Die stattliche Zahl der weltlichen und geistlichen Ämter, welche die Söhne Melchior Friedrichs von Schönborn im Lauf der Jahre für sich zu gewinnen vermochten, ist beeindruckend. Johann Philipp Franz (1673–1724) fielen zwischen 1700 und 1714 gleich drei Propsteien zu. 1719 wurde er Bischof von Würzburg und begann sofort mit verschiedenen Bauprojekten, die das Stift hoch verschuldeten.[25] Friedrich Karl (1674–1746)[26], Dompropst in Würzburg, war 1705–1734 Reichsvizekanzler. Damit kamen Erzkanzler und Reichsvizekanzler erstmals aus derselben Familie. Der Letztgenannte erhielt als Parteigänger Habsburgs verschiedene Lehen in Österreich und Ungarn, u. a. die mit dem österreichischen Truchsessenamt verbundene Grafschaft Buchheim. Gestützt auf seinen politischen Einfluß im fränkischen Umfeld, verstand es Friedrich Karl 1722 im Zusammenspiel mit Onkel Lothar Franz, den Griff Preußens nach den fränkischen Markgrafschaften Kulmbach und Bayreuth zu verhindern.[27] 1729 wurde er Bischof von Würzburg und als Nachfolger seines verstorbenen Onkels Lothar Franz Bischof von Bamberg. Aus Enttäuschung über die Politik Wiens legte er 1734 das Amt des Reichsvizekanzlers nieder. Rudolf Franz Erwein (1677–1754) hatte bereits die Stellung eines Domherrn in Trier inne, als er in den Laienstand zurücktrat, eine Schönborn-Nichte, die Gräfin Maria Eleonora von Dernbach, regierende Gräfin zu Wiesentheid, heiratete und so die Linie Schönborn-Wiesentheid begründete. Dafür konnte sein Bruder Franz Georg (1682–1756) die freigewordene Domherrenstelle zu Trier gewinnen. Er avancierte 1720 zum Domkustos, 1723 zum Dompropst und 1729 zum Erzbischof und Kurfürst von Trier; seit 1732 fungierte er zusätzlich als Bischof von Worms und als Propst von Ellwangen. Mit seinem Tode 1756 endete die „Schönbornzeit". Bescheidener gestaltete sich der Lebensweg der beiden jüngsten Brüder: Anselm Franz (1682–1726) schlug eine militärische Karriere ein und brachte es (auf einer erkauften Stelle) bis zum General. Er begründete die (1801 erloschene) Linie Schönborn-Heusenstamm. Marquard Wilhelm (1683-1769) war Domherr und Dompropst an verschiedenen Stiften. Erwähnt sei wenigstens, daß aus den Ehen von drei Töchtern Melchior Friedrichs Fürstbischöfe hervorgingen: August Philipp von Limburg-Styrum (1721–1797), Bischof von Speyer, Johann Friedrich Karl von Ostein (1696–1763), Erzbischof von Mainz und Bischof von Worms, und Adam Friedrich von Seinsheim (1708–1779), Bischof von Würzburg und Bamberg.[28]

Noch nicht genannt wurde Damian Hugo, der dritte Sohn Melchior Friedrichs. Er war auf der Karriereleiter geistlicher Würden kaum weniger erfolgreich als Friedrich Karl und Franz Georg, ja übertraf sie als Kardinal sogar noch in der kirchlichen Hierarchie. Sein Werdegang trägt in vielerlei Hinsicht Schönborn-typische Züge.

2.2. Lehr- und Wanderjahre

Damian Hugo Philipp von Schönborn wurde am 19. September 1676 in Mainz geboren und dort in der St. Emmerankirche getauft.[29] Er erhielt die Namen seiner illustren Taufpaten Damian Hartard von der Leyen, Erzbischof von Mainz, und Johann Hugo von Orsbeck, Erzbischof von Trier. Der Name Philipp erinnerte an Johann Philipp, den ersten berühmten Schönborn, Erzbischof von Mainz und Bischof von Würzburg und Worms, aber auch an den Onkel gleichen Namens im Johanniterorden.[30] Über Damian Hugos früheste Kindheit ist nichts bekannt. Erst mit Beginn der Ausbildung, etwa seit dem fünften Lebensjahr, läßt sich sein Lebensweg genauer nachzeichnen. Der Vater Melchior Friedrich hatte für seine ältesten Söhne Johann Philipp Franz und Friedrich Karl einen Studienplan ausgearbeitet, der zumindest in ähnlicher Weise auch für den jüngeren Damian Hugo gegolten haben dürfte. Nach diesem Reglement wurde der Tag peinlich genau eingeteilt. Der Besuch der Messe war verbindlich vorgeschrieben, ebenso die Vor- und Nachbereitung der verschiedenen Lektionen. Fremdsprachen waren bis zur Beherrschung in Wort und Schrift zu lernen. Ferner mußten sich die Söhne sorgfältig dem *„studio juridico"* widmen. Genau wurde die Zeit festgelegt, die sie zu *„honesten Discoursen"* nutzen sollten oder um sich *„mit der Lauthen oder Quittar"* zu unterhalten[31] – all dies natürlich geleitet und überwacht von einem Vikar, den der Vater als Hofmeister eingestellt hatte. Von 1686 bis 1692 besuchte Damian Hugo das Jesuitenkolleg in Aschaffenburg. Sein Vater habe ihn dort die *„inferiora"* (Rhetorik, Grammatik) mit großer Sorgfalt hören lassen, notierte Damian Hugo später.[32] Damian Hugo hat als Schüler an einem religiös-erbaulichen Schauspiel (Jesuitendrama) mitgewirkt und seine Rolle, wie im Zeugnis festgehalten wird, ausgesprochen gut gestaltet.[33] Dem Besuch des Jesuitenkollegs folgten Studien in Mainz.[34]

Am 1. Mai 1693 erhielt Damian Hugo in der Benediktinerabtei Seligenstadt auf besonderen Befehl des Erzbischofs von Mainz und vor Erreichen des kanonischen Alters die Tonsur und die niederen Weihen.[35] Welches Ziel verfolgten Lothar Franz und Melchior Friedrich mit diesem Akt? Einige Jahre zuvor, 1687, hatten Onkel und Vater dem damals Zehnjährigen bereits den Weg in eine Offizierskarriere geebnet, als sie ihn zum Hauptmann der Schönbornschen Kompanie ernannten, die im Dienst des Kaisers stand. Im April 1691 hatte die Familie zudem mit dem Hochmeister des Deutschen Ordens die Aufnahme Damian Hugos in den Ritterorden vereinbart.[36] Die Ordensritter lebten zwar ehelos, waren aber keine Geistlichen, die niederen Weihen waren für sie also nicht zwingend. Es ging der Familie also wohl darum, mehr als nur einen Karriereweg für Damian Hugo offenzuhalten, falls einer allein nicht den erwünschten Aufstieg zu hohen und höchsten Ämtern und Würden garantieren konnte. Der frühe Zeitpunkt der niederen Weihen war dabei nichts Ungewöhnliches. Ludwig Anton von Pfalz-Neuburg, Hochmeister des Deutschen Ordens, wurde schon mit vier Jahren tonsuriert. Was den Wittelsbachern recht war, konnte den Schönborn nur billig sein. Es war weder Glück noch Zufall, daß so viele Schönborns später hohe

Abb. 1: Damian Hugo von Schönborn.

geistliche Würden erhielten, sondern allein die Frucht jahrelanger sorgfältiger Planung, die nicht kurzfristig dachte, sondern in Zeiträumen von 30 oder 40 Jahren rechnete.[37]

Am 31. Oktober 1693 traten Damian Hugo und Rudolf Franz Erwein in das Collegium Germanicum zu Rom ein,[38] das zuvor schon von den älteren Brüdern Johann Philipp Franz und Friedrich Karl besucht worden war. Die für den Eintritt in dieses Institut unumgängliche Empfehlung erhielt Damian Hugo vom Hochmeister des Deutschen Ordens, Ludwig Anton von Pfalz-Neuburg. Sie war vermutlich Teil der Vereinbarung über Damian Hugos Aufnahme in den Deutschen Orden. Der Besuch des Collegium, das der gründlichen und umfassenden Ausbildung junger Adliger zu Geistlichen diente, bot eine gewisse Garantie für eine Karriere in der Reichskirche, denkt man an die große Zahl von Absolventen, die später hohe geistliche Würden bekleideten.[39] Das Studium an dieser Pflanzstätte einer kleinen Elite ist dennoch kein Beweis, daß für Damian Hugo nur die geistliche Laufbahn vorgesehen war. Zwar mußten sich die Germaniker einer strengen und anspruchsvollen Ausbildung in Theologie und Kirchenrecht unterziehen, die mit der Priesterweihe abgeschlossen werden sollte; da dies jedoch nicht den Vorstellungen des deutschen Adels entsprach, machte das Collegium gewisse Kompromisse hinsichtlich der Anforderungen und Erwartungen an die Kandidaten. Für den Adel war nämlich nicht die Priesterweihe verlockend, sondern das kostenlose Studium, das hohe Renommee des Instituts und die Nähe zur Kurie als wesentlicher Quelle von Benefizien.[40] Damian Hugo erwähnte rückblickend, daß er nach dem Studium in Aschaffenburg im Collegium Germanicum *„philosophiam"* gehört habe, *„da in allen Ständen(!), absonderlich aber im Teutschen Orden die guthe Erziehung im Christenthumb, den studiis undt in specie ein gebrochener Kopf höchst nötig seye"*.[41] Er selbst verstand sein Studium also nicht als Spezialvorbereitung auf ein geistliches Amt. Über Damian Hugos Studienzeit ist wenig bekannt. Immerhin wurde ihm und seinem Bruder die Ehre zuteil, philosophische Thesen in einer öffentlichen Disputation vertreten zu dürfen.[42] Damian Hugo blieb dem Collegium sein Leben lang verbunden. Als Bischof von Speyer machte er Vorschläge zu seiner Reform[43] und empfahl Kandidaten zur Aufnahme[44].

Im September 1695 verließen Damian Hugo und Rudolf Franz Erwein Rom. Ihren nicht ganz zweijährigen Besuch des Collegium haben sie nicht mit der Priesterweihe abgeschlossen.[45] Das war aber auch, wie angedeutet, offensichtlich nicht Zweck der Studien. Nächstes Ziel der Brüder war die Universität Siena, wo sie sich am 30. September 1695 einschrieben.[46] Doch widmeten sich die Brüder in Siena kaum akademischen Studien, sondern betrieben *„exercitia als Fegten und Geographi"*[47]. Später schrieb Damian Hugo, er habe sich in Siena in Künsten geübt, *„so einem Cavallier, absonderlich aber einem Ritter und Soldaten nöhtig"* seien.[48] Soweit es die Universität betraf, wird man es, nicht unüblich für junge Adlige, bei der Einschreibung und einigen Besuchen belassen haben. Etwa drei Monate blieben die Brüder in Siena, bevor sie über Livorno, Genua, Mailand, Parma und Bologna weiterreisten. Im Februar 1696, zur Karnevalszeit, verbrachten sie zehn Tage in Venedig. Im März 1696 trafen sie wieder in Deutschland ein.[49]

Abb. 2: Rom im 18. Jahrhundert. Die Stadt, die Damian Hugo als Student verließ und als Kardinal wiedersah.

Damian Hugo hielt sich nur kurz am Hof seines Onkels Lothar Franz in Mainz auf, wo er sich mit den Sitten und Umgangsformen vertraut machte, die unter den Adeligen und insbesondere an Fürstenhöfen einzuhalten waren. Sehr bald schickte Melchior Friedrich seine beiden Söhne wie zuvor deren ältere Brüder zum Studium nach Leiden, damit sie, wie Damian Hugo später bemerkte, ihre Kenntnisse und Fähigkeiten vertieften und erweiterten, auf daß *„Gottes Ehre dardurch befordert, dem publico undt Orden dardurch gedienet undt endtlich dem Hochgräfflichen Hauß auch seine Ehre und Nutzen darvon haben undt die verhoffende Früchten gebracht werden mögten"* [50]. In Leiden besuchten die beiden jungen Schönborns die staatsrechtlichen Vorlesungen des zu seiner Zeit hochberühmten Philipp Reinhard Vitriarius. Daneben übten sie sich weiter im gesellschaftlichen Umgang, in der französischen Sprache und in den *„Cavallier Exercitiis"*. Besonders die *„fundamenta Architecturae Civilis et Militaris"*, was etwa ingenieurwissenschaftlichen Studien entsprach, waren Gegenstand ihres Bemühens. Möglicherweise wurde hier die Grundlage geschaffen für Damian Hugos architektonisch-bautechnische Kenntnisse und Interessen, die er bei Planung und Ausführung seiner vielen Bauprojekte bewies. Nach etwa einem Jahr verließ Damian Hugo Leiden und begleitete seinen Vater, den Kurmainzer Gesandten, zum Friedenskongreß nach Rijswijk. Dort erhielt der junge Mann erste Einblicke in Diplomatie und Staatsgeschäfte, konnte aber auch erste Erfahrungen in guter Haushaltung sammeln, da ihm Oberaufsicht und Bewirtschaftung der Mainzer Gesandtschaft anvertraut war.[51]

Damian Hugo war mittlerweile 20 Jahre alt. Sein Vater hielt es für angezeigt, seinen Sohn nun vollends auf Amt und Würde eines Ordensritters vorzubereiten. Er schickte ihn nach Mainz, wo er die Schönbornsche Kompanie zunächst als Hauptmann, dann als Obristwachtmeister befehligte. Nach etwa 18 Monaten Militärdienst fuhr Damian Hugo nach Altenbiesen und ließ sich in den Deutschen Orden aufnehmen.[52]

Abschluß der Lehr- und Wanderjahre Damian Hugos und Rudolf Franz Erweins war ein Aufenthalt in Paris und Versailles von Juni bis Oktober 1699. Wiederum folgten die beiden Brüder dem wohlmeinenden Rat ihres weitblickenden Vaters, sich in Frankreich mit den Sitten und Gebräuchen vertraut zu machen, die sie beherrschen mußten, wenn sie ihrem Stand entsprechend in Diplomatie, Militär, Reichskirche und Adelswelt auftreten wollten. Den Brüdern gefiel es sehr gut in Paris. Begeistert schrieb Damian Hugo von *„lauter führnehmen und großen Herren"*, denen er begegnet sei.[53] Sie genossen das Leben bei Hofe, ohne den Erfordernissen ihres Standes den geringsten Abbruch zu tun. Liselotte von der Pfalz erwähnte in einem Brief die Brüder Schönborn und nannte sie *„recht feine Leütte und die recht woll zu leben wißen"*.[54] Am 3. August erhielten die Brüder sogar eine Audienz bei Ludwig XIV.[55] Die französische Küche freilich war für Damian Hugo eine Enttäuschung. Sie sei gar nicht so gut, wie er sie sich vorgestellt habe, schrieb er mißmutig seinem Vater, und außerdem zu teuer.[56] Im Oktober kehrten die Brüder über Brüssel nach Mainz zurück. Im folgenden Jahr, 1700, begann Damian Hugos ‚berufliche' Karriere.

Bis dahin hatte Damian Hugo mehr als zehn Jahre lang eine umfassende und vielseitige Ausbildung durchlaufen. Er hatte theologische, kanonistische, staatsrechtliche und militärtechnische Studien in Deutschland, Italien und den Niederlanden mit gleicher Intensität betrieben. Außerhalb von Kolleg, Universität und Kaserne hatte er sich mit den Grundsätzen guter und sparsamer Haushaltung vertraut gemacht. Besonders wichtig war die schrittweise Aneignung von Lebensstil und Umgangsformen des Adels, deren Befolgung und Beherrschung unerläßlich war, wollte man sich unter seinen Standesgenossen sicher und selbstbewußt bewegen. Damian Hugo hat stets mit großer Dankbarkeit an seinen „*vorsichtigen*" (vorausschauenden) Vater gedacht, der es bei der Erziehung seines Sohnes an nichts hatte fehlen lassen. In der Tat konnte Damian Hugo seine Bewerbungen um geistliche und weltliche Ämter zu Recht mit dem Hinweis auf seine gründliche Ausbildung unterstützen und jeweils bestimmte Studien herausheben, die ihn für das angestrebte Amt besonders qualifizierten. Das Collegium nannte er später einen *„Hauptort, brave Leute zu machen"*.[57] Während seiner diplomatischen Tätigkeit, zumal bei der Kommission in Hamburg kamen ihm die in Leiden erworbenen staatsrechtlichen Kenntnisse zustatten. Seine spektakuläre Karriere verdankte der Schönborn zwar vor allem der geschickten Patronage seiner Familie, insbesondere dem Onkel Lothar Franz, unbestreitbar aber hat Damian Hugo die ihm gebotenen Bildungs- und Ausbildungschancen bestens zu nutzen verstanden. Daher betrachtete er auch die ihm zufallenden Ämter und Würden als seinen Kenntnissen und Fähigkeiten angemessen: Der Aufnahme in den Deutschen Orden Anfang 1699 folgte bereits 1701 die Erhebung zum Statthalter, 1703 zum Landkomtur der Ballei Hessen.[58] Kurz darauf freilich trat der Ordensritter außerdem als kurmainzischer Diplomat in Erscheinung. Hiervon soll zunächst die Rede sein.

Abb. 3: Johann Philipp Franz von Schönborn. Bischof von Würzburg.

2.3. Kurmainzer Diplomat

Lothar Franz war seit 1695 Kurfürst von Mainz und somit Erzkanzler des Reiches. Die reale Macht des Erzstiftes Mainz entsprach kaum diesem stolzen und ehrenvollen Titel. Wie alle kleineren Territorien des Reiches verlor das Erzstift an politischem Einfluß gegenüber den größeren, die sich dank stehender Heere als mächtige Stände im Reich, teilweise auch als Faktoren europäischer Politik etablieren konnten. Gerade die geistlichen Staaten fürchteten, von den „armierten Ständen" wie Hessen-Kassel, Brandenburg, Hannover, Baden, Württemberg oder Bayern in die politische Bedeutungslosigkeit abgedrängt und zur disponiblen Masse von Erwerbswünschen gemacht zu werden. Der Erhalt der geistlichen Territorien war aber für die Schönborns von größter Wichtigkeit. Ihr Aufstieg von einem reichsritterschaftlichen Geschlecht mit bestenfalls regionaler Bedeutung zu einer der mächtigsten und glanzvollsten Familien im Reich hatte über die Domkapitel geführt. Das kunstvolle Patronagesystem wurde von den Bischofsstühlen getragen, welche die Schönborns eingenommen hatten. Die Familie konnte ihre Position nur sichern und ausbauen, wenn Bestand und Stellung der geistlichen Territorien unverändert blieben.[59] Es muß kaum eigens erwähnt werden, daß im Verständnis der Schönborns mit den geistlichen Territorien auch die katholische Religion verteidigt wurde, oder, so kann man es auch sehen, daß die katholische Religion an den geistlichen Territorien wichtigen Rückhalt fand. Nicht zuletzt ging es den Schönborns, seit sie Herrschaften erworben hatten und in den Reichsgrafenstand aufgestiegen waren, auch um die Bewahrung der kleineren weltlichen Territorien und besonders der Reichsritterschaft. Erhalt der geistlichen und der kleineren weltlichen Reichsstände bedeutete aber letztlich nichts anderes als Erhalt des Reiches in seiner überkommen Form, da nur in ihr die schwächeren Reichsstände ihre „Freiheit" behaupten konnten. Die Erhaltung des Reiches kann als das leitende politische Prinzip der Familie Schönborn, also vor allem der politisch handelnden Reichsfürsten Lothar Franz, Friedrich Karl, Damian Hugo und Franz Georg, gelten.

Freilich wurde dieses Prinzip an keiner Stelle ausdrücklich formuliert und schriftlich niedergelegt, etwa in Gestalt einer familieninternen Denkschrift. Es ist aber an vielen Stellen greifbar, sei es als Motiv für politische und diplomatische Initiativen, sei es als Maßstab bei der Einschätzung von politischen Entwicklungen oder Ereignissen. Als Lothar Franz 1713 von Damian Hugo erfuhr, daß der russische General Menschikow von der Stadt Hamburg ungeheure Kontributionen erpreßte,[60] stellte er verbittert fest: *„Es erscheint leyder so viel, ob wollte nun fast ein jeder im Reich nach eigenem Gefallen verfahren und den Meister spielen, also das kein Stand vor dem anderen mächtigeren mehr sicher stehe, wodurch endlich die forma imperii gantz evertiret undt zu nichts gemacht werden dörfte"*.[61] Bemerkenswert an der Äußerung ist nicht zuletzt der Umstand, daß die Sorge von Lothar Franz einem protestantischen Reichsstand galt. Den Schönborns war das Reich letztlich stets mehr als nur die Gesamtheit der geistlichen und ritterschaftlichen Territorien.

Abb. 4: Lothar Franz von Schönborn. Kurfürst von Mainz, Bischof von Bamberg. Damian Hugos mächtiger Onkel.

Wo das Prinzip der Bewahrung des Reiches, der *„forma imperii"*, Politik werden sollte, war der Kaiser der erste Verbündete. Denn wie die kleineren und geistlichen Territorien auf ihn angewiesen waren, so brauchte er sie als Stütze seiner Macht im Reich, da sich die größeren Stände seinem Einfluß Schritt für Schritt entzogen. Kaiser und Reich, d. h. die am Fortbestand des Reiches interessierten Reichsstände, konnten sich so gegenseitig stärken. *„Pro Deo, Caesare et Imperio"* hieß die Devise von Lothar

Franz.⁶² Das größte Hindernis für diese Politik war nicht so sehr die Ablehnung oder der Widerstand der größeren Stände – damit mußten Lothar Franz und alle Schönborns ohnehin rechnen –, sondern die Zurückhaltung Wiens. Statt sich intensiver im Reich zu engagieren, ging Wien mehr und mehr dazu über, seine Hausmacht auszubauen, um sich als europäische Macht etablieren zu können. Grundsätzlich hätten sich Ausbau der Hausmacht und am Reich orientierte Politik nicht widersprechen müssen; doch je wichtiger dem Kaiser die Interessen des eigenen Hauses wurden, desto weniger konnte man sich im Reich sicher sein, daß er in entscheidenden Fragen die kleineren Stände schützen werde. Bei aller Anlehnung an den Kaiser war die Familie Schönborn nicht zur bedingungslosen Gefolgschaft gegenüber Habsburg bereit. Als reichsritterschaftliche Familie wollte sie nur einen Kaiser unterstützen, der am Reich interessiert war und die Rechte gerade auch der kleinen Reichsstände achtete. Indes schien die Aussicht nicht schlecht, den Kaiser für dieses Anliegen zu gewinnen und ihre Reichskonzeption in erfolgreiche Politik umzusetzen. Mit Lothar Franz als Erzkanzler, Friedrich Karl als Reichsvizekanzler, Friedrich Karl, Franz Georg, Johann Philipp Franz und Damian Hugo als Reichsfürsten hatte die Familie, im eigentlichen Sinne eine Reichsfamilie, beachtlichen Einfluß.

Die Ohnmacht seines Erzstiftes allerdings wurden Lothar Franz, kaum daß er den Mainzer Stuhl bestiegen hatte, mit dem Frieden von Rijswijk 1697 sehr deutlich vor Augen gestellt.⁶³ Trotz aller diplomatischen Bemühungen blieben in dem Friedensvertrag die Sicherheitsinteressen des Erzstiftes unberücksichtigt. Lothar Franz fürchtete um den Bestand nicht nur seines kleinen Staates, sondern aller Territorien an Mittel- und Oberrhein. Beim nächsten Angriff Frankreichs, so Lothar Franz, würden die rheinischen Fürsten über den Haufen geworfen.⁶⁴ Schon 1696 hatte Lothar Franz versucht, an eine Idee des württembergischen Diplomaten Johann Georg Kulpis anknüpfend, die Reichskreise Kurrhein, Franken, Bayern, Schwaben, Oberrhein und Niederrhein in einer Assoziation zum gegenseitigen Schutz zu vereinigen – ein von Wien mißtrauisch beäugtes Projekt.⁶⁵ Im Sommer 1700 griff Lothar Franz das Assoziationsprojekt erneut auf. Er plante eine auf strikte Neutralität bedachte Verbindung, um Kreise und Stände aus den Auseinandersetzungen der großen Mächte herauszuhalten. Da sich das Projekt als undurchführbar erwies, näherte sich Lothar Franz dem Kaiser an trotz der scharfen Drohung Frankreichs, Mainz müsse mit üblen Folgen rechnen, falls es auf die Seite des Kaisers trete.⁶⁶ 1699 schickte Lothar Franz seinen Bruder Melchior Friedrich zu ersten Gesprächen nach Wien. Frucht dieser und weiterer Verhandlungen war der am 7. Oktober 1701 geschlossene Geheimvertrag zwischen Mainz und Wien, in dem der Kaiser sich verpflichtete, im Kriegsfall Mainz jährlich Subsidien von 100 000 Gulden zu zahlen und darüber hinaus die Reichsabgaben der benachbarten Stände dem Erzstift zuzuwenden. Mainz trat dafür im kurz zuvor ausgebrochenen Spanischen Erbfolgekrieg auf die Seite des Kaisers.⁶⁷ Angesichts der drohenden Kriegsgefahr hatten im August 1701 erste Verhandlungen der vorderen Reichskreise begonnen. Auf Lothar Franz' maßgebliche Initiative schlossen sich im März 1702 die Kreise Kurrhein, Oberrhein, Franken, Schwaben, Niederrhein-Westfalen und Österreich zur Nördlinger Assoziation zusammen. Die Assoziation, der auch der Kaiser über den Österreichischen Kreis angehörte,[68] trat der großen antifranzösischen Allianz von Großbritannien, Generalstaaten, Preußen, Hannover, Portugal und Savoyen als eigene politische Kraft bei.[69]

Als Haupt der Nördlinger Assoziation entfaltete Lothar Franz besonders in den ersten Jahren des Spanischen Erbfolgekrieges geradezu hektische Aktivitäten, um eine möglichst genaue Abstimmung mit den Bündnispartnern sicherzustellen. Dieser Umstand bescherte Damian Hugo seine erste diplomatische Mission. Er war zwar seit 1703 Landkomtur der Deutschordensballei Hessen, hielt sich aber verständlicherweise lieber am Mainzer Hof, einer Drehscheibe der Reichspolitik, als in der etwas abgelegenen Balleiresidenz zu Marburg auf. Als im November 1703 in der Schlacht am Speyerbach (bei Dudenhofen westlich von Speyer) ein deutsches Truppenkontingent vernichtend geschlagen wurde, fürchtete Lothar Franz um die mittel- und oberrheinischen Territorien und schickte den zum kurmainzischen Geheimen Rat ernannten Damian Hugo nach Hannover, um den Kurfürsten um Hilfe auf dem südlichen Kriegsschauplatz zu bitten. Tatsächlich erhielt Damian Hugo die Zusage über ein größeres Kontingent hannoverscher Truppen. Im April 1704 reiste der junge Schönborn mit ähnlichem Auftrag nach Kassel. Wie der Kurfürst sollte auch der Landgraf von Hessen-Kassel dazu bewogen werden, seine Truppen am Rhein einzusetzen. Landgraf Karl sträubte sich zunächst, da er seine Armee, wie ursprünglich geplant, lieber an der Mosel stationiert hätte, wo auch die Armee der Generalstaaten operieren sollte. Nachdem sich aber Hannover für die Operation am Oberrhein entschieden hatte, folgte auch der Landgraf der Bitte von Lothar Franz. Als die hessen-kasselschen Truppen nach Süden zogen, sorgte der Neffe für die Lieferung von Proviant und Futter.[70] Die militärische Stärke der Allianz wurde im oberrheinisch-süddeutschen Raum entscheidend gestärkt. In der Schlacht bei Höchstädt 1704 wurde die französisch-bayrische Armee vernichtend geschlagen. Später bemerkte Damian Hugo, er habe mit seinen Missionen nach Hannover und Kassel den Grundstein dieses Erfolges gelegt.[71] Natürlich überschätzte er seine Rolle damit entscheidend, denn daß die Allianz ihre Armee in den Süden des Reiches schickte, lag weniger an dem Einsatz des kleinen Ordensritters Damian Hugo oder des Erzbischofs von Mainz als an der nachdrücklichen Forderung des militärischen Genies Prinz Eugen.[72]

Im August 1704 sollte Damian Hugo zunächst nach Berlin reisen, wurde dann aber von Lothar Franz in das Feldlager vor der Festung Landau geschickt, die im Herbst 1704 erneut von deutschen Truppen belagert wurde. Er sollte mit den Befehlshabern der dort stehenden alliierten Truppen über die Winterquartiere verhandeln. Lothar Franz wollte den hannoverschen Truppen Winterquartiere in seinem Territorium anbieten, da sie sich durch gute Disziplin auszeichneten,[73] aber auch, so darf man ergänzen, weil er sie an das Erzstift zu dessen besserem Schutz binden wollte. Bei allem Unbehagen gegenüber den armierten Ständen nahm man ihre „Armatur" gerne in Anspruch, wenn Ungemach drohte. Zu dieser Zeit, im Oktober 1704, hielt sich auch der spätere Kaiser Joseph I. im Lager vor Landau auf. Damian Hugo schrieb später, er habe die „*gantze Landauer Belagerung*" mitgemacht[74] ja er sei sogar nach Landau geschickt worden, um den späteren Kaiser „*in allen Vorfallenheiten mit Rath und That ahn Handen zu gehen*"[75]. Offensichtlich wurde der junge Schönborn, der sich vermutlich drei bis vier Wochen in Landau aufgehalten hat, also auch als Verbindungsmann des Mainzer Kurfürsten zum künftigen Reichsoberhaupt eingesetzt. Militärisch hat er sich sicherlich nicht betätigt. Aber der ständige Kontakt mit dem Habsburger Thronfolger bildete natürlich wiederum einen wertvollen Pluspunkt in Damian Hugos Karriere. Die erste Grundlage für seine diplomatische Tätigkeit in kaiserlichen Diensten einige Jahre später war damit geschaffen.

Im Jahre 1705 übernahm Damian Hugo keine Mission, vermutlich weil er seinen Pflichten als Landkomtur in Hessen nachkommen wollte, hatte er doch gleich im Januar seinem Onkel geschrieben, er wolle seine Ballei visitieren.[76] 1706 hingegen stand er der Kurmainzer Diplomatie wieder zur Verfügung. Lothar Franz wollte ihn zunächst damit beauftragen, den schweren Konflikt beizulegen,[77] der wegen der Italienpolitik Wiens zwischen Kaiser und Papst entstanden war.[78] Die Mission kam nicht zustande, vermutlich weil Wien an einem solchen diplomatischen Schritt nicht interessiert war, aber immerhin zeigt die Absicht des Erzkanzlers, seinen Neffen einzusetzen, daß er diesen auf Grund seiner bisherigen Erfahrung für sehr wohl befähigt hielt, die zweifellos heikle Aufgabe auch erfolgreich zu lösen.

Lange war Lothar Franz unschlüssig, welche Politik er im Streit um die Kurwürde für Hannover, die sogenannte Neunte Kur, verfolgen sollte.[79] Einerseits stand er der Standeserhebung eines mächtigen protestantischen Fürsten mit großer Reserve gegenüber, andererseits wußte er, daß man den Hannoveranern die vom Kaiser versprochene Würde nicht vorenthalten konnte, ohne das Reich in eine schwere Krise zu stürzen. Der Opposition vieler katholischer und protestantischer Fürsten in dieser Sache schloß er sich nicht an, obwohl er mit ihnen zumindest darin übereinstimmte, daß der Kaiser nicht einfach über die Köpfe der Fürsten hinweg eine Kurwürde vergeben konnte. Ohne eine gewisse Mitwirkung der Kurfürsten wie der Fürsten und ohne Garantien, daß die katholische Seite im Kurfürstenkolleg stets in der Mehrheit sein werde, wollte er Hannover die Kurwürde nicht zugestehen. Nach der Vertreibung des Kurfürsten von Bayern, des schärfsten Gegners Hannovers, im Jahre 1704, gab es genügend Raum für eine gütliche Regelung. Als nun Hannover selbst Lothar Franz um Unterstützung bat, eröffnete sich für den Mainzer die Chance, die Aufnahme Hannovers in das Kurkolleg nach den Wünschen der katholischen Fürsten gestalten zu können. Im April 1706 schickte Lothar Franz seinen gründlich instruierten Neffen Damian Hugo nach Hannover, um die Haltung von Kurmainz und den anderen katholischen Kurfürsten, deren Meinung Lothar Franz eingeholt hatte, hinsichtlich der Aufnahme („Introduktion") Hannovers in das Kurkolleg darzulegen.[80] Wichtigste Bedingung der katholischen Fürsten für ihre Zustimmung war die Wiederzulassung („Readmission") Böhmens im Kurkolleg, da in diesem Fall die katholischen Kurfürsten die Mehrheit behielten, selbst wenn Kurpfalz an eine protestantische Linie des Kurhauses fiel.

Damian Hugo wurde in diesem Zusammenhang aber auch eine weitere, sehr wichtige Angelegenheit anvertraut. Von Hannover sollte er nach Wolfenbüttel reisen, um dem Projekt der „Spanischen Heirat", das laut Lothar Franz, gerade *„in der Stille"* lag, neuen Anstoß zu geben.[81] Die Idee, Karl III. von Spanien, den Bruder Kaiser Josephs I. und späteren Kaiser Karl VI., mit einer welfischen Prinzessin zu vermählen, stammte nicht von den Schönborns, wurde aber von ihnen aufgegriffen und von Lothar Franz, Friedrich Karl und Damian Hugo gemeinsam und mit Erfolg verwirklicht[82]. Herzog Anton Ulrich von Braunschweig-Wolfenbüttel war grundsätzlich bereit, seine Enkelin Elisabeth Christine einem Habsburger zur Frau zu geben, um dem Ruhm des eigenen Hauses, der gegenüber den Vettern in Hannover verblaßt war, neuen Glanz zu verleihen. Anton Ulrich störte es nicht, daß seine Enkelin katholisch werden mußte. Er war dem katholischen Glauben gegenüber sehr aufgeschlossen und konvertierte später selbst. Damian Hugo sollte das Heiratsprojekt voranbringen und zu diesem Zweck auch Elisabeth Christine vor Ort in Augenschein nehmen, d. h. auf die *„Constitution des Leibes"*, ihren *„Humor"* (Charakter) und ihre möglichen *„defecta"* achten. Eindringlich erinnerte Lothar Franz seinen Neffen daran, daß das Eheprojekt der Erhaltung des Hauses Österreich, aber auch der Wahrung des Friedens im Reich und in ganz Europa diene.[83] Wieder einmal wird der Leitgedanke Schönbornscher Politik greifbar: Erhaltung des Reiches. Lothar Franz besaß genug politischen Weitblick, um zu erkennen, daß ein Krieg um die Österreichische Erbfolge, der ausbrechen würde, wenn das Haus Habsburg keinen männlichen Erben besaß, das Reich verwüsten und gerade die geistlichen Territorien gefährden mußte. Tatsächlich wurden später während des Österreichischen Erbfolgekrieges konkretere Säkularisationsprojekte formuliert.

Mit dem Titel eines kurmainzischen *„Obristcammerherrn und Obermarschall"* reiste Damian Hugo am 13. April 1706 von Mainz ab. Über Friedberg, Gießen und Marburg fuhr er zunächst nach Neuhaus (bei Paderborn), um dem Bischof von Paderborn seine Aufwartung zu machen. Am 17. April gelangte er über Hameln nach Hannover. Bereits am nächsten Tag legte Damian Hugo der Geheimen Konferenz eine aus 18 Punkten bestehende Denkschrift von Lothar Franz zur Kurfrage vor. Verhandlungen im eigentlichen Sinne hat er nicht geführt. Die Geheime Konferenz des Kurfürsten beriet über die Denkschrift ohne den Schönborn, der aber für Nachfragen zur Verfügung stand. Damian Hugo hatte daher Gelegenheit, sich in ausführlichen Gesprächen mit dem Kammerpräsidenten Görtz und dem Geheimen Rat Bernstorff über die politische Lage in Norddeutschland zu orientieren. Dabei erfuhr er mit großer Zufriedenheit, daß auch Hannover das Ausgreifen Preußens nach Franken (Markgrafschaft Ansbach-Bayreuth) mit Mißtrauen beobachtete, taten doch die Schönborns alles, um Preußen aus ihrem fränkischen Umfeld herauszuhalten. Von einem katholischen Adligen erfuhr Damian Hugo Genaueres über die Lage der Katholiken im Kurfürstentum Hannover. Er traf auch Agostino Steffani, Bischof von Spiga, später Apostolischer Vikar in Norddeutschland, der wie Damian Hugo in Sachen Spanische Heirat unterwegs war, seine Mission aber vor Damian Hugo zunächst geheimhielt. Später sollten Damian Hugo und Steffani die Interessen der norddeutschen Katholiken gemeinsam vertreten.

Am 25. April reiste Damian Hugo weiter nach Wolfenbüttel. Er hätte seine Mission lieber heute als morgen beendet, da er, wie er seinem Vater Melchior Friedrich schrieb, nicht recht wußte, wie er sie ausführen solle.[84] Aber die ihm gestellte Aufgabe ließ

Abb. 5: Schloß Salzdahlum.

sich leichter lösen, als er zu hoffen gewagt hatte. Mehr als sorgfältiges Sondieren hatte Lothar Franz von seinem Neffen nicht verlangt, und das gelang Damian Hugo auch. Der Geheime Rat und enge Vertraute des Herzogs, Imhoff, suchte von sich aus das Gespräch mit dem Mainzer Abgesandten und teilte ihm mit, daß Herzog Anton Ulrich in dieser Sache auf die Hilfe von Lothar Franz hoffe. Damian Hugo konnte sich auch ein Bild von Elisabeth Christine machen, soweit die Etikette des Hofes eine genauere Beobachtung zuließ. In seinem Bericht notierte er: *„Sie ist gantz blonde, hatt eine Menge von überauß schönen Haaren, […] hat eine schöne hohe Stirn, zimmlich grose, darbey […] schöne Augen, eine hübsche wohlgesetzete Naaß, das Maul nicht groß, aber auch nicht klein, keine übel gesetzte Zähn […], grose Gefälligkeit und Douceur, doch mit einer Modestie und Höfflichkeit vermischt"*.[85] Am 28. April besuchte Damian Hugo das (heute nicht mehr existierende) Schloß in Salzdahlum mit der reichen Kunstsammlung Anton Ulrichs. Er nahm sich auch die Zeit, seinen Ordensbruder, den Landkomtur von Sachsen, im nahegelegenen Lucklum zu besuchen. Von dort reiste er über Kassel nach Marburg und verbrachte dort einige Tage auf seiner Kommende, bevor er über Friedberg und Höchst nach Mainz zurückkehrte.

Damian Hugos Mission in Hannover und Wolfenbüttel diente der Kontaktaufnahme, der Information und Meinungsbildung als Grundlage für die Entscheidung über ein damals bedeutsames Problem der Reichspolitik und über ein Heiratsprojekt, das europaweite Auswirkungen haben konnte. Daß Lothar Franz derartige Vermittlungsgeschäfte seinem Neffen übertrug, spricht für sein Vertrauen in das diplomatische Fingerspitzengefühl und die weltmännische Geläufigkeit des jungen Mannes, der ja bereits zwei Jahre zuvor in Hannover verhandelt hatte und daher das dortige politische Terrain bereits besser kannte. Damian Hugo hat die ihm gestellte Aufgabe offenbar zufriedenstellend gelöst – sicher ein guter Grund für den Wiener Hof, ihn zwei Jahre später als kaiserlichen Gesandten in den hohen Norden während einer kritischen politischen Entwicklungsphase zu schicken. Soweit es das Problem der neunten Kurwürde betraf, wurde Hannover im Sommer 1708 nach siebzehnjährigem Bemühen in das Kurkolleg aufgenommen. Damian Hugos Besuch in Wolfenbüttel konnte dem Projekt Spanische Heirat einen neuen Anstoß geben. Anton Ulrich verließ sich in dieser Sache vertrauensvoll auf die Familie Schönborn. Die *„hispanische Heurath"* stehe gut, konnte Lothar Franz bereits im Juli 1706 erfreut feststellen.[86] Am 8. Dezember 1706 konvertierte Elisabeth Christine. Da Anton Ulrich eine grundlegende Unterweisung seiner Enkelin im katholischen Glauben wünschte, bat er wiederum Lothar Franz um Hilfe, der diese und andere Angelegenheiten in Rom und Wien erledigte. Er hoffe, schrieb Damian Hugo im März 1707, daß das Eheprojekt, auf das er viel Arbeit verwendet habe, bald mit Erfolg abgeschlossen werden könne, damit das Vaterland *„möge consoliert"* werden.[87] Am 1. Mai 1707 trat Elisabeth Christine in Bamberg nochmals öffentlich und feierlich zum katholischen Glauben über. Damian Hugo wohnte der Feierlichkeit bei. Am 23. April 1708 wurde die Ehe zwischen Karl III. von Spanien und Elisabeth Christine geschlossen. Wider alle Hoffnung schenkte Elisabeth Christine dem Haus Habsburg keinen männlichen Erben; sie wurde Mutter der ruhmreichen Maria Theresia.

Abb. 6: Elisabeth Christine als Kaiserin.

3. Die Jahre in Norddeutschland (1708–1716)

3.1. Aufstieg zum kaiserlichen Gesandten

Im Jahre 1706 war Damian Hugo bereits wohlbestallter Ordensritter und Landkomtur mit weiteren hervorragenden Perspektiven einer Karriere im Deutschen Orden. Er hätte also ganz im Ordensdienst aufgehen und gegebenenfalls die militärische Laufbahn einschlagen können. Viele Ritter hatten es bis zu hohen Offiziersrängen gebracht. Den Rang eines Hauptmanns hatte Damian Hugo bereits im Schönbornschen Regiment erworben, wenn auch eher als formale Charge ohne wirkliche militärische Erfahrung. Ob er 1706 genauere Pläne für seine Zukunft hatte, ist kaum auszumachen. Tatsächlich war die Familie Schönborn dank ihrer inzwischen erreichten Stellung sehr wohl in der Lage, bei guter Gelegenheit einem der Ihren ein Amt oder eine Würde zu verschaffen, wenn er nur beherzt zugriff.

Von sich aus hatte Damian Hugo zunächst kein Interesse am Posten eines kaiserlichen Gesandten beim Niedersächsischen Kreis. Die Initiative ging vom Onkel Lothar Franz aus. Als der kaiserliche Gesandte beim Niedersächsischen Kreis, Graf Eck von Hungersbach, im September 1706 starb, schrieb Lothar Franz sofort an Friedrich Karl nach Wien, dieses vakant gewordene Amt könne sehr gut von Damian Hugo ausgefüllt werden. Friedrich Karl solle doch bei Gelegenheit mit dem Kaiser darüber sprechen.[88] Friedrich Karl unternahm erste Schritte, warnte aber vor großen Schwierigkeiten, da ein Graf Galen eine Anwartschaft besitze.[89] Lothar Franz beruhigte seinen Neffen. Man solle aus dieser Sache *„eben keine Affäre"* machen. Wenn es ohne größere Mühen ginge, könne man es versuchen, wenn es aussichtslos sei, solle man es lassen, zumal Damian Hugo nur wenig Interesse zeige.[90] Ein Jahr bewegte sich nichts in dieser Angelegenheit, weil es Wien mit der Ernennung eines Nachfolgers für Eck nicht eilte. Damian Hugo aber begann sich inzwischen für den Posten zu erwärmen. Er bat den Hochmeister des Deutschen Ordens um entsprechende Empfehlung bei der Kaiserin und bei der Witwe des verstorbenen Kaisers. Drei Mitbewerber, die Grafen Rosen, Reventlow und Rantzau, boten der Hofkammer für ihre Ernennung 50 000 bis 100 000 fl.[91] Auch die Schönborns sollen, neben dem Rückgriff auf ihre exzellenten Verbindungen, Geld zu Hilfe genommen haben. Graf Reventlow, Mitbewerber und später diplomatischer Gegenspieler Damian Hugos, berichtete, die Familie Schönborn habe dem Grafen (!) Lamberg für dessen Dienste 20 000 fl. angeboten.[92] Tatsächlich besaß die Familie Schönborn zu Leopold Matthias Fürst von Lamberg, einem Favoriten Kaiser Josephs I., gute Beziehungen, die sicherlich von Vorteil waren.[93] Ob wirklich Geld geflossen ist, sei dahingestellt; nur Reventlow sprach davon, und der war den Schönborns nicht gerade wohlgesonnen. Entscheidend für Damian Hugos Erfolg war vermutlich sein persönliches Erscheinen in Wien. Damian Hugo behauptet in seinen autobiographischen Aufzeichnungen von 1718, er habe das Ver-

Abb. 7: Kaiser Joseph I. Er schickte Damian Hugo als seinen Gesandten nach Norddeutschland.

trauen des Kaisers gewonnen, als er im August 1707 in Wien als Vertreter des Hochmeisters die Reichslehen des Deutschen Ordens in Empfang nahm.[94] Immerhin hatte Joseph I. ihn bereits 1704 bei der Belagerung von Landau näher kennengelernt. Am 12. November 1707 wurde der Schönborn zum Kaiserlichen Gesandten beim Niedersächsischen Kreis ernannt.[95]

Mit der Berufung Damian Hugos zum Gesandten verband die Familie wohl keine weitergehenden Absichten im Norden des Reiches. Dieser Raum lag außerhalb ihrer unmittelbaren Interessensphäre. Ihre Welt war der katholische Süden und Südwesten mit den reichsritterschaftlichen Territorien und den Erz- und Hochstiften, welche die Grundlagen ihres Aufstieges und ihrer gerade erreichten einflußreichen und glanzvollen Position bildeten. Für die Interessen des Reiches aber ließ sich auch im Norden Deutschlands wirken. Die Stände des Niedersächsischen Kreises zählten schon längst nicht mehr zu den Kernregionen des Reiches. Zum Niedersächsischen Kreis gehörten das Kurfürstentum Hannover, die Herzogtümer Braunschweig-Wolfenbüttel, Holstein, Bremen, Magdeburg, Mecklenburg-Schwerin, Mecklenburg-Strelitz, das Fürstentum Lübeck, das Hochstift Hildesheim, das Stift Gandersheim, die Grafschaft Rantzau sowie die Städte Hamburg, Lübeck, Bremen, Goslar, Mühlhausen und Nordhausen.[96] Es handelte sich nach süddeutschen Maßstäben um große, aber vergleichsweise dünn besiedelte Territorien. Mit Ausnahme des Hochstiftes Hildesheim rechneten alle genannten Reichsstände zur protestantischen „Partei". In Personalunion waren das Herzogtum Bremen mit Schweden, das Herzogtum Magdeburg mit Brandenburg und ein Teil des Herzogtums Holstein mit Dänemark verbunden. Der Kurfürst von Hannover hatte gute Aussicht auf die Krone Englands. Außer dem Hochstift Hildesheim, dem Fürstentum Lübeck und dem Stift Gandersheim gab es keine geistlichen Territorien, ritterschaftliche Herrschaften fehlten ganz. Mit Lübeck, Bremen und Hamburg gehörten dem Kreis wohlhabende Stände an. Das Nebeneinander mächtiger Stände bildete eine besondere Eigenart des Niedersächsischen Kreises, die schon den Zeitgenossen auffiel. So schrieb Bilderbeck 1715: *„Dieser Crais ist einer der mächtigsten, weil drinnen die beiden nordischen Cronen, der König von Preußen, das mächtige Haus Braunschweig-Lüneburg und andere considerable und ahnsehnliche Stände zu befehlen haben, hat auch darinne gantz was besonders, daß er aus mehrentheils mächtigen und ahnsehnlichen Staaten bestehet und wenig niedrige und schwache Stände darinnen befindlich sind".*[97]

Es ging der Familie Schönborn also nicht um eine Stärkung des Kaisers im Norden, die sie gleichsam selbstlos in genau abgestimmten Aktionen zwischen Damian Hugo, Friedrich Karl und Lothar Franz ins Werk setzen wollte. Das war ohnehin nötig, wenn der Gesandte vor Ort halbwegs erfolgreich arbeiten wollte. Noch weniger wollte sie bestimmte Akzente in der norddeutschen und nordeuropäischen Politik Wiens setzen. Dergleichen ergab sich erst im Laufe der Gesandtschaft, z. B. in Mecklenburg. Einzige Absicht war es, einem Schönborn ein Amt zu verschaffen, das, wenn es zufriedenstellend besorgt wurde, zu weiterem Aufstieg verhalf. So hatte Damian Hugos Vorgänger als Anerkennung seiner treuen Dienste den Grafentitel erhalten. Die Hilfe, die der Kaiser Damian Hugo später bei der Erlangung der Kardinalswürde

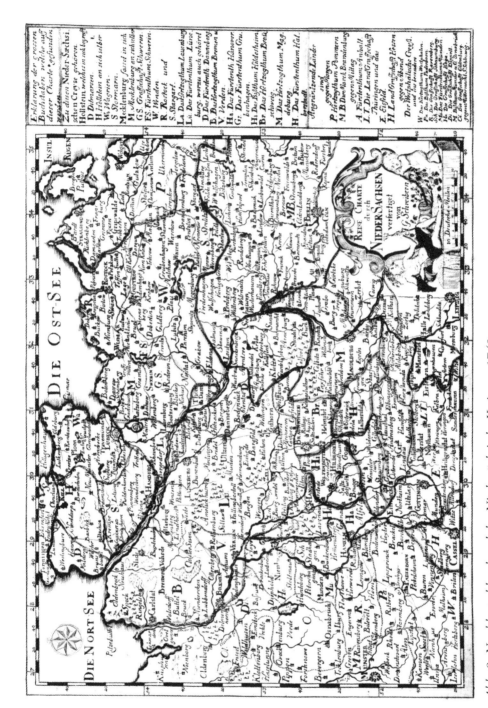

Abb. 8: Norddeutschland und der Niedersächsische Kreis um 1749.

gewährte, ist wohl auch als Gegenleistung für dessen Wirken in Norddeutschland zu verstehen.[98] Ein leichtes Amt hatte der Schönborn nicht übernommen, und er war sich dieser Tatsache sehr wohl bewußt. Immerhin war er seit seiner Mission in Hannover und Wolfenbüttel mit den norddeutschen Verhältnissen einigermaßen vertraut. Es werde seinem Bruder an „*Verdries- und Beschwerlichkeiten nicht mangeln*", warnte Friedrich Karl.[99] In diesem Teil des Reiches sei „*fast kein Kaiser mehr bekannt*".[100] Wie schwer mußte es dann erst der Vertreter des Kaisers haben, besonders wenn neben den üblichen Mühen diplomatischer Tätigkeit die krisenhaft zugespitzten Verhältnisse in Norddeutschland und Nordeuropa besondere Wachsamkeit und besonderes Engagement erforderten?

Zu der Zeit, als die große Allianz im Westen mit Frankreich rang, war im Norden Europas durch die ebenso aggressive wie ziellose Politik König Karls XII. von Schweden der Nordische Krieg ausgebrochen, der in das Reich hineingetragen wurde. Nach großen Erfolgen (Friede von Altranstädt 1706) mußte Karl in der Schlacht von Poltawa 1709 eine schwere Niederlage hinnehmen, von der er sich nicht wieder erholte. Dagegen konnte der Herzog von Hannover (Braunschweig-Lüneburg) seine Macht kräftig ausweiten. Er wurde nicht nur Kurfürst (1708), sondern ihm fiel 1714 sogar die englische Krone zu. Der Kurfürst von Brandenburg hatte bereits 1701 den preußischen Königstitel angenommen. Hannover und Brandenburg-Preußen sicherten sich aus der Konkursmasse der demontierten Großmacht Schweden das Herzogtum Bremen bzw. Vorpommern. Unter Zar Peter I. trat Rußland in seinem Drang nach Westen erstmals auf die Bühne der europäischen Politik. Neben dem dramatischen Verfall einer der führenden Mächte im Ostseeraum beunruhigten die inneren Konflikte des Herzogtums Mecklenburg-Schwerin und der Grafschaft Rantzau, aber auch der ungeklärte Status des Herzogtums Schleswig-Holstein-Gottorf den Norden, auch weil sie die rivalisierenden Mächte zum Eingreifen reizten, und in Hamburg schwelte seit mehr als 50 Jahren der Verfassungskonflikt zwischen dem Rat und einer unruhigen Fraktion in der „Bürgerschaft".

3.2. 40 000 unbändige Bürger. Die Hamburger Kommission

Die Tätigkeit als Kaiserlicher Gesandter in Hamburg gilt mit gutem Grund als besonders bemerkenswerte Leistung Damian Hugos. Nichts in seinen norddeutschen Jahren hat so sehr sein Engagement und seine Hingabe verlangt wie die Befriedung der durch innere Unruhen zerrütteten Reichs- und Hansestadt. Nirgendwo war er erfolgreicher als dort, allen Widerständen und Gefahren zum Trotz.

Seit 1650 kämpften in der alten Hansestadt Rat und „Bürgerschaft" um das politische Regiment. Der Streit hatte sich aus kleineren Differenzen um Verfahrensfragen zu einem bürgerkriegsähnlichen Konflikt verschärft. In seiner Endphase wurde er durch religiöse Spannungen zwischen orthodox-lutherischen und eher pietistisch ausgerichteten

Geistlichen überlagert, da die Orthodoxie beim Rat Rückhalt fand, der Pietismus aber in der Bürgerschaft viele Freunde besaß. Zwischen 1666 und 1699 versuchten vier kaiserliche Kommissionen, den Streit beizulegen, hatten jedoch nie mehr erreicht als eine gewisse Beruhigung für die Dauer ihrer Anwesenheit. Über die Ursachen des Konflikts gibt es keine völlige Klarheit. Augner sieht in der sich verändernden Zusammensetzung der „Bürgerschaft" den Grund: Dieses an dem Stadtregiment beteiligte Gremium wurde zunehmend von Kleinbürgern und Handwerkern dominiert und geriet so wie von selbst in ein von Konkurrenz und Gegensatz bestimmtes Verhältnis zum Rat, dessen Mitglieder dem Patriziat entstammten. Die mehrdeutigen, teilweise sogar widersprüchlichen Rezesse noch aus der Zeit relativer Eintracht zwischen den beiden Gremien wurden besonders von der Bürgerschaft zunehmend den eigenen Interessen entsprechend ausgelegt. Demnach sollte der Rat nur noch ausführendes Organ der Bürgerschaft sein.[101] Rückleben hat ergänzend gezeigt, daß die Exponenten der unruhigen Bürgerschaft vor allem aus einer Gruppe wirtschaftlich und gesellschaftlich erfolgreicher Bürger kamen, die trotz ihres Aufstiegs keine oder nur geringe Aussichten hatten, in den Kreis ratsfähiger Familien oder gar in den Rat selbst aufzurücken.[102] Die Zeitgenossen hingegen sahen in den Unruhen nur den Aufstand des „Pöbels". So hieß es in den 1710 erschienenen Electa juris publici: „*Die Beschwehrlichkeiten, welche denen in demokratischen Regiments-Verfassung stehenden Republiquen anhangen, daß nehmlich Hanß Omnis, das ist der gröste Hauffe, welcher selten den klügsten Theil ausmacht, offt mehr in Credit stehende und mit blinder Affection angesehene Treiber, angereizt wird, hat die gute Stadt Hamburg einige Jahre her mehr als zu viel erfahren*".[103] So scheint auch Damian Hugo gedacht zu haben. Wenn er sich überhaupt über die Ursachen der Unruhen äußerte, sprach er verächtlich von „*Tumultanten*", die sich gegen die Obrigkeit, den Rat, erhoben hätten.

1707 war der eingeschüchterte Rat praktisch entmachtet. Die unruhige Bürgerschaft und ihre Exponenten Hans Witte und Christian Krumbholtz, Pastor der St. Peterskirche, hatten sieben Ratsherren aus dem Amt gejagt.[104] Kurtzrock, kaiserlicher Resident in Hamburg, schilderte in seinen Relationen die Lage der Stadt in den dunkelsten Farben.[105] Der Kaiser und die Stände des Niedersächsischen Kreises sahen sich zum Eingreifen gezwungen, wenn auch aus sehr unterschiedlichen Motiven. Brandenburg-Preußen waren die von Hamburg zu zahlenden Reichssteuern vom Kaiser abgetreten worden. Die willkommenen Mittel für die eigene Armee aber fürchtete Berlin zu verlieren, da die vom Chaos heimgesuchte Stadt an der Elbe fast zahlungsunfähig war. Der königlich-dänische Historiograph Christoph Heinrich Amthor hat später Brandenburg-Preußen sogar als treibende Kraft bei der Einsetzung der Kommission bezeichnet.[106] Allgemeinere machtpolitische Motive bewegten andere Kreisstände: In ihrer Defensivallianz von 1707 vereinbarten die Herzogtümern Bremen (Schweden), Schleswig-Holstein-Gottorf und Braunschweig-Wolfenbüttel in einem Zusatzartikel, für die Erhaltung *(„conservanda")* und Ruhe der Hansestädte zu sorgen, damit diese nicht in fremde Hände gerieten.[107] Im Falle Hamburgs fürchteten sie vermutlich, daß Dänemark, wie schon früher geschehen, die labile Lage der Hansestadt für seine Zwecke ausnutzen werde. Auch Hannover sah in Dänemark eine Gefahr, wenn es sich über

Hamburg an der Elbe festsetzte, während Hannover seinerseits gerade versuchte, mit Harburg einen eigenen Überseehafen aufzubauen, und daher in Hamburg einen Konkurrenten erblicken mußte.[108] Die Schwäche Hamburgs drohte die durch den Nordischen Krieg gespannte Lage in Norddeutschland zu verschärfen; zumindest fühlte sich jede Macht durch ihr Mißtrauen gegen die anderen genötigt, dafür zu sorgen, daß diese keinen Gewinn aus der Affäre schlugen. Der Kaiser trug als Reichsoberhaupt eine besondere Verantwortung für die Reichsstädte, die ja in einem besonderen Sinne seine Städte waren. Einem Kaiser wie Joseph I., der auf eine Stärkung seiner Stellung im Reich bedacht war, bot sich nun die Möglichkeit, aller Welt zu zeigen, daß er trotz Schwächung und Marginalisierung seiner kaiserlichen Macht auch im Norden immer noch präsent und handlungsfähig war. Nicht zuletzt hatte Wien aber auch ganz reale handelspolitische Interessen. Die Handelswege in den habsburgischen Ländern sollten in den Norden, nach Hamburg ausgedehnt werden, u. a. sollten die schlesischen Stoffe über die Elbstadt in die Welt gelangen. Schließlich motivierte Wien der geradezu märchenhafte Reichtum der Stadt, die mehr Reichssteuern zahlte als mehrere süddeutsche Reichsstände zusammen. Ein solcher Schatz durfte nicht in fremde Hände geraten.[109]

Obwohl also genug gute Gründe zum schnellen und energischen Eingreifen vorlagen, ließ sich Wien viel Zeit. Nach den ersten Berichten des Residenten Kurtzrock legte Reichsvizekanzler Friedrich Karl im Mai 1707 ein Gutachten vor, in dem er die Entsendung eines kaiserlichen Gesandten nach Hamburg empfahl. Er dachte dabei

Abb. 9: Hamburg im frühen 18. Jahrhundert.

an keinen anderen als an Damian Hugo, der bereits zum kaiserlichen Vertreter beim Niedersächsischen Kreis ernannt, aber noch nicht mit Instruktionen versehen worden war.[110] Zu Beschlüssen führte Friedrich Karls Initiative nicht. Im November 1707 verlangte der Kaiser ein Gutachten des Reichshofrates über die Hamburger Unruhen. Der Reichshofrat erinnerte an die seit längerem nicht erfüllten finanziellen Verpflichtungen der Stadt gegenüber dem Reich und warnte vor den Gefahren, die diesem wichtigen und blühenden deutschen Handelsplatz durch die inneren Unruhen drohten.[111] In einem zweiten Gutachten vom Januar 1708 bezeichnete der Reichshofrat die Regimentsform der Stadt als Grund des Übels, das Hamburg befallen hatte und nicht loslassen wollte. Die Einrichtung einer Kommission wollte der Reichshofrat jedoch vermeiden. Damian Hugo sollte sich der Sache ohne fremde Hilfe annehmen und erst dann, wenn er es für nötig hielt, mit den Kreisständen eine kaiserliche Kommission bilden.[112] Es vergingen noch einmal drei Monate, bis diese Gedanken umgesetzt wurden. Erst am 2. April 1708 kündigte der Kaiser in einem Reskript an Rat und Bürgerschaft der Stadt Hamburg die Entsendung des Schönborn an, der, wie es vage hieß, die Lage vor Ort prüfen solle.[113] Am 15. April erhielt Damian Hugo, der sich gerade in Mainz aufhielt, Instruktion und Abreisebefehl; am 23. April brach er auf. Wien hatte wertvolle Zeit verschenkt. Der Kreis, der ohnehin dazu neigte, die Sache in eigener Regie und ohne Beteiligung des Kaisers zu regeln, handelte rascher. Besonders Schweden strebte danach, „*ex officio circuli*" vorzugehen. Die Kreisstände Herzogtum Bremen (Schweden), Wolfenbüttel, Hannover und Brandenburg konnten sich auf die Reichsexekutionsordnung von 1555 berufen, wonach Störung des Landfriedens – als solche wurden die Unruhen in Hamburg interpretiert – in die Zuständigkeit der Kreise fiel.[114] Am 25. April warnte Kurtzrock, der Kreis unter Führung der Kreisdirektoren Herzogtum Bremen und Wolfenbüttel wolle selbst initiativ werden.[115] Tatsächlich hatte der Kreis unter dem Datum des 24. April eine Notifikation an den Kaiser geschickt, in dem er sein Vorgehen ankündigte.[116] Für eine rein kaiserliche Kommission war es zu spät. Um die neue Situation noch halbwegs mitzugestalten, installierte Wien eiligst eine gemeinsame Kommission von Kaiser und Kreis unter Leitung des kaiserlichen Gesandten.[117] Wie weit sich der neue Plan verwirklichen ließ, lag nun ganz am Geschick Damian Hugos. Dessen Reise nach Hamburg verzögerte sich zu allem Unglück: Wegen eines Schadens an seinem Wagen traf er erst am 28. April in Marburg ein; am 29. war er in Kassel, wo er vor der Weiterreise den diplomatischen Gepflogenheiten folgend dem Landgrafen seine Aufwartung machte. Als er am 4. Mai Hannover erreichte, mußte er erfahren, daß der Kreis in der Hamburgischen Sache das Heft in die Hand genommen und sein Eintreffen nicht abgewartet hatte. Der Kreis, so der Kurfürst zu Damian Hugo, habe angesichts der Unruhe in der Stadt nicht länger warten können.[118] Nicht ganz ohne Hintergedanken riet er dem kaiserlichen Gesandten, Hamburg aus Sicherheitsgründen nicht zu betreten.[119] Am 7. Mai weilte Damian Hugo in Braunschweig. Zu seiner großen Sorge vernahm er, daß die vier Kreisstände nicht gesonnen waren, die Hamburger Affäre gütlich zu regeln. Er erkannte aber auch, wie uneins die Kreisstände untereinander waren, und das konnte sich für seine eigene Position innerhalb der geplante Kommission als Vorteil erweisen.[120] So fürchtete Wolfenbüttel um die Anerkennung seiner Stellung als Kreisdirektor durch die anderen Stände.[121] Tatsächlich war hier die Bruchstelle, die Damian Hugo später nutzen sollte. Noch aber war er sehr beunruhigt über die Haltung des Kreises. Sein Besuch an den Höfen in Hannover und Braunschweig sowie verschiedene Nachrichten hätten ihm gezeigt, daß der Kaiser und sein Gesandter unerwünscht seien, schrieb er seinem Vater aus Celle, wo er am 12. Mai eintraf. Aber, so Damian Hugo trotzig und entschlossen, es *„muss dahrdurch gegangen werden"*.[122] Er wußte nicht, daß unter den Kreisdirektoren umstritten war, wieweit man ihn an der Kommission beteiligen sollte. Wolfenbüttel glaubte ihn nicht völlig ausschließen zu können, zumal er *„alles gerne mit appliciren wolle"*. Bremen wünschte Damian Hugo zu behandeln wie seinen Vorgänger Graf Eck bei der letzten erfolglosen Kommission in Hamburg: Der Gesandte sollte nicht an den Sitzungen teilnehmen, aber über alles informiert werden. Damit sei der Kaiser damals zufrieden gewesen, betonte die herzoglich-bremische Regierung.[123]

Am 13. Mai erreichte Damian Hugo Bergedorf (östlich von Hamburg). Dort traf er die Mitglieder der Kreiskommission: Güldenstern (Herzogtum Bremen), Du Cros (Wolfenbüttel), Gericke (Brandenburg-Preußen) und Grote (Hannover), die mit etwa 10 000 Mann vor Hamburgs Mauern standen.[124] Er legte dem Vertreter Bremens als Kreisdirektor sein Kreditiv vor und verlangte, bei allen Beratungen und Entscheidungen der Kommission hinzugezogen zu werden.[125] Er nahm im Landhaus des Residenten Kurtzrock zu Billwerder Quartier. Vor allem zwei Probleme mußte er lösen: 1) Er mußte Leiter und Vorsitzender der Kommission werden und durfte sich nicht die geringste Angelegenheit aus der Hand nehmen lassen, um die Kommission des Kreises auf diese Weise zu einer kaiserlichen Kommission umzugestalten. 2) Es war dafür zu sorgen, daß die Kommission als solche überhaupt arbeiten konnte. Abgesehen von der Frage, was sie eigentlich genau tun sollte, um die Unruhen zu beenden, mußte sie erst von Rat und Bürgerschaft Hamburgs anerkannt und in die Stadt eingelassen werden, die ihre Tore einstweilen noch fest verschlossen hielt. Sollte sich die Stadt verweigern, dann bestand die Gefahr, daß die Kreisstände zu Gewalt griffen und Hamburg durch Belagerung und Blockade der Elbe in die Knie zu zwingen suchten. In diesem Fall wäre die ganze Sache für den Kaiser verloren gewesen, da alles in der Hand derjenigen gelegen hätte, die vor Ort die wirkliche Macht besaßen. Schließlich war Dänemark ein nur schwer einzuschätzender Faktor. Als Herzog von Holstein beanspruchte der König von Dänemark die Herrschaft über Hamburg, dessen Reichsfreiheit er nicht anerkannte. Die Einrichtung der Kommission betrachtete er als Verletzung seiner Rechte.[126] Amthor schrieb später (1718) in seiner Darstellung der Hamburger Kommission, der dänische König sei die *„zur Kränkung seiner hohen Gerechtsame abzielende Commission zu hintertreiben eifrigst bemüht gewesen"*.[127]

Was zwischen dem 13. und 31. Mai 1708 zwischen Hamburg, Billwerder und Bergedorf im einzelnen geschah, läßt sich kaum genauer rekonstruieren. Soviel ist sicher: Am 25. Mai einigten sich die Kommissare auf eine Geschäftsordnung, die trotz gewisser Zugeständnisse Damian Hugos dem kaiserlichen Gesandten die von ihm gewünschte Position einräumte: Der kaiserliche Gesandte konnte bei allen Konferenzen von Rat und Bürgerschaft anwesend sein, die Sitzungen der Kommission wurden in seiner Residenz abgehalten, er hatte das erste Votum, bei Stimmengleichheit entschied seine Stimme, er allein durfte die zu bearbeitenden Angelegenheiten auf die Tagesordnung setzen.[128] Dennoch klagte Damian Hugo gegenüber seinem Vater über die *„turbulente(n) allhiesige(n) Negotiationen"*, wo die anderen Mächte anfingen, *„compulsanter"* zu werden. Er besorgte, er könnte mit der Mission scheitern, war aber auch entschlossen, nicht aufzugeben. *„Es heist wohl bei mir, wehm das Waßer ahns Maul gehet, der lehret Schwimmen"*,[129] schrieb er seinem Vater, als er ihm die Diarien zur Beurteilung schickte, in denen er jeden seiner Schritte protokollierte. In dieser Zeit war sein Vater die einzige Hilfe. Zum Rat der Stadt hatte Damian Hugo zunächst keinen direkten Zugang. Das Risiko, das unruhige Hamburg allein und ohne Schutz zu betreten, war ihm offenbar zu groß. Er konnte sich aber der Vermittlung des niederländischen und des britischen Gesandten bedienen, die als Vertreter der wichtigsten Handelspartner Hamburgs großen Einfluß hatten. Sie handelten nach den politischen Leitlinien ihrer Staaten, die aus wirtschaftlichen Überlegungen ein gewaltsames Vorgehen des Kreises verhindern wollten. Damian Hugo bat den britischen Gesandten Robinson, Rat und Bürgerschaft davon zu überzeugen, daß die Kommission in ihrem Interesse sei.[130] Im Grunde gab es von den Interessen her keine Differenzen zwischen Stadt und Kaiser. Für die Furcht der Bürger vor den Kreismächten hatte Damian Hugo volles Verständnis. Der Standpunkt Hamburgs, daß der Kreis nicht Richter über einen Kreisstand sein könne, lag ganz auf der kaiserlichen Linie. Bei einem Treffen mit Abgesandten der Stadt vermochte Damian Hugo offenbar die letzten Bedenken zu zerstreuen. Vermutlich hat er in aller Deutlichkeit zeigen können, wie gut und vorteilhaft die von den Bürgern noch skeptisch betrachtete Kommission war verglichen mit einer militärischen Auseinandersetzung, in der Hamburg unweigerlich unterliegen mußte mit unabsehbaren Folgen für Freiheit und Handel der Stadt. Am 30. Mai 1708 meldete Damian Hugo seinem Vater, er habe das Vertrauen der Großen und Kleinen der Stadt gewonnen. Er triumphiere nun über diejenigen, die die Sache mit Gewalt hätten lösen wollen, damit aber die Kommission unmöglich und den Kaiser lächerlich gemacht hätten.[131] Einen Tag später zog die Kommission mit etwa 5 000 Mann Kreistruppen in die Stadt ein. Die gegen den Rat aufbegehrenden Bürger konnten es nicht verhindern. Die Stadtmiliz, die schon lange keinen Sold mehr bekommen hatte, verweigerte jegliche Verteidigung. Noch von Billwerder aus hatte Damian Hugo mit dem dänischen Residenten Kontakt aufgenommen. Was er mit ihm verhandelte, ist unklar. Jedenfalls verhielt sich Dänemark vorerst ruhig. Mit seiner Anerkennung als Leiter der Kommission, dem Einzug in die Stadt und der Zurückhaltung Dänemarks hatte der Schönborn die ersten entscheidenden Hürden genommen. Ein *„actus"*, so Damian Hugo, sei getan worden *„zur kaiserlichen Auctorität Retablierung in diesem Creys"*.[132]

Doch die neue Lage brachte auch neue Probleme mit sich. Noch war völlig offen, ob Rat und Bürgerschaft tatsächlich zu einer konstruktiven Zusammenarbeit mit der Kommission bereit waren. Die Anwesenheit der Kreistruppen in der Stadt empörte nicht nur die Bürger, sondern wurde auch von Dänemark, Großbritannien und den

Generalstaaten kritisiert. Damian Hugo befand sich in einer Zwickmühle. Einerseits war die Anwesenheit der Truppen eine Gefahr, da so die friedliche Kommission leicht in eine militärische Aktion abgleiten konnte, andererseits brauchte der kaiserliche Gesandte Militär, da die „*Tumultanten*" noch nicht entmachtet waren. Bei seinem Einzug waren die Bürger zwar still, „*die Gesichter und heimbliche Discurs aber desto schlimmer*".[133] Der einzige Bürger, der lautstark protestierte, sei allerdings sofort von der Stadtmiliz verhaftet worden, berichtete er zufrieden. In dieser gefährlichen Situation, in der Damian Hugo alle seine Kräfte anspannen mußte, plagte ihn wieder ein altes Leiden, von dem nicht sicher ist, ob es sich um Malaria oder um eine schwere Magenkrankheit handelte. Er fühlte sich wie eine „*Kindbetterin*".[134] In der Nacht vom 2. auf den 3. Juni konnte die Stadtmiliz die Führer und prominenten Exponenten der aufbegehrenden Bürgerschaft, allen voran den Pfarrer Krumbholtz, verhaften. Die von Damian Hugo befürchtete Rebellion blieb aus.

Das war für die nächsten Monate Damian Hugos letzter Erfolg. Es begann eine Phase quälenden Stillstands zwischen Hoffen und Bangen. Die Ablehnung durch den kaiserlichen Residenten Kurtzrock, der gerne selbst die Kommission geleitet hätte, konnte er leicht verschmerzen. Bedenklicher war dagegen die Schweigsamkeit Wiens. Seine Relationen wurden nicht beantwortet, auf Instruktionen wartete er oft vergebens. Seine Diäten als Gesandter erhielt er nicht. Bis zum Dezember 1708 schuldete ihm die Hofkammer 8 000 fl. Das politische Umfeld im Krisengebiet Norddeutschland war einer ruhigen Kommissionsarbeit nicht günstig. Wegen der Unruhen in der Grafschaft Rantzau erhielt Damian Hugo von Wien einen entsprechenden Kommissionsbefehl. „*Dieses wird wieder lustige Arbeydt geben*" meinte er sarkastisch, entschloß sich aber, das neue Geschäft vorerst schleifen zu lassen, da es seiner Arbeit in Hamburg schaden konnte.[135] Ein großer Faktor der Unsicherheit blieb weiterhin Dänemark. Als der dänische König sich in die etwa 100 km nördlich von Hamburg liegende Festung Rendsburg begab, um dort Truppen zu mustern, wußte Damian Hugo nicht, ob sich die Rüstungen gegen Schweden oder gegen die Kommission richteten. Jedenfalls meinten viele mißgestimmte Bürger, der dänische König wolle sie von der Kommission befreien.[136] Innerhalb der Stadt hatte sich Damian Hugo mit den Anhängern von Krumbholtz auseinanderzusetzen, die hofften, den kaiserlichen Gesandten aus der Stadt jagen zu können. Da sich immer wieder Zwischenfälle ereigneten, ließ er Krumbholtz in ein gut bewachtes Gefängnis überführen. Nichts fürchtete er mehr als blutige Auseinandersetzungen. Der Prozeß gegen Krumbholtz und andere Führer der „*Tumultanten*" kam nur langsam in Gang. Die Verurteilung des Geistlichen zu lebenslanger Haft außerhalb der Stadt (1711) markierte schließlich den endgültigen Sieg über die unruhigen Bürger.

Die Arbeit der Kommission, die von all diesen Unwägbarkeiten gefährdet wurde, hatte indessen noch gar nicht richtig begonnen, abgesehen von einigen unbedeutenden Sitzungen. Die Kommissare konnten sich über die Rangfolge untereinander nicht einigen. Die Frage besaß deshalb Bedeutung, weil sie die politische Reputation der vertretenen Fürsten betraf. Die Herzogtümer Bremen und Wolfenbüttel achteten peinlich genau auf ihren Rang als Kreisdirektoren. Um ihn zu behaupten, mußte die

Kommission als Kommission des Kreises arbeiten. Hannover dagegen wollte eine Kommission des Kaisers, da seinem Gesandten als Vertreter eines Kurfürsten dann der zweite Rang nach Damian Hugo als Abgesandten des Kaisers zukam. Hannover war in diesem Punkt Damian Hugos natürlicher Verbündeter. Über den Gesandten Wolfenbüttels, Du Cros, konnte sich Damian Hugo nicht genug empören: Du Cros führe sich gegenüber dem Kaiser wie ein gebürtiger Franzose auf.[137] Umgekehrt kritisierten Bremen und Wolfenbüttel in scharfem Ton das Verhalten Wiens und seines Gesandten.[138] Dieser sei ihm feindlich gesonnen, meinte Du Cros, weil er die Rechte seines Herzogs konsequent verteidige.[139] Da sich die Kommissare nicht auf eine Sitzordnung einigen konnten, hielten sie ihre Konferenzen im Stehen ab oder verhandelten schriftlich, sehr zum Vorteil Damian Hugos, da er Mittelpunkt des Schriftwechsels war. Konstruktive Arbeit war unter solchen Umständen aber nur schwer möglich. Rat und Bürgerschaft wurden ungeduldig. Sie mußten die teure Kommission finanzieren, ohne ein Ende abzusehen. Auch Wien, wenn es sich denn einmal bei Damian Hugo meldete, fragte ungeduldig nach dem Fortgang der Arbeit.[140]

Das Leben als kaiserlicher Gesandter in Hamburg hatte für Damian Hugo trotz aller Mühen auch angenehme Seiten. Vom standesgemäßen und kultivierten Lebensstil wich er nicht ab. Während der schwierigen Tage in Billwerder genoß er ausgezeichneten Seefisch, wie er seinem Vater begeistert berichtete. Mit dem hannoverschen Minister Grote ging er im Lauenburgischen auf die Jagd, ein willkommenes „*exercitium corporis*".[141] Auf dem jährlich im Februar stattfindenden Petrimahl von 1709 feierte der Dichter Barthold Heinrich Brockes in einem Gedicht die Kommissare als „*helle Sonnen*".[142] Auf dem Petrimahl von 1711 wurde Damian Hugo zu Ehren eine Serenata gegeben, wo es hieß: „*Daß an Klugheit, Recht und Treu/Schönborn unerschöpflich sei*". Solche Verherrlichungen ließ sich Damian Hugo sicherlich gerne gefallen. Im Dezember 1708 gab er einen Empfang, den er sich 400 Rtlr. kosten ließ. Für den kommenden Winter plante er, einen Ball für die „*Frauenzimmer*" zu veranstalten.[143] Franz Georg, der seinen Bruder 1709/10 in Hamburg besuchte, berichtete höchst angetan von der hervorragenden Unterhaltung und der guten Lebensart, die man in Hamburg habe.[144] Damian Hugos Sache befinde sich in einem „*sehr propren undt wohl eingerichteten Stand*". Sein Bruder stehe in großer „*Estime und Consideration*". Für ihn habe man sogar bis abends 8 Uhr das Stadttor offen gehalten.[145] Ungeachtet vieler Anfeindungen hatte der kaiserliche Gesandte auch Freunde in der Stadt, z. B. den Stadtsyndikus Anderson, den er während der Studienzeit in Leiden kennengelernt hatte. Verschiedene Äußerungen lassen erkennen, daß Damian Hugo mit einiger Erheiterung das öffentliche Interesse an seiner Person registrierte. Amüsiert berichtete er, die protestantischen Hamburger könnten sich nicht vorstellen, daß einer „*in coelibatu*" lebe. Er werde immer wieder gefragt, wer und wo seine Gemahlin sei. Es gehe in der Stadt das Gerücht um, er habe sich seine letzte Kolik zugezogen, weil er mit nackten Füßen eine Messe für die Errettung der Stadt gelesen habe. Dies sei immerhin ein Zeichen, daß man ihm ehrliche Absichten unterstelle.[146]

Trotz vieler Zweifel und Unsicherheiten blieb Damian Hugo während des quälenden Geschäftsstillstandes 1708/09 im großen und ganzen ruhig und gelassen. Sein

Studium des Staatsrechts in Leiden zahle sich jetzt aus, schrieb er seinem Vater voller Dankbarkeit.[147] Schließlich war das Ende der verfahrenen Situation abzusehen, da Bremen und Wolfenbüttel kaum noch die Kraft hatten, ihre Politik fortzusetzen. Die bremische Regierung in Stade riet Stockholm, in der Rangfrage nachzugeben, da sonst Schweden für das Scheitern der Kommission verantwortlich gemacht würde.[148] Spätestens seit der verheerenden Niederlage Karls XII. bei Poltawa 1709 konnte Schweden-Bremen den bisher verfolgten Kurs nicht mehr beibehalten. Wolfenbüttels Stellung war von vornherein um einiges schwächer als diejenige Bremens. Herzog Anton Ulrich hatte zwar die Ehre, Senior des welfischen Hauses zu sein, und hatte inzwischen durch die enge verwandtschaftliche Beziehung zum Kaiserhaus zusätzliches Ansehen gewonnen, sein Herzogtum aber war klein geblieben neben dem aufstrebenden Kurfürstentum seiner Vettern in Hannover, die dem frankreichfreundlichen Wolfenbüttel zu Beginn des Spanischen Erbfolgekrieges eine bittere Lektion erteilt hatten. Zudem begann Wien, Druck auf Anton Ulrich auszuüben. Graf Salm berichtete, der Kaiser habe von den Kreisdirektoren „*nicht die beste Impression*". Der Kaiser sei verstimmt, weil der Kreis so tue, als ob es ihm freistehe, die kaiserliche Kommission anzunehmen oder nicht. Der Kaiser erinnerte die Kreisdirektoren an das Verbot, unter dem Schutz ihres Amtes, nach „*Superiorität oder Jurisdiction über ihre Mit-Stände*" zu streben.[149] Anton Ulrich antwortete zwar mit einer wohlformulierten Darlegung seines Standpunktes, doch der Druck aus Wien war und blieb unangenehm. Im Mai 1709 zeigten sich Bremen und Wolfenbüttel schließlich damit einverstanden, dem kaiserlichen Gesandten Vorsitz und Leitung der Kommission zu übertragen. Der Vertreter Hannovers erhielt den zweiten Rang nach Damian Hugo.[150] Rund ein Jahr nach ihrem Einzug konnte die Kommission mit ihrer Arbeit beginnen.

Ein detailliertes Konzept, wie die Unruhen in der Stadt zu beenden seien und ein dauerhafter Friede aufgerichtet werden könne, verfolgten weder der Kaiser noch die Kreisstände. Anfangs scheint Wien eher an eine Vermittlung zwischen den streitenden Parteien gedacht zu haben; nachdem aber immer dramatischere Meldungen aus Hamburg eintrafen, drängte Wien auf die Bestrafung der „*Tumultanten*" und auf die Wiederherstellung der Regimentsverfassung, wie sie 1666/67 im Windischgrätzer Rezeß festgelegt worden war.[151] Als die Kommissare an die Arbeit gingen, hatten sie relativ große Freiheit bei der Regelung der strittigen Punkte. Keiner von ihnen erhielt aus seiner Residenz inhaltliche oder formale Vorgaben und Weisungen. Daher mußten sie sich nicht auf die Lösung der administrativen und konstitutionellen Probleme beschränken, an denen sich der Konflikt entzündet hatte und faßten ihren Aufgabenbereich auch entschieden weiter. Im November 1709 legte die Kommission ein Schema der zu regelnden Gegenstände vor: geistliches Regiment, Rat, Bürgerschaft, Kollegien, Kammerwesen, Gerichte, Miliz, Bank, Handel, Handwerk, Stadtbedienstete, Privilegien und Gefälle.[152] Dazu hatte die Kommission die Funktion eines obersten Gerichts, das alte und noch nicht entschiedene Verfahren bearbeitete oder in der Zeit der Unruhen gesprochene Urteile kassierte. Damian Hugo hat die Ausgestaltung des eher vagen Kommissionsauftrags zu einer grundlegenden Reform vieler Bereiche des städtischen Lebens nirgendwo ausführlich begründet. Soweit erkennbar, ging es ihm darum, eine gute und dauerhafte Verwaltung bzw. Regierung zu schaffen, wobei man sich, wie er betonte, nicht am Wohlgefallen, sondern an Nützlichkeit und Notwendigkeit orientieren müsse.[153] Nicht nur das Arbeitsprogramm war aufwendig, sondern auch die Arbeitsweise. Die Kommission trat einmal in der Woche zusammen, beriet die einzelnen Gegenstände und formierte sie im Laufe der Jahre zu einem Regelwerk. Der Rat und ein Ausschuß der Bürgerschaft konnten zwar zu dem jeweils ausgearbeiteten Rezeß Stellung nehmen, ihn aber nicht ablehnen. Nach der Anhörung von Rat und Bürgerschaft wanderte der Rezeß zum Reichshofrat nach Wien.

Dabei blieb das politische Umfeld ungünstig und verzögerte den ohnehin nur schleppenden Fortgang der Verhandlungen. Der Nordische Krieg und das diplomatische Ränkespiel sorgten für Unruhe, welche die Aufmerksamkeit der Kommission und der Stadt von dem Bemühen um die Aufrichtung einer dauerhaften innerstädtischen Ordnung ablenkte. Damian Hugo hatte zudem noch andere Aufgaben wahrzunehmen und weilte zeitweise nicht in der Stadt. Je mehr sich die Kommissionsarbeit hinzog, desto ungeduldiger wurden die unmittelbar Betroffenen und die mißgünstigen Beobachter. In den Reihen von Rat und Bürgerschaft gab es Kräfte, welche die Kommission stets mit Mißgunst betrachtet hatten und sie lieber heute als morgen verabschiedet hätten. Ihnen waren die Kommission und die Kreistruppen entbehrlich, nachdem durch die Verhaftung und Verurteilung von Krumbholtz (13. Februar 1711) und anderer führender Köpfe der unruhigen Bürgerschaft die Ruhe wiederhergestellt war. Beim Tod Kaiser Josephs I. im April 1711 hofften sie vergeblich, die Kommission werde ihr Mandat verlieren. Mißtrauisch beobachteten auch Dänemark und Schleswig-Holstein-Gottorf die sich in die Länge ziehende Arbeit der Kommission, der sie von Anfang an feindlich gegenübergestanden hatten. Die Kommission fürchte wohl, zu schnell fertig zu werden, da sie jetzt auch Angelegenheiten der Wirtschaft und der Kirche bearbeite, was doch gar nicht nötig sei, wenn Hamburg wirklich eine freie Reichsstadt wäre, höhnte der gottorfische Diplomat Reventlow.[154] Die Gottorfer Drohungen waren scharf genug, um Rat und Bürgerschaft einzuschüchtern und die innerstädtischen Gegner der Kommission zu stärken. So berichtete Damian Hugo von einem Bürgertag, auf dem Fragen der geplanten Rezesse besprochen werden sollten, einige Anwesende sich aber, ermutigt von den Gottorfer Drohungen, sehr widerspenstig aufführten.[155] Der dänische König verlangte hohe Kontributionen und warnte vor jeder Veränderung der überkommenen Stadtrezesse. Er zog mit einem größeren Heer vor die Stadt und blockierte die Elbe. Der Reichtum Hamburgs hatte von jeher die Begehrlichkeiten der benachbarten Stände geweckt, zumal wenn sie Krieg führten und jede geprägte Münze brauchten. Die von Dänemark befürchtete Änderung der Stadtverfassung zum Nachteil der eigenen Position bezog sich nicht auf bestimmte Rezeß-Paragraphen. Die Anwesenheit der Kommission allein war ärgerlich. Es ist nicht völlig auszuschließen, daß Dänemark gehofft hatte, eine durch innere Unruhen destabilisierte Stadt werde ihm wie eine reife Frucht in den Schoß fallen. Es bedurfte ernsthafter diplomatischer Anstrengungen Wiens, um Dänemark von der Bedrohung Hamburgs abzubringen.

Von dieser Hilfe in großer Not abgesehen, muß das Verhalten Wiens Damian Hugo nachhaltig enttäuscht haben. An das lange Warten auf die von ihm erbetenen

Instruktionen, an die schleppende Bearbeitung der eingesandten Rezesse durch den Reichshofrat und an dessen zum Teil ungerechte und in Unkenntnis der örtlichen Verhältnisse geäußerte Kritik hatte er sich gewöhnt. Bedenklicher war das offensichtliche Wiener Desinteresse an einer ordentlichen und erfolgreichen Arbeit der kaiserlichen Kommission. Die handelspolitischen Überlegungen, die zunächst das neuerliche Engagement bewirkt hatten, spielten nun keine Rolle mehr. Jetzt fürchtete Wien nur noch, Hamburgs Reichskontingent zu verlieren, wenn die Stadt weiterhin die Kommission und die Kreistruppen unterhalten mußte.[156] Indem sich der Kaiser von einem Reichsstand abwandte, der seiner Hilfe in einer schwierigen Lage dringend bedurfte, wurde jedoch der wichtigste Grundsatz der Schönbornschen Politik berührt. Es ging der Familie Schönborn immer darum, das Interesse des Hauses Österreich und des Kaisers am Reich wachzuhalten, da nur so das Reich in seiner überkommenen Struktur bewahrt werden konnte. Die Familie Schönborn dachte natürlich vor allem auch an den Erhalt der reichsritterschaftlichen und geistlichen Territorien, doch wenn es gelang, den Kaiser für das am Rande des Reiches liegende Hamburg zu interessieren, konnte man desto sicherer sein, daß er die süddeutsch-katholischen Territorien nicht im Stich lassen werde. So gesehen war Hamburg ein Prüfstein und zugleich ein beunruhigendes Exempel. Der glückliche Ausgang der Kommission änderte daran nichts, wurden doch die reichspolitischen Bemühungen Damian Hugos um die Wahrung der kaiserlichen Autorität in Hamburg von Wien selbst desavouiert.[157] Damian Hugo hat dem Verlangen Wiens nach baldigem Abschluß der Kommission nicht nachgegeben. Er störe ihn nicht, schrieb er seinem Vater, wenn über die Hamburger Kommission verächtlich gesprochen werde, weil sie so lange dauere. Man rede eben *„injuste"* über die Redlichen. Wer informiert sei, wisse, warum diese Angelegenheit so viel Zeit benötige. Die kaiserliche Visitationskommission des Reichskammergerichts arbeite trotz günstiger Bedingungen schon jetzt sehr viel länger als er, der es mit 40 000 *„unbändigen Bürgern"* zu tun habe.[158]

Im Dezember 1712 endete die Arbeit der Kommission mit der Verabschiedung des Hauptrezesses. *„Was dieses Werck aber von mir gekost, ist nicht zu beschreiben"*, klagte Damian Hugo.[159] Selbst er, der über Jahre nicht müde geworden war, die schwere und aufreibende Arbeit auf sich zu nehmen, drohte am Ende, alles *„ohnausgemachter Dingen"* liegen zu lassen, wenn der Hauptrezeß doch noch scheitern sollte.[160] Wien stimmte dem Ergebnis zu. Der Hauptrezeß, auch *„Schönbornscher Rezeß"* genannt, ordnete fast das gesamte hamburgische Rechtsleben neu. Dem Rat wurde seine alte, unantastbare Stellung wiedereingeräumt, doch ohne Zustimmung der Bürgerschaft konnte er weder Gesetze geben noch Steuern erheben. Wie groß Damian Hugos Anteil an der Ausgestaltung des Hauptrezesses im einzelnen war, sei dahingestellt. Welche Angelegenheiten des städtischen Lebens einer neuen Regelung bedurften, wie die entsprechenden Bestimmungen im einzelnen zu gestalten und zu formulieren waren, darüber scheint es innerhalb der Kommission selbst allerdings keine größeren Diskussionen gegeben zu haben. Damian Hugos Leistung bestand darin, daß die Kommission überhaupt arbeiten konnte, daß sie die ihr gestellte Aufgabe einer friedenstiftenden Neuordnung innerhalb Hamburgs umfassend anging und ihre Tätigkeit nicht eher einstellte, als bis ihr eine allseits akzeptierte Lösung gelungen war. Er war der Steuermann, der das Schiff der Kommission durch alle Stürme, an Riffen und Untiefen vorbei in den sicheren Hafen brachte. Dieser Einsatz sollte sich lohnen. Nach der Kommission gab es in Hamburg keine Unruhen mehr. Der Hauptrezeß, praktisch die Verfassung der Hansestadt, blieb bis 1860 in Kraft.

Zwischen dem glücklichen Ende der Kommission und Damian Hugos Abberufung aus Norddeutschland vergingen noch drei Jahre. Soweit der kaiserliche Gesandte nicht mit den Angelegenheiten des seit 1712 tagenden Braunschweiger Kongresses beschäftigt war oder besondere Missionen auszuführen hatte, hielt er sich in Hamburg auf. Ob aus Pflichtbewußtsein, aus reichspolitischen Überlegungen oder aus Freundschaft für die Stadt, er nahm sich weiterhin ihrer Probleme an. Er mußte mit ansehen, wie Dänemark 136 000 fl. von Hamburg erpreßte. Der Kaiser hielt sich zurück, weil Dänemark inzwischen ein wichtiger Verbündeter Wiens geworden war.[161] Durch persönlichen Einsatz konnte Damian Hugo jedoch die ungeheure Forderung des russischen Generals Menschikov reduzieren, der im Zuge militärischer Operationen während des Nordischen Krieges mit seinem Heer vor die Stadt gezogen war. Der Schönborn besuchte den General in dessen Feldlager nördlich der Stadt und bewog ihn, die Forderung von 900 000 fl. auf 300 000, schließlich sogar auf 200 000 fl. zu senken.[162]

Damian Hugo war nicht eigens wegen der Hamburger Kommission nach Norddeutschland entsandt worden. Ja sie war nicht einmal seine Hauptaufgabe. Er war zuerst und vor allem Gesandter für den ganzen Niedersächsischen Kreis. Noch während er die inneren Verhältnisse der Hansestadt gegen große Widerstände ordnete, mußte er nicht weniger schwierige Missionen in ganz Norddeutschland übernehmen. Im Januar 1709 führte ihn ein kaiserlicher Auftrag nach Mecklenburg.

3.3. Die Mecklenburgischen Wirren

Seit der zweiten Hälfte des 17. Jahrhunderts war Mecklenburg durch Landesteilung, Krieg und den Streit zwischen Herzog und Ritterschaft ein unruhiger Reichsstand.[163] Früher oder später mußte sich der kaiserliche Gesandte mit diesem Land und seinen langwierigen Konflikten beschäftigen. Aber wie im Norden allgemein besaß der Kaiser auch in Mecklenburg nur wenig Einfluß. So hatte der Niedersächsische Kreis 1701 in eigener Regie und gegen das Votum des Kaisers den sogenannten Güstrower Sukzessionsstreit mit dem Hamburger Vergleich beendet. Der Handlungsspielraum für Damian Hugo war also sehr klein.

Der Streit zwischen dem Landesherrn und den aus Ritterschaft und Städten bestehenden Landständen schwelte seit der Regierung Herzog Christian Ludwigs I. (1658–1692). Unter Herzog Friedrich Wilhelm von Mecklenburg-Schwerin (1692–1713) verschärfte sich der Konflikt. Der Herzog suchte ein absolutistisches Regiment durchzusetzen und wollte daher das Steuerbewilligungsrecht der Landstände beseitigen oder wenigstens kräftig beschneiden. Der hartnäckige Widerstand der Landstände, insbesondere der Ritterschaft dagegen hatte den Ausfall der Steuern für Reich und Kreis zur Folge. Spätestens hier waren Kaiser und Kreisdirektorium zum Eingreifen aufgefordert. Kaiser Leopold I. (1658–1705) hatte im Interesse des Reiches Herzog Friedrich Wilhelm in seinen finanziellen Forderungen gegenüber den Landständen unterstützt. Ein Definitivurteil des Reichshofrates hatte diesen befohlen, Gelder für die Erhaltung der Festung Dömitz (im Süden des Landes an der Elbe gelegen) zu bewilligen.[164] Kaiser Joseph I. (1705–1711) zeigte sich dagegen den Beschwerden der Landstände, d. h. vor allem der Ritterschaft, nicht grundsätzlich verschlossen. Der Konflikt zog größere Kreise, als die Ritterschaft Hilfe bei Hannover fand, Herzog Friedrich Wilhelm sich dagegen auf Brandenburg-Preußen stützen konnte: Im März 1708 schloß er ein Bündnis mit Berlin, das seinerseits wegen Erbschaftsansprüchen in Mecklenburg an dem Konflikt interessiert war. Ein Kontingent brandenburgischer Dragoner quartierte sich auf den Gütern des Adels ein.[165] Dessen Beschwerden wiederum alarmierten die Wiener Politik. Der Kaiser befahl in einem Mandat den sofortigen Abzug des Militärs. Reichsvizekanzler Friedrich Karl, Feind der ständefreundlichen Haltung Hannovers, war über die Politik des Herzogs verstimmt. Solche Irritation nutzte die Ritterschaft und erhielt von Wien im Januar 1709 eine Erklärung zum Schutz ihrer Rechte, ein „Conservatorium". Dessen eventuelle Exekution gegen den Herzog wurde nicht dem Niedersächsischen Kreis, sondern ausdrücklich Hannover übertragen.[166]

Noch aber wollte Wien mit dem Herzog nicht völlig brechen. Im Januar 1709 erhielt daher Damian Hugo den Auftrag, nach Schwerin zu reisen, um Friedrich Wilhelm dazu zu bewegen, die Truppen nach Brandenburg zurückzuschicken.[167] Der kaiserliche Gesandte plante seine Mission sorgfältig. Bevor er von Hamburg aus nach Mecklenburg aufbrach, schrieb er Landgraf Karl von Hessen-Kassel, dem Schwiegervater Friedrich Wilhelms, und stellte ihm in aller Deutlichkeit vor Augen, in welch gefährlicher Lage sich der Herzog befand. Sollte sich Friedrich Wilhelm nicht dem Befehl des Kaisers beugen und die Dragoner, die Volk und Adel bedrückten, abziehen lassen, dann müsse er mit der Exekution des Conservatoriums rechnen.[168] Damian Hugos Schritt ist nur auf den ersten Blick überraschend. Zwar gab es zwischen Schreiber und Empfänger des Briefes Spannungen wegen der Ordenskommende Marburg, aber die Familie Schönborn und insbesondere Melchior Friedrich hatten schon seit langer Zeit gute Verbindungen zum Landgrafen. Nun kamen sie der Mission Damian Hugos zugute, denn der Landgraf reagierte positiv. Er freue sich, antwortete er Damian Hugo, daß die Angelegenheit in „*einer meiner guthen Freundten Hände gerathen*" sei, der für „*Justiz undt Billigkeidt*" eintrete.[169] Er selbst scheint seinen Schwiegersohn in der gewünschten Weise beeinflußt zu haben, denn bei dem Treffen des kaiserlichen Gesandten mit Friedrich Wilhelm Ende Februar 1709 in Boitzenburg (im Westen Mecklenburgs an der Elbe) lenkte der Herzog schließlich ein. Er versprach, die brandenburgischen Truppen abzuziehen, und löste das Versprechen umgehend ein. Damian Hugo gegenüber entwickelte er seinen eigenen Standpunkt zu Lasten der Ritterschaft: Diese sei nicht auf den Landtagen in Malchin und Sternberg erschienen, habe ihm die Kontribution vorenthalten und wolle das auch weiterhin tun. Die Ritterschaft müsse zur „*Submission und Erkennung ihres Unfugs*" gebracht werden. Nach dem Abzug der Truppen solle der Reichshofrat das Conservatorium aufheben und zur Beilegung des Streites zwischen ihm und der Ritterschaft eine kaiserliche Kommission einsetzen, bestehend aus dem Herzogtum Bremen, Braunschweig-Wolfenbüttel und Sachsen-Gotha unter dem Vorsitz Damian Hugos.[170] Die Aufhebung des Conservatoriums und die Einsetzung einer Kommission war für den Herzog mehr oder weniger eine Vorbedingung für den Truppenabzug. Im Handumdrehen wurde der Schönborn zum Verfechter der herzoglichen Interessen. Die Kommission stärkte die Position des Kaisers in einem Teil des Reiches, der seinem Einfluß fast völlig entglitten war, wie der Streit um die Güstrower Sukzession gerade erst aller Welt gezeigt hatte. Für Damian Hugo bot sie Gelegenheit, einen verwickelten Knoten auf gütliche Weise zu lösen und sich um Kaiser und Reich verdient zu machen. Die Familie Schönborn konnte, indem sie Herzog Friedrich Wilhelm und Landgraf Karl in ihren Angelegenheiten half, auf deren künftiges Wohlwollen zählen. Das wertvolle Beziehungsgeflecht der Familie wurde erweitert. Melchior Friedrich, Friedrich Karl und Damian Hugo bemühten sich daher umgehend um die Einsetzung einer kaiserlichen Kommission. Sie befanden sich in einer sehr günstigen Position, da Friedrich Karl zwischen 1708 und 1713 nicht nur das Amt des Reichsvizekanzlers, sondern auch dasjenige des Präsidenten des Reichshofrates innehatte. Zur Unterstützung Friedrich Karls beim Kaiser instruierte der Landgraf seinen Wiener Gesandten entsprechend.

Schon im Juni 1709 konnte Damian Hugo feststellen, daß das Kreisdirektorium sich in der mecklenburgischen Frage den Standpunkt des Kaiser zu eigen gemacht hatte.[171] Im September 1709 war an der Einrichtung der Kommission nicht mehr zu zweifeln. Sein Bruder Friedrich Karl und er selbst, so Damian Hugo an Landgraf Karl, hätten den Kaiser bewegen können, ihm, Damian Hugo, eine „*extra judicial Commission*" zu übertragen.[172] Sie hatte den Auftrag, einen gütlichen Vergleich zwischen beiden Parteien zu vermitteln. Wenn sich ein solcher nicht finden ließ, dann sollte die Kommission selbst eine Entscheidung treffen. Konnten sich die Kommissionsmitglieder nicht einigen, so hatte der Kaiser zu entscheiden. Mitglieder waren, wie von Herzog Friedrich Wilhelm gewünscht, das Herzogtum Bremen, Braunschweig-Wolfenbüttel und Sachsen-Gotha[173] – ein Zeichen für die von den Schönborns vermittelte Annäherung zwischen Kaiser und Herzog. Mit Recht stellt Ballschmieter fest, daß es dem Reichshofrat und besonders dem einflußreichen Reichsvizekanzler Friedrich Karl bei dem ganzen Konflikt vor allem um die Anerkennung und Durchsetzung der oberrichterlichen Funktion des Kaisers ging. Hannover und die Ritterschaft hätten die Kommission gerne verhindert, die ihnen von Anfang an suspekt war. Die Ritterschaft hatte ihre Position dank der vorangehenden Verstimmung zwischen Kaiser und Herzog stärken können und zeigte daher an einer Vermittlung kein Interesse, da sie nicht zu Unrecht fürchtete, dem Herzog Zugeständnisse machen zu müssen. Ihr Versuch, Hannover mit in die Kommission zu ziehen, hatte jedoch keinen Erfolg. Friedrich Karl suchte die Ritterschaft mit dem Hinweis zu beruhigen, daß auch Damian Hugo einem ritterschaftlichen Geschlecht entstamme und kein großer Freund Preußens sei. Beides stimmte, vermochte aber die Ritterschaft nicht zu überzeugen. Für sie war die Kommission das Ergebnis einer Bestechung.[174] Von Schönborn-Gegnern wurden derartige Gerüchte kolportiert. So berichtete Reventlow, der Gesandte Schleswig-Holstein-Gottorfs in Wien, von einer großen Geldsumme, die Friedrich Karl erhalten habe. Er habe die mecklenburgische Ritterschaft diffamiert und mit der Einsetzung einer Kommission seinem Bruder Damian Hugo einen „*reichen Fisch-Zug*" ermöglicht, also ihm die Gelegenheit gegeben, mit der Kommission viel Geld zu verdienen.[175] Möglicherweise hat sich Friedrich Wilhelm auf die eine oder andere Weise erkenntlich gezeigt, doch standen Geldgeschenke gewiß nicht am Anfang des Schönbornschen Engagements.

Ende Januar 1711 trat die Kommission in Hamburg zusammen. Zu irgendwelchen Ergebnissen führte ihre Arbeit nicht, da sie mit dem Tod Kaiser Josephs I. am 1. April 1711 ihr Mandat verlor. Was Damian Hugo blieb, war der Haß Hannovers und die gute Beziehung zu Friedrich Wilhelm.[176] Da sein Land mehr und mehr zum Kriegsschauplatz der nordischen Mächte wurde, suchte der Herzog immer wieder bei Damian Hugo Hilfe. Mehrmals bat er ihn, dem Kaiser den traurigen Zustand Mecklenburgs vorzustellen, ihn zum Eingreifen zu bewegen oder ihn seiner Treue zu versichern, weil er regelmäßig in Verdacht geriet, mit den kriegsführenden Staaten insgeheim zu paktieren. Da der Schönborn solchen Bitten stets nachkam, erlaubte er sich, dem Herzog seinerseits Wünsche vorzutragen. So wies er auf die schwierige Lage der katholische Gemeinde in Schwerin hin und bat für sie um ein gewisses Maß an Religionsfreiheit. Für sich selbst wollte er 1712 um den Befehl über ein mecklenburgisches Kavallerieregiment bitten. Den schon geschriebenen Brief hat er jedoch nicht abgeschickt.[177]

Herzog Friedrich Wilhelm starb im Juni 1713. Sein Bruder und Nachfolger Karl Leopold erbte den ungelösten Konflikt mit der Ritterschaft und die zunehmende Bedrohung seines Landes durch den Nordischen Krieg. Aus Furcht, zwischen den Mächten Schweden, Dänemark, Preußen, Rußland und Hannover-Großbritannien zerrieben zu werden, suchte er Anlehnung an den Kaiser. Sein Gesandter in Wien, Eichholtz, schlug eine nähere Verbindung zwischen Kaiser und Herzog vor, die durch den Übertritt seines Herrn zur katholischen Religion und die Hand einer Erzherzogin gefestigt werden sollte.[178] Wien nahm diesen Gedanken auf in der Hoffnung, seine eigene Position im Norden zu stärken. Dem Wunsch nach der Hand einer Erzherzogin stand man reserviert gegenüber, der angekündigte Religionswechsel aber wurde mit großem Interesse registriert. Noch während Eichholtz in Wien verhandelte, ging Karl Leopold mit Gewalt gegen die Ritterschaft und die Stadt Rostock vor. Wien erließ hiergegen sofort scharfe Mandate, zur Enttäuschung des Herzogs, der angesichts der gesuchten engeren Verbindung zum Kaiser meinte, der Wiener Rückendeckung im Streit mit der Ritterschaft sicher zu sein. Immerhin hat die Verschärfung des Konflikts Wien nicht davon abgehalten, auf die von Eichholtz vorgetragenen Wünsche des Herzogs einzugehen.[179] An diesem Punkt griff die Familie Schönborn im Auftrag des Kaisers wieder in die Geschehnisse ein, wobei sie die Erfahrungen nutzen konnte, die sie wenige Jahre zuvor anläßlich der Konversion Herzog Anton Ulrichs gemacht hatte (vergl. Kapitel 3.7.).

Im Auftrag Friedrich Karls reiste Gottfried Bessel, Abt von Göttweig, Freund und Protegé des Hauses Schönborn, in weltlicher Kleidung und unter dem Namen Freiherr von Wolfstein nach Hamburg, wo er am 19. Juni 1715 eintraf und mit Damian Hugo die ganze Angelegenheit besprach. Am 4. Juli war er beim Herzog in Rostock. Die Gespräche begannen vielversprechend. In einem Brief vom 13. Juli bat Bessel den Reichsvizekanzler, im Interesse der Konversion die drohende Exekution gegen den Herzog auszusetzen. Am 29. Juli konnte er sogar berichten, der Herzog sei bereit, den Befehlen des Kaisers zu folgen.[180] Tatsächlich vermochte Friedrich Karl die Exekution zu verhindern.[181] Für den Religionswechsel war Karl Leopold damit jedoch noch nicht gewonnen. Nach Bessels Bericht erregte die Abendmahlsfrage beim Herzog schwere Bedenken. Für das endgültige Scheitern des Projekts machte Bessel die bedrohliche Haltung Preußens verantwortlich. Ende August verließ er Rostock. Nicht einmal zugunsten der Katholiken in Mecklenburg hatte er, wie von Damian Hugo erbeten, etwas erreichen können.[182]

Man darf bezweifeln, ob Karl Leopold wirklich und aus innerer Überzeugung katholisch werden wollte. In seiner bedrängten Lage ging es ihm um die Hilfe des Kaisers gegen die nordischen Mächte und gegen die Ritterschaft im Inneren. Für seinen Religionswechsel verlangte er in fast schon unverschämter Weise die Hand einer Erzherzogin und dazu noch das Königreich Neapel oder die Österreichischen Niederlande.[183] Das waren Wünsche, die für Wien außerhalb jeder ernsthaften Überlegung lagen. Dem Geistlichen und Seelsorger Gottfried Bessel kann man es nicht übelnehmen, daß er die politischen Absichten des Herzogs nicht erkannte oder nicht wichtig genug nahm. Karl Leopold habe „*Komödie mit seinem Katecheten gespielt*", urteilt Mediger.[184] Warum aber die staatsklugen Schönborns sich von diesem sehr durchsichtigen Manöver haben täuschen lassen, ist schwer nachzuvollziehen. Vielleicht hofften sie, der Erfolg des Religionswechsels von Herzog Anton Ulrich lasse sich wiederholen. Die Aussicht auf neuen Ruhm in der katholischen Welt, dessen man sicher gewesen wäre, erlaubte ihnen keine nüchterne Einschätzung der Lage. Als Stütze kaiserlicher Macht war der sprunghafte und rücksichtslose Herzog spätestens seit seinen Gewaltakten gegen die Ritterschaft und seinen Brutalitäten in Rostock nicht mehr zu gebrauchen. Seine Allianz mit dem Zaren, dessen Nichte er schließlich heiratete, brachte die nordischen Mächte und den Kaiser vollends gegen ihn auf. Friedrich Karls politischer Spielraum in Wien war zudem sehr klein geworden. Er hatte die Stelle des Präsidenten des Reichshofrates aufgeben müssen. Der Kurfürst von Hannover dagegen, Erzfeind des mecklenburgischen Herzogs, hatte inzwischen die englische Königskrone gewonnen; Hannovers Wünsche ließen sich also nicht mehr so leicht beiseite schieben. Nicht nur weil Damian Hugo 1716 von seinem Gesandtenposten zurücktrat, hat die Familie Schönborn nicht mehr in die mecklenburgischen Wirren eingegriffen, die erst 1755 mit dem Landesgesetzlichen Erbvergleich ihr Ende fanden. Sie hatte sich mit ihrer Parteinahme für Karl Leopold derart einseitig exponiert, daß sie nicht mehr gehört worden wäre, wenn sie die Stimme nochmals erhoben hätte. Am 22. Oktober 1717 befahl der Kaiser Hannover und Wolfenbüttel die Exekution gegen Karl Leopold. Die Position der Welfen, die Wien ansonsten stets mit Mißtrauen beobachtete, wurde damit weiter gestärkt.

3.4. Die kleinen Reichsstände des Nordens

Es ist kein Zufall, daß sich die kleineren Stände im Norden des Reiches zu Beginn des 18. Jahrhunderts in ihrer Existenz bedroht sahen. Die Gefahr war groß, von mächtigeren Ständen aufgesogen zu werden, wenn diese durch Standeserhebungen ihren politischen Spielraum erweiterten und sich aus der Konkursmasse des zusammengebrochenen Schweden vergrößerten (Hannover, Brandenburg-Preußen, Dänemark) oder zumindest zeitweise mächtig genug waren, eine auf Erwerb ausgerichtete Politik zu verfolgen (Schleswig-Holstein-Gottorf). War die Welle der territorialen Expansion erst einmal in Bewegung gekommen, so konnte sie vor dem Stift Quedlinburg, der Grafschaft Rantzau und dem Land Hadeln nur mit Mühe zum Stehen gebracht werden. Hier war das Reichsoberhaupt gefordert – und sein Vertreter im Niedersächsischen Kreis, Damian Hugo. Der hatte in Hamburg mit Geschick und Beharrlichkeit den inneren Frieden und damit auch die Freiheit der Stadt festigen können. Warum sollte er nicht in ähnlichen Missionen erfolgreich sein? Allerdings erwiesen sich viele Affären im Norden als so verwickelt und langwierig, daß Damian Hugos Auftreten in der Folge eher den Charakter einer Episode trug und seinem Wirken folglich enge Grenzen gesetzt waren.

Das Reichsstift Quedlinburg genoß im 17. und 18. Jahrhundert längst nicht mehr den Ruhm und die Bedeutung seiner frühen Jahre. Sein Territorium umfaßte nur Burg und Stadt Quedlinburg. Doch die vier Plätze des Stiftskapitels waren für die Versorgung von Töchtern fürstlicher Häuser immer noch höchst begehrt. Die ohnehin prekäre Stellung des Stifts wurde durch die Expansionsbestrebungen Brandenburgs gefährdet. Dessen mühsam zusammengesuchte und aus weiter Ferne herbeideduzierte Rechtstitel und Ansprüche blieben erfolglos, bis der Kurfürst 1697 die Vogtei über das Stift für 340 000 Rtlr. von Sachsen erwarb und die kleine Herrschaft handstreichartig besetzte.[185]

Unter diesen Bedingungen mußte es dem Kapitel schwerfallen, neben anderen Gerechtsamen sein Recht auf freie Wahl der Äbtissin zu verteidigen; damit aber hätte man früher oder später auch die Stellung als freies Reichsstift verloren. Als das Kapitel 1704 die Prinzessin Magdalena Sybille von Sachsen-Weißenfels zur Äbtissin kürte, versagte ihr Brandenburg die Anerkennung, weil es nicht über den angesetzten Wahlgang informiert worden war. Auf einen solchen formalen Standpunkt hätte sich Brandenburg kaum zurückgezogen, wenn ihm die Prinzessin von Sachsen-Weißenfels genehm gewesen wäre. Diese resignierte 1708, als sie nirgendwo Hilfe fand und auch Wien ihre Wahl als unrechtmäßig bezeichnete.[186] Das besorgte Stiftskapitel, bestehend aus den drei Gräfinnen Aurora von Königsmarck, Eleonora Sophia und Maria Magdalena von Schwarzburg, wandte sich an den Kaiser mit der Bitte um Rat und Hilfe. Wien schickte den Grafen von Schwarzburg, Bruder der beiden Schwarzburgerinnen, als Kommissar nach Quedlinburg, der dem Kapitel dringend empfahl, Elisabeth Ernestine von Sachsen-Coburg-Meiningen zu wählen, da sie nicht nur Brandenburg, sondern auch dem Kaiser als Äbtissin willkommen sei. Beide Mächte hatten keine Bedenken, ihren Wunsch derart offen und fordernd vorzubringen. Brandenburg berief sich dabei auf sein Recht als Vogt des Stiftes, die Wahl einer bestimmten Kandidatin zu verlangen. Das Wahlrecht des Kapitels wurde dagegen als *„immaginirte […] Wahl-Freiheit"* verspottet.[187] Der Kaiser wiederum verwies auf bestimmte, ihm als Reichsoberhaupt zustehende Rechte.

Nun hatte das Haus Schleswig-Holstein-Gottorf schon lange großes Interesse daran, einer seiner Prinzessinnen einen Platz im Quedlinburger Stift zu verschaffen. Seit 1701 hatten Gottorfs Diplomaten ebenso sorgfältig wie unauffällig vor Ort sondiert trotz verschiedener Warnungen, daß keine Kandidatin gegen den Willen Brandenburgs durchzubringen sei. Zudem soll der Graf von Schwarzburg neben seiner offiziellen Mission seine Schwestern nachdrücklich darauf hingewiesen haben, daß ihnen die freie Wahl zustehe und die Forderungen von Kaiser und Kurfürst dieses Recht verletzten. Was immer auch den Widerstand der Schwarzburgerinnen entfacht haben mag, am 7. November 1708 wählten sie mit der Mehrheit ihrer beiden Stimmen Maria Elisabeth von Schleswig-Holstein-Gottorf zur Äbtissin. Nur die Königsmarck wählte die Prinzessin von Meiningen.

Berlin protestierte, Wien verweigerte die Anerkennung. Alles weitere lag in den Händen der Diplomaten. Die Gottorfer dachten zeitweise daran, Preußens Ablehnung durch Zugeständnisse hinsichtlich der Stellung und der Rechte des Stiftes beseitigen zu können, hielten dann aber an einer kompromißlosen Linie fest, indem sie die Anerkennung ihrer Prinzessin als Äbtissin ohne Wenn und Aber forderten. Es gelang ihnen, England als Fürsprecher zu gewinnen. Der Kaiser wurde als Schutzherr aller Stifte angerufen. Gottorfs Gesandter in Wien, Graf Reventlow, versuchte, über den Reichshofrat doch noch die kaiserliche Konfirmation der Wahl zu erreichen.

Wie die Gottorferin war auch die Prinzessin von Meiningen gezwungen, ihre Position in zähem diplomatischen Ringen durchzusetzen, da der Kaiser sie nicht einfach in Amt und Würden einsetzen konnte, wie sie es vielleicht gehofft hatte. Ihre Partei suchte Unterstützung beim kaiserlichen Gesandten Damian Hugo und dessen Bruder, dem Reichvizekanzler. Die Meiningerin hätte es gern gesehen, wenn Damian Hugo sofort von Hamburg nach Quedlinburg gekommen wäre, um ihre Sache zu befördern. Der aber hatte Bedenken, ohne kaiserlichen Befehl in die Angelegenheit einzugreifen.[188] An anderer Stelle erklärte er freimütig, keine Lust zu haben, sich in dieser Sache zu engagieren. Hilfreicher war Friedrich Karl: Er versicherte der Meiningerin, daß der Kaiser nach wie vor zu ihr stehe und der gottorfische Gesandte Reventlow nichts ausrichten könne. Gegenüber dem Reichshofrat verwarf er die Wahl der Gottorferin als ungültig. Den englischen Gesandten wollte er von seiner Parteinahme abbringen, die nach Friedrich Karls Ansicht über die von London gegebene Instruktion weit hinausging.[189] Reventlow versuchte im Gegenzug, die Rivalitäten innerhalb des Reichshofrates und am Wiener Hof überhaupt für die Gottorfer Sache zu nutzen. Große Hilfe fand er beim Grafen Wratislaw, dem Onkel seiner Frau, der nicht gerade zu den Freunden des Friedrich Karl von Schönborn zählte. Mit Friedrich Karl selbst konnte er über die Quedlinburger Angelegenheit nicht sprechen. Der Reichsvizekanzler, schrieb er in einer Relation, habe „*mit solcher Vehemenz sich heraus gelassen*", daß er nicht zu Wort gekommen sei.[190] Friedrich Karls Einfluß aber reichte nicht aus, um eine schnelle Entscheidung zugunsten Elisabeth Ernestines zu erreichen. Deren ungeduldige Anhänger vermuteten schon, Friedrich Karl halte sie mit Versprechungen hin, sei jedoch in Wahrheit zusammen mit Damian Hugo durch Bestechung auf die Gottorfer Seite gezogen worden.[191]

Im Juli 1710 entschied der Kaiser auf Empfehlung des Reichshofrates, in Quedlinburg eine zweite Wahl abhalten zu lassen. Dieser Ausweg aus der verfahrenen Lage hatte sich bereits im Januar abgezeichnet, kam also keineswegs überraschend. Dennoch stellte er keine der beiden Parteien zufrieden. Friedrich Karl war verärgert, daß er den Reichshofrat nicht auf seine Linie hatte bringen können. Die Gottorfer hingegen machten sich über die angekündigte Entsendung Damian Hugos als Wahlkommissar nach Quedlinburg ernsthafte Sorgen. Reventlow warnte vor der Schönbornschen Wühlarbeit gegen das Haus Gottorf und seine Prinzessin.[192] Der englische Gesandte Palmer fühlte sich betrogen, weil Wien nun das Gegenteil von dem tat, was man ihm versprochen hatte. Er wäre noch empörter über die Wiener Doppelzüngigkeit gewesen, wenn er die Instruktion gekannt hätte, die Damian Hugo befahl, ungeachtet der starken englischen Fürsprache auf die Meiningerin zu „*reflectiren*" und sich mit ihren Parteigängern bei der bevorstehenden Wahl sorgfältig abzustimmen. In den Schwarzburgerinnen sah der Schönborn kein Hindernis. Er glaubte, sie leicht auf die Seite der Meiningerin ziehen zu können.

Am 25. September 1708 fiel die Wahl wieder auf die Prinzessin von Schleswig-Holstein-Gottorf. Franz Georg, der seinen Bruder Damian Hugo nach Quedlinburg begleitete, schrieb nach Wien, daß die beiden Schwarzburgerinnen trotz allem nicht von ihrer Kandidatin hatten ablassen wollen. Da es ihr und ihres Stiftes Geld koste, wolle Damian Hugo nicht warten, bis sie „*mörb*" geworden seien, und lasse es nun auf ihre Verantwortung ankommen. Auch bei einer dritten Wahl würden sie voraussichtlich die Gottorferin wählen.[193] Damian Hugo verbot, bis zur endgültigen Entscheidung des Kaisers etwas am Status quo des Stifts zu ändern, und reiste nach Hamburg zurück. Gegenüber Elisabeth Ernestine bedauerte er, daß er nicht mehr für sie habe tun können. Mit dem weiteren Verlauf der Affäre hatte Damian Hugo nichts zu tun. Wien tat sich mit einer Entscheidung schwer. Reventlow berichtete, der Reichshofrat kritisiere zwar das Verhalten des kaiserlichen Gesandten in Quedlinburg, sei aber in der Sache selbst tief gespalten. Der Reichsvizekanzler, so Reventlow, sei völlig preußisch gesinnt und arbeite weiter gegen das Haus Gottorf. Schließlich bestätigte der Kaiser am 15. Dezember 1710 die Wahl Maria Elisabeths. Die Einsprüche Berlins wurden erst 1714 zurückgewiesen. Nach weiteren Verzögerungen konnte Maria Elisabeth 1718 endlich ihr Amt antreten.

Angesichts der eindeutigen Parteinahme und des Engagements Friedrich Karls und – mit Einschränkung – Damian Hugos muß der Triumph der Gottorfer als Niederlage der Schönborns verstanden werden. Damian Hugo scheiterte an der Standhaftigkeit der Gräfinnen von Schwarzburg, Friedrich Karl an dem diplomatischen Geschick Reventlows. Bemerkenswert ist, daß die Schönborns, die als Reichsgrafen und Fürstbischöfe ein feines Gespür für die Freiheiten und Rechte der kleineren Reichsstände hatten, eine Politik unterstützten, die gerade die Freiheit eines Reichsstiftes gefährdete, und daß sie dabei sogar Brandenburg-Preußen helfend zur Seite traten, während sie es sonst als Gefahr für das ganze Reich betrachteten. Ihnen muß klar gewesen sein, daß mit der Einsetzung der Prinzessin von Meiningen als Äbtissin auch über die Zukunft des Stiftes entschieden wurde, da doch selbst unbeteiligte Beobachter diese Dimension der Wahl in aller Deutlichkeit erkannten. So bemerkte Hannovers Gesandter in Wien, Daniel Erasmus von Huldenberg, mit der Meiningerin als Äbtissin habe Brandenburg-Preußen leichten Zugriff auf das Stiftsarchiv, Quedlinburg könne so eher dem Reich entzogen werden.[194] Weder Friedrich Karl noch Damian Hugo haben ihre Parteinahme für die Prinzessin Elisabeth Ernestine begründet. Vermutlich wollten sie angesichts des Kampfes gegen Frankreich einen Zwist zwischen Wien und Berlin wegen eines winzigen Reichsstandes vermeiden. Möglicherweise bestimmten aber auch das Mißtrauen gegenüber Gottorf als engem Verbündeten Schwedens und die Spannungen zwischen Damian Hugo und dem Haus Gottorf ihr Handeln. In jedem Falle bleibt an den beiden Brüdern der Makel einer Politik haften, die ihren eigenen Prinzipien zuwiderlief. In Maria Elisabeth, die hartnäckig jedes Recht ihres Stifts gegen Brandenburg-Preußen verteidigte, hätten sie eigentlich eine Verbündete sehen müssen.

Nordwestlich von Hamburg lag die Reichsgrafschaft Rantzau mit dem Ort Barmstedt als Mittelpunkt. Sie war erst 1650 anläßlich der Erhebung von Christian Rantzau in den Reichsgrafenstand entstanden. Der nördliche Teil der Herrschaft Pinneberg, den Christian Rantzau von Herzog Friedrich III. von Schleswig-Holstein-Gottorf erworben hatte, wurde Reichsgrafschaft.[195] Gefahr drohte dem neuen Reichsstand von Schleswig-Holstein-Gottorf, das den voreiligen Verkauf gerne rückgängig gemacht hätte. Nach dem erfolgreichen Frieden von Traventhal im Jahre 1700 und mit der Rückendeckung Schwedens konnten die Gottorfer unter dem für den minderjährigen Herzog regierenden Administrator Christian August, Bischof von Lübeck, daran denken, die Grafschaft ohne die üblichen rechtlichen und politischen Rücksichten an sich zu bringen. Die gespannte Lage innerhalb der Grafschaft kam ihnen dabei entgegen. Graf Christian Detlev war ein schwieriger Charakter, sein privates und politisches Handeln ist kaum nachvollziehbar. Sein Amt als Amtmann von Rendsburg und als Vizestatthalter des königlichen Anteils der Herzogtümer Schleswig und Holstein hatte er nach unschönen Vorkommnissen verloren. Seine Untertanen brachte er durch Erhöhung der Abgaben und Dienste, Willkürakte und Gewalttätigkeiten gegen sich auf. Als sich die angestaute Empörung der Untertanen 1705 in einer Rebellion entlud, bat Christian Detlev den Niedersächsischen Kreis um militärische Hilfe, und der Kreis erteilte Gottorf sofort ein entsprechendes Mandat. Die

Gottorfer Administration nutzte die günstige Gelegenheit und annektierte die Grafschaft am 10. April 1706.[196] Sie begründete ihren Schritt mit der Absicht des Grafen, dänische Truppen in sein Land zu holen und so seinen im Prinzip unrechtmäßigen Besitz des alten, holsteinischen Amtes Barmstedt zu sichern bzw. langfristig Dänemark zu überlassen, wo doch das Amt Barmstedt, die jetzige „sogenannte" Grafschaft Rantzau, überhaupt nicht an den Vorfahren des jetzt regierenden Grafen hätte verkauft werden dürfen. Christian Detlev boten die Gottorfer den Rückkauf der Grafschaft an.[197] Es ging den Gottorfern nicht um Absprachen zwischen dem Grafen und Dänemark, die es wahrscheinlich gar nicht gegeben hatte. Ihr Ziel war es vielmehr, den rantzauisch-dänischen Erbvertrag von 1669, nach dem die Grafschaft an den dänischen König fiel, wenn das gräfliche Haus aussterben sollte, zu unterlaufen, indem man den Grafen bewegte, das „*Amt Barmstedt*" den Gottorfern, auf welche Art auch immer, zurückzugeben.

Das Direktorium des Niedersächsischen Kreises kritisierte zwar das Vorgehen Gottorfs, wollte sich aber nicht bedenkenlos auf die Seite des Grafen stellen, da man in seiner Politik gegenüber den Untertanen den Grund der verzwickten Situation sah. Nicht die Kritik aus Wien, sondern die von Dänemark verlangte Restitution des Grafen zwang den Kreis zum Handeln. Herzog Anton Ulrich von Wolfenbüttel fürchtete, die ganze Affäre werde unkontrollierbar, wenn Dänemark auf die Seite des Grafen trete und so den Konflikt zwischen Dänemark und Schweden, Gottorfs Protektor, verschärfe. Um dies zu verhindern und damit genug Zeit für einen friedlichen Ausgleich zu gewinnen, schlug Anton Ulrich vor, die Grafschaft durch den Kreis sequestrieren zu lassen, bis der Reichshofrat, an den sich Untertanen, Graf und Administrator gleichermaßen mit Klagen gewandt hatten, über die Ansprüche Gottorfs und die Beschwerden der Untertanen entscheide.[198] Gottorf war dazu bereit, weil es darin eine Stärkung seiner Position sah. Graf Christian Detlev hingegen forderte seine Wiedereinsetzung und wandte sich an den Kaiser, der von Gottorfs Argumenten unbeeindruckt dem Kreis 1706 und 1707 wiederholt befahl, den Grafen zu restituieren. Dennoch richteten die Kreisdirektoren eine gemeinsame Verwaltung der Grafschaft ein.

Erst nachdem Damian Hugo 1708 nach Norddeutschland gekommen war, wurde der Druck des Kaisers wirksamer. Damian Hugo sprach mit der herzoglich-bremischen Regierung, mit Herzog Anton Ulrich und mit dem Administrator Christian August über die Restitution und drohte, der Kaiser werde zu anderen Mitteln greifen, wenn sich der Kreis und Gottorf nicht bewegen ließen. Entschuldigend bemerkte Damian Hugo einmal, daß er „*posttäglich von Wien pressiret*" werde und daher gezwungen sei, den Druck weiterzugeben.[199] Nach Wiens Vorstellung sollte der Graf wieder in alle seine Rechte eingesetzt werden und dann die Entscheidung des Reichshofrat in den anhängigen Verfahren abwarten. Herzog Anton Ulrich wollte dagegen die Verwaltung erst aufheben, wenn über den Status der Grafschaft und die Klagen der Untertanen entschieden worden sei, da nur so der Frieden erhalten werden könne. Man war überdies in Wolfenbüttel über den Kaiser verärgert, weil er den Kreisdirektoren einerseits Suprematiestreben unterstellte, andererseits für den Fall einer Aufhebung der Verwaltung und der dann möglichen erneuten Besetzung der Grafschaft durch die Gottorfer den Kreis mit der undankbaren, mühsamen und teuren Exekution gegen Gottorf belästigen würde.[200]

Wolfenbüttel sah in einem gütlichen Ausgleich zwischen Gottorf und Rantzau den einzigen sinnvollen Ausweg aus der verfahrenen Situation. Eine derartige Lösung zeichnete sich ohnehin ab, da beide Seiten ihre unbewegliche Politik nicht durchhalten konnten. Damian Hugo hatte die Entwicklung kommen sehen. Nach seiner Einschätzung mußte Gottorf seine harte Linie aufgeben, bewarb sich doch eine Gottorfer Prinzessin um Quedlinburg und war Schweden, die Stütze Gottorfs, durch die internationale Entwicklung zu sehr beschäftigt, als daß es sich in dieser eher nebensächlichen Angelegenheit engagiert hätte.[201] Tatsächlich hatte Administrator Christian August auf seine Bitte nach weiterer Unterstützung der gottorfischen Politik keine günstige Antwort aus Stockholm erhalten. Zudem beunruhigte die Nachricht von der Niederlage Karls XII. in Poltawa. Auf starken Druck des Kreises war schließlich auch Christian Detlev zum Ausgleich bereit. Im November 1709 wurde die Verwaltung der Grafschaft Rantzau durch den Kreis aufgehoben, nachdem Christian Detlev erklärt hatte, die Grafschaft nicht an einen mächtigen Stand, d. h. Dänemark, fallen zu lassen, keine fremden Truppen in sein Land zu rufen und die Prozesse vor dem Reichshofrat nicht zu behindern. Bei Verstößen gegen diese Erklärung drohte die erneute Verwaltung der Grafschaft durch den Kreis.[202] Die erwarteten Entscheidungen des Reichshofrates blieben davon unberührt. Wien konnte zufrieden sein. Damian Hugo stellte fest, er habe durch unermüdliches Drängen den Kreis zur Restitution gezwungen. Der Kreis dagegen meinte, durch diesen Ausgleich sei *„die Auctorität und den Respeckt der Crays-Direcktion"* gewahrt worden.[203] Er konnte für sich in Anspruch nehmen, einen gefährlichen Konflikt entschärft und somit den Frieden im Norden bewahrt zu haben, während Wien einen legitimistischen Standpunkt eingenommen hatte, dessen Konsequenz, einen möglichen kriegerischen Konflikt, der Kreis allein zu tragen gehabt hätte. Damian Hugo hatte Wiens Position ohne Abstriche vertreten. Anders als bei der Hamburger Kommission oder bei der Mission in Mecklenburg hat er den bestehenden Freiraum nicht zu eigenen Initiativen genutzt, etwa indem er in Wien Verständnis und Unterstützung für die ausgleichende Politik des Kreises, d. h. Herzog Anton Ulrichs, zu erreichen versuchte.

Für die Gottorfer war die Aufhebung der Verwaltung eine Niederlage, wenn man bedenkt, daß sich der Administrator 1706 hatte huldigen lassen. Doch auch sie konnten zufrieden sein. Die Tendenz gegen Dänemark war deutlich, der Spielraum Graf Christian Detlevs wurde eingeschränkt, und zu Wien war noch nichts entschieden. Dort versuchte Graf Reventlow weiterhin, beim Reichshofrat eine für die Ansprüche Gottorfs günstige Entscheidung zu bewirken. Zeitweise hoffte er, daß Christian Detlevs unbewegliche Haltung in der Untertanen-Frage den Kaiser zwingen werde, die Grafschaft durch den Kreis verwalten zu lassen, was der Politik Gottorfs sehr entgegengekommen wäre. Es scheint aber in der rantzauischen Sache zu keiner Entscheidung gekommen zu sein. Nach der Besetzung des gesamten Herzogtums Schleswig-Holstein-Gottorf durch dänische Truppen hatte die Gottorfer Administration ohnehin andere Sorgen.

Der Konflikt zwischen Graf und Untertanen war von der vierjährigen Verwaltung durch den Niedersächsischen Kreis unterbrochen, aber nicht gelöst worden. Durch überhöhte Abgaben- und Fronforderungen, Gewalttätigkeiten und andere Willkürakte häufte Christian Detlev neuen Zündstoff an. Mit einer gewissen Berechtigung neigte Damian Hugo dazu, in der Parteinahme der Gottorfer für die rantzauischen Untertanen nur eine Taktik zur Erlangung ihres ihm bekannten Ziels zu sehen. Er mußte aber auch erkennen, daß die Klagen der Untertanen berechtigt waren und der Graf sich zu keiner Änderung seiner Politik bewegen ließ. So klagte er über den Undank Christian Detlevs, für dessen Restitution er sich unermüdlich eingesetzt hatte.[204] Nach neuen Beschwerden der Untertanen erteilte der Kaiser seinem Gesandten eine Kommission zur Untersuchung und Abstellung der erhobenen Beschwerden. Christian Detlev beschwerte sich seinerseits in Wien über die *„heuchlerischen Lamentationes"* der Untertanen und die angebliche Parteinahme des Schönborn.[205] In Hamburg weigerte er sich, von Damian Hugo einen Brief des Kaisers entgegenzunehmen. Er warf ihn aus seiner Kutsche dem Gesandten vor die Füße.[206] Die Publikation des kaiserlichen Dekrets an die rantzauischen Untertanen und des Kommissions-Patents verhinderten gräfliche Soldaten; in einem dabei entstehenden Tumult wurde ein Untertan erschossen.[207] All dies zeitigte jedoch keine ernsthafteren Konsequenzen für den ungebärdigen Landesherrn. Nach dem Tod Kaiser Josephs I. blieb die rantzauische Affäre wie andere norddeutsche Angelegenheiten erst einmal unerledigt liegen.

Erst fünf Jahre später war Wien erneut genötigt, sich mit der Grafschaft Rantzau zu beschäftigen. Als Christian Detlev aus unbekannten Gründen von Preußen verhaftet und festgehalten wurde, übergab er seinem jüngeren Bruder Wilhelm Adolf die interimistische Verwaltung der Grafschaft. Wilhelm Adolf geriet in Verdacht, seinen Bruder absetzen und sich selbst zum regierenden Grafen machen zu wollen. Damian Hugo warnte ihn, der Kaiser werde dies niemals zulassen.[208] Tatsächlich verbot Wien den Untertanen, einem anderen als ihrem Herren zu huldigen. Wilhelm Adolf äußerte sich zu den ihm unterstellten Absichten nicht, erinnerte aber an die *„in der Welt nicht erhörten Gravamina"* der Untertanen, an das despotische Regiment seines Bruders und an dessen Widerstand gegen die Kommission Damian Hugos.[209] Die Untertanen wandten sich einmal mehr an den Kaiser: Wilhelm Adolf habe von ihnen keine Huldigung verlangt, man solle ihm aber doch die Verwaltung der Grafschaft belassen, bis ihre Klagen endlich abgestellt seien.[210] Welche Ziele Wilhelm Adolf wirklich verfolgte und wie weit er sie hat umsetzen können, muß offen bleiben. Sicher ist jedoch, daß Christian Detlev, als er 1720 aus preußischer Gefangenschaft zurückkehrte, seinen Platz als regierender Landesherr ohne Mühe wieder einnehmen konnte. Der Bruderzwist und der Konflikt mit den Untertanen blieben ungelöst. Es ist keine Initiative des Reichsoberhauptes zur nachhaltigen Befriedung des Grafschaft erkennbar. Und Damian Hugo hielt sich diesmal völlig zurück.

Der ständige Unfrieden führte zum Untergang des kleinen Reichsstandes. Als Christian Detlev 1721 einem Anschlag zum Opfer fiel, war es der dänische König, der als Herzog von Holstein wie Jahre zuvor die Gottorfer die schwierige Situation der Grafschaft ausnutzte. Wilhelm Adolf wurde 1722 als mutmaßlicher Anstifter des

Mordkomplotts verhaftet und von einem holsteinisch-dänischen Gericht in einem in mehrfacher Hinsicht angreifbaren Verfahren 1726 zu lebenslanger Haft verurteilt. Die Grafschaft Rantzau wurde von Holstein-Dänemark besetzt. Die Proteste Wiens gegen die dem Reichsrecht zuwiderlaufende Verhaftung und Verurteilung Wilhelm Adolfs sowie gegen die Besetzung der Grafschaft blieben schwach. Anders als Jahre zuvor bei den Gottorfern besaß man in Wien keine Handhabe gegen das holsteinisch-dänische Vorgehen. Als Wilhelm Adolf 1736 als Gefangener in Norwegen starb, erhielt der dänische König auch formal, was er faktisch schon besaß: Da weder Christian Detlev noch Wilhelm Adolf Kinder hinterließen, fiel die Reichsgrafschaft Rantzau gemäß bestehendem Erbvertrag an Dänemark.

Der Kaiser hätte sich fragen müssen, ob er alle reichsväterliche Sorge für die Erhaltung der Grafschaft Rantzau aufgewendet hatte. Wien hatte immer geglaubt, alles Nötige zu tun, wenn es, wie 1710 und 1715 geschehen, die Rechte und die Freiheiten des regierenden Grafen verteidigte. Zu beiden Terminen hatte man es aber versäumt, die schweren inneren Konflikte der Grafschaft zu beenden oder doch wenigstens zu entschärfen. Damian Hugo ergriff keine eigene Initiative. Durch die Dauerkrise geschwächt, wurde die Grafschaft zur Beute aggressiver Nachbarn. Gottorfs Annexionspläne konnten noch abgewehrt werden, auch dank Damian Hugos Intervention. Holstein-Dänemarks Usurpation dagegen stand man machtlos gegenüber.

Was den Grad der Gefährdung betraf, entsprach die Situation des Landes Hadeln derjenigen Quedlinburgs und Rantzaus, aber die Ausgangslage war eine völlig andere. Nach dem Tod des letzten Herzogs Julius Franz im Jahre 1689 fiel das Herzogtum Sachsen-Lauenburg an Lüneburg-Celle (Hannover); die kleine Landschaft Hadeln, am südlichen Ufer der Unterelbe westlich von Hamburg gelegen, mit eigenen Landständen, Statthalter und Konsistorium, wurde jedoch vom Kaiser in Verwaltung genommen. Verwalter (Sequester) war der kaiserliche Gesandte beim Niedersächsischen Kreis, so Damian Hugos Vorgänger Eck von Hungersbach. Damian Hugo erhielt das Amt des Sequesters erst 1711, als er schon fast drei Jahre im Norden als Gesandter tätig war.[211] Ihm ging es um die mit dieser Verwaltung verbundenen Einkünfte, die er dringend zur Finanzierung seiner norddeutschen Mission benötigte. Seine Gage als Gesandter war eher bescheiden und wurde oft monatelang nicht ausgezahlt. Von einem kurzen Besuch abgesehen hat Damian Hugo Hadeln nicht betreten. Er verwaltete das Land von Hamburg aus. Viel Arbeit entstand ihm dabei nicht, da Hadeln wie zu Zeiten des Herzogs einen eigenen Statthalter hatte. Der kaiserliche Sequester war zweite Instanz in allen Zivil- und Kriminalprozessen, kontrollierte die Finanzen und setzte Beamte wie Geistliche in ihr Amt ein. Ein Band mit den von Damian Hugo bearbeiteten Angelegenheiten aus den Jahren 1712 bis 1714 hat sich erhalten.[212] Immerhin bot die Verwaltung durch einen kaiserlichen Sequester dem Land eine gewisse Absicherung gegenüber den begehrlichen Nachbarn. Als nach dem Tod Kaiser Josephs I. der Kurfürst von Sachsen, der wie Hannover Ansprüche auf Hadeln erhob, großmütig seinen sicherlich nicht uneigennützigen Schutz als Reichsvikar anbot, wiesen die Landstände sein Angebot zurück, da man durch die schwedische Garnison und den kaiserlichen Sequester genügenden Schutz habe.[213]

Das Land Hadeln hat Damian Hugo noch in ganz anderer Weise beschäftigt. Die Töchter des letzten Herzogs von Sachsen-Lauenburg hofften, wenn schon nicht das Herzogtum, so doch wenigstens Hadeln zurückzuerhalten, weil es, wie sie argumentierten, kein Lehen, sondern Eigenbesitz des herzoglichen Hauses sei und deshalb auch in der weiblichen Linie vererbt werden könne. Möglicherweise baten die lauenburgischen Prinzessinnen Lothar Franz um Hilfe in dieser Sache, denn bereits im Januar 1705 berichtete Damian Hugo anläßlich eines Briefwechsels mit dem hannoverschen Minister Görtz seinem Onkel vom Land Hadeln.[214] Es gibt allerdings keinen Hinweis, daß der Schönborn nun seine Stellung als Verwalter Hadelns in irgendeiner Weise benutzt hätte, um dem Wunsch der Prinzessinnen zuzuarbeiten. Später, als Bischof von Speyer, war er mit der Prinzessin Sybilla Augusta, inzwischen regierende Markgräfin von Baden-Baden, eng befreundet. Vermutlich hat er sie in der Hadelnschen Angelegenheit beraten, wenn er auch Realist genug gewesen sein dürfte, um zu wissen, daß sein Bemühen keinen Erfolg haben werde. Der Prozeß Sybilla Augustas mit König Georg I. von England als Kurfürst von Hannover um Hadeln wurde zu ihren Ungunsten entschieden. Reichsvizekanzler Friedrich Karl von Schönborn sorgte dafür, daß der Kaiser die Entscheidung für die Übertragung Hadelns an Hannover aufschob, doch dies geschah nicht, weil sein Bruder Damian Hugo im Interesse Sybilla Augustas darum bat, sondern weil Friedrich Karl in der damals gerade bestehenden diplomatischen Situation ein Druckmittel gegen Hannover-England in der Hand haben wollte.[215] 1731 fiel Hadeln endgültig an Hannover.

3.5. Der Braunschweiger Kongreß

Nachdem König Karl XII. von Schweden über Dänemark und Sachsen-Polen gesiegt und Rußland angegriffen hatte, blieb der Norden und Nordosten des Reiches vom Nordischen Krieg einstweilen verschont. Mit Karls XII. Niederlage bei Poltawa 1709 drohte der Krieg zurückzukehren, da die revanchelüsternen Feinde des Schwedenkönigs zu einem neuen Waffengang rüsteten. Indes wollten die in der Allianz gegen Frankreich zusammengeschlossenen Mächte einen zweiten großen europäischen Konflikt verhindern, der sie vom Kampf gegen König Ludwig XIV. abgelenkt und möglicherweise zu einem das Reich bedrohenden schwedisch-französischen Bündnis geführt hätte. Zur Eindämmung des Nordischen Krieges und zum Schutz des Reiches verständigten sich am 31. März 1710 in der Haager Konvention der Kaiser, Großbritannien, die Generalstaaten, Hannover, Brandenburg-Preußen, Kurpfalz und Münster über die Neutralität des Königreichs Polens, der Herzogtümer Schleswig und Holstein sowie der im Norden und Nordosten des Reiches gelegenen Stände einschließlich der zu Schweden gehörenden Territorien. Die Neutralität und mit ihr das Reich selbst sollten durch eine aufzustellende Neutralitätsarmee verteidigt werden. Die Stockholmer Regierung war bereit, der Konvention beizutreten, da sie selbst sich außerstande sah, Schwedens deutsche

Territorien gegen Dänemark und Sachsen zu verteidigen. Aus seinem Exil im Osmanischen Reich lehnte Karl XII. das Neutralitätsprojekt am 30. November 1710 freilich ab. Bereits am 21. November 1710 hatte er Sachsen den Krieg erklärt.[216]

Doch selbst bei einer verständigungsbereiteren Haltung des schwedischen Königs wäre es kaum gelungen, den Frieden im Norden zu bewahren. Schwedens Schwäche wollten Dänemark und Sachsen nicht ungenutzt lassen. Karls Ablehnung der Neutralität lieferte ihnen einen guten Vorwand zum Angriff. Franz Georg, der 1709/10 seinen Bruder Damian Hugo in Hamburg besuchte, berichtete von *„Kriegspraeparationen"* Dänemarks, Sachsens und Rußlands. Ab Juli 1711 belagerten die Dänen Wismar, im Dezember 1712 standen Dänen, Sachsen und Russen vor Stralsund, im Juli 1712 fiel Dänemark in das Herzogtum Bremen ein. Nicht Schweden, sondern Schwedens Feinde bedrohten nun den Frieden. Die Mächte der Haager Konvention aber blieben untätig. Wien war nach dem Tod Kaiser Josephs I. nicht handlungsfähig. *„Es gehet in diesem Kreis wohl ahnitzo dichthindereinander"* schrieb Damian Hugo seinem Vater.[217] Der Wunsch nach Ruhe und Frieden im Norden war in der deutschen Öffentlichkeit indes groß. So schrieb Rupert von Bodman, Fürstabt von Kempten und Brieffreund Damian Hugos, daß ein Ende des Nordischen Krieges sehr zu wünschen sei, damit mehr Truppen im kaiserlichen Dienst am Niederrhein eingesetzt werden könnten.[218] Damit berührte Bodman genau das Motiv, das ehedem zur Haager Konvention geführt hatte.

Ein kühner und erfolgreicher Vorstoß des schwedischen Generals Steenbook riß zwar nicht die Mächte der Haager Konvention, wohl aber den Kaiser und die deutschen Stände aus ihrer Zurückhaltung. Steenbook landete auf Rügen und schlug die Dänen am 9. Dezember 1712 bei Gadebusch (im westlichen Mecklenburg). Auf seinem Zug nach Westen zerstörte er Altona und zog sich schließlich in die Festung Tönning (im Südwesten des Herzogtums Schleswig) zurück. Vermutlich hatte Wien bereits die Initiative zu einem konkreteren Neutralitätsprojekt ergriffen, denn im Oktober und November 1712 besuchte Damian Hugo verschiedene norddeutsche Höfe, um die Regierungen zur Beschickung eines nach Braunschweig einzuberufenden Kongresses zu bewegen.[219] Seine Bemühungen hatten Erfolg. Ende Dezember traf Damian Hugo in Braunschweig mit den Gesandten von Hannover, Brandenburg-Preußen, Braunschweig-Wolfenbüttel, Hessen-Kassel und Münster zusammen. Bereits am 20. Dezember 1712 einigten sich die Diplomaten unter Rückgriff auf die Haager Konvention auf ein Bündel von Maßnahmen, um Frieden und Neutralität zu sichern. Sie waren sich grundsätzlich darin einig, daß Kaiser und Stände im gemeinsamen Bemühen das Reich vor einer Verwicklung in den Nordischen Krieg bewahren, eine Neutralitätsarmee von 20 000 Mann aufstellen und die deutschen Territorien Schwedens auch gegen den Willen Stockholms unter die Verwaltung des Kaisers stellen sollten. Damit schien das Neutralitätsprojekt auf einem guten Weg zu sein. Optimistisch über den weiteren Verlauf des Kongresses verbrachte Damian Hugo das Weihnachtsfest in Wolfenbüttel.

Wider Hoffen und Erwarten aber mußte Damian Hugo im Januar 1713 feststellen, daß keine Regierung Interesse zeigte, den Braunschweiger Kongreß weiter zu be-

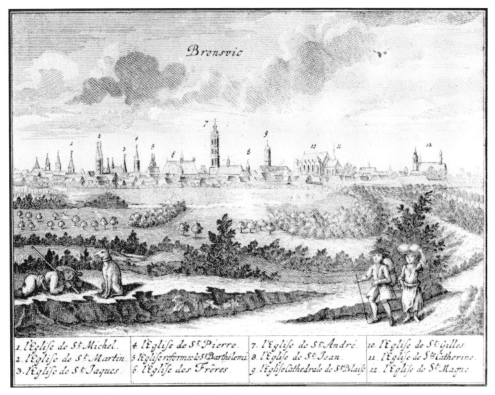

Abb. 10: Braunschweig im 18. Jahrhundert.

schicken. Er sah sich sogar genötigt, den Kaiser zu bitten, die am Kongreß beteiligten Stände zur weiteren Teilnahme aufzufordern.[220] Die Höfe hegten inzwischen aus verschiedenen Gründen Zweifel am Sinn des Neutralitätsprojekts. In Hannover war man sich nicht im klaren, ob die Neutralität den eigenen Interessen schade oder nütze. Hessen-Kassel, mit Schweden dynastisch verbunden, nahm Anstoß an der gegen Schweden gerichteten Tendenz der Braunschweiger Beschlüsse und tat sich daher mit einer weiteren Teilnahme schwer.[221] Blieb aber Hessen-Kassel fern, dann wollte auch Münster keinen Vertreter mehr entsenden. Zu allem Unglück deutete Rußland an, es müsse auf dem Reichsboden Krieg führen, also genau das tun, was der Braunschweiger Kongreß verhindern sollte.[222] Am 7. März 1713 traf Damian Hugo persönlich mit Peter I. in Salzdahlum (bei Wolfenbüttel) zusammen. Der Zar schlug ein Bündnis mit dem Kaiser vor. Damian Hugo konnte hierüber nicht verhandeln, da er für diese Frage keine Instruktion besaß.[223]

Im Laufe des Februar trafen die Gesandten doch nach und nach wieder in Braunschweig ein, so daß die Verhandlungen am 9. März fortgesetzt werden konnten. Sie erbrachten freilich nur eine aus Allgemeinheiten bestehende Erklärung. Nicht einmal ein weiteres Treffen wurde vereinbart. Da Steenbook inzwischen in Tönning eingeschlossen war und im Mai 1713 kapitulieren mußte, fehlte der nötige Handlungsdruck.

Damian Hugo hatte Zeit, nach Berlin zu fahren, um den neuen König, Friedrich Wilhelm I., im Namen des Kaisers um verstärkte Hilfe für das Reichsheer im Westen zu bitten, da Wien ungeachtet des Friedens von Utrecht den Krieg gegen Frankreich fortsetzen wollte. Lothar Franz, stets die Sicherheit des Reiches und der rheinischen Territorien im Auge, knüpfte große Hoffnungen an die Hilfe Brandenburg-Preußens, mit der man einen „*raisonablen guten Frieden*" erzwingen sollte.[224] Damian Hugo schien für diese Mission der richtige Mann zu sein, hatte er doch viele Jahre zuvor Hannover und Hessen-Kassel erfolgreich zur Hilfe motivieren können. Der Preußenkönig, auf äußerste Sparsamkeit bedacht und durch den Friedensvertrag zwischen Brandenburg und Frankreich gebunden, lehnte aber jedes Engagement ab.[225]

Im Juli 1713 wurde Damian Hugo nach Wien gerufen, um Einzelheiten des fortzusetzenden Braunschweiger Kongresses zu besprechen. Gemäß kaiserlichem Befehl reiste er von Hamburg zunächst nach Berlin. Erneut sollte er den preußischen König um Hilfe für die Fortsetzung des Krieges gegen Frankreich ersuchen, hatte jedoch genauso wenig Erfolg wie bei seinem ersten Besuch.[226] Von Berlin fuhr er nach Breslau weiter, besuchte dort den Hochmeister seines Ordens und besprach mit ihm verschiedene Angelegenheiten. Während seiner langen Rückreise nach Wien schwanden die Hoffnungen, durch strikte Neutralität das Reich aus dem Nordischen Krieg herauszuhalten: Im Vertrag von Schwedt (6. Oktober 1713) einigten sich Brandenburg-Preußen, Rußland und Polen dahin, daß Brandenburg-Preußen den südlichen Teil des schwedischen Vorpommern einschließlich Stettins in Verwaltung nahm.[227] Wo also die geringste Aussicht auf territorialen Gewinn bestand, ließen die Fürsten die Neutralität fallen und traten auf die Seite der Gegner Schwedens auch auf die Gefahr hin, daß das eigene Land zum Kriegsschauplatz wurde.[228] Wien mußte also überdenken, ob es am Neutralitätsprojekt trotz aller Rückschläge festhalten wollte. Nach sorgfältigen Vorbereitungen beriet am 23. November die Geheime Konferenz in Gegenwart des Kaisers mehr als drei Stunden über die norddeutschen Angelegenheiten. Auch Damian Hugo nahm an der Konferenz teil.[229] Grundlage der Beratung war ein von Damian Hugo und Friedrich Karl ausgearbeitetes Gutachten. In ihm traten die beiden Schönborn für die Weiterführung der begonnenen und von Wien maßgeblich gestalteten Neutralitätspolitik ein, rieten mithin zur Fortsetzung des Braunschweiger Kongresses, an dem neben den deutschen Ständen nun auch Dänemark, Rußland, Sachsen und sogar Schweden teilnehmen sollten. Damian Hugo und Friedrich Karl trugen damit der Tatsache Rechnung, daß der Konflikt nicht nur eine norddeutsche, sondern eine nordeuropäische Angelegenheit war. So wurde, gewollt oder ungewollt, der Braunschweiger Kongreß zum Friedenskongreß für den ganzen Nordischen Krieg. Ob solcher Anspruch nicht zu hoch griff, ob damit die Befriedung des deutschen Nordens nicht eher noch schwerer werden mußte, darüber scheinen sich die Brüder keine Gedanken gemacht zu haben. Allerdings darf nicht übersehen werden, daß in den Augen Wiens und seiner Anhänger die Neutralitätspolitik mehr war als der Versuch, die Position von Kaiser und Reich gegen Frankreich zu stärken: Durch die Vermittlung einer Neutralität zum Schutze des Reiches und mehr noch durch den Abschluß eines allgemeinen Friedens wenigstens für das Reich als Kriegsschauplatz konnte der Einfluß des Kaisers in einer Region gestärkt werden, die sich ihm seit langem mehr und mehr entzogen hatte. Wenn dazu noch die deutschen Territorien Schwedens von kaiserlichen Sequestern bis zur weiteren Entscheidung verwaltet werden konnten, wurde vor aller Welt die schon längst verloren geglaubte Macht des Kaisers im Norden wieder präsent. Das Machtvakuum, das durch den Niedergang Schwedens entstanden war, hätte so durch den Kaiser gefüllt werden können, zumindest hätte jede neue Ordnungsmacht im Norden sich mit ihm arrangieren müssen. Die Geheime Konferenz nahm das Projekt an. Als zweiter kaiserlicher Gesandter neben Damian Hugo sollte Graf Metsch am Kongreß teilnehmen.

Ende November 1713 trat Damian Hugo die Reise in den Norden an. Über Nürnberg, Frankfurt und Marburg kehrte er nach Braunschweig zurück. Schon im November hatte er seinem Sekretär Cox in der Ordensballei Altenbiesen befohlen, ihm für den Braunschweiger Kongreß Wein und 3 000 fl. zu schicken, da er dort *„eine starke Figur"* machen müsse.[230] Offensichtlich hoffte der kaiserliche Gesandte, auf solche Weise die Verhandlungsatmosphäre positiv beeinflussen zu können, denn die politische Lage hatte sich seit dem ersten Kongreß noch schwieriger gestaltet. Ob Schweden überhaupt teilnehmen werde, war sehr fraglich.[231] Hessen-Kassel verfocht weiterhin die Sache Schwedens trotz dessen momentaner Schwäche. Der Landgraf trat sogar dafür ein, Schweden seine deutschen Territorien zurückzuerstatten, die es inzwischen verloren hatte.[232] Hannover und Sachsen dagegen wollten Schweden lieber heute als morgen vom deutschen Boden vertrieben sehen. Obwohl Damian Hugo in erster Linie das Ziel hatte, das Reich aus dem Nordischen Krieg herauszuhalten, wäre es auch ihm sehr lieb gewesen, die protestantische Macht Schweden aus dem Reich zu verdrängen. Ein besonderes Problem stellte schließlich das Herzogtum Schleswig-Holstein-Gottorf dar: Da Gottorf trotz erklärter Neutralität mit Schweden insgeheim paktiert hatte, hatte Dänemark den minderjährigen Herzog und die vormundschaftliche Regierung vertrieben und das Herzogtum besetzt. Die Gottorfer erhofften nun vom Braunschweiger Kongreß die Restituierung ihres Landes.

Am 3. Februar 1714 traf Damian Hugo in Braunschweig ein. Er besuchte zunächst die katholische Kirche, die mit seiner Hilfe gerade errichtet wurde, dann die Oper. In seiner Loge führte er erste politische Gespräche.[233] Während der folgenden Wochen und Monate aber kamen die Verhandlungen kaum in Gang, weil zunächst alle beteiligten Parteien den Friedensschluß Frankreichs mit Kaiser und Reich abwarten wollten. Mit dem Ende des Krieges im Westen wiederum (Friede von Rastatt, 14. April 1714) entfiel zumindest das Motiv, den Frieden im Norden durch Neutralität zu wahren, um die Kräfte im Kampf gegen Frankreich zu bündeln. Franz Georg, der gerade seinen Bruder Damian Hugo in Norddeutschland besuchte, mußte im Mai feststellen, daß alles nur sehr langsam vorangehe *„und schier scheinen wolle, als wan einige Potenzien kein rechter Lust und Ernst mehr dazu seye"*.[234] Selbst als schließlich alle Gesandten mit Ausnahme des schwedischen in Braunschweig versammelt waren, begannen keine ernsthaften Verhandlungen; jeder wartete auf die Vorschläge des anderen. Im August fuhr Damian Hugo wieder nach Hamburg, weil er, wie er in einer Relation schrieb, in Braunschweig zur Zeit nichts versäume: Alle Gesandten seien abgereist.[235]

Erst im Oktober kehrte er nach Braunschweig zurück. Wie in Hamburg, so dienten in Braunschweig gesellschaftliche Aktivitäten dem „Plaisir" und der politischen Repräsentation. Im November z. B. gab der kaiserliche Gesandte einen Ball am Tag des Heiligen Borromäus, zugleich Namenstag des Kaisers.[236]

Im November 1714 trat eine neue Lage ein, die dem Kongreß neue Impulse hätte geben und die Position des Kaisers hätte stärken können: Die Rückkehr Karls XII. aus dem haftähnlichen Exil im Osmanischen Reich versetzte die norddeutschen und nordischen Mächte in größte Unruhe. Wenn Schweden auch eingekreist und am Boden zerstört war, traute man dem charismatischen König und genialen Feldherrn doch zu, seine Armee wieder von Triumph zu Triumph zu führen. In dieser Situation aber, in der die norddeutschen Stände bereit waren, sich um den Kaiser zu scharen, blieb Wien passiv. Eine neue, die veränderte Lage berücksichtigende Instruktion für Damian Hugo blieb ebenso aus wie eine Ankündigung des Kaisers, die norddeutschen Stände bei der endgültigen Vertreibung Karls XII. zu unterstützen. Der Verdacht wurde laut, der Kaiser wolle weder dem Niedersächsischen Kreis helfen, noch die Ruhe im Reich herstellen, sondern allein der gegenseitigen Zerstörung der protestantischen Territorien zusehen.[237] Tatsächlich hätte es der bisherigen Politik Wiens völlig widersprochen, in den Krieg gegen Schweden einzutreten, zumal Habsburg nach dem Ende des langen Ringens mit Frankreich die Kraft zu einem Waffengang im Norden fehlte. Ziel aller Bemühungen Wiens war es gewesen, Norddeutschland aus dem Nordischen Krieg herauszuhalten, nicht aber, selbst zur Kriegspartei zu werden. Durch solch konsequente Passivität beraubte sich Wien aber auch seiner letzten Einflußmöglichkeit im Norden. Die neue Bedrohung durch Karl XII. führte im Winter und Frühjahr 1715 zu Verträgen zwischen Hannover, Brandenburg-Preußen, Dänemark und Sachsen.[238] Die Mächte verständigten sich über die Aufteilung der den Schweden abgenommenen Territorien. So überließ Dänemark das von ihm eroberte Herzogtum Bremen dem Kurfürstentum Hannover und nicht, wie in der frühen Phase des Braunschweiger Kongresses festgehalten, einem kaiserlichen Sequester.

Zwischen April und August 1715 hielt sich Damian Hugo nochmals in Braunschweig auf. Die Hauptarbeit des Kongresses, soweit man überhaupt von einem Kongreß sprechen konnte, lag inzwischen beim Grafen Metsch. Die Kardinalswürde, die Damian Hugo 1713 bzw. 1715 erhalten hatte, drohte wegen der damit verbundenen neuen Titulatur für seine Tätigkeit auf dem Kongreß geradezu zu einem Hindernis zu werden. So verweigerten die Gesandten Damian Hugo den Titel „Eminenz". Bernstorff, Leiter der hannoverschen Politik, wollte das Zeremoniell so gestalten, daß Damian Hugo den Kongreß verlassen müsse, sei es doch, so Bernstorff, *„etwas Ungewöhnliches"*, daß bei einem Kongreß protestantischer Mächte ein römischer Kardinal als *„Premier-Commissarius"* fungiere.[239] So nahm Damian Hugo ab Sommer 1715 bis zu seiner Abberufung Mitte 1716 nicht mehr am Kongreß teil. Der Kongreß beriet unter Graf Metsch noch einige Zeit weiter, ohne zu einem Ergebnis zu kommen.

Mit dem Braunschweiger Kongreß hatte Wien versucht, den Niedersächsischen Kreis und das Reich aus dem Nordischen Krieg herauszuhalten. Wäre dies gelungen, so hätte der Kaiser seine Autorität in einem Teil des Reiches stärken können, in dem sie kurz vor dem Erlöschen war. Was den Kaiser gestärkt hätte, wenn es gelungen wäre, schwächte ihn, als es mißlang. Der Nordische Krieg führte zur vollständigen Umgruppierung der Mächte. *„Für die Geschichte des alten deutschen Reiches war es verhängnisvoll, daß alles dies ohne Mitwirkung des Kaisers und des Reiches geschah, ja über den Kaiser hinweg"*, urteilt Hantsch.[240] Der Einfluß des Kaisers war jedoch von Anfang an viel zu gering, um die norddeutschen und nordeuropäischen Mächte an den Verhandlungstisch zu bringen. Warum sollten die Kurfürsten von Hannover und Brandenburg auf den Kaiser angewiesen sein, da sie sich gerade aus eigener Kraft den größten Teil der deutschen Territorien Schwedens gesichert hatten? Sie brauchten weder die Hilfe, noch die sicherlich nicht uneigennützige Vermittlung des Kaisers. Wien stand vor dem Problem, schon für das Zustandekommen des Kongresses Macht zu benötigen, die dieser im Fall des Gelingens erst schaffen konnte. Die Hofburg versuchte vergeblich, den zweiten Schritt vor dem ersten zu tun. Aretin nennt als Grund des Scheiterns die Indolenz des Wiener Hofes. Braunschweig ist für ihn sogar ein Beispiel für die Unfähigkeit Wiens, in die Reichspolitik gestaltend einzugreifen.[241] Ob Indolenz, Unfähigkeit oder fehlende Macht – der kaiserliche Gesandte hatte jedenfalls keine Handhaben, ein besseres Ergebnis zu erzielen. Damian Hugo ist für das Scheitern des Braunschweiger Kongresses nicht verantwortlich zu machen.[242] An Eifer hat er es nicht fehlen lassen. Als die Gesandten Anfang 1713 zunächst nicht nach Braunschweig zurückkommen sollten, bemühte er sich energisch und erfolgreich um ihre erneute Instruktion und Entsendung. Und Ende 1714 hat Damian Hugo zusammen mit seinem Bruder Friedrich Karl die zweite Phase des Kongresses sorgfältig vorbereitet. Das Grundproblem, den geringen Einfluß Wiens im Norden Deutschlands, konnte er jedoch nicht aus der Welt schaffen.

3.6. Die Gottorfer Frage

Der Grund der damaligen *„Spann- und Irrungen"* im Norden sei der Streit zwischen dem König von Dänemark und dem Herzog von Schleswig-Holstein-Gottorf, schrieb Eck von Hungersbach 1686 in einer Relation nach Wien. In diesen Streit, so Damian Hugos Vorgänger, könne der Norden des Reiches sehr leicht hineingezogen werden.[243] Tatsächlich war der Konflikt zwischen Dänemark und Schleswig-Holstein-Gottorf ein Quell steter Unruhe im norddeutschen und nordeuropäischen Raum. Er mündete, hierin behielt Eck recht, in den Nordischen Krieg und machte Schleswig-Holstein zum Kriegsschauplatz. Ursache des Streits war die Lehnsabhängigkeit des Gottorfer Herzogs vom dänischen König für seinen Anteil am Herzogtum Schleswig. Diese Verbindung zu lösen und souveräner Herzog für Schleswig zu werden war das große Ziel des Herzogs von Gottorf, der dabei auf die Hilfe von Schweden, Dänemarks großem Gegner, rechnen durfte.

Nachdem Herzog Friedrich IV. als schwedischer Feldherr 1702 in der Schlacht bei Klissow gefallen war, übernahm sein Bruder Christian August, später Fürstbischof von Lübeck, als Administrator die Regentschaft für den minderjährigen Herzog Friedrich Karl. Die Regentschaft verfolgte eine ebenso forsche wie schwankende, im ganzen verantwortungslose Politik. Der Unterstützung des gerade siegreichen Schwedenkönigs sicher, konnte Schleswig-Holstein-Gottorf seine Interessen aggressiv verfolgen. Zunächst gelang es Christian August mit Hilfe Hannovers und Schwedens, in Konkurrenz mit einem dänischen Prinzen Fürstbischof von Lübeck zu werden. Etwa zur gleichen Zeit stritten Gottorf und Dänemark um Einzelheiten der gemeinsamen Regierung über die Güterbezirke in Schleswig und Holstein. Die Gottorfer Regentschaft suchte die Grafschaft Rantzau als ehemaliges und zu Unrecht veräußertes Amt Barmstedt mit militärischen Mitteln wieder an sich zu bringen. Mit Geschick und Beharrlichkeit konnte das Haus Gottorf eine seiner Prinzessinnen zur Äbtissin von Quedlinburg wählen lassen (vergl. Kapitel 3.4.). Die Hamburger Kommission wurde von der Regentschaft als Verletzung der Rechte des Herzogs von Holstein abgelehnt. In den Affären um Rantzau, Quedlinburg und Hamburg war Damian Hugo als kaiserlicher Gesandter Gegenspieler Gottorfs.

Die Beziehung begann sogleich mit einem Mißklang. Damian Hugo hatte sich am 11. September 1708 als kaiserlicher Gesandter schriftlich bei der Gottorfer Regierung vorgestellt und sein Kreditiv überschickt.[244] Administrator Christian August kritisierte sofort, daß Damian Hugo sein Beglaubigungsschreiben nicht persönlich überbracht und die Anrede „Durchlauchtigster" weggelassen habe.[245] Zwei Jahre später jedoch warb Gottorf um die Freundschaft des Schönborn: Schleswig-Holstein-Gottorf bemühte sich um ein besseres Verhältnis zu Wien, da es nach Karls XII. Niederlage in eine schwierige Situation geraten war und Rückhalt bei einer anderen Macht suchen mußte, wobei die Gottorfer Regierung sehr wohl wußte, daß sie in Wien als Parteigängerin Schwedens verdächtig war. Im Frühjahr schickte Administrator Christian August den Grafen Heinrich von Reventlow nach Wien, um den Kaiser und die kaiserliche Regierung für das Haus Gottorf günstiger zu stimmen. Zur Unterstützung von Reventlows Mission wollte Christian August über Damian Hugo den Reichsvizekanzler Friedrich Karl für Gottorf und seine Interessen gewinnen. Zu seinem Glück befanden sich mit den Brüdern Gerhard und Johann Georg von Dernath zwei gute Freunde der Familie Schönborn in gottorfischen Diensten. Seit etwa 10 Jahren standen die Familien Schönborn und Dernath in einem freundlichen Verhältnis. 1701 hatten Damian Hugo und Lothar Franz die Gräfin Christine Dorothea von Dernath in Bad Ems kennengelernt.[246] Das Dernathsche Gut Sierhagen in Ostholstein hat Damian Hugo während seiner Hamburger Jahre mehrfach besucht und manchen Rat zur Gestaltung des Gutes und zur Anlage des Gartens gegeben. Ostern 1710 zogen sich Damian Hugo und sein Bruder Franz Georg zu Exerzitien nach Sierhagen zurück. Die Freundschaft scheint sich sogar auf den niederländischen Zweig der Familie Dernath erstreckt zu haben. Ein van der Nath (Dernath) war Hauptmann im Kaiserlich Schönbornschen Dragoner-Regiment. Doch Johann Georg, gottorfischer Amtmann von Reinbeck und Trittau, bemühte sich nun vergeblich um Damian Hugos Gunst: Der kaiserliche Gesandte war tief verletzt, daß ihm die Gottorfer Regierung unter Leitung des Grafen Görtz den Titel „Exzellenz" verweigerte.[247] In einem Brief an Dernath verhöhnte Damian Hugo den durchsichtigen Versuch der Gottorfer, ihn für ihre Politik zu benutzen, obwohl sie ihm bis dahin nur wenig Ehre erwiesen hätten. Er werde, schrieb er, nicht ihr „*Deppe*" sein. Ihre schlechte „*Conduite*" sei überhaupt die Ursache, daß sie zwar große Politik machen wollten, aber dann die Sache so schlecht angingen, daß sie „*mit dem Kopf zur Stube herein fallen*".[248] Eine herbe, aber zutreffende Charakterisierung der Gottorfer Politik. Doch damit nicht genug: Damian Hugo veröffentlichte seinen Brief in Hamburg. Gottorf wurde bloßgestellt. Nicht weniger ärgerlich war Damian Hugos beiläufige Bemerkung, daß der Kaiser bei der Vormundschaft oder Administration des Herzogtums Schleswig-Holstein-Gottorf sich „*mit einzumengen wohl befugt sey*".[249] Statt eines Freundes erhielt Gottorf mit Damian Hugo einen neuen Feind.

Friedrich Karl war dem Haus Gottorf kaum besser gesonnen als sein Bruder, wie Reventlow in Wien feststellen mußte.[250] Der kritisch-mißgünstig beobachtende gottorfische Gesandte glaubte immerhin feststellen zu können, wie unsicher die Position des Reichsvizekanzlers und wie unbeliebt die Familie Schönborn allgemein sei. Mit ihrem Ehrgeiz, „*bey allen Gelegenheiten sich groß zu machen und zu bereichern*", machten sich die Schönborns keine Freunde.[251] Die Hilfe, die Reventlow bei den Schönborns nicht fand, erhielt er von dem kaiserlichen Diplomaten und böhmischen Kanzler Grafen Wratislaw, der den Gottorfern dringend riet, es sich im eigenen Interesse mit dem Kaiser nicht zu verderben, auch wenn der Herzog von Gottorf Aussicht auf die Krone Schwedens habe.[252] Reventlow fand des weiteren fünf namentlich nicht genannte Personen am Wiener Hof, die sich mit Geldgeschenken auf die Seite Gottorfs ziehen ließen.[253] Er durfte sogar daran denken, eine Intrige gegen die Schönborns zu spinnen, damit Damian Hugo aus Hamburg abberufen und Friedrich Karl von allen Gottorf betreffenden Angelegenheiten ferngehalten werde. Der Zeitpunkt wäre günstig gewesen, denn durch die Briefveröffentlichung hatte Damian Hugo die Gepflogenheiten des diplomatischen Verkehrs grob verletzt und damit seinem Ruf geschadet. Nicht nur Gegner, z. B. maßgebliche Diplomaten Hannovers, sondern auch Freunde wie Agostino Steffani, der Apostolische Vikar für Ober- und Niedersachsen, schüttelten laut Reventlow über Damian Hugos Albernheit verärgert oder entsetzt den Kopf.[254] Die Feindschaft der Familie Schönborn aber war den Gottorfern so unangenehm, daß Administrator Christian August sich in einem ausführlichen Brief an den Kaiser gegen die Verleumdungen Damian Hugos und Friedrich Karls zur Wehr setzte.[255] Damian Hugo antwortete mit einer Darstellung nebst Beilagen, die den Umfang eines Buches erreichte. Er lehnte jede Verantwortung für den Streit ab, beschuldigte vielmehr Georg Heinrich von Görtz, den leitenden Minister Gottorfs, er behindere aus persönlicher Antipathie die Arbeit des kaiserlichen Gesandten, indem er die Mitglieder der Hamburger Kommission gegen ihn anstachele und ihm den Titel „Exzellenz" verweigere. Als Grund solcher Antipathie nannte Damian Hugo die Verärgerung Görtzens, daß er, Damian Hugo, und nicht Reventlow die Stelle des kaiserlichen Gesandten beim Niedersächsischen Kreis erhalten habe und daß er in der quedlinburgischen wie in der rantzauischen Sache nicht die Interessen des Hauses Gottorf, sondern die Instruktionen des Kaisers beobachtet habe: Es scheine Görtz „*fast unerträglich zu seyn, das der kayserliche Minister in diesen Dingen der kayserlichen Intention gemäs*" handelte.[256] Der Konflikt trug tatsächlich den Charakter einer persönlichen Fehde zwischen Damian Hugo und Görtz. Das war um so bemerkenswerter, als die im Gebiet des Stiftes Fulda begüterte Familie Görtz und die Schönborns vordem gute Beziehungen unterhielten. Görtzens Onkel, der hannoversche Kammerpräsident Görtz, bemühte sich, den Streit zu beheben und die alte Vertrautheit wiederherzustellen. Melchior Friedrich riet zu gutem Einverständnis zwischen beiden Familien zum gegenseitigen Nutzen.[257] Doch trotz derartiger Initiativen und Ermahnungen blieb das Verhältnis weiterhin gespannt. Als Görtz dem neugewählten Kaiser Joseph I. in Frankfurt seine Aufwartung machen wollte, setzte die Familie Schönborn alle Hebel in Bewegung, damit der Kaiser Görtz die Audienz verweigerte.[258]

Im Grunde aber war Schleswig-Holstein-Gottorf und dem Reichsvizekanzler Friedrich Karl an beiderseitigen guten Beziehungen gelegen. Gottorf wußte auch ohne die Ermahnung Wratislaws, daß man angesichts der schwierigen Lage des eigenen Landes den Kaiser brauchte und daß eine dauernde Verstimmung den eigenen Interessen schadete. Wegen seines Einflusses beim Kaiser konnte man auf den Reichsvizekanzler nicht verzichten. Friedrich Karl seinerseits war an einem möglichst guten Verhältnis zu den norddeutschen Ständen interessiert. Als Reventlow im April 1712 wieder in Wien weilte, überlegten sie gemeinsam, wie der Streit zwischen Damian Hugo und der Gottorfer Regierung beigelegt werden könnte. Friedrich Karl nannte die Veröffentlichung des Briefes eine „*Narretei*" und schlug vor, Damian Hugo solle erklären, den Brief gar nicht geschrieben zu haben. Reventlow war damit einverstanden, da dies „*taliter qualiter*" eine öffentliche „*Revocation*" sei.[259] Tatsächlich legte Friedrich Karl bald ein entsprechendes Schriftstück Damian Hugos vor, doch wurde es dann vermutlich nicht als öffentliche Erklärung gebraucht. Reventlow glaubte erneut zu erkennen, wie schwierig Friedrich Karls Stellung am Wiener Hof war. Der Kaiser, so seine Meinung, scheine kein rechtes Vertrauen zum Reichsvizekanzler zu haben.[260]

1713 besetzte Dänemark das Herzogtum Schleswig-Holstein-Gottorf, da die Gottorfer Regierung trotz Neutralitätsvertrag mit Dänemark insgeheim mit dem schwedischen General Stenbook paktiert hatte.[261] Die Gottorfer suchten daraufhin sowohl auf dem Braunschweiger Kongreß als auch in Wien Hilfe für die Restituierung des Herzogtums. In Braunschweig hatte Gottorf keinen guten Stand. Die beteiligten Mächte waren trotz mancher Erklärung nicht am Schicksal Schleswig-Holstein-Gottorfs interessiert, und der leitende kaiserliche Gesandte beggenete den Vertretern Gottorfs auf Grund der vorangegangenen Reibereien außerordentlich kühl.[262] Der Kaiser gab den Gottorfern den Rat, nicht zu hohe Forderungen zu stellen und sich mit Dänemark gütlich zu vergleichen.[263] Dennoch setzte der Administrator Christian August nun große Hoffnungen auf Friedrich Karl als Vertreter und Fürsprecher der Gottorfer Interessen in Wien. Eindringlich ermahnte er Reventlow, für ein gutes Verhältnis zum Reichsvizekanzler zu sorgen, da man dessen Freundschaft brauche.[264] Der Anteil am Herzogtum Schleswig blieb freilich für Gottorf verloren, der holsteinische Anteil aber fiel dank Intervention des Kaisers an den inzwischen mündigen Herzog Karl Friedrich zurück. Ob Friedrich Karl an dieser Parteinahme des Kaisers für das Haus Gottorf einen Anteil hatte, ist unbekannt. Zumindest sah der junge Herzog im Reichsvizekanzler einen Parteigänger, der ihm, wie er Friedrich Karl selbst schrieb, viele Proben des Wohlwollens und der Freundschaft gegeben habe.[265]

Damian Hugos Verhalten gegenüber dem Hause Gottorf wirft kein sonderlich gutes Licht auf sein diplomatisches Verhalten. Zweifellos waren die Gottorfer seine Gegenspieler bei der Hamburger Kommission und bei den Affären Rantzau und Quedlinburg, doch die Veröffentlichung eines vertraulichen Briefes widersprach allen Gepflogenheiten der Zeit. Sicher war die Gottorfer Regierung nicht unschuldig an den schlechten beiderseitigen Beziehungen, doch hat Damian Hugo wegen des vorenthaltenen Titels Exzellenz offensichtlich diplomatiewidrig überreagiert. Derartige Empfindlichkeit entsprach freilich einem Charakterzug des Schönborn, der auch ansonsten des öfteren an ihm zu beobachten ist und der leicht konfliktverschärfend wirkte. Friedrich Karl dagegen war Politiker und Diplomat genug, um sich von Antipathie im Interesse weitsichtiger politischer Strategien freizumachen. Indes hätte im vorliegenden Fall auch die innigste Freundschaft zwischen Damian Hugo und der Gottorfer Regierung das Herzogtum Schleswig-Holstein-Gottorf nicht retten können.

3.7. *„Emissär der Jesuiten"*. Damian Hugo und die Katholiken in Norddeutschland

Die kaiserlichen Gesandten in Norddeutschland hatten stets die ausdrückliche Weisung, sich der kleinen katholischen Gemeinden in diesem durchweg protestantischen Teil des Reiches anzunehmen.[266] Allein ihre Anwesenheit war für die Bekenner der römisch-katholischen Religion eine große Hilfe. Da den Gesandten nach diplomatischen Gepflogenheiten die freie und öffentliche Religionsausübung nicht verboten werden konnte, bildeten die Kapellen in den Gesandtenhäusern Zufluchtstätten der Katholiken, die ansonsten geistlichen Beistand weitgehend entbehren mußten. Darüber hinaus konnte jeder Gesandte versuchen, ob auf ausdrücklichen Befehl oder aus eigenem Antrieb, akute Repressalien abzustellen oder den bestehenden, meist nur geringen Freiraum vorsichtig zu erweitern. Bestimmte politische Verhältnisse konnten allerdings auch zur Zurückhaltung zwingen. Der protestantischen Umwelt blieb die besondere Aufgabe der kaiserlichen Gesandten natürlich nicht verborgen. In Bremen nannte man den Residenten Wiens „Emissär der Jesuiten".[267]

Im letzten Drittel des 17. Jahrhunderts hatte sich die Lage der Katholiken in Norddeutschland verbessert, weil der konfessionelle Streit insgesamt an Schärfe verloren hatte. Unter den konvertierten Herzögen Johann Friedrich von Hannover, Julius Franz von Sachsen-Lauenburg und Christian Ludwig von Mecklenburg-Schwerin genossen ihre katholischen Untertanen zumindest zeitweise größere Freiheiten. Die protestantischen Landesherren waren im wohlverstandenen Eigeninteresse zu gewissen Konzessionen bereit. So konnten sie angeworbenen katholischen Soldaten die Religionsausübung natürlich nicht verweigern, noch weniger den für viel Geld engagierten französischen oder italienischen Malern, Musikern, Köchen und Baumeistern. Für Stadtgründungen (Friedrichstadt, Glückstadt) und Ausbau bestehender Orte (Altona) wurden Siedlungswillige mit dem Versprechen gewonnen, ihre Religion frei ausüben zu dürfen. Um die versprengten nordeuropäischen Katholiken besser betreuen zu können, beseitigte Rom 1667 das hinderliche Neben- und Gegeneinander von Bischöfen, Nuntiaturen und anderen kirchlichen Autoritäten durch das „Apostolische Vikariat für die Nordische Mission" und teilte es 1709 in das Vikariat für „Ober- und Niedersachsen" (welfische, brandenburgische und wettinische Lande) und das Vikariat für das übrige Norddeutschland und Skandinavien.[268] Im Prinzip waren die Länder der Vikariate Missionsgebiete. Die Finanzierung der Nordischen Mission wurde 1682 durch die Stiftung Ferdinands von Fürstenberg, Bischof von Paderborn und Münster, auf eine solide Grundlage gestellt. Mit den Zinsen der gestifteten 33 840 Rtlr. konnten 13 Geistliche in Hamburg, Lübeck, Glückstadt, Friedrichstadt und Fredericia (Jütland) unterhalten werden. Eine weitere, sehr günstige Entwicklung für die katholische Religion ermöglichte der Kurvertrag, den der Kaiser und der Herzog von Hannover 1692 schlossen: Er gewährte den Katholiken des neuen Kurfürstentums in einem Separatartikel freie und öffentliche Religionsausübung sowie den Bau einer Kirche.[269]

Als der kaiserliche Gesandte Damian Hugo 1708 nach Norddeutschland kam, boten sich ihm also genügend Ansätze, für die katholische Religion zu wirken. Er hatte auf diesem Gebiet sogar schon einige Erfahrungen sammeln können. Die Spanische Hochzeit und die damit obligatorische Konversion der Prinzessin Christiane Elisabeth von Wolfenbüttel war das gemeinsame Werk von Lothar Franz, Friedrich Karl und Damian Hugo gewesen. Damian Hugo konnte an diesen Erfolg anknüpfen, denn auch am Übertritt Herzog Anton Ulrichs von Braunschweig-Wolfenbüttel zur katholischen Religion 1709 war die Familie Schönborn maßgeblich beteiligt.

Es muß offen bleiben, was Anton Ulrich zu seinem Schritt bewog. Es mag die romanisch-katholische Kultur gewesen sein, die den kunstsinnigen Fürsten faszinierte. Es können aber ebenso politische Motive den Anstoß gegeben haben, etwa die freilich vergebliche Hoffnung auf territorialen Zugewinn. Von gewisser Bedeutung war vielleicht auch die am Hofe Anton Ulrichs herrschende Richtung der evangelischen Theologie, da sie die Gemeinsamkeiten beider Konfessionen betonte und die Konversion als eher kleinen Schritt erscheinen ließ.[270] Im Dezember 1709 erfuhr Friedrich Karl durch Kaiserin Wilhelmine Juliane, daß Anton Ulrich zum Übertritt entschlossen sei, sich aber aus verschiedenen *„äußerlichen Dingen"* daran gehindert sehe. Mit Wissen der Kaiserin wandte sich Friedrich Karl sofort an Lothar Franz: Es wäre gut, wenn er Gottfried Bessel, seinen engen Vertrauten, sofort nach Wolfenbüttel abschicke, denn *„so würde der Hertzog sich alsobald ergeben, mithin der Religion ein groser Vortheyl ansehnlich erwachsen"*. Bessel *„würde das mehrere ahn Hand zu geben wissen"*.[271] Tatsächlich gehörte Bessel zu den wenigen Personen, vor denen Anton Ulrich um Weihnachten

1709 seinen Übertritt durch Ablegung des katholischen Glaubensbekenntnisses insgeheim vollzog. Anfang Januar 1710 bat Lothar Franz auch Damian Hugo, sofort von Hamburg nach Wolfenbüttel zu reisen. Es ging zunächst darum, den Herzog in seiner Entscheidung so weit zu stärken, daß er sich auch öffentlich zu seinem Schritt bekannte und dem zu erwartenden starken Protest standhielt. Weiterhin mußte verhindert werden, daß der Herzog, wie er das ursprünglich beabsichtigte, nach seiner Konversion abdankte.[272] Erst dann konnte man die weitergehenden Pläne von Lothar Franz forcieren: Der Übertritt Anton Ulrichs sollte eine Bekehrungswelle auslösen, zumindest sollte unter dem Schutz des konvertierten Fürsten der katholische Glauben entscheidend gestärkt und die Mission in Norddeutschland auf eine neue und breitere Grundlage gestellt werden. Auch der Kaiser gab Damian Hugo den Befehl, sich umgehend zu Anton Ulrich zu begeben. Seine Instruktion entsprach der von Lothar Franz. Damian Hugo war freilich schon längst bei Anton Ulrich, als der kaiserliche Befehl in Hamburg eintraf. Er sei es gewohnt, meinte Damian Hugo sarkastisch, daß die kaiserlichen Befehle immer zu spät einträfen.[273] Der heftige Protest von Geistlichen, Räten und Landständen Braunschweig-Wolfenbüttels konnte Anton Ulrich, der Herzog blieb, nicht mehr von seiner Entscheidung abbringen. In dieser Hinsicht hatte Damian Hugos Reise Erfolg. Eine Bekehrungswelle blieb jedoch aus. Nur zwei seiner Töchter folgten Anton Ulrich. Der Erbprinz blieb zur Sorge der Schönborns ein entschiedener Gegner des Katholizismus.[274] Anton Ulrichs Konversion aber stärkte das Ansehen der Schönborns in der katholischen Welt und mehrte ihr Selbstbewußtsein und Selbstverständnis als unermüdliche Streiter für den katholischen Glauben. Papst Clemens XI. gratulierte Lothar Franz zu dem großen Erfolg.[275]

Mit Stolz bemerkte Damian Hugo einmal, er habe das Glück gehabt, in Hannover und Wolfenbüttel das *„exercitium publicum religionis catholicae"* einzuführen und zu erhalten.[276] Unter dem Schutz des konvertierten Herzogs konnte der Bau einer katholischen Kirche in Braunschweig in Angriff genommen werden. Hierbei arbeitete Damian Hugo eng mit dem Apostolischen Vikar für Ober- und Niedersachsen, Agostino Steffani, Bischof von Spiga, zusammen, den er bei seiner ersten Gesandtschaft nach Hannover im Jahre 1706 persönlich kennengelernt hatte. Am 4. Februar 1710 schenkte Anton Ulrich den Katholiken einen Platz für den Kirchenbau; Damian Hugo und Steffani nahmen die Gabe im Auftrag des Kaisers entgegen.[277] Im Juli 1711 wurde der Grundstein gelegt. Das Geld für den Bau stifteten der Papst, Lothar Franz, die Bischöfe von Münster und Hildesheim und Anton Ulrich selbst.[278] Bereits im September 1712 konnte Steffani die Kirche weihen. Der Bau der katholischen Kirche in Hannover war ebenfalls ein gemeinsames Werk von Damian Hugo und Steffani. 1709 erhielt Damian Hugo von Wien den Befehl, in Hannover den nötigen Baugrund zu erwerben. Den ihn angebotenen Platz lehnte Damian Hugo zunächst ab, da er, wie er mißmutig bemerkte, nicht einmal für einen Schweinestall geeignet sei. Dennoch wurde dort schließlich die Kirche errichtet und am 4. November 1718 geweiht. Die Schönborns vermittelten mit Johann Dientzenhofer einen erfahrenen Baumeister.[279] Die benötigten Gelder stammten wiederum aus verschiedenen Quellen, u. a. vom Kaiser und von Lothar Franz. Als Verwalter der beiden

Abb. 11: Herzog Anton Ulrich von Braunschweig-Wolfenbüttel.

Fonds für Braunschweig und Hannover wurde Damian Hugo eingesetzt. Was nach dem Bau der Kirchen an Geld übrig blieb, sollte jeweils als Stiftung angelegt werden, um weitere Anschaffungen oder Reparaturen zu finanzieren. Damit hatte Damian Hugo keine dankbare Aufgabe übernommen. Die Missionare in Braunschweig verlangten mit Unterstützung Anton Ulrichs für ihre Kirche auch Geld aus dem hannoverschen Fonds. Demgegenüber fand Steffani, daß die Kirche in Hannover mehr Geld benötige als die in Braunschweig, und hätte gern auch deren Geld verwendet. Mit den Braunschweiger Missionaren geriet Damian Hugo zudem in einen heftigen Streit, als er ihnen vorwarf, die Rechnungen über die erhaltenen Gelder nicht ordentlich zu führen. Da sie ihm die Überprüfung verweigerten, behielt er, als er 1716 seinen Gesandtenposten verließ, die Mittel des Braunschweiger Fonds ein. Erst 1720 übergab er sie dem Kaiser.[280]

Die norddeutsche Mission, die mit dem Bau der Kirchen in Braunschweig und Hannover zu den schönsten Hoffnungen berechtigt hatte, wurde also durch interne Zwistigkeiten behindert. Zum Streit um die Kirchenfonds kam die ungelöste Frage der geistlichen Jurisdiktion. Als Apostolischer Vikar hatte Steffani zwar Rechte und Befugnisse eines Bischofs, er konnte sie aber nicht im Dienste der Sache nutzen, weil ihm die Jurisdiktion über Braunschweig mehr und mehr vom Bischof von Hildesheim streitig gemacht wurde, bis er sie schließlich ganz verlor. Die Schönborns konnten dies nicht verhindern.[281] Ebenso kritisch gestaltete sich die Stellung des Vikars gegenüber den Jesuiten in Hannover, die sich gegen jeden Eingriff Steffanis in ihre Arbeit verwahrten.[282] Von Rom fühlte sich die Mission zunehmend allein gelassen. Die Propagandakongregation, klagte Steffani, habe mehr Interesse an Indien als an Norddeutschland und schicke ihm nur untaugliche Priester.[283] Schließlich hatte die Mission auch noch mit der sich wieder verschärfenden Gangart der protestantischen Obrigkeit zu kämpfen. Hannover erließ nicht nur ein strenges Religionsreglement, das den Katholiken unbillige Härten brachte,[284] sondern wies auch die Jesuiten aus. Derartige Rückschläge sorgten für eine gereizte Stimmung innerhalb der Mission. So soll Steffani Damian Hugo für die Vertreibung der Jesuiten aus Hannover verantwortlich gemacht haben.[285]

Damian Hugo hat an verschiedenen Stellen die Schwierigkeiten der Missionsarbeit geschildert und dargelegt, wie ihnen zu begegnen sei. Das drängendste Problem war in seinen Augen die Finanzierung. Es müßten, so fand er, bei den neuen Kirchen genügend Mittel *„pro fabrica"* angelegt werden, die u. a. auch für die Besoldung eines guten Schulmeisters reichen sollten. Der Unterhalt der Missionare müsse verbessert, die Jurisdiktionsfrage müsse eindeutig und endgültig geklärt werden.[286] Die Arbeit des Apostolischen Vikars würde erleichtert, wenn dieses Amt ständig von einem *„considerablen Fürsten oder Herren"* wahrgenommen würde, etwa von den Bischöfen von Münster, Osnabrück oder Hildesheim. Als Reichsfürsten hätten sie eine bessere Stellung gegenüber den protestantischen Fürsten des Nordens.[287] Damian Hugo hat seine Vorschläge allerdings nicht in einer Denkschrift zusammengefaßt und Papst oder Kaiser überreicht. Später erwirkte Maria Theresia als Protektorin der norddeutschen Diasporagemeinden, daß das Amt des Apostolischen Vikars des Nordens stets an einen Fürstbischof vergeben wurde.²⁸⁸ Sie wird sich dabei kaum auf Damian Hugos Vorschlag bezogen haben, von dem sie höchstwahrscheinlich keine Kenntnis hatte. Doch spricht die spätere Entwicklung der Mission für den Weitblick des Schönborn.

Damian Hugo benötigte nicht die Nordische Mission, um sich der Katholiken anzunehmen. In Hamburg bot sich ihm ein weites Betätigungsfeld. In der großen Reichsstadt mit ihren etwa 100 000 Einwohnern lebte zu Beginn des 18. Jahrhunderts eine Minderheit von 1 200 bis 1 500 Katholiken, deren Seelsorge von drei Jesuiten wahrgenommen wurde. Da die kleine Gemeinde keine eigene Kirche besaß, besuchte sie die Messe im Haus des kaiserlichen Residenten in Hamburg.²⁸⁹ Wenn man der Handelsstadt auch eine gewisse religiöse Toleranz zugestehen kann, blieb die Lage der Katholiken doch schwierig. Sie waren zwar nur eine winzige Minorität, doch wie keine andere Glaubensgemeinschaft erhielten sie Hilfe von außerhalb, und das machte sie verdächtig. Man unterstellte ihnen angesichts der bestehenden Mission „Ausbreitungssucht" und empfand sie als Gefahr.²⁹⁰ Trotz solch offensichtlichen Mißtrauens konnte Damian Hugo zunächst durchsetzen, daß die katholischen Häftlinge des Hamburger Zuchthauses geistlichen Beistand erhielten.²⁹¹ Als der Witwe eines zur katholischen Konfession konvertierten Kaufmanns die Kinder weggenommen werden sollten, um sie im evangelischen Glauben zu erziehen, unterstützte Damian Hugo ihre Sache durch alle Gerichte hindurch bis zum Reichshofrat, der die Kinder der Mutter zusprach. Orthodoxe Lutheraner beschimpften den Kommissar daraufhin als einen reißenden Wolf im Schafpelz, der sich in die Stadt eingeschlichen habe.²⁹² Die pietistischen Geistlichen begegneten dem kaiserlichen Gesandten ohnehin mit der größten Feindseligkeit, da er nicht nur Protektor der katholischen Minderheit war, sondern mit der Niederwerfung der aufbegehrenden Bürgerpartei auch die Herrschaft der pietistischen Pastoren beendet hatte. Manche von ihnen predigten von der Kanzel herab gegen Schönborn, obwohl er in seiner amtlichen Eigenschaft faktisch die höchste Autorität in der Stadt verkörperte.²⁹³

Mit Hilfe gegen gelegentliche Repressalien allein wollte sich Damian Hugo nicht zufriedengeben. In einer ausführlichen Denkschrift für den Kaiser stellte er die wechselvolle Geschichte der Hamburger Mission von den Anfängen bis zur Gegenwart dar. Jetzt sei, betonte er, die Gelegenheit günstig, in der Religionsfrage „*was Stabileres*" zu errichten. Die Katholiken Hamburgs sollten ihren Glauben offen ausüben können und zumindest eine bessere Kapelle erhalten.²⁹⁴ Die Kapelle im dritten Stock der kaiserlichen Residenz, wo sich bis zu 300 Personen versammelt haben sollen,²⁹⁵ war derart baufällig, daß die Mitglieder der Kommission schon die Decke über sich einstürzen sahen. Nach langem Bemühen erhielt Damian Hugo 1713 von Wien für die Renovierung der Kapelle 6 000 fl. aus der Hinterlassenschaft des verstorbenen kaiserlichen Gesandten in Kopenhagen.²⁹⁶ Offensichtlich war hier Damian Hugos Hinweis auf den Plan des Königs von Frankreich, in Hamburg eine katholische Kirche zu bauen, nicht wirkungslos verhallt:²⁹⁷ Als Vogt der Kirche und Reichsoberhaupt konnte es der Kaiser nicht zulassen, daß der französische König sich zum Protektor der Katholiken in einer deutschen Stadt aufwarf. Baulustig wie sein ganzes Geschlecht, hat sich Damian Hugo nicht mit einfachen Reparaturen begnügt, sondern die kaiserliche Residenz gleichsam zum zweitenmal erbaut. Die neue Kapelle bot 1 000 Personen Platz.[298] 1719 allerdings wurde die Residenz von einer aufgebrachten Menge gestürmt und die Kapelle zerstört – ein Racheakt der orthodoxen Lutheraner an Kaiser, Katholiken und auch Damian Hugo. Der Überfall konnte das weitere Aufblühen der katholischen Gemeinde in Hamburg freilich nicht verhindern.[299]

Große Aufmerksamkeit schenkte der kaiserliche Gesandte auch der katholischen Gemeinde in Altona und der Mission in Glückstadt. In Altona besaß die etwa 3 000 Seelen große Gemeinde seit 1622 das Recht freier Religionsausübung. Obwohl die Gemeinde als halbwegs etabliert gelten konnte, blieben ihr Repressalien nicht erspart. 1710 forderte der König von Dänemark als Herzog von Holstein von der Gemeinde eine hohe Kriegssteuer, die sie nicht zahlen konnte, weil sie, so Damian Hugo, aus *„lauter armen Leuthen"* bestand. Als Dragoner im Haus der Missionare einquartiert wurden, flohen die Patres nach Hamburg. Der Schönborn wandte sich sofort an den dänischen Residenten in Hamburg und an den kaiserlichen Gesandten in Kopenhagen und schrieb dann selbst an den dänischen König mit der Bitte, diese kleine Gemeinschaft zu schonen. Tatsächlich wurde ihr die Steuer schließlich erlassen.[300] 1713 zerstörten Schweden die Altonaer Kirche. Die Schweden, bemerkte Damian Hugo mit großer Verbitterung, hätten die katholische Kirche *„recht mit allem Fleiß"* angesteckt, die Gotteshäuser der Wiedertäufer und der Juden aber stehen lassen.[301] Der Bau der neuen, prächtigen St. Josephskirche in Altona ging vermutlich auf Damian Hugos Initiative zurück.[302]

Die Missionare in Glückstadt betreuten nicht nur die katholischen Bürger und die katholischen Soldaten der dort liegenden Garnison, sondern auch die wenigen Katholiken in den Herzogtümern Bremen und Holstein. Über diese wichtige Mission, ihre Geschichte und ihren derzeitigen Status verfaßte Damian Hugo ebenfalls eine ausführliche Denkschrift für den Kaiser. Er bat seinen Herrn, sich der Mission anzunehmen und ihre Interessen gegenüber dem dänischen König zu vertreten.[303] Erfolg hatte er mit seiner Initiative nicht, da sich der Kaiser gegenüber Dänemark, dem Bündnispartner im Norden, Zurückhaltung auferlegte.

Damian Hugo konnte nicht allen Gemeinden helfen. Die zahlreichen diplomatischen Aufgaben, zeitweilige Abwesenheit, politische Rücksichtnahmen und die immer wieder in Norddeutschland einbrechenden Kriege ließen ihm nicht die nötige Zeit. So bat er 1711 Herzog Friedrich von Mecklenburg-Schwerin, den Katholiken in seiner Residenz wieder das öffentliche Exercitium zu erlauben, das sie nach dem Tod des konvertierten Herzogs Christian Ludwig verloren hatten.[304] Herzog Friedrich war dazu grundsätzlich bereit, doch hat Damian Hugo, ohne daß ein Grund erkennbar wäre, diese vielversprechende Perspektive nicht weiter verfolgt. 1714 bat Lothar Franz seinen Neffen, er möge sich der katholischen Gemeinde in Lübeck annehmen, die sich in größter Gefahr befand.[305] Es gibt jedoch keinen Hinweis, daß Damian Hugo der Bitte folgte. Unter seinen Papieren findet sich ein Bericht über die Mission im dänischen Fredericia, den er vermutlich von einem der dortigen Missionare erhielt.[306] Doch auch hier hat Damian Hugo sich vermutlich nicht engagiert, zumal diese Aufgabe besser vom kaiserlichen Gesandten in Kopenhagen hätte wahrgenommen werden können. Im Herzogtum Bremen fand Damian Hugo keinen Ansatz, für seine Religion zu wirken. Völlig „*ausgetilget*", so schrieb er dem Kaiser, sei dort das katholische Exercitium. Bei seiner Ankunft in Norddeutschland habe im Kloster Zeven noch ein Mönch von über 90 Jahren gelebt – ein Zeichen Gottes, daß die katholische Religion im Norden nicht untergehen solle.[307] In Briefen und Berichten finden sich immer wieder Hinweise, daß Damian Hugo einzelnen Personen oder Gemeinden in bestimmten Fällen persönlich half oder vertrauenswürdige und fähige Personen aus seiner Umgebung entsprechend instruierte. Fragen der Mission wird der Schönborn vermutlich auch mit den Grafen von Dernath besprochen haben, mit denen er seit 1701 befreundet war. Obwohl katholisch, standen die Brüder Dernath im Dienste des Herzogs von Schleswig-Holstein-Gottorf. Sie unterstützten die Mission bzw. die katholischen Gemeinden in Friedrichstadt und Glückstadt. In ihrem Haus in Schleswig konnte ein Jesuitenpater mit herzoglicher Erlaubnis die dortige katholische Gemeinde mit Messe, Predigt und Sakramenten versehen.[308]

Viele Jahre später bot sich Damian Hugo noch mehrmals Gelegenheit, den norddeutschen Katholiken beizustehen. Als 1721 die Mission in Celle von der Schließung bedroht wurde, wandte sich der Bischof von Speyer und Kardinal an den Papst, damit die Frage auf die diplomatische Agenda gesetzt werde. Celle blieb schließlich Missionsstation. 1733 engagierte sich der Schönborn für die katholische Gemeinde in Magdeburg. Damals inspizierte der preußische Oberst und bekannte Festungsbaumeister Gerhard Cornelius von Walrave im Auftrag des Reichstags die Festung Philippsburg, um einen Plan zu ihrer Wiederherstellung und Verbesserung zu erarbeiten. Unter dem Vorwand, Einzelheiten des Festungsbaus besprechen zu wollen, bat er Damian Hugo um eine Audienz, in der er ausführlich von der schwierigen Lage der Magdeburger Katholiken berichtete. Walrave hatte den Festungsbau in Magdeburg geleitet und dabei die dortige katholische Gemeinde ideell und materiell unterstützt. Da er, obwohl selbst Katholik, beim König von Preußen in großer Gunst stand, hatte er sich diese Freiheit nehmen können. Allerdings, so Walrave gegenüber Damian Hugo, habe er kein hinreichendes Vermögen und sei als Soldat dem Tod näher als dem Leben, so daß man zur dauerhaften Festigung der katholischen Gemeinde in Magdeburg auf weitere Hilfe angewiesen sei. Die Propagandakongregation, deren Mitglied Damian Hugo sei, könne doch jährlich 300 bis 400 fl. zur Unterhaltung von zwei Missionaren bereitstellen. Sofort wandte sich Damian Hugo an die Kongregation. Er bat um finanzielle Hilfe für Magdeburg und wies mit eindringlichen Worten darauf hin, daß eine derart günstige Gelegenheit, in diesem durchweg protestantischen Land die katholische Religion wieder einzuführen, so bald nicht wiederkehren werde.[309] Die Kongregation erklärte sich daraufhin bereit, einen Missionar zu unterhalten. Zu mehr, schrieb deren Präfekt, Kardinal Petra, an Damian Hugo, reichten die Mittel der Kongregation nicht.[310] Seit etwa 1735 hat dann ein Missionar die Seelsorge der etwa 1 000 Katholiken in Magdeburg übernommen. Walrave, der bis zum Generalmajor aufstieg, hat sich beim preußischen König noch für viele andere katholische Gemeinden eingesetzt. Dank seiner Initiative konnten z. B. die Katholiken Stettins wieder die Messe besuchen.[311]

In Celle und Magdeburg engagierte sich Damian Hugo nur auf ausdrückliche Bitten hin. Von sich aus hat er nach seiner Gesandtschaft nicht nach Möglichkeiten gesucht, die Nordische Mission weiterhin zu unterstützen. Erst 1740, drei Jahre vor seinem Tod, als er vermutlich begann, eine Bilanz seines Lebens zu ziehen, und noch das ein oder andere unerledigt fand, bat er die Missionare in Braunschweig um einen genauen Bericht über die gegenwärtigen Lage der Mission und bot ihnen seine Hilfe an.[312] Der Mission in Hamburg vermachte er in seinem Testament 2 000 fl., derjenigen in Braunschweig 3 000 fl. Der kleinen Missionskirche in Wolfenbüttel stiftete er Glocken.[313]

Damian Hugo hat als „Emissär der Jesuiten" durchaus Beachtliches geleistet, auch wenn er neben Siegen einige Niederlagen zu verzeichnen hatte. Der Übertritt Anton Ulrichs war sein größter Erfolg, die Zerstörung der von ihm gebauten Kapelle in Hamburg vermutlich die größte persönliche Enttäuschung. An Initiative hat es Damian Hugo nicht fehlen lassen. In Braunschweig und Hannover handelte er auf Bitte von Lothar Franz und auf Befehl des Kaisers, in Hamburg, Glückstadt, Altona, Celle und Magdeburg aber aus eigenem Antrieb bzw. auf Bitten der Betroffenen vor Ort. Grenzenlos war sein Engagement freilich nicht. Mit einer gewissen Enttäuschung bemerkt Linkemeyer, daß Damian Hugo seine vierjährige Amtszeit als Kommissar in Hamburg nicht dazu genutzt habe, besondere Vorteile oder Vergünstigungen für seine Glaubensbrüder „herauszuschlagen".[314] Auch Dreves registriert bei Damian Hugo eine gewisse Zurückhaltung und begründet sie mit dem besonderen Edelmut des Kommissars, der seine amtliche Stellung nicht habe ausnutzen wollen.[315] Es war für den Schönborn selbstverständlich, für seine Religion einzutreten. Er war aber Realist genug, um zu erkennen, daß nicht alles Wünschenswerte getan werden konnte. An mehr als an bescheidene Fortschritte für kleine Gemeinden war angesichts der Umstände jener Jahre nicht zu denken. Allzu forsches Vorgehen konnte zudem energische Abwehrreaktionen provozieren. An eine Massenkonversion zum Katholizismus wird der Schönborn nie ernsthaft geglaubt haben. Abgesehen davon, daß Kurie wie Hofburg kein besonderes Interesse an einer systematischen Missionierung des Nordens hatten und die norddeutschen Landesherren eine derartige Politik zumal vor dem Hintergrund der 1720 im Reich erneut aufbrechenden Konfessionsstreitigkeiten kaum geduldet hätten, ist nicht anzunehmen, daß die Protestanten weniger glaubensfest waren als die Katholiken und ihr Bekenntnis ohne Not wechselten.

3.8. Der Gesandte Damian Hugo

Nachdem Damian Hugo im Frühjahr 1716 in Wien das Kardinalsbirett empfangen hatte (vergl. Kapitel 5.1.), reiste er ein letztes Mal nach Braunschweig und Hamburg, um noch unerledigte Arbeiten abzuschließen. Im Juni verließ er Norddeutschland. Damit endete seine Tätigkeit als kaiserlicher Gesandter und damit endete zugleich eine wichtige Phase seines Lebens, des Lernens und zugleich der Bewährung auf dem Parkett der „großen Politik". Welche Schlußbilanz konnte Damian Hugo für sich aufmachen? Er hat später gelegentlich erwähnt, wie schwer und lang ihm die Gesandtschaft geworden sei, aber eine ausführliche Bewertung seiner eigenen Arbeit hat er nicht hinterlassen.

Der Schönborn hatte keine speziellen Absichten mit dem Posten eines kaiserlichen Gesandten beim Niedersächsischen Kreis verbunden. Es ging weder ihm noch der Familie um bestimmte Ziele, die es im Norden zu verfolgen galt. Wäre eine andere Gesandtenstelle vakant gewesen, hätte Damian Hugo auch diese angenommen. Je mehr er mit den Schwierigkeiten der ihm gestellten Aufgaben wuchs und je vertrauter er mit den Gegebenheiten vor Ort wurde, desto besser war er in der Lage, in seiner Arbeit eigene Akzente zu setzen. Das tat im gewissen Umfang jeder Gesandte, doch da Damian Hugo von Wien oft genug allein gelassen wurde, sah er sich dazu aufgefordert, nach eigenem Wollen und Meinen zu handeln. In der Hamburger Kommission interpretierte er den eher vagen Befriedungs-Auftrag im Sinne einer umfassenden Neuordnung der städtischen Verhältnisse und tat daher letztlich mehr, als Wien lieb war. In Zusammenarbeit mit Friedrich Karl gab er der kaiserlichen Politik in Mecklenburg zeitweise eine neue Richtung. Keiner Erinnerung von Seiten Wiens bedurfte Damian Hugos Einsatz für die katholischen Gemeinden in Norddeutschland. In den Affären um die Grafschaft Rantzau, das Stift Quedlinburg und bei der Verwaltung des Landes Hadeln tat er nicht mehr, als er tun mußte, um als pflichtbewußter Gesandter zu gelten. Beim Braunschweiger Kongreß ging Damian Hugos Engagement über das unbedingt Notwendige hinaus, ohne daß er damit erfolgreich gewesen wäre. Die politische Gesamtkonstellation war derart beschaffen, daß der kaiserliche Gesandte aus eigener Kraft nichts gestalten konnte. Braunschweig war der ungeeignetste Ort, um Meriten zu sammeln. Gegenüber Schleswig-Holstein-Gottorf ließ sich Damian Hugo von persönlicher Antipathie leiten, ohne daß dieser Umstand für das politische Schicksal des Herzogtums bedeutsam geworden wäre. Unbestreitbare Erfolge erzielte Damian Hugo bei der Hamburger Kommission und, trotz mancher Rückschläge, bei seinem Eintreten für die katholischen Gemeinden in Norddeutschland. Andere Missionen scheiterten. Der fehlgeschlagene Versuch, den mecklenburgischen Herzog für den katholischen Glauben zu gewinnen, war schon fast eine Torheit, begangen aus Eitelkeit und Selbstüberschätzung der Familie Schönborn. Auffälligerweise hatte Damian Hugo gerade dort Erfolg, wo er z. T. den Intentionen Wiens zuwiderhandelte, so bei der Hamburger Kommission. Mißerfolge und Niederlagen mußte er dagegen dort hinnehmen, wo Wien aus Nachlässigkeit oder Schwerfälligkeit die Zügel schleifen ließ. Alle Missionen Damian Hugos zeigen, daß der Kaiser selbst in einem kaiserfernen Gebiet des Reiches immer noch über einen gewissen Einfluß verfügte. Sein Wirken in Hamburg hat Damian Hugo ausdrücklich auch als Stärkung der kaiserlichen Autorität verstanden; um so mehr muß ihn das Desinteresse Wiens geschmerzt haben. Überspitzt könnte man sagen: Damian Hugo war kaiserlicher als der Kaiser selbst. Ähnliches kann man von Lothar Franz und Friedrich Karl sagen, die gerade 1714, anläßlich der Friedensschlüsse von Rastatt und Baden, zusehen mußten, wie Habsburg das Reich seinen eigenen Machtinteressen nachordnete. Es sei dahingestellt, ob diese Erfahrung dazu beitrug, Damian Hugo zur Aufgabe seines Postens zu bewegen. Faßbar ist jedenfalls Unmut über ungenügende finanzielle Anerkennung. Der Kaiser wollte ihn nicht aus seinem Dienst entlassen,[316] doch Damian Hugo mochte nicht dort dienen, wo er, wie er seinem Vater schrieb, keinen Kreuzer bekomme[317]. Damian Hugo war in Geldfragen höchst empfindlich; über Monate hatte er keine Gage mehr bekommen und auch sonst keine „Verehrung" für seine Arbeit erhalten. Er war, so zeigen viele Äußerungen, müde und enttäuscht.

Während der folgenden Jahre hielt er sich die meiste Zeit in Aschaffenburg auf, wo er ein größeres Anwesen erworben und sorgfältig hergerichtet hatte. Gelegentlich besuchte er den Hof seines Onkels in Mainz, des öfteren auch seine Balleien in Hessen und Altenbiesen. Er hatte nun genügend Zeit, sich endlich intensiver um seine Verpflichtungen innerhalb des Deutschen Ordens zu kümmern, die ihm inzwischen über einen Zeitraum von fast zwei Jahrzehnten zugewachsen waren.

Abb. 12: Philipp Benedikt Freiherr Forstmeister von Gelnhausen. Damian Hugos Förderer im Deutschen Orden.

4. Ritter des Deutschen Ordens

4.1. Vom Soldaten zum Ritter: Der Weg in den Deutschen Orden

Wenn Vater und Onkel die Karriere Damian Hugos planten, legten sie sich, wie gezeigt, nie auf eine Laufbahn fest, sondern schufen ganz bewußt ein breites Spektrum von Optionen, damit ihr Sohn und Neffe zumindest auf einem den vorgezeichneten Wege zu hohen und höchsten Ämtern gelangen konnte. Zu ihren Optionen gehörte auch die schon sehr früh angelegte und lange offengehaltene Karriere als Offizier. Vermutlich sollte so auch der Eintritt Damian Hugos in einen Ritterorden vorbereitet werden, da der Deutsche Orden wie auch der Johanniterorden von eintrittswilligen Adligen einen Nachweis über bestimmte militärische Erfahrungen verlangten.

Seine glanzvolle Stellung als mächtiger Landesherr in Preußen und im Baltikum hatte der Deutsche Orden am Ende des 17. Jahrhunderts zwar längst verloren, im Mikrokosmos des Alten Reiches war er aber immer noch ein respektabler Reichsstand mit Sitz und Stimme im Reichsfürstenrat. Unter dem Hoch- und Deutschmeister als Ordensoberhaupt mit Residenz in Mergentheim standen elf Balleien (Ordensprovinzen), geleitet von Landkomturen, die mit dem Hochmeister das Generalkapitel des Ordens bildeten. Die Balleien umfaßten mehrere Kommenden, die jeweils von einem Komtur verwaltet wurden. Aus den Komturen und dem Landkomtur einer Ballei setzten sich die Provinzialkapitel zusammen. Die rechtliche und wirtschaftliche Lage der einzelnen Balleien und Kommenden war sehr unterschiedlich. Neben vergleichsweise wohlhabenden gab es auch sehr kümmerliche Kommenden, die ihren Komturen kaum den nötigen Unterhalt gewähren konnten. Zudem suchten die Nachbarterritorien Balleien und Kommenden in ihren Freiheiten und Privilegien immer weiter zu beschneiden und, soweit es nicht bereits der Fall war, in ihre Landsässigkeit zu zwingen. Als Reichsstand unbestritten und daher unangreifbar blieb allein die Ballei Franken.

Der Deutsche Orden, oft „Spital des deutschen Adels" genannt, diente den nachgeborenen Söhnen freiherrlicher und gräflicher Geschlechter als Versorgungsanstalt.[318] Nicht um mönchisch-arm, sondern um adlig-aufwendig zu leben, trat man in den Orden ein, wenn die bescheidenen Mittel der Familie nicht allen Söhnen ein standesgemäßes Leben zu garantieren vermochten. Der Eintritt in ein Domkapitel, eine andere Versorgungsanstalt des Adels, war leichter zu erringen als die Aufnahme in den Deutschen Orden. Gerade diese Exklusivität gewährte der Ritterwürde ein hohes Maß an Ehre und Ansehen. Nicht zuletzt besaß etwa die Hälfte aller Ritter hohe militärische Ränge in den Armeen der deutschen Fürsten und des Kaisers. Für Damian Hugo war das keine schlechte Perspektive.

Im Frühjahr 1687, Damian Hugo war noch keine elf Jahre alt, wurde ihm der Weg bereitet. Es muß offenbleiben, ob ihn die Familie schon zu diesem Zeitpunkt zum Soldaten bestimmt hatte oder ob der Plan des Wiener Hofkriegsrates, zwei neue

Kompanien aufzustellen, eine noch nicht bedachte Möglichkeit bot. Sicher ist nur, daß der Kaiser Damian Hugo den Rang eines Hauptmanns verlieh und 1 410 fl. für die Werbung einer Kompanie bereitstellte.[319] Melchior Friedrich ließ in seinem eigenem Amtsbezirk, dem Vizedomat Aschaffenburg, in anderen Mainzer Gebieten und in den benachbarten Territorien 130 Mann anheuern. Die Soldaten kamen aus allen Teilen des Reiches. Die wenigsten hatten ein Handwerk gelernt oder eine andere zivile Tätigkeit ausgeübt. Fast alle dieser 25 bis 35 Jahren alten Männer waren zuvor Soldaten in anderen Diensten gewesen. Es handelt sich also um Berufssoldaten, die entweder zuvor nie etwas anderes getan hatten oder trotz erlernter Profession in den Kriegsdienst getreten waren. Nicht wenige hatten Frau und Kinder.[320] Diese „Schönbornsche Kompanie" marschierte im Juni 1687 nach Siebenbürgen, wo sie in das Mansfeldische Regiment eingereiht wurde und gegen die Türken kämpfte.

Natürlich hat Damian Hugo die Kompanie nicht selbst geführt. Mit Erlaubnis des Hofkriegsrates wurde sie von dem Leutnant Schlehdorn als „Hauptmannschafts Verwalter" befehligt. Schlehdorn, der vermutlich auch die Mannschaft geworben hatte, waren neben der militärischen Führung alle technischen und administrativen Angelegenheiten der Kompanie anvertraut. Eine angenehme und leichte Aufgabe war das nicht. Soldaten zu werben galt als wenig ehrenvoll. Der Dienst war gefährlich und wegen der vielen kleinen und großen Schwierigkeiten zermürbend. Auf dem Marsch und im Feld fehlte es der Kompanie an Sold, Verpflegung und Monturen. Schlehdorn mußte Melchior Friedrich immer wieder händeringend erklären, warum einzelne Soldaten desertiert waren oder die bereitgestellten Gelder nicht ausreichten. Von solchen Mühen und von der Gefahr für Leib und Leben blieb Damian Hugo verschont. Schlehdorn hatte die Arbeit, Damian Hugo die Ehre: Als sich der junge Schönborn am 30. September 1695 in die Matrikel der Universität Siena eintrug, nannte er sich stolz *„Kaiserlicher Hauptmann im Regiment des Fürsten von Mansfeld"*.[321]

Nach dem vorläufigen Ende des Krieges gegen die Türken wurde die Schönbornsche Kompanie nach Mainz verlegt und dort dem Regiment des Hans Karl von Thüngen eingegliedert, der zugleich Kommandant der Festung Mainz war. Damals wurden neben Damian Hugo auch andere Schönbornbrüder Kompaniechefs, so 1697 Rudolf Franz Erwein und 1699 Marquard Wilhelm, vermutlich auch Anselm Friedrich, der es später bis zum General brachte.[322] Keiner von ihnen hat die Kompanie in Krieg oder Frieden tatsächlich befehligt, das war und blieb Aufgabe der Hauptmanns-Vertreter. Da solche „vakanten" Kompanien eigentlich verboten waren, mußte sich Melchior Friedrich regelmäßig in Wien um entsprechende Erlaubnis bemühen.

Die Kompanie war eine Art Durchgangs- und Qualifizierungsstufe der Familie Schönborn. Sie bot dem zum Militärdienst Bestimmten Einstieg und Schulung, diente dem noch Unentschlossenen als zweckmäßige Zwischenstation und dem Ambitionierten als eine Stätte ehrenvollen, dem adligen Stand angemessenen Dienstes, der zu weiteren, höheren Aufgaben qualifizierte. Die Kompanie ist nicht zu verwechseln mit dem Schönbornschen Regiment, das Kurfürst Lothar Franz als einziges in voller Mannschaftsstärke hielt, nachdem er 1697 die kurmainzischen Truppen weitgehend abgedankt hatte.[323] Es ist allerdings nicht völlig auszuschließen, daß die Brüder Schönborn zumindest zeitweise auch in diesem Regiment dienten. Damian Hugo erhielt erst in den Jahren 1697/98 seine militärische Ausbildung in der Schönbornschen Kompanie. Er hat sich zu seiner Dienstzeit unter den kurmainzischen Feldmarschällen Thüngen und von der Leyen kaum geäußert. An einem Feldzug nahm er nie teil. Zwischen dem Frieden von Rijswijk und dem Spanischen Erbfolgekrieg bot sich keine Gelegenheit, doch auch sonst scheint Damian Hugos Interesse am Militärdienst eher gering gewesen zu sein, obwohl er den dekorativen Titel eines Hauptmanns gerne führte, solange er keinen anderen besaß. Später wies er gelegentlich auf seine Militärzeit hin, um den Grad seiner Qualifikation und die Fülle seiner Verdienste und Ehren anzuzeigen. Seine militärischen Kenntnisse haben ihm darüber hinaus manchen guten Dienst erwiesen. Als ehemaliger Offizier konnte er während seiner Gesandtschaft in Norddeutschland, dem Schauplatz des Nordischen Krieges, die militärische Situation und den Wert der verschiedenen Truppen hinreichend beurteilen. Als Fürstbischof von Speyer war er in der Lage, Aufstellung und Ausrüstung seiner Leibgarde und seines Kreiskontingents sachgerecht anzuordnen und zu kontrollieren. Noch 1712 dachte er immerhin an eine militärische Karriere und wollte den Herzog von Mecklenburg-Schwerin sogar um ein Kavallerieregiment bitten.[324]

Nach dem Willen der Familie war für Damian Hugo zunächst der Eintritt in den Johanniterorden vorgesehen.[325] Onkel Johann Philipp, der „Malteser", Ritter des Johanniterordens, Komtur in Würzburg und Großprior von Dacien, hätte seinem Neffen sicherlich den Weg ebnen können, doch dann bot sich im April 1691 eine außergewöhnlich günstige Gelegenheit zu einer Karriere im Deutschen Orden. Am 4. April 1691 dankte Melchior Friedrich dem Hochmeister des Deutschen Ordens, Ludwig Anton von Pfalz-Neuburg, überschwenglich für dessen Angebot, seinen Sohn „*auf einen gantz extra ordinairie Weeg*" als „*Teutschen Herren*" (Ordensritter) in die Ordensballei Altenbiesen aufzunehmen[326]. Der Hochmeister hat sein Angebot nicht begründet, auch in der Korrespondenz der Familie Schönborn wird nie ein Grund genannt. Es habe sich „*zugetragen*", vermerkte Damian Hugo später in einem kurzen Lebenslauf.[327] Ursache der Offerte war wahrscheinlich Ludwig Antons Bemühen um die Würde des Erzbischofs und Kurfürsten von Mainz. Lothar Franz war seit 1683 Mainzer Domkapitular und hatte eine wertvolle Stimme zu vergeben. Wenige Tage nach dem Briefwechsel mit Melchior Friedrich wurde Ludwig Anton am 19. April 1691 zum Koadjutor des Erzbischofs von Mainz gewählt. Der Ordensritter und Komtur von Sachsenhausen, Philipp Benedikt Freiherr Forstmeister von Gelnhausen, scheint bei dieser Angelegenheit eine nicht unbedeutende Rolle gespielt zu haben. Spätestens seit 1686 hatten die Schönborns nähere Beziehung zu Forstmeister,[328] der im Orden noch eine große Karriere machen sollte und bis zu seinem Tode 1716 Damian Hugo protegierte.[329] Gegenüber Forstmeister zeigte sich die Familie erkenntlich. Als Gegenleistung für die Patronage Damian Hugos wurde ein Vetter Forstmeisters bereits 1707 Amtmann des kurmainzischen Amtes Hausen.[330] Forstmeister, den Damian Hugo einmal seinen „*Pflegvatter*" nannte,[331] durchlief eine Karriere, die anders als die Damian Hugos den Statuten des Ordens folgte. Philipp Benedikt Freiherr Forstmeister von Gelnhausen, 1649 geboren, absolvierte nach einem Jurastudium einen dreijährigen Kriegsdienst.

1675 in den Orden eingetreten, diente er zunächst als Hauskomtur, war dann Komtur von Sachsenhausen, Geheimrat des Hochmeisters, Statthalter der Ordensbesitzungen von Freudenthal und Eulenberg, Landkomtur von Franken, Komtur von Würzburg und Statthalter der Ordensresidenz in Mergentheim. Er starb 1716 in Breslau. Seine Familie war nicht annähernd so mächtig wie die Schönborns, ihm fehlte ein Protektor wie Lothar Franz, und dennoch stand seine Karriere im Deutschen Orden der Damian Hugos in nichts nach.[332] Es muß offen bleiben, ob sich die Familie Schönborn Forstmeisters bediente, um mit dem Hochmeister über Gegenleistungen für die Wahlstimme von Lothar Franz zu verhandeln, oder ob der Hochmeister von sich aus mit seinem Angebot an die Familie herantrat. Warum Ludwig Anton gerade die Ballei Altenbiesen vorschlug, bleibt ebenfalls dunkel. Als Sproß eines fränkischen Geschlechts wären für Damian Hugo eher die süddeutschen Landkommenden in Frage gekommen als die westdeutsch-niederländische Ballei Altenbiesen. Dem Hochmeister war es jedenfalls ernst. Schon am 14. April 1691 schrieb er dem Statthalter der Ballei Altenbiesen wegen der in Zukunft zu erwartenden Aufnahme Damian Hugos.[333]

1691 lag der Eintritt in den Orden aber noch in weiter Ferne. Der erst fünfzehnjährige Damian Hugo besuchte damals das Jesuitenkolleg in Aschaffenburg. Bei dessen weiterem Ausbildungsgang erwies sich Ludwig Anton ebenfalls als wohlwollender Förderer. Er gab dem jungen Schönborn die unumgängliche Empfehlung für Aufnahme in das Collegium Germanicum zu Rom. Als Ludwig Anton bereits 1694 starb, ohne Erzbischof von Mainz geworden zu sein, löste sein Bruder und Nachfolger im Amt des Hochmeisters, Franz Ludwig von Pfalz-Neuburg, das Versprechen ein, Damian Hugo in den Deutschen Orden aufzunehmen. Selbst wenn Franz Ludwig ernsthafte Bedenken gegen den Schönborn gehabt hätte, wäre es ihm kaum möglich gewesen, ihm den Eintritt zu verwehren. Denn Lothar Franz war seit 1695 Kurfürst von Mainz und durfte nicht vor den Kopf gestoßen werden. Nach seinen Studien weilte er um 1697/98 zur militärischen Ausbildung in Mainz. Er hatte die Absicht, an einem Feldzug teilzunehmen, da aber, so Damian Hugo, *„ahn allen Ecken bekandtlich Frieden worden undt gewesen"*,[334] reiste er nach Altenbiesen, um in den Orden einzutreten. Auf Befehl des Hochmeisters wurde er Ordensritter, ohne die üblichen Voraussetzungen zu erfüllen. Die drei Feldzüge und das Noviziat (*„Caravana"*) wurden ihm einstweilen erlassen, von dem nötigen Mindestalter von 24 Jahren wurde er dispensiert.[335] Das war der *„gantz extra ordinairie Weeg"*, den Anton Ludwig einst versprochen hatte. Am 17. Januar 1699 leistete Damian Hugo Profeß.[336] Der Landkomtur von Altenbiesen, Hendrik von Wassenar, erhob keinen Einspruch. Die Schönborns hatten ihm vorsorglich zugesagt, seine eigenen Prozesse wie auch die der Ballei Altenbiesen in Wetzlar bzw. Wien zu unterstützen.[337] Unter den Rittern dagegen gab es eine gewisse Mißstimmung. Ein Bewerber sah seine Anwartschaft auf Aufnahme und Empfang einer Kommende durch den Eintritt Damian Hugos gefährdet. Wenn sich dieser Bewerber auch nicht durchsetzen konnte, so mußte Damian Hugo doch bereits kurz nach seinem Eintritt in die Ballei Altenbiesen erkennen, daß er mit Widerständen und Intrigen zu rechnen hatte. Seine Herkunft aus Süddeutschland und die eigentlich statutenwidrigen Aufnahme wurden ihm später immer wieder vorgeworfen. Tatsächlich nahm sich der Schönborn manche Freiheit heraus, die provozierend wirkte. Statt sich, wie allgemein üblich, nach seiner Aufnahme ein Jahr lang als Hauskomtur in der Landkommende Altenbiesen aufzuhalten, um in die Verwaltungsgeschäfte eingeführt zu werden, reiste er erst einmal für etwa ein halbes Jahr nach Frankreich. 1700 wurde ihm die Kommende Holt übertragen.[338] Da es sich jedoch nur um eine Titular-Kommende handelte, waren mit dem Amt keinerlei Einkünfte verbunden.

Kaum Ordensmitglied geworden, hatte Damian Hugo schon Aussicht, zum Landkomtur von Hessen aufzusteigen. Die Ballei Hessen stand seit 1680/81 für alle drei im Reich anerkannten Konfessionen offen. Die Würde des Landkomturs wurde alternierend an Ritter lutherischer, reformierter und katholischer Konfession vergeben.[339] Als im Juni 1700 der einzige katholische Ritter der Ballei Hessen starb, griffen die Schönborns sofort zu. Lothar Franz schrieb dem Landkomtur der Ballei Hessen, Graf von der Lippe, daß sein Neffe die vakante Stelle einnehmen könne. Er sei zwar schon Ritter in Altenbiesen, doch er, Lothar Franz, habe ihn gerne in seiner Nähe. Mit einem ähnlichen Schreiben wandten sich auch Melchior Friedrich[340] und der Kurfürst von Trier, Johann Hugo von Orsbeck, Damian Hugos Taufpate, an von der Lippe.[341] Allen war bewußt, daß Damian Hugo, wenn er Ritter in der Ballei Hessen wurde, einst auch die Würde des Landkomturs gewinnen würde, da von der Lippe dem reformierten Bekenntnis angehörte und nach balleiüblicher Alternation einen katholischen Nachfolger erhalten mußte. Dieser Umstand hat aber keinen Widerstand gegen den Schönborn mobilisiert. Landkomtur von der Lippe hatte keine Bedenken, der Hochmeister selbst gab seinen Konsens mit *„gnädigem Wohlgefallen"*.[342] Als von der Lippe bereits im Juni 1701 starb, übernahm Damian Hugo sein Amt, wenn auch nur als Statthalter mit dem Vorbehalt der *„statutenmäßigen Caravane"*.[343] Der Orden hatte nicht vergessen, daß der junge Ordensritter noch nicht einmal die üblichen Voraussetzungen für seine Aufnahme erfüllt hatte. Noch standen z. B. die drei geforderten Feldzüge gegen die Türken oder den Reichsfeind Frankreich aus. Tatsächlich hatte Damian Hugo seit 1699 keine Anstalten gemacht, diese Bedingung zu erfüllen, ja die Anwartschaft auf die Ballei Hessen hatte ihn sogar von Krieg und Militär ferngehalten. So schrieb Melchior Friedrich Anfang 1701 dem Grafen Mansfeld, in dessen Regiment die Schönbornsche Kompanie inzwischen stand, sein Sohn habe eine *„Exspectanz"* auf die *„importante Landt Commendurie"* Hessen, denn von der Lippe werde nach Meinung der Ärzte nicht mehr lange leben, mithin könne Damian Hugo sich nicht zum Regiment begeben.[344] Die noch nicht absolvierte *„Caravana"* aber war in Hessen genau so wenig ein Hindernis wie in Altenbiesen. An sie zu erinnern, war vermutlich nur noch eine Formalie. Ganz ausschließen darf man freilich nicht, daß die Schönborns wiederum mit den üblichen guten Verbindungen einem der Ihren den Weg ebneten. Vermutlich konnte Franz Ludwig durch Forstmeister bewegt werden, von den noch ausstehenden drei Feldzügen abzusehen. In einer nicht näher bezeichneten Angelegenheit versprach Forstmeister Melchior Friedrich seine *„menschenmögliche Assistenz"*.[345] Die Tatsache, daß Damian Hugo zunächst nur Statthalter wurde, hatte mit der Frage der noch nicht absolvierten *„Caravana"* nichts zu tun. Hierin lag kein Vorbehalt gegen den Schönborn. Üblicherweise erhielten die Nachfolger zunächst für etwa ein Jahr den Rang eines Statthalters. Am 9. Januar 1703 wurde Damian Hugo als Landkomtur der Ballei bestätigt; von irgendwelchen Bedingungen war nicht mehr die Rede.[346] Am 3. September des gleichen Jahres unterschrieb er den üblichen Revers.[347] Als Landkomtur von Hessen erhielt er die Kommende Marburg. Die Kommende Flörsheim hatte er schon 1700 erhalten, die vakante Kommende Schiffenberg wurde von ihm verwaltet. Somit vereinigte er drei der vier Kommenden der Ballei Hessen in seiner Hand. Nur die Kommende Griefstedt hatte mit von Biberstein einen eigenen Komtur.

Der junge Schönborn hatte mehr erreicht, als mancher in Ehren ergraute Ordensritter vorzuweisen vermochte, und doch war dies noch keineswegs das Ende seiner Karriere. Es ist in diesen frühen Jahren Damian Hugos kaum zu erkennen, ob es sein eigener Ehrgeiz oder der seiner Familie war, der ihn Stufe um Stufe höher steigen ließ. Im Grunde wirkte beides zusammen. Denn der Erfolg des einzelnen kam stets auch der ganze Familie zugute, und diese hatte daher größtes Interesse daran, daß möglichst viele Familienmitglieder reüssierten. Damian Hugo profitierte davon in besonderem Maße: Keiner seiner Brüder hat so viele Ämter und Würden kumuliert wie er. Die Mittel und Wege seines Aufstiegs sind freilich nicht immer deutlich auszumachen. So ist unbekannt, was die Familie im einzelnen tat, bis das Kapitel der Ballei Altenbiesen Damian Hugo im September 1707 die Kommende Ordingen übertrug, obwohl sie eigentlich unbesetzt bleiben sollte, um mit ihren Einkünften die leere Balleikasse zu füllen. Vermutlich werden die Schönborns wieder auf ihre weitverzweigten und für die Angelegenheiten der Ballei zweifellos wertvollen Beziehungen verwiesen haben. Jedenfalls begründete das Kapitel seine Entscheidung mit Damian Hugos großem Einfluß, den er dank Familie und Freunden besitze und den man für die Angelegenheiten der Ballei nutzen wolle, besonders für die anhängigen Prozesse.[348] Die Kommende Ordingen, die der Schönborn im Sommer 1708 tatsächlich erhielt, gewährte ihm allerdings nur bescheidene Einkünfte, und die wurden noch durch Auflagen auf ein Minimum reduziert. Damian Hugo hat sie dennoch mit allen Mitteln verteidigt, als sie ihm kurz nach der Übertragung auf Geheiß des Hochmeisters wieder abgenommen werden sollte. Wieder wurde Forstmeister gebeten, sich für Damian Hugo beim Hochmeister zu verwenden – mit Erfolg.[349] Damian Hugo mußte Ordingen behaupten, weil die Kommende ihm seinen Sitz im Altenbiesener Kapitel sicherte – und damit auch die Chance zu höherer Würde, da es, wie er halb naiv, halb selbstbewußt bemerkte, dem Landkomtur von Wassenar täglich schlechter gehe.[350]

Ein halbes Jahr später, im Februar 1709, starb Wassenar.[351] Die Schönborns begannen sofort für Damian Hugo zu arbeiten. Melchior Friedrich schrieb an Hochmeister Franz Ludwig und bat inständig, seinem Sohn die Ballei Altenbiesen zu übertragen.[352] Zur gleichen Zeit wandte sich auch der Kaiser an den Hochmeister und empfahl Damian Hugo, seinen Gesandten am Niedersächsischen Kreis, als Landkomtur. Es gäbe, so der Kaiser, für dieses Amt sicher viele tapfere und geeignete Ritter, er rate aber zu Damian Hugo, der ihm, dem Kaiser, treu ergeben sei und sich bei vielen Aufgaben und Missionen bewährt habe.[353] Der Hochmeister schien keine grundsätzlichen Bedenken zu hegen, doch konnte er zunächst wenig tun. Vor allen anderen Dingen mußte das Kapitel der Ballei, welches das Präsentationsrecht besaß, dazu bewegt werden, Damian Hugo als Landkomtur vorzuschlagen. Nun hatte der Schönborn schon bei seinem Eintritt in die Ballei Altenbiesen 1699 feststellen müssen, daß er dort neben Freunden auch gefährliche und intrigante Gegner hatte. In Hessen war er dank günstiger Regelungen zum Landkomtur und Inhaber dreier Kommenden aufgestiegen, in Altenbiesen aber mußte er sich als ein Ritter neben anderen zur Wahl stellen. Noch im März 1709 berichtete der Damian Hugo wohlgesinnte Komtur von Kolf von einer tiefsitzenden Antipathie gegen den Schönborn. So verbreite der Komtur von Loe, daß Damian Hugo als Landkomtur nicht in Altenbiesen residieren, oberdeutsche Ritter in die Ballei holen und zu deren Gunsten ältere Ritter an den Rand drängen werde. Es wäre also gut, so Kolf, wenn Damian Hugo noch vor Ostern nach Altenbiesen käme, um durch seine Gegenwart die Gemüter für sich zu gewinnen.[354] Da Damian Hugo seine Kommission in Hamburg nicht verlassen konnte, wandte er sich schriftlich an die Ritter Altenbiesens. Er bat sie, ihn dem Hochmeister als neuen Landkomtur vorzuschlagen. Er versprach ihnen und ihren Angehörigen die Hilfe seiner einflußreichen Familie in jeder gewünschten Angelegenheit und erklärte, für den Wiederaufbau der Ballei Altenbiesen zu sorgen und dafür sogar über fünf Jahre hin jährlich nur 6 000 Rtlr. Einkünfte aus der Ballei ziehen zu wollen.[355] Erst am 5. April 1709 traf der Schönborn von Hamburg kommend in Maastricht ein und mußte sofort feststellen, daß Kolf nicht übertrieben hatte. Zwar hatte er seine Partei, die Stimmen von drei Kapitularen waren ihm sicher, doch war der Anhang des Komturs von Loe sehr aktiv. Loes Partei behauptete, daß Damian Hugo der Ruin und der Untergang der Ballei Altenbiesen sei, daß er seine Stimmen gekauft, in der Ballei Hessen nur Schulden gemacht habe und als „Oberländer" nur andere oberdeutsche Ritter aufnehmen werde zum Schaden des niederländischen und niederdeutschen Adels. In der Stadt streuten Damian Hugos Gegner die Behauptung aus, er trete arrogant auf und wolle mit fleißigen Bürgersleuten keinen Umgang haben, dergleichen seien die Niederländer aber nicht gewöhnt, so daß der Schönborn den ganzen Orden in Verruf bringen werde, auch zum Schaden der Ballei Altenbiesen. Damian Hugo besuchte sofort einige angesehene Bürger der Stadt, um der Öffentlichkeit einen ganz anderen Eindruck zu vermitteln. Leutselig ein Kaffee- oder Tabakhaus oder gar den Weinkeller zu besuchen, dazu konnte er sich allerdings nicht entschließen, weil dies für seinen Rang als Landkomtur und kaiserlicher Gesandter doch eine zu große Zumutung gewesen wäre.[356]

Am 10. April trat das Kapitel zusammen, das aus sieben Komturen und dem Hauptpastor der St. Ägidiuskirche in Lüttich bestand. Da man sich nicht gesprächsweise auf die zwei dem Hochmeister zu präsentierenden Kandidaten einigen konnte, wurden sie durch Wahl ermittelt, wobei jeder Kapitular zwei Stimmen hatte. Die meisten Voten fielen auf Loe (4), Goldstein (3) und Damian Hugo (3). Ein zweiter Wahlgang, um von den drei Rittern zwei zu ermitteln, wurde nicht abgehalten, denn ein Blick in die Ordensstatuten zeigte, daß auch drei Kandidaten vorgeschlagen werden konnten.[357] Hier begingen die Gegner Damian Hugos vermutlich den entscheidenden Fehler. Loe hätte in einem zweiten Wahlgang vermutlich weitere Stimmen auf sich vereinigen können, Goldstein und Damian Hugo hätten die kleinere Zahl erhalten, einer von ihnen wäre herausgefallen. Es bestand also eine gute Möglichkeit, Damian Hugo von der Kandidatenliste zu verdrängen. Indem das Kapitel am 12. April dem Hochmeister eine Liste mit drei Kandidaten sandte, arbeiteten es gewollt oder ungewollt für den jungen Schönborn. Mit Befriedigung berichtete Damian Hugo Forstmeister von der *„Consternation"* in der *„Contra Partei"*. Er vergaß nicht zu erwähnen, daß es auf dem Wahlkapitel zugegangen sei wie auf einem polnischen Reichstag. Für den Abgesandten des Hochmeisters sei nicht einmal ein Stuhl dagewesen.[358] Forstmeister war mit Damian Hugos Verhalten im Wahlkapitel zufrieden und versprach, letzte Hindernisse zu beseitigen. Am 22. Mai 1709 konnte er Damian Hugo berichten, die Sache stehe gut für ihn.[359] Hochmeister Franz Ludwig dürfte noch einige Bedenken gehabt haben, war es doch fast ohne Beispiel, daß ein Ritter Landkomtur von zwei Balleien war. Doch Franz Ludwig wollte Koadjutor des Kurfürsten von Mainz werden – am 5. November 1710 wurde er tatsächlich vom Domkapitel postuliert – und durfte daher Lothar Franz nicht vor den Kopf stoßen. So wie Hochmeister Franz Anton im Vorgriff auf den Mainzer Erzstuhl einst Damian Hugo den Weg in den Orden bereitet hatte, so übertrug nun dessen Bruder Ludwig Franz Altenbiesen dem Schönborn, weil auch er auf Mainz spekulierte. Der begehrte Mainzer Erzstuhl garantierte Damian Hugos Ordenskarriere. Am 20. September 1709 wurde Damian Hugo zum Statthalter der Ballei Altenbiesen ernannt. Der Hochmeister begründete die Ernennung mit den hinreichenden Einkünften des Kandidaten, so daß er keine weiteren aus Altenbiesen ziehen müsse; damit werde aber die Sanierung der angeschlagenen Ballei entschieden erleichtert. Die Kumulation von Kommenden und Balleien, die zunächst gegen die Verleihung Altenbiesens an den Schönborn zu sprechen schien, wurde so zum Vorteil für den umstrittenen Kandidaten umgemünzt. Damian Hugo verpflichtete sich, keine Einkünfte aus der Ballei Altenbiesen zu beanspruchen, sondern sie zum Abbau ihrer Schulden zu verwenden. Ferner hatte er in seiner neuen Ballei einen Hofrat des Ordens als *„sonderbaren Sequester"* zu akzeptieren, der die Abzahlung der Schulden und das gesamte Kassenwesen zu überwachen hatte. Als Ausgleich für die ihm entzogenen Einkünfte als Landkomtur erhielt Damian Hugo zu Ordingen noch die Kommende Gruitrode.[360] Auf dieser Grundlage wurde er am 5. Februar 1711 zum Landkomtur Altenbiesens ernannt.[361]

Die Kritiker Damian Hugos sollten jedoch ein Stück weit recht behalten. Zwischen 1708 und 1716 war Damian Hugo als kaiserlicher Gesandter am Niedersächsischen Kreis und als Kommissar in Hamburg mit vielen schwierigen und langwierigen Angelegenheiten beschäftigt, die ihm kaum Zeit ließen, sich hinreichend um seine Landkommenden zu kümmern. Es ist daher nicht erstaunlich, daß von der Ballei Altenbiesen aus immer wieder Intrigen gegen den Landkomtur gesponnen wurden, vermutlich von Rittern wie Loe, die verständlicherweise die Bevorzugung Damian Hugos nur schwer ertragen konnten. Dabei richtete sich ihre Ablehnung des Schönborn nicht so sehr gegen die Fülle seiner Ämter, sondern in erster Linie gegen die Art und Weise, wie ihr Inhaber zu ihnen gekommen war und wie er sie ausfüllte. Immer wieder sah sich Damian Hugo zur Verteidigung seiner Position genötigt. Im Mai 1710 beklagte er sich in einem langen Brief an seinen Freund und Gönner Forstmeister über die intriganten Gegner und Feinde. Er wehrte sich gegen den Vorwurf, wegen seiner Aufgaben als kaiserlicher Gesandter den Verpflichtungen als Landkomtur nicht nachzukommen. Er betonte, ein gutes Gewissen zu haben, da er nichts versäume und auf Verlangen nachweisen könne, daß er auch als Landkomtur jetzt schon mehr geleistet habe als die meisten seiner Vorgänger. Wenn schon nicht die mißgünstigen Zeitgenossen, so werde dies zumindest die Nachwelt anerkennen. Mit dem ihm eignen Pathos erklärte er, er werde selbst den Hochmeister mit „*auffgelegten Händen*" bitten, ihm die Balleien abzunehmen, wenn er, Damian Hugo, erkennen müßte, seinem Amt nicht genügen zu können.[362] Solche und andere Rechtfertigungen klingen nie so souverän und gelassen, wie Damian Hugo es gerne gehabt hätte. Gerade die vielen Worte verrieten, daß sich der Landkomtur über die Problematik seiner Position im klaren war. Zwar verwies er auf seine Erfolge, mußte aber andererseits auch zugeben, daß es noch Probleme gebe, für die er freilich wiederum allein die Nachlässigkeit und Widersetzlichkeit der Ordensbediensteten verantwortlich machte. Jeder mußte sich fragen, warum er dann nicht in seinen Balleien und Kommenden residiere, um für die erwünschte Ordnung zu sorgen. Forstmeister konnte viel für ihn tun, doch die kritischen Stimmen verstummten nie. 1713 machte Damian Hugo von Berlin nach Wien reisend Station beim Hochmeister in Breslau, um den Intrigen entgegenzuarbeiten. 1714 kursierte ein Pasquill in der Ballei Altenbiesen, dessen Verfasser Damian Hugo vergeblich aufzuspüren versuchte. Im gleichen Jahr berichtete der Rentmeister Cox, in Altenbiesen werde ein Komplott gegen den Landkomtur geschmiedet.[363] 1715 sah der sich gezwungen, einige „*Difficilitäten*" zwischen sich und dem Hochmeister zu beheben, für die er nicht näher benannte „*Übelwollende*" verantwortlich machte.[364] Eine gewisse grundsätzliche Unzufriedenheit des Hochmeisters hat Damian Hugo jedoch nicht ausräumen können. Nachdem er 1716 sein Amt als kaiserlicher Gesandter niedergelegt hatte, forderte ihn Franz Ludwig auf, in „*denen Sachen* [des Ordens, S.M.] *ein mehreren eyffrigen Nachdruck als bisher*" spüren zu lassen.[365]

Nach dem Tod des Hochmeisters Franz Ludwig im Jahre 1732 gehörte Damian Hugo zum engeren Kreis der möglichen Nachfolger. Er betonte zwar, für seine Person „*von Hertzen indifferent*" zu sein,[366] doch hätte er die Hochmeisterwürde nicht ausgeschlagen, wenn die Wahl auf ihn gefallen wäre. Es ging im hierbei nicht um ein neues Amt, vielmehr wollte er unbedingt die Wahl des Kölner Kurfürsten Clemens August verhindern. Schon aus formalen Gründen war nach Damian Hugos Meinung die Wahl des Kölners unmöglich. Da Clemens August eine polnische Mutter hatte, war er im Sinne der Ordensstatuten kein Deutscher. Wenn man von diesem Grundsatz abwich, schuf man einen gefährlichen Präzedenzfall. Zudem beobachtete Damian Hugo mit großem Mißtrauen die Politik des Hauses Wittelsbach, das eher die eigenen Interessen verfolgte als die von Kaiser und Reich; aber gerade auf den Rückhalt des Hauses Österreich war der Orden angewiesen. Mit einem Hochmeister Clemens August bestand die Gefahr, daß sich Kaiser und Orden zum beiderseitigen Schaden nach und nach entfremdeten.[367] Mit den Landkomturen von Lothringen und Tirol versuchte Damian Hugo Strategien abzusprechen, um Clemens Augusts Wahl zu verhindern. Als ihm das nicht gelang, fuhr er gar nicht erst zum Wahlkapitel, sondern sah, wie er tief resigniert bemerkte, von Bruchsal aus zu, wie das Verhängnis über den Orden hereinbreche.[368]

4.2. Die Ballei Hessen

Zu Beginn des 18. Jahrhunderts stand der Deutsche Orden vor großen wirtschaftlichen Schwierigkeiten. Krisen und Kriege, aber auch Mißwirtschaft und Verantwortungslosigkeit einzelner Ordensritter drohten das ökonomische Fundament des Ordens zu unterminieren. Auf dem Generalkapitel des Jahres 1700 bildeten ökonomische Fragen den Hauptgegenstand der Beratungen.[369] Ferner belasteten den Orden die unsichere staatsrechtliche Position vieler Kommenden und Balleien unter dem wachsenden Druck stärkerer Nachbarterritorien. Die Ballei Hessen machte keine glückliche Ausnahme von dieser allgemeinen Lage. Ihr Landkomtur stand vor der schwierigen Aufgabe, die drängenden wirtschaftlichen und politischen Probleme zumindest halbwegs in den Griff zu bekommen.

Zur Ballei Hessen gehörten die Kommenden Marburg, zugleich Sitz der Ordenskanzlei, (Ober-)Flörsheim (bei Wiesbaden), Schiffenberg (bei Gießen) und Griefstedt (bei Sömmerda). Die Kommende Marburg war ein ansehnlicher Hof unterhalb der Stadt Marburg, zu dem auch die Elisabethkirche und ein Hospital gehörten. Unter der Kommende Marburg standen als Hebe- und Verwaltungsstellen die Kastnereien Fritzlar, Friedberg, Wetzlar, Felsberg und Alsfeld. Die vom Orden und der Landgrafschaft Hessen-Kassel gemeinsam regierten Orte Seelheim und Goßfelden wurden von Marburg aus verwaltet. Die Kommende Marburg war mit der Würde des Landkomturs verbunden. Die Kommende Flörsheim besaß Damian Hugo bereits seit 1700. Sie war ihm als Kompensation für die Kosten einer Mission nach Italien verliehen worden, die er im Auftrag des Ordens übernehmen sollte, aber dann doch nicht antrat. Die Kommende Schiffenberg war vakant und wurde von Damian Hugo verwaltet. Nur die Kommende Griefstedt hatte einen eigenen Komtur. Neben der Regierung der gesamten Ballei hatte Damian Hugo also auch noch die Angelegenheiten von drei Kommenden zu besorgen. Das bedeutete in jenen Jahren nicht nur Erledigung der laufenden Geschäfte, sondern auch gründliche Sanierung. Dennoch meinte Damian Hugo, nicht in Marburg residieren zu müssen. Von wenigen Besuchen abgesehen hielt er sich am Hof seines Onkels in Mainz auf oder war in Mainzer Missionen unterwegs, bevor er als kaiserlicher Gesandter in Hamburg und danach als Bischof in Speyer wirkte. Später hat der Schönborn immer wieder betont, daß ihn die Bedrückungen der Ballei durch Hessen-Kassel gezwungen hätten, anderswo Dienste zu suchen. So schrieb er in seinem Lebenslauf: *„Alß Seine Hochfürstliche Eminentz nuhn Landt Commenthur in Hessen wahren undt einige zeitlang zu Marburg seyn undt da residiren mußten, so wahre dero Betrück von hessischer Seithen so groß, daß es auch fast zu allen Extremitäten stiege, undt endtlich gezwungen wurden, anderwärtige Diensten zu suchen, umb nuhr dardurch etwelche Ruhe undt Protection zu bekommen".*[370] Doch das ist nicht die ganze Wahrheit. Zwar verfolgte die hessische Regierung eine aggressive Politik gegenüber dem Orden, doch dürfte Damian Hugo nie die Absicht gehabt haben, sich ausschließlich seiner Ballei zu widmen.

Damian Hugo ließ sich seit etwa 1703 von Philipp Friedrich Rau von und zu Holtzhausen vertreten. Rau erledigte die Geschäfte so gut, daß der Landkomtur 1706 seine

Abb. 13: Deutschordenskommende Marburg.

Aufnahme in den Orden erwirkte. Damian Hugo konnte sehr großzügig sein, besonders gegenüber jenen, die sein Vertrauen nicht mißbrauchten. Loyalität war ihm sehr viel wert. Im März 1706 dankte er Rau ausdrücklich für sein großes Engagement,[371] und im Juli war Rau bereits Ordensritter. Rau erhielt im gleichen Jahr den Titel eines Hauskomturs, 1711 wurde er Komtur von Flörsheim. Er hatte zunächst Schwierigkeiten, sich gegenüber den anderen Ordensbediensteten durchzusetzen, besonders gegenüber dem Ordenssyndikus Eulner, wurde dann aber der von allen anerkannte Vertreter des Landkomturs. Damian Hugo und Rau führten einen regen Briefwechsel über alle ökonomischen und administrativen Fragen der Ballei, da sich der Landkomtur in allen wichtigeren Fragen die Entscheidung vorbehielt. Nach Damian Hugos Ernennung zum kaiserlichen Gesandten beim Niedersächsischen Kreis und seiner Abreise nach Hamburg wurde der Briefwechsel deutlich schwächer, ohne aber jemals abzubrechen.

In den frühen Jahren hatten Rau und Damian Hugo den festen Willen, die Ballei Hessen und ihre Kommenden gemeinsam in einen besseren Stand zu bringen. Ihr Engagement ist deutlich von der Freude zweier junger Männer geprägt, etwas gestalten zu dürfen. Die Kommende Schiffenberg wurde trotz Bedrückungen seitens der Landgrafschaft Hessen-Darmstadt wiederaufgebaut, der bisherige Verwalter, von Wartensleben, wurde wegen „*Spolirung*" der Kommende abgesetzt. Damian Hugo nahm 4 000 fl. aus der Balleikasse, um die Gebäude der Kommende zu renovieren oder völlig neu zu errichten.[372] Man kann ihm also nicht vorwerfen, Schiffenberg unbesetzt gelassen zu

95

haben, um deren Einkünfte für sich zu nutzen.³⁷³ Der Wiederaufbau Schiffenbergs war so erfolgreich, daß man sie dem Ordensritter Ernst Wenzeslaus Graf von Dönhoff nicht länger vorenthalten konnte, den man bis dahin auf ihre Wiederherstellung vertröstet hatte.³⁷⁴ Doch da weder Damian Hugo noch Rau die Erträge Schiffenbergs zu erhöhen vermochten, blieb die Kommende vergleichsweise arm. Schiffenberg, so Dönhoff, sei eine „*magere Supp*".³⁷⁵

Die Kommende (Ober-)Flörsheim, ohnehin nur mit geringen Einkünften ausgestattet, wurde durch hohe Kontributionszahlungen an die französischen Heere fast in den völligen Ruin getrieben. Für den Unterhalt der Gebäude oder gar für Neubauten war kein Geld vorhanden. Eine Visitation im Jahre 1714 offenbarte darüber hinaus Nachlässigkeit und Mißwirtschaft des Verwalters, der daraufhin abgesetzt und arretiert wurde.³⁷⁶ Anders als der Dauerkonflikt zwischen Hessen-Darmstadt und Schiffenberg konnten die Streitereien zwischen Flörsheim und Kurpfalz immerhin beigelegt werden. Der Wiederaufbau der Kommende Flörsheim ging freilich nur sehr langsam voran. Auch sie blieb eine höchst bescheidene Einnahmequelle.

Einträglicher als Schiffenberg und Flörsheim war die Kommende Griefstedt. Sie geriet in eine schwere Krise durch die unverantwortliche Schuldenwirtschaft des Komturs Johann Adolf Marschall von Biberstein. Von 60 000 Rtlr. privater Schulden hatte er für 20 000 Rtlr. die Einkünfte seiner Kommende als Sicherheit gegeben.³⁷⁷ Die Mergentheimer Regierung und Damian Hugo mußten sich sehr mühen, damit die Kommende nicht Beute der Gläubiger wurde und Kursachsen in die Angelegenheit eingriff und die Kommende bis zur Abtragung der Schulden sequestrierte, wie dies schon zwischen 1692 und 1700 der Fall gewesen war, als der Komtur Franz von Neuhoff einen ähnlich großen Schuldenberg angehäuft hatte.³⁷⁸ Aller Erfahrung nach durfte man Kursachsen zu Recht die Absicht unterstellen, diese Affäre für seine nicht unbedingt ordensfreundlichen Interessen nutzen zu wollen. Damian Hugo war sich dessen bewußt. Die ganze Angelegenheit, bemerkte er, sei sehr „*delicat*".³⁷⁹ Schon die Arretierung Bibersteins durch Kursachsen stellte einen gefährlichen Präzedenzfall dar. Erfahren durch die lange diplomatische Tätigkeit in Norddeutschland, gelang es Damian Hugo schließlich, weiteren Schaden von Griefstedt speziell und dem Orden allgemein abzuwenden. Die Wiedereinsetzung Bibersteins verhinderte er. Es müsse zu Abschreckung ein Exempel statuiert werden, schrieb er dem Hochmeister.³⁸⁰

Die Ballei versank also nicht im Chaos, weil sich der Landkomtur in Norddeutschland und nicht in Hessen aufhielt. Dennoch blieben viele Dinge halb oder völlig unerledigt liegen. Erst nachdem Damian Hugo 1716 von seinem Gesandtenposten zurückgetreten war, konnte er sich wieder persönlich um die Ballei kümmern. So visitierte er die zur Kommende Marburg gehörenden Kastnereien. Aus Fritzlar berichtete er der Mergentheimer Ordensregierung stolz, er habe die dortige Kastnerei so instand gesetzt, daß ihm seine Nachfolger und der ganze Orden ewig dankbar sein müßten. Ein neues Kastnereihaus zeugte von seinem Einsatz.³⁸¹ In Friedberg richtete Damian Hugo das auf seinen Befehl gebaute Ordenshaus besonders sorgfältig ein. Für ein Ordenshaus sei es sehr „*commod*", stellte er zufrieden fest.³⁸² Er ließ Urkunden und Akten, aber auch Kleinodien und Pretiosen der Ballei aus Marburg nach Friedberg bringen, wo sie, da Friedberg Reichsstadt und Reichsburg war, vor den von ihm befürchteten Übergriffen Hessen-Kassels sicher waren. Doch in seiner Ballei, d. h. in Marburg, dauerhaft zu residieren, dazu konnte sich der Schönborn auch in den folgenden Jahren nicht entschließen. Die meiste Zeit hielt er sich in Aschaffenburg auf, wo er ein größeres Anwesen erworben hatte.

Als Damian Hugo Ende 1719 Bischof von Speyer wurde, endete seine fast dreijährige, vergleichsweise intensive Balleiadministration, ohne daß die von Mergentheim schon lange geforderte Generalvisitation und ein Provinzialkapitel stattgefunden hätten. Selbst die Korrespondenz mit dem Ordensvogt Hartmann, der die Geschäfte der Ballei und der Kommende Marburg führte, wurde immer spärlicher. Das Verhältnis Damian Hugos zur Ordensregierung und zum Hochmeister verschlechterte sich daher ständig. Besorgt berichtete Friedrich Karl dem Onkel Lothar Franz von der „*Kaltsinnigkeit*" zwischen Hochmeister und Landkomtur, die durch Damian Hugos Temperament noch verschärft werde und ihn sogar seine beiden Balleien kosten könne.[383]

Auf dem Provinzialkapitel, das Damian Hugo endlich im August 1722 in Bruchsal abhielt, sah er sich bei fast allen vorgebrachten Angelegenheiten zu weitläufigen und umständlichen Erklärungen veranlaßt, die, ohne daß er es wollte, den Charakter abgenötigter Verteidigungen trugen. Schon die Entsendung eines hochmeisterlichen Vertreters zum Provinzialkapitel mit der Begründung, daß der Zustand der Ballei „*etwas verwirret*" sei, war kein gutes Zeichen für den Schönborn.[384] Wegen des gespannten Verhältnisses zu Hessen-Kassel konnte man ihm keinen Vorwurf machen, wohl aber wegen der ungenügende Prozeßführung seitens der Ballei. Damian Hugo schob alles auf die schlechten Juristen, an die er geraten sei. Es sei ja ein „*Mirakel*", so Damian Hugo, wenn „*ein Bedienter rechdt seine Arbeydt thuet*". Er mußte aber eingestehen, mit Rechtsfragen nicht so vertraut zu sein, daß er die Arbeit seiner Rechtsgelehrten hätte überprüfen können. Hinsichtlich der Visitationen räumte Damian Hugo ein, von kleineren Überprüfungen abgesehen, seit 20 Jahren keine Generalvisitation mehr vorgenommen zu haben. Er könne aber nicht jedes Jahr visitieren, u. a. weil es zu teuer sei. Bei den Visitationen habe er von den Komturen Dönhoff (Schiffenberg) und Stein (Griefstedt) wegen der zwischen diesen bestehenden Antipathie keine Hilfe erwarten können. Für die Zukunft versprach Damian Hugo, alle zwei bis drei Jahre visitieren zu wollen. Die schlechte finanzielle Lage und die noch ausstehenden Beiträge der Ballei an den Orden entschuldigte er mit den hohen Ausgaben der Ballei, u. a. Prozeßkosten, und mit dem immer noch schlechten Zustand der Kommenden Flörsheim und Schiffenberg.[385] Die wortreichen Entschuldigungen des Schönborn scheinen aber eher das Gegenteil von dem bewirkt zu haben, was er zu erreichen suchte. Ob nun die Unfähigkeit der Ordensbediensteten, Unfriede zwischen den Rittern, die wirtschaftlichen Schwierigkeiten oder die Fülle anderweitiger Verpflichtungen des Landkomturs als Entschuldigungen angeführt wurden, letztlich fiel alles auf diesen zurück. Der Orden mußte den Eindruck gewinnen, daß Damian Hugo seine Ballei nicht im Griff hatte. In aller Deutlichkeit mußte sich Damian Hugo vom Hochmeister sagen lassen, daß die Ballei Hessen unter der mangelhaften Autorität des Landkomturs leide. Wieder verteidigte sich Damian Hugo eher mühsam: Tatsächlich habe der

Abb. 14: Hochmeister Franz Ludwig von Pfalz-Neuburg.

Ordensvogt Hartmann Schwierigkeiten, sich durchzusetzen, doch die Leute, die Mergentheim für solche Posten benötige, seien noch nicht geboren. Er selbst habe sich vor Jahren gezwungen gesehen, vor den hessen-kasselschen Bedrückungen zu weichen und anderswo Dienste zu suchen.[386] Indirekt gab Damian Hugo einmal mehr zu, den Marburger Geschäften nicht voll gewachsen zu sein.

1723 wurde die Ballei Hessen vom Landkomtur von Sachsen, Freiherrn Otto Friedrich von Bülow, und von Molitor, Hofrat der Mergentheimer Regierung, visitiert. Dieses Verfahren war für sich genommen nichts Außergewöhnliches, da Komture und Landkomture ihre Kommenden und Balleien gegenseitig visitierten. Doch angesichts der Kritik an Damian Hugo erhielt die Generalvisitation den Charakter einer strengen Inspektion und, da die Ergebnisse niederschmetternd waren, den eines Tribunals. Die entscheidende Ursache des allgemein schlechten Zustandes war für die Visitatoren die ständige Abwesenheit Damian Hugos. In einem Brief vom 6. März 1724 faßte Hochmeister Franz Ludwig das Ergebnis der Generalvisitation zusammen und stellte Damian Hugo vor die Wahl, sich künftig entweder persönlich in der Ballei aufzuhalten oder aber der Bestellung eines Statthalters durch den Hochmeister zuzustimmen. Mit eigener Hand schrieb der Hochmeister an Damian Hugo: *„Ich finde mich dahero von Ambts und Gewißens wegen verbunden, diese auf der Gefahr ihres Untergangs stehende und denen Heßen-Caßelschen attentatis, auch dero selbiger Beysorg mehr den iemahlen unterworfene unsehliche Balley durch zulängliche Mittel so viel möglich zu retten und hiermit zu eröffnen, daß zu Herstellung der landcommenthurischen Authorität und Restaurirung der ganz verfallenen Sachen nichts klug seye, alß daß Euer Eminenz und Liebden sich ob praesentis summum in mora periculum entweder in aigener Person auf daß baldigste nacher Marburg erheben und mittels ihrer Gegenwarth alles auff einen beständigen guten Fuß sezen oder aber sich nicht befremden laßen, das von Hochmeisterthumbs wegen eine solche Ordens meßige Administration eingerichtet werde, welche auf der Commenda gegen Reichung standmeßigen Unterhalts subsistieren und in allen Vorfallenheiten ohne weitere Rückfrage verfahren, folglich allen ferneren Inconvenientzien vorbauen möge".*[387] In Marburg zu residieren schied für Damian Hugo von vornherein aus. Widerwillig stimmte er der Einsetzung des mit weitgehenden Vollmachten ausgestatteten Statthalters Karl von Stein, Komturs von Griefstedt, zu, doch nicht ohne in einem Brief an den Hochmeister wieder zu einer großen Verteidigung auszuholen. Er beklagte sich über all die Dinge, die er seit 20 Jahren in Hessen habe erdulden müssen. Der Unfriede zwischen den Komturen Rau, Dönhoff und Stein habe die ganze Ballei gelähmt. Schlimmer sei jedoch die Wühlarbeit gegen ihn als Katholiken gewesen, sowohl von außen (Hessen-Kassel), als auch von innen (Orden). Molitor habe die Visitation zu einer Inquisition gemacht und seine schon sehr schwache Autorität endgültig zerstört. *„Ich schriebe, ich befehlte, ich brauchte böse und guthe Worth, allein keine Folge hatte ich mehr, der Gehorsamb und Respect lage über Hauffen".* Nun wisse er sich nicht mehr zu helfen. Es sei eben ein Wunder, daß man ihn nicht schon früher *„als ein Catholischen herausgebißen"* habe.[388]

Was als Mißmut und ungerechter Groll eines Degradierten erscheinen könnte, war nicht ganz aus der Luft gegriffen. Damian Hugo hatte innerhalb des Ordens Feinde.

Ursache wird aber nicht seine katholische Konfession gewesen sein, da doch der Deutsche Orden insgesamt katholisch geprägt blieb, sondern eher der Neid über seine Stellung als zweifacher Landkomtur. Der Hofrat Molitor scheint mit der festen Absicht visitiert zu haben, möglichst viel Nachteiliges zu sammeln, was sich gegen Damian Hugo verwenden ließe. So berichtete der Marburger Zinsmeister Försch, der jovial und leutselig auftretende Molitor habe ihn ermuntert, *„daß ich sowohl gegen seine hochgräflich Eminenz als auch in specie gegen den Herrn Ordensvogt, was mir nur immer wissend seye"*, ihm anvertrauen solle.[389] Als sich Försch weigerte, wollte ihn Molitor mit dem Vorwurf der Unterschlagung erpressen. Es fällt weiterhin auf, daß Damian Hugos Regierung in Altenbiesen, obwohl sie nicht intensiver war als die in Hessen, von Mergentheim nicht in den leisesten Tönen kritisiert wurde, ganz zu schweigen von den Nachlässigkeiten anderer Landkomture, z. B. in der Ballei Koblenz,[390] die Mergentheim nicht zum Eingreifen veranlaßten. Dennoch ginge die Vermutung zu weit, daß der Hochmeister den Landkomtur Damian Hugo aus der Ballei Hessen verdrängen wollte, um seinem Protégé Karl von Stein dieses Amt zu verschaffen. Allerdings war Stein überhaupt erst dank seiner Intervention in die Ballei Hessen aufgenommen und auf die einträgliche Kommende Griefstedt gesetzt worden. Stein wurde bereits 1721 kurzzeitig zum Statthalter der Ballei bestellt, als Damian Hugo in Rom weilte. 1731 stieg er zum Landkomtur von Thüringen auf. Aber selbst dann, wenn man behaupten wollte, die kunstvolle Intrige einiger mißgünstiger Gegner habe Damian Hugo aus dem Amt treiben sollen, bleibt immer noch festzuhalten, daß seine ständige Abwesenheit und die dadurch erleichterte Mißwirtschaft seinen Feinden erst die erforderlichen Mittel gegen ihn in die Hand gab. Die Bestellung eines Statthalters für die Ballei Hessen kam einer halben Absetzung Damian Hugos gleich. Er sah sich als Opfer von Ungerechtigkeit und Intrige. Er, der immer und überall die Mißwirtschaft und Unordnung anderer entdeckte und scharf kritisierte, kam gar nicht auf den Gedanken, selbst den Anforderungen seines Amtes als Landkomtur nicht genügt zu haben. Den Ordensvogt Hartmann, den einzigen Mitarbeiter in Marburg, dem er vertraute, holte Damian Hugo als Vizekanzlei-Direktor nach Bruchsal; dort arbeitet er, wie sein Herr in Richtung ordensinterner Kritiker Hartmanns betonte, zu seiner vollen Zufriedenheit.[391]

Die Ergebnisse der Generalvisitation und die daraufhin erteilten Anweisungen (*„monita"*) des Hochmeisters waren die Grundlage für Steins Arbeit als Statthalter. Er reiste durch die Ballei, behob Mängel und Unordnung und fand selbst dort Mißwirtschaft, wo Damian Hugo wenige Jahre zuvor gute Ordnung geschaffen zu haben glaubte. Mit dem Landgrafen von Hessen-Kassel versuchte Stein über die strittigen Fragen zwischen Landgrafschaft und Ballei zu verhandeln. Von Bruchsal aus verfolgte Damian Hugo mißmutig und nörgelnd Steins Administration, beschwerte sich gelegentlich, wenn er seine Rechte als Landkomtur verletzt sah, und bemerkte hin und wieder, daß er viel besser in Hessen zurechtgekommen wäre, wenn die Ordensbediensteten gehorsam gewesen wären. Einmal bemerkte er bissig, daß er unter *„vollkommener Vormundschaft"* Steins stehe.[392] Vom Hochmeister aber wurde Stein ausdrücklich für sein Engagement gelobt.[393]

Nach Steins Tod im Jahre 1734 wurde kein neuer Statthalter eingesetzt – doch wohl ein Hinweis, daß Steins Einsetzung zu einem Teil das Ergebnis einer Intrige war, denn Damian Hugo kümmerte sich nach Steins Tod nicht intensiver als früher um seine Ballei, obgleich deren Probleme nicht geringer geworden waren. Dafür aber war das Verhältnis Damian Hugos zum neuen Hochmeister Clemens August nicht annähernd so gespannt wie dasjenige zu Franz Ludwig. Die alleinige und ungestörte Regierung der Ballei hat der Landkomtur nun aber nicht zu einem neuen Reformanlauf oder auch nur zu einer konsequenteren und intensiveren Verwaltung genutzt. Natürlich stellte er wieder nur Chaos und Unordnung fest, für die er den verstorbenen Stein verantwortlich machte: Unter dessen Statthalterschaft sei *„die Ballei Hessen in einem fast nicht glaublichen Verfall geraten"*.[394] Aber er selbst ergriff keinerlei neue Initiative, irgend etwas für die Ballei Hessen zu tun, was über die eher lustlose Erledigung laufender Geschäfte hinausging.

In den Berichten über die Lage der Ballei hat Damian Hugo wiederholt den Unfrieden unter den Komturen als eine Ursache der ständigen Schwierigkeiten genannt. Wenn man davon dasjenige abzieht, was der Schönborn als Entschuldigung für seine unbefriedigende Amtsführung vortrug, bleibt tatsächlich ein guter Rest Wahrheit. Das Verhältnis der Komture zum Landkomtur und der Komture untereinander war nicht das beste, ganz zu schweigen von den Fehlern und Unverantwortlichkeiten mancher Ritter. Durch die Schuldenwirtschaft Bibersteins hätte der Orden fast die Kommende Griefstedt verloren. In Philipp Friedrich Rau von und zu Holtzhausen glaubte Damian Hugo nach anfänglichen guten Erfahrungen einen fähigen und vertrauenswürdigen Mann gefunden zu haben, so daß er für dessen schnelle Aufnahme in den Orden sorgte und ihm die Kommende Flörsheim übertrug. Rau hat ihm diese Fürsorge jedoch nicht gedankt. Ohne erkennbare Gründe begann er sich negativ über den Orden zu äußern und seine Ämter zu vernachlässigen. Ohne Erlaubnis trat er schließlich aus dem Orden aus und heiratete. Nach den Ordensstatuten war er damit ein Deserteur und sollte als solcher nach Damian Hugos Willen bestraft werden. Der Hochmeister sah diesen Fall nicht ganz so streng. Wenn Rau den Orden verlassen wolle, so solle man ihn gehen lassen.[395] Es war Damian Hugos Stellung sicherlich abträglich, wenn ein von ihm geförderter Ritter so unrühmlich aus dem Orden schied. Nach dieser Affäre hat er sich nie wieder für einen Ritter oder eintrittswilligen Adligen eingesetzt. Das überließ er anderen. So wurde der Garde-Hauptmann Karl von Stein auf Drängen des Hochmeisters in die Ballei Hessen aufgenommen.[396] Steins weitere Karriere ist bekannt. Gelegentlich äußerte sich Damian Hugo verwundert über die großzügige Protektion des lutherischen Stein durch den katholischen Hochmeister, und in der Tat ist ein Grund dafür nirgends zu erkennen. Damian Hugo setzte dem jedoch nie Widerstand entgegen und nahm die Verleihung Griefstedts an Stein ohne Widerstand hin. Die Folge war ein längerer Streit mit Hessen-Kassel, das seinen Schützling, den Reformierten Ernst Wenzeslaus Graf von Dönhoff, brandenburgischen Offizier und Gouverneur von Kolberg, Komtur von Schiffenberg, um Griefstedt betrogen sah. Dönhoff hatte gehofft, die vergleichsweise einträgliche Kommende zu erhalten, da nach dem auch in Hessen beobachteten ordensüblichen Verfahren bessere Kommenden an diejenigen Ritter vergeben wurden, die sich zuvor mit bescheideneren hatten zufriedengeben müssen. Auf dem Provinzialkapitel von 1722 beschied Damian Hugo eine entsprechende Beschwerde Dönhoffs mit dürren Worten: Als Landkomtur könne er sich nicht gegen einen Beschluß des Hochmeisters stellen.[397] Das Verhältnis zwischen dem enttäuschten Dönhoff und dem protegierten Stein war daher so schlecht, daß ihnen die gegenseitige Visitation ihrer Kommenden nicht übertragen werden konnte. Der Hochmeister hätte Dönhoff indessen kaum nach Griefstedt versetzen können, selbst wenn er es gewollt hätte. Kursachsen duldete keinen reformierten Ritter auf dieser Kommende.[398] Vor Hessen-Kassel mußte die Rücksichtnahme auf kursächsische Wünsche allerdings geheimgehalten werden, denn zu Recht hätte sich der Landgraf gefragt, warum er katholische oder lutherische Ritter in Marburg dulden sollte, wenn Kursachsen an einem Reformierten Anstoß nahm. Der Orden und die Ballei Hessen waren nicht frei in der Auswahl ihrer Ritter. Über die vertraglich fixierten und streng einzuhaltenden Konfessionsverhältnisse hinaus sah sich der Orden genötigt, die Empfehlungen der benachbarten Fürsten zu berücksichtigen. So wurde auf Kursachsens nachdrückliche Empfehlung Griefstedt dem Grafen Moriz von Brühl, einem Bruder des allmächtigen kursächsischen Ministers Brühl, übertragen.[399] Hessen-Kassel erreichte u. a. die Aufnahme des in seinen Diensten stehenden Oberst Christian Friedrich von Brand, der später Komtur von Flörsheim und von Schiffenberg wurde.

Damit ist ein entscheidender Grund dafür angesprochen, weshalb die Ballei Hessen dem Orden wie Damian Hugo offensichtlich besondere Probleme bereitete: Die Ritter und Komture der Ballei Hessen waren in der Regel hohe Offiziere. Sie blieben auch nach Eintritt in den Orden und Verleihung einer Kommende in ihrem bisherigen Dienstverhältnis und hielten sich nur selten in den Kommenden auf. Sie kamen aus verschiedenen Regionen, waren verschiedenen Fürsten verpflichtet und hingen verschiedenen Konfessionen an. Es fehlte ihnen das Verbindende in ihrer Ritterschaft. Die Neigung, Amt und Kommende als Pfründe zu nutzen, ohne sich ansonsten der Angelegenheiten des Ordens oder der Ballei gemeinsam anzunehmen, bestand auch in anderen Balleien des Ordens, scheint aber in der Ballei Hessen besonders ausgeprägt gewesen zu sein.[400]

Damian Hugo bemerkte einmal gegenüber Stein, daß er zehnmal mehr in der Ballei Hessen gebaut habe als jeder protestantische Landkomtur. Bald werde es heißen: *„es ist guth, hinführo Landkomtur auff der Ballei Heßen* [zu] *seyn".*[401] Bauen allein kann sicherlich kein Kriterium sein für die Bewertung von Damian Hugos Tätigkeit als Landkomtur. Wenn vieles im argen lag, war das Errichten oder großzügige Renovieren von Gebäuden nicht unbedingt das, was die Ballei als erstes brauchte. Doch gerade bei dem Schönborn war Bauen immer Teil eines umfassenderen Reformkonzepts. Es ist nicht zu übersehen, daß er vor allem in den ersten Jahren nach seinem Amtsantritt viel für die Ballei Hessen getan hat; in Rau besaß er damals einen treuen und eifrigen Helfer. Noch einmal setzte sich der Landkomtur in den drei Jahren zwischen seiner Mission in Norddeutschland und der Regierungsübernahme in Speyer intensiver für die Ballei Hessen ein. Nachlassende Leitung und Kontrolle, seitdem der Schönborn das Bischofsamt in Speyer angetreten hatte, und kaum zu leugnende Mängel der

Verwaltung vor Ort boten den Kritikern und Gegnern genügend Anhaltspunkte, eine grundlegende Veränderung der Führungsstruktur in der Ballei durchzusetzen und Damian Hugo einen Statthalter in Marburg aufzunötigen. Seinen eigenen hohen Ansprüchen an eine gute Ökonomie und Administration ist der Schönborn in der Ballei Hessen kaum voll gerecht geworden. Gemessen an dem, was im Deutschen Orden damals üblich war, erreichten seine Leistungen aber alles in allem zumindest ein gehobenes Durchschnittsniveau.

4.3. Im Streit mit Hessen-Kassel

Neben den wirtschaftlichen und administrativen Problemen bildete das gespannte Verhältnis der Ballei Hessen zu den Landgrafen von Hessen-Kassel und Hessen-Darmstadt einen Teil des schweren Erbes, das Damian Hugo als Landkomtur angetreten hatte. Hier ging es nicht, oder zumindest nicht in erster Linie, um Konflikte, die sich aus dem Neben- und Gegeneinander von Privilegien und Freiheiten ergaben und die in der Welt kleinteiliger Gerechtsame unvermeidlich waren. Ob und wie der Orden etwa von Zöllen befreit war, ob der Landkomtur oder der Landgraf den Bau eines Hauses in einem gemeinsam regierten Ort erlauben durfte, das war nebensächlich, verglichen mit der grundsätzlichen Frage, welchen Status die Kommenden Marburg und Schiffenberg gegenüber Hessen-Kassel bzw. Hessen-Darmstadt besaßen. Waren sie mit allen Pertinenzien Teil und Landstand der Landgrafschaften oder ungeachtet einiger Verpflichtungen völlig immediat und ohne jede Verbindung zu diesen Territorien?

Der Karlstädter Vertrag von 1584 hatte die Frage eigentlich geregelt. Der Komtur der Kommende Marburg, gleichzeitig Landkomtur der Ballei Hessen, sollte auf den hessen-kasselschen Landtagen erscheinen, der Besuch der Partikularlandtage war ihm dagegen freigestellt. Die Kommende Marburg zahlte ihre Reichs- und Türkensteuern nicht direkt an das Reich. Sie gingen je zur Hälfte an die Landgrafschaft Hessen-Kassel und an den Deutschen Orden (Hochmeister). Zu allen Steuern zum Besten des Landes leistete die Kommende ihren Beitrag. Daraus durfte jedoch keine Landsässigkeit abgeleitet werden, wie der Vertrag ausdrücklich festhielt. 1680/81 wurden die Bestimmungen im Marburger Rezeß bestätigt.[402] Hessen-Kassel konnte den Vertrag bei Bedarf natürlich einseitig interpretieren oder überhaupt mißachten. Der Vertrag, so wurde Damian Hugo 1706 von der Mergentheimer Ordensregierung gewarnt, sei ein geringer Schutz angesichts der hessen-kasselschen Übermacht.[403]

Vom ersten Tag seiner Regierung an trat Damian Hugo als kompromißloser Verteidiger der Rechte seines Ordens auf, der harte Auseinandersetzungen mit dem Landgrafen von Hessen-Kassel und seiner nachgesetzten Regierung in Marburg nicht scheute. 1702 lehnte er die Aufnahme eines hessischen Prinzen als Ordensritter in die Ballei ab, da nach einem Beschluß des Generalkapitels Mitglieder fürstlicher Häuser nicht Ordensritter werden konnten (dem widerspricht nicht, daß Fürsten zu Hochmeistern gewählt werden konnten). Sein Versprechen, sich für den hessischen Prinzen zu verwenden, blieb vage.[404] 1704 legte der Schönborn dem Landgrafen eine umfangreiche Beschwerdeschrift vor, in der er die Verletzung vieler Privilegien, Freiheiten und hergekommener Rechte der Kommende Marburg auflistete. So würden von den Hintersassen des Ordens Frondienste verlangt, die Gerichtsbarkeit des Ordens werde mißachtet, aus der gemeinsamen Regierung der Orte Seelheim und Goßfelden werde der Orden verdrängt. Gleichzeitig sorgte der Landkomtur für eine sorgfältigere Führung der Prozesse gegen Hessen-Kassel, da die Marburger Ordensregierung den Überblick über die von Damian Hugo und seinen Vorgängern gegen den mächtigen Nachbarn angestrengten Verfahren zu verlieren drohte.[405] An der äußerst langwierigen Bearbeitung der Fälle vor dem Reichshofrat konnte er jedoch nichts ändern. So klagte er 1714 dem Kaiser, daß es noch in keiner der 30 laufenden Rechtsstreitigkeiten zu einer Entscheidung gekommen sei.[406] Mit der richtigen Einschätzung des Gegners, die für eine erfolgreiche Prozeßführung wichtig gewesen wäre, taten sich Damian Hugo und die Ordenskanzlei schwer: Folgten die Übergriffe Hessen-Kassels einem wohldurchdachten Plan oder waren sie eher zufälliger Natur, geschah alles mit Billigung des Landgrafen in Kassel, oder entsprang es der persönlichen Abneigung des Vizekanzlers der Marburger Regierung, Hermann von Vultée, gegen den Orden?[407] In der sich verschärfenden Auseinandersetzung suchte Damian Hugo Hilfe. Er bat seinen Vater, seine guten Beziehungen zum Landgrafen für die Ballei einzusetzen. Doch auf seine entsprechende Initiative wurde Melchior Friedrich kühl beschieden, daß weder der Landgraf noch seine Regierung in Marburg etwas verlangten, was den bestehenden Verträgen zuwiderlaufe. Schuld an den Irrungen habe allein der aggressive Ordenssyndikus.[408] Ohne Wirkung blieb auch die ohnehin nur oberflächliche Fürsprache des Herzogs von Mecklenburg. Darüber war Damian Hugo besonders verbittert: Auf Bitten des Landgrafen hatte er sich seinerzeit für die Sache von dessen Schwiegersohn eingesetzt, dafür Ärger und Mühen auf sich genommen und sich den Haß Hannovers zugezogen; jetzt aber, wo der Landgraf seine Dankbarkeit hätte zeigen können, war er nicht zu minimalsten Zugeständnissen bereit.[409] Die Beschwerden des Landkomturs wurden nicht nur als angebliche Gravamina zurückgewiesen,[410] sondern Hessen-Kassel brachte seinerseits Beschwerden vor, die sich nicht so sehr gegen den Orden als gegen Damian Hugo persönlich richteten. Neben der Entlassung der protestantischen Ordensbediensteten und den Rekatholisierungsversuchen kritisierte der Landgraf besonders, daß Damian Hugo seine Einkünfte als Komtur von Marburg und als Landkomtur der Ballei Hessen im Ausland verbrauche und so der hessischen Wirtschaft Kapital entziehe.[411] Die Regierung in Marburg sah indes keine Möglichkeit, den Kapitalexport zu unterbinden, da er nach den bestehenden Verträgen nicht ausdrücklich verboten war.[412]

Seit 1709 spitzte sich der Konflikt weiter zu. Landgraf Karl verlangte vom Orden und seinen Hintersassen Beiträge zu den von den Landtagen bewilligten Steuern – 1709 für die Vermählung einer hessischen Prinzessin, 1715 für die Waisenkinder-Kasse, 1721 für das Zuchthaus und 1722 für die Vermählung des Erbprinzen. Er konnte sich dabei auf den Karlstädter Vertrag stützen, wonach sich Orden und Ordenshintersassen an Steuern zum Besten des Landes beteiligen mußten. Damian Hugo, der nie einen hessen-kasselschen Landtag besuchte oder einen Vertreter dahin entsandte, wies die Forderungen zurück. Hessen-Kassel antwortete mit der Beschlagnahme von Ordensbesitz (Exekution): Getreide wurde eingezogen, Herden wurden weggetrieben.[413] Ab 1721/22 begann Hessen-Kassel dann die Amtsführung Damian Hugos massiv zu kritisieren: Er halte keine Kapitel mehr, um damit die protestantischen Ritter von der Regierung der Ballei auszuschließen, wolle also mit dem Hochmeister zusammen die Protestanten aus dem Orden ganz herausdrängen und die Ballei Hessen zu einer Kammerballei des Hochmeisters machen. Ferner wurde die Mißwirtschaft des Schönborn beklagt. Das Recht zu solcher Kritik leitete Hessen-Kassel aus seinem angeblichen Oberaufsichtsrecht über die Ballei ab, da diese einst von den Landgrafen gegründet worden sei[414] – ein gefährlicher Anspruch, da sich mit ihm jeder Eingriff in die Angelegenheiten der Ballei rechtfertigen ließ bis zu deren völliger Herabdrückung in die hessische Landsässigkeit. So bedrohlich, wie die Pfändungen von Ordensbesitz und die Klagen gegen Damian Hugo auf den ersten Blick auch aussahen, waren sie aber letztlich nicht. Sie trafen die Ballei Hessen zwar schwer, konnten sie aber nicht entscheidend schwächen oder den Landkomtur zum Nachgeben zwingen. Getreide und Vieh wegzunehmen und zu verkaufen, war für Hessen-Kassel nur die zweitbeste Lösung, falls überhaupt etwas Pfändbares vorhanden war. Die Beschlagnahme einer Schafherde des Ordens scheiterte, weil die Marburger Kammer nicht genügend Futter hatte, um die Tiere zu versorgen.[415] Die Steuerforderungen erwiesen sich zudem nicht immer als ausreichend begründet und vertraglich abgesichert. 1723 unterlag Hessen-Kassel vor dem Reichshofrat dem Orden in der Frage der Zuchthaussteuer.[416] Gegen die lästige Vereinbarung, nach der Hessen-Kassel nur die Hälfte der Reichs- und Türkensteuer der Kommende Marburg erhielt, fand die Marburger Regierung keine Handhabe. In dem Gutachten eines Marburger Kammerrates hieß es, daß die bestehenden Verträge in diesem Punkt eindeutig seien. Die von den Gütern des Ordens und seiner Hintersassen im Gebiet Hessen-Kassels erhobenen Reichs- und Türkensteuern flössen demnach je zur Hälfte an den Landgrafen und den Hochmeister, und nur von Ordensgütern, die an hessische Untertanen verlehnt seien, gingen sie ganz an den Landgrafen. Es gäbe natürlich die Möglichkeit, so der Gutachter weiter, diesen einschlägigen Artikel einseitig aufzuheben, *„ob es aber bey dermahligen Conjuncturen Zeit seye, damit los zu brechen, und nicht nur den Cardinal von Schönborn samt seiner vielvermögenden Familie, in specie den Reichsvizekanzler, sondersambst Chur Trier und mit demselben Churpfalz, ja den Kayserlichen Hoff undt gantzen Catholischen zu irritieren"*, müsse er der Beurteilung der *„Staatsverständigen"* überlassen.[417] Die waren offenbar nicht der Meinung, hier etwas gewaltsam ändern zu können, und die harte Kritik Hessen-Kassels an Damian Hugo blieb ohne Folgen. Der Orden war nicht bereit, seinen Landkomtur gleichsam im Auftrag Hessen-Kassels unter Druck zu setzen. Er werde, schrieb der Hochmeister 1721 an den Landgrafen, mit dem Landkomtur über die vorgebrachten Beschwerden sprechen. Der Orden habe nie die Absicht gehabt, protestantische Ritter zu benachteiligen. Man werde die bestehenden Verträge beachten und hoffe, daß der Landgraf es ebenso halten werde.[418]

So war 1722 eine Pattsituation entstanden, die beide Seiten zum Überdenken ihrer Politik zwang. Der Landgraf trat moderater auf. Mit begütigenden Worten mahnte er den Landkomtur, die geforderten Steuern zu zahlen, da sie doch im allgemeinen Interesse des Landes seien.[419] In freundlichem Ton erinnerte er mit Verweis auf Vertrag und Herkommen an den Status der Kommende Marburg als vornehmsten Landstand Hessen-Kassels, woran auch Damian Hugos Würde als Kardinal und Bischof nichts ändere.[420] Der Hochmeister dachte an eine kaiserliche Kommission zur Lösung des Konflikts, da er fürchtete, der Landkomtur werde seine starre Haltung nicht durchhalten können. Der aber, selbst jahrelang kaiserlicher Kommissar in Norddeutschland, lehnte eine Kommission als zu teuer und zu wenig effektiv ab. Tatsächlich hat es nie eine entsprechende Kommission gegeben, ohne daß dies als Zustimmung des Ordens zu Damian Hugos Politik verstanden werden dürfte. 1722 war die Unzufriedenheit der Mergentheimer Ordensregierung und des Hochmeisters mit Damian Hugos allgemeiner Administration so groß geworden, daß man auch hinsichtlich des Dauerstreits mit Hessen-Kassel kein Vertrauen mehr in ihn setzte. Der Orden nutzte die erste Gelegenheit, ohne Wissen und Konsens Damian Hugos mit Hessen-Kassel direkt ins Gespräch zu kommen. Als 1723 der Landkomtur von Sachsen, von Bülow, die Ballei Hessen visitierte, trat er mit Mitgliedern der Marburger Regierung zu einer Konferenz zusammen. Erneut wurden alle Beschwerden Hessen-Kassels vorgetragen: Mißwirtschaft in der Ballei bzw. in der Kommende Marburg, nicht stattfindende Kapitel, statutenwidrige Aufnahme des Komturs von Stein (für die ja der Hochmeister und nicht Damian Hugo verantwortlich war), Benachteiligung von Rittern reformierter Konfession, Einstellung katholischer Ordensbediensteter sowie Verfall der Elisabethkirche und des Hospitals in Marburg. Freimütig räumte Bülow ein, die „*Haushaltung wie das ganze Wesen*" in einem schlechten Zustand vorgefunden zu haben, es gebe aber eben auch Übergriffe der Marburger Regierung, welche die Lage der Ballei Hessen verschlechterten. Bülow gestand außerdem zu, daß schon längst Kapitel hätten gehalten werden müssen und daß die Aufnahme Steins in die Ballei tatsächlich irregulär war. Eine Benachteiligung von reformierten Rittern oder Bewerbern wollte er allerdings nicht erkennen. Die grundsätzliche Frage wurde dagegen nur am Rande berührt. In einem Gespräch am 1. August 1723 stellte Bülow fest, daß man „*in principiis gar different*" sei. Der Orden bilde vertragsgemäß „*statum in statu*". Die Marburger Regierung betonte demgegenüber, sie habe seinerzeit den Vertrag gerade geschlossen, um eine immediate Herrschaft wie die Ballei Hessen bzw. Kommende Marburg im eigenen Land zu verhindern.[421] Wenn die Gespräche auch zu keinen Ergebnissen führten und im strengen Sinne keine Verhandlungen waren, so waren sie dennoch für beide Seiten ein wichtiges Signal, daß man wenigstens über einzelne Probleme sprechen konnte, wenn schon keine Verständigung über die Grundfrage, den politischen Status der Ballei, möglich war.

Stein, der auf Drängen des Hochmeisters eingesetzte Verwalter der Ballei Hessen, konnte daher an ernsthafte Verhandlungen denken. Dabei ging es ihm nicht um ein neues Abkommen, sondern nur um einen gütlichen Ausgleich auf Grundlage des alten, gültigen Vertrags, durch Verständigung über den Inhalt bisher unterschiedlich ausgelegter Bestimmungen.[422] Damian Hugo blieb skeptisch. Was nützten, fragte er, 1 000 Rezesse und Vergleiche, wenn sich Hessen-Kassel doch nicht daran hält? Statt eine Konferenz vorzubereiten, solle sich Stein lieber an den Reichshofrat in Wien wenden.[423] Der Unterstützung des Hochmeisters und der Mergentheimer Regierung konnte sich Stein dagegen sicher sein.

Beide Seiten erarbeiteten zur Vorbereitung der Konferenz ebenso gelehrte wie weitschweifige Abhandlungen, die alle bekannten Beschwerden nochmals zusammenfaßten und die eigene Position mit oft sehr bemühten Argumenten unangreifbar zu machen suchten.[424] Der Grund aller Zwistigkeiten, die Frage nach dem staatsrechtlichen Verhältnis zwischen der Ballei Hessen bzw. der Kommende Marburg und der Landgrafschaft Hessen-Kassel, wurde von keiner Seite auf die Tagesordnung gesetzt. Jede Partei wußte, daß die Konferenz hierüber unweigerlich hätte scheitern müssen. Es ging beiden Seiten nur darum, bestimmte Probleme zu lösen, ohne in der grundsätzlichen Frage die eigene Position aufgeben zu müssen. Die geplante Konferenz kam dann jedoch nicht zustande, weil Hessen-Kassel bestimmte Vorbedingungen stellte, die der Orden nicht erfüllen wollte.[425] Aber selbst wenn man zusammengetreten wäre, hätte man schwerlich zu einem Ergebnis kommen können, denn die eine Seite wollte nur über ihre verletzten Rechte, die andere nur über Mißwirtschaft und Konfessionsfragen verhandeln.

Die Bedrückungen der Kommende Marburg durch Hessen-Kassel gingen daher unvermindert weiter. So zog die Marburger Regierung erneut Güter und Abgaben des Ordens als Ausgleich für nicht gezahlte Steuern ein, die für die Hanauische Sukzession erhoben worden waren. Stein riet Damian Hugo, die Steuern unter Protest zu zahlen, weil die „*Exekutions-Exzesse*" über den Verlust von Geld und Naturalien hinaus großen Schaden anrichteten.[426] Damian Hugo lehnte das rundweg ab, sei hier der Fall doch völlig klar: Der Orden habe nur zur Notdurft des Landes beizutragen, nicht aber Erwerbungen des Landgrafen zu finanzieren. Der Hochmeister folgte dagegen Steins Rat und erlaubte die Steuerzahlung unter Protest. Stein unternahm 1729 noch einen zweiten, letztlich erfolglosen Anlauf zu einer Konferenz. Damian Hugo hatte den Versuch gebilligt, war aber an der Vorbereitung der Konferenz wiederum nicht beteiligt.

Bei seinem Bemühen um einen möglichst weitgehenden Ausgleich mit Hessen-Kassel scheint Stein der Überzeugung gewesen zu sein, daß es nur festen Willens und ehrlicher Absichten bedurfte, um die Ballei von diesem drückenden Problem zu befreien. Vielleicht hoffte er auch, hierbei einen Erfolg zu erringen, der seine von Damian Hugo nur widerwillig hingenommene Statthalterschaft legitimierte und ihm zu weiterem Aufstieg innerhalb des Ordens verhalf. Was immer auch sein Motiv war, er hatte immerhin versucht, etwas zu tun, wo sich Damian Hugo unbeweglich und starrsinnig zeigte und selbst keinen konstruktiven Ansatz anzubieten hatte. Dank zollte ihm Damian Hugo für sein Engagement freilich nicht. Er sah in Stein nur den schlechtberatenen Statthalter, der mehr Schaden anrichtete als Nutzen brachte. In fast schon peinlicher Weise kritisierte er 1736 Hochmeister Franz Ludwig und besonders Stein, daß sie gegen seinen Rat versucht hätten, den Streit mit Hessen-Kassel „*per amicablen*

Compositionen" beizulegen, und dafür mit dem Balleisekretär Hauck Konferenzen vorbereitet hätten, wobei Hauck sich einer Insubordination ihm, Damian Hugo gegenüber, schuldig gemacht und das Ordensarchiv durcheinandergebracht habe.[427]

Mit dem Regierungsantritt Landgraf Friedrichs I. im März 1730 – er war seit 1720 bereits König von Schweden – erhielt der anhaltende Streit eine neue Qualität. Die Marburger Regierung verlangte, daß Damian Hugo für sich persönlich und für die Hintersassen des Ordens dem Landgrafen huldigte. Da sich Hessen-Kassel hierfür nicht auf den Karlstädter Vertrag berufen konnte, verwies es auf einen Vorgänger Damian Hugos, der 1605 dem Landgrafen per Handgelöbnis gehuldigt hatte.[428] Wie von der Marburger Regierung erwartet, lehnte der Landkomtur, der sich stets die Anrede „Getreuer" verbeten hatte, die Huldigung ab. Er erinnerte an seinen direkten Vorgänger August von der Lippe, von dem keine Huldigung verlangt worden war. Beim Reichshofrat reichte er sofort Klage ein.[429] Er konnte aber nicht verhindern, daß Ordensbedienstete und Ordenshintersassen dem Druck nachgaben und die Huldigung leisteten.

Hessen-Kassel mochte weiterhin die Rechte des Ordens verletzen und Güter pfänden, Damian Hugo lenkte deshalb nicht ein, und die ohnehin lange Liste der laufenden Prozesse wuchs um weitere Positionen. Die Kommende Marburg, so schwach sie war, blieb für Hessen-Kassel ein Ärgernis. Die Gewalttätigkeiten, welche die landgräfliche Regierung zur Durchsetzung dessen benutzte, was sie für das gute Recht des Landgrafen hielt, wurden ihr selbst zunehmend lästig. Hessen-Kassel war daher bereit, erneut Verhandlungen aufzunehmen, als von Kopp, Mitglied der Regierung in Marburg, über einen entsprechenden Vorschlag des Kanzleidirektors der Ordensregierung in Mergentheim, von Stahl, berichtete. Kopp betonte zwar, man dürfe von der Hauptfrage, dem *„Praejudicial-Punctus Mediatatis"*, im Interesse des Landes nicht abgehen,[430] doch meinte die hessische Regierung, diesen Punkt ausklammern und nur über *„specialia"* mit den Ordensvertretern sprechen zu können. Die Konferenz, zu der Kopp und Stahl 1739 zusammentraten, brachte wiederum keine Ergebnisse. Damian Hugo hat von ihr genausowenig erfahren wie 1723 von den Gesprächen Bülows. Der skeptische, aber aufrichtige Kopp stellte gegenüber dem Landgrafen fest: *„Das gantze Werck kommt noch immer auff eben dasselbe an, woran sich alle bisherigen Conferentien accordieret haben, nehmlich, das der Landkommenthur, auch qua Administrator der Ballei Heßen, kein Landsaß seyn will"*. Hier aber könne Hessen-Kassel nicht nachgeben, weil sonst *„die gantze Landts-Verfassung und die qualitas territorii clausi der Landgrafschaft Hessen einen gar zu praejudicirlichen Anstoß erleiden werde"*. Kopp riet, die Prozesse laufen zu lassen und für den Fall, daß man unterliegen werde, vorsorglich die erbverbrüderten Fürsten um Interzession zu bitten.[431] 1752 unterlag Hessen-Kassel vor dem Reichshofrat in der Frage der Huldigung[432] – sicherlich ein Sieg für den Orden, doch die zermürbenden Streitereien hatten damit noch kein Ende gefunden.

Da unter Damian Hugos Regierung nicht der kleinste Ansatz zu einer friedlichen Lösung des Konflikts gefunden wurde, waren seine Nachfolger gezwungen, sich immer wieder mit demselben Grundproblem auseinanderzusetzen. Der Landkomtur von Isenburg-Büdingen mahnte zur Verständigung, da man gegen Hessen-Kassel, das bei vielen Reichsständen Rückhalt habe, nicht ankommen könne. Die ganze Landkommende werde in den nächsten 20 bis 30 Jahren noch ihre letzten Rechte verlieren, wenn die bisherigen Differenzen nicht auf die eine oder andere Art in Güte beigelegt werden könnten. Isenburg-Büdingen kritisierte Damian Hugo, der viele Dinge *„zu spitzig genommen"* habe und das *„immediatissimum"* habe behaupten wollen, denn dadurch habe er Hessen-Kassel dazu gereizt, den ohnehin geringen Freiraum des Ordens weiter zu verkleinern.[433] Doch auch der neue Landkomtur ist ein schlüssiges Konzept zur Beilegung des Streites schuldig geblieben.

Der Konflikt zwischen der Landgrafschaft Hessen-Darmstadt und der Kommende Schiffenberg ähnelt demjenigen zwischen Hessen-Kassel und Marburg. Wie in Marburg hatte auch in Schiffenberg der Karlstädter Vertrag das Verhältnis auf eine für beide Seiten sichere Grundlage stellen sollen, doch hier wie dort war es sehr bald zu Unstimmigkeiten über verschiedene Gerechtsame und über den Status der Kommende überhaupt gekommen. Eine Konferenz scheiterte, wiederum wurde der Reichshofrat bemüht. Der Komtur Dönhoff fand ebenfalls keinen Weg zu einem gütlichen Vergleich trotz seiner exzellenten Beziehungen zu Hessen-Kassel, die er im Konflikt mit Hessen-Darmstadt hätte nutzen können. Für Hessen-Darmstadt war die Kommende landsässiger Teil der Landgrafschaft, der seinen Beitrag zu den bewilligten Steuern für den Wiederaufbau der Residenz und die Bildungsreise des Prinzen zu leisten hatte. Schiffenberg lehnte den Beitrag zur Reise des Prinzen ab, da er nicht zum Besten des Landes sei, wie es der Karlstädter Vertrag verlangte.[434] Hessen-Darmstadt meinte dagegen, die Kavallierstour des Erbprinzen diene seiner Ausbildung, und eine gute Ausbildung des Fürsten liege durchaus im Interesse des Staates. 1755 schließlich unterlag Hessen-Darmstadt vor dem Reichshofrat mit seiner Forderung nach Huldigung des Komturs von Schiffenberg für den Landgrafen.[435]

Auf den ersten Blick ist Damian Hugo in nicht geringem Maße für das gespannte und sich stufenweise verschlechternde Verhältnis zwischen den Landgrafschaften und dem Deutschen Orden bzw. den Kommenden Marburg und Schiffenberg verantwortlich. Man braucht dafür nicht Isenburg-Büdingen als Kronzeugen zu zitieren oder auf die Tatsache hinzuweisen, daß der Orden 1723 und 1738 an Damian Hugo vorbei mit Hessen-Kassel zu einem Ausgleich zu kommen versuchte. Damian Hugo verhandelte nie über das, was er für sein Recht hielt, gleichgültig ob der Gegner die Hamburger Kommissare, die Stadt Speyer, das Speyrer Domkapitel oder die Landgrafen waren. Vielleicht hätte er sich anders verhalten, wenn er als Landkomtur in seiner Ballei residiert hätte, statt sich in Bruchsal aufzuhalten oder in diplomatischen Missionen unterwegs zu sein. Man muß sich indes fragen, wie ein gütlicher Ausgleich im vorliegendem Fall hätte aussehen können. Denn keine Seite wollte in der grundsätzlichen Frage nachgeben, ob die jeweiligen Kommenden Landstände waren oder nicht. Der Karlstädter Vertrag, Grundgesetz im Verhältnis zwischen Landgrafschaften und Kommenden, hatte das Problem mit Kompromißformeln in der Schwebe gelassen. Selbst wenn Damian Hugo ein konzilianterer Charakter gewesen wären, hätte er keine allseits befriedigende Lösung gefunden. Seine katholische Konfession war in diesem Konflikt nicht von Bedeutung. Seine gewichtige Stellung als Reichsfürst und

Mitglied einer einflußreichen Familie hat zumindest in einem Fall Hessen-Kassel vor Übergriffen zurückgeschreckt. Seine Nachfolger mochten ihn kritisieren, doch auch sie fanden nicht einmal einen theoretischen Ausweg aus dem verfassungspolitischen Dilemma. Der Streit fand sein Ende daher erst mit dem Untergang des Alten Reiches.

4.4. Wiedereinführung der katholischen Religion in Hessen

Seine Ballei Hessen habe „*meisten theils ex odio religionis*" unter den Übergriffen Hessen-Kassels zu leiden, bemerkte Damian Hugo 1706.[436] Wie gezeigt, war die entscheidende Ursache des Streits zwischen der Ballei Hessen und der Landgrafschaft Hessen-Kassel der ungeklärte Status der Kommende Marburg. Religion spielte nur eine untergeordnete Rolle, etwa bei der Kritik Hessen-Kassels an der Benachteiligung reformierter Ritter wie Dönhoff. Nur in den ersten Amtsjahren Damian Hugos als Landkomtur löste die Religion echte Konflikte aus.[437] Seit der Reformation war Damian Hugo der zweite katholische Ritter und überhaupt der erste katholische Landkomtur in Hessen. Der Marburger Vertrag von 1680/81 hatte zwar katholische Ritter wieder zugelassen, aber gleichzeitig jede Ausübung der katholischen Religion verboten – zumindest nach der Interpretation Hessen-Kassels.[438] Dem Landkomtur sollte die freie Religionsausübung für seine eigene Person als Entgegenkommen gestattet werden, falls ein hessischer Prinz als Ordensritter in die Ballei aufgenommen werde, was Damian Hugo aber mit Verweis auf die Ordensstatuten ablehnte.[439] Doch selbst wenn der Aufnahme des Prinzen nichts im Wege gestanden hätte, wäre Damian Hugo nicht auf ein solches Angebot eingegangen. Wie sein Engagement für die Katholiken in Norddeutschland belegt, ging es ihm nicht allein um seine persönliche Religionsausübung, sondern um die allgemeine Wiederzulassung der katholischen Religion in Hessen. Als „Rekatholisierung" kann man sein Bemühen nicht bezeichnen. Es war z. B. völlig ausgeschlossen, die Kirchen, für welche die Ballei Hessen das Patronat besaß, mit katholischen Geistlichen zu besetzen. Wenn Damian Hugo in seiner Marburger Kommende eine Kapelle einrichtete und dafür auch einen Kaplan einstellte, wurde sie zu einem Zufluchtsort für die wenigen Katholiken in Marburg und Umgebung. Wenn er darüber hinaus andere Ordenshäuser und Schaffnereien mit katholischen Bediensteten besetzte,[440] die dann zumindest zeitweise katholische Geistliche beherbergen konnten, so entstand in Hessen eine Art Netz von potentiellen Missionsstationen, von denen aus manche Seele in den Schoß der katholischen Kirche zurückgeführt werden konnte.

Die Marburger Regierung, die spätestens seit 1709 von den katholischen Gottesdiensten in der Ordenskommende wußte,[441] protestierte sofort und beobachtete die Entwicklung vor Ort und in den anderen Ordenshäusern mit Argwohn. 1715 ließ sie die am Elisabeth-Tor wohnenden Bürger befragen, ob sie etwas Verdächtiges bemerkt hätten.[442] Tatsächlich verfolgte Damian Hugo weiterreichende Pläne: Er wollte die

Verehrung der Heiligen Elisabeth wiedereinführen. Den Widerstand des Landgrafen dachte er mit dem Hinweis beseitigen zu können, daß durch ein ungehindertes Religionsexerzitium auch katholische Studenten an die Universität Marburg gelockt werden könnten.[443] Der Landkomtur hatte seine Religionspolitik mit dem Hochmeister abgestimmt. Er wolle, schrieb er Franz Ludwig, das katholische Exercitium fest in der Ballei Hessen verankern, so daß die ihm folgenden katholischen Ritter und Landkomture nicht mehr das auszustehen hätten, was er gerade durchmache.[444] Der Hochmeister war hocherfreut und versprach, im Mergentheimer Archiv nach Akten und Urkunden suchen zu lassen, die Damian Hugos Politik abstützen könnten.[445] Als der Widerstand Hessen-Kassels heftiger wurde, suchte Damian Hugo sogar die Hilfe des Kaisers. Der freilich wollte die Beziehungen zum Landgrafen nicht belasten und ließ dem Schönborn sagen, es sei gerade nicht an der Zeit, sich in dieser Sache an den Landgrafen zu wenden.[446] Die Politik des Landkomturs stieß nicht nur bei Hessen-Kassel auf Widerstand. Die Reichsstadt Friedberg kritisierte das neuerliche katholische Religionsexerzitium im dortigen Ordenshaus und drohte, sich bei Kaiser und Reichstag zu beschweren.[447]

1719 wurde der Kaplan der Marburger Kommende, Johann Georg Frankenstein, von der hessischen Regierung arretiert. Wie „der ärgste Übeltäter", so Damian Hugo empört, wurde Frankenstein auf das Marburger Schloß gebracht.[448] Erst nachdem Frankenstein versprochen hatte, keine katholischen Gottesdienste mehr zu halten, wurde er freigelassen. 1720 holte Damian Hugo ihn in seine Diözese Speyer und verlieh ihm wohl als Anerkennung seiner Verdienste in Marburg ein Kanonikat am Stift St. German und Moritz.

Mit der Verhaftung Frankensteins hatte Damian Hugos Marburger Religionspolitik ihren dramatischen Höhepunkt und zugleich ihr Ende gefunden. Nachdem er den Speyrer Bischofsstuhl bestiegen hatte, verlor er das Interesse an der Wiedereinführung der katholischen Religion in Hessen. Als der Hochmeister 1733 um Anregungen bat, wie man in der Kastnerei Wetzlar das katholische Exercitium wiedereinführen könnte, ließ die bischöfliche Antwort erkennen, daß ihm die Religionsverhältnisse in der Ballei Hessen ferngerückt waren.[449]

4.5. Die Ballei Altenbiesen

In Altenbiesen hatte 1699 Damian Hugos Karriere innerhalb des Deutschen Ordens begonnen. 1709 wurde er Statthalter, Anfang 1711 Landkomtur der Ballei (vergl. Kapitel 4.1.) Welche Bedeutung kam diesem Amt in Damian Hugos politischer Biographie zu? Zur Ballei Altenbiesen gehörten die Kommenden Altenbiesen selbst (nördlich von Tongeren/Belgien), Siersdorf (bei Aachen), Rammersdorf (heute Bonn), Gemert (bei Herzogenbusch/Niederlande), Gruitrode (nordwestlich von Hasselt/Belgien), Ordingen (östlich von Sint Truiden/Belgien), St. Pieters-Voeren (östlich von

Tongeren/Belgien), St. Andreas (Lüttich), Bekkevoort (bei Diest/Belgien), Bernissem (westlich von Sint Truiden/Belgien), Neuenbiesen (Maastricht), Jungenbiesen (Köln) und St. Ägidius (Aachen). Die ehemals selbständigen Kommenden Vught und Holt waren in Gruitrode bzw. Ordingen aufgegangen. Die Ballei gehörte eigentlich zu den wohlhabenderen des Ordens, doch auch sie litt unter wirtschaftlichen Schwierigkeiten. Sie sei „*weith herunter gekommen und in Schulden tieff versunken*", klagte der Hochmeister.[450] Daher hatte Damian Hugo zwischen 1710 und 1713 trotz Ernennung zum Statthalter und später zum Landkomtur die Verwaltung der Ballei durch den Hochmeister hinzunehmen.[451] In dieser Zeit mußte er auch auf sämtliche Einkünfte aus der Ballei Altenbiesen verzichten, damit die Mittel zur Verminderung ihrer Schulden verwendet werden konnten. Wie man sonst Kommenden unbesetzt ließ, um mit ihren Einnahmen Schuldenlast zu bezahlen, so blieb hier eine ganze Ballei für eine bestimmte Zeit gewissermaßen vakant.

Mit der Routine eines erfahrenen Wirtschafters und Organisators verschaffte sich Damian Hugo zunächst einen ersten Überblick über die wirtschaftliche, administrative und politische Lage seiner Ballei. Seiner Neigung gemäß, sich nur auf wenige, sorgfältig ausgewählte Personen zu verlassen, machte er den Ordenssyndikus Gottfried Arnold Cox zu seiner rechten Hand. Er deutete an, Cox zu weiteren, ehrenvollen Aufgaben heranziehen zu wollen. Daher, so der Landkomtur zu Cox, sei es ihm sehr lieb, „*wann er sich auf die hohe teutsche Sprache soviel als immer möglich applicieren werde*".[452] Es fällt auf, daß mit Damian Hugos Verwaltung der Strom der archivalischen Überlieferung breiter wird, besonders bei den seriellen Quellen. Obwohl der Schönborn sich in Altenbiesen nicht häufiger aufhielt als in Hessen und er wegen anderer Ämter und Verpflichtungen gezwungen war, von Hamburg oder Bruchsal aus durch Schriftwechsel mit Cox zu regieren, wurden die Geschäfte in Altenbiesen vergleichsweise reibungslos erledigt. Natürlich waren die Verhältnisse in Altenbiesen nicht so schwierig wie in Hessen. Es fehlten zwischen Gemert und Rammersdorf die unruhigen Nachbarn, die in Marburg und Schiffenberg ein großes Problem darstellten.

Einfach gestaltete sich die Lage aber auch in Altenbiesen nicht. Die wirtschaftliche Gesundung ging trotz aller Bemühungen nur langsam voran. Damian Hugo hatte zunächst dafür gesorgt, unnötige Ausgaben zu vermeiden und die Einnahmen zu vermehren. Die „*Menage*" der Ordenshäuser wurde durch eigene Produktion bestritten, der Zukauf mit dem knappen Bargeld verhindert.[453] Die Pacht der Ordensgüter wurde erhöht, die Pachtzeiten wurden verkürzt.[454] Die gleichen Maßnahmen sollte Damian Hugo später auch in Speyer ergreifen. Ausstehende Schulden des Ordens wurden eingetrieben, Guthaben günstiger verliehen und finanziell verwertbare und inzwischen vergessene Rechtstitel wieder nutzbar gemacht, wenn sie sich denn wieder in die Hand des Ordens bringen ließen. Als sehr schwierig erwies sich das Einziehen der Abgaben der einzelnen Kommenden zur Balleikasse. Damian Hugos konsequentes Vorgehen machte ihm keine Freunde und wird wenigstens teilweise Anlaß der Intrigen gewesen sein, die gegen ihn in der Ballei Altenbiesen gesponnen wurden. Damian Hugo seinerseits kritisierte die Komture im Orden und insbesondere in Altenbiesen, sei unter

Abb. 15: Deutschordenskommende Altenbiesen.

ihnen doch die Meinung verbreitet, daß der Orden die Kosten ihrer Kommenden zu übernehmen habe, während sie deren Einkünfte in die eigene Tasche stecken dürften.[455] Besonderen Eifer zeigte Damian Hugo bei der Wiederherstellung seiner eigenen Kommenden Ordingen und Gruitrode, auch wenn er einmal bemerkte, er hätte sie lieber nicht annehmen sollen, weil sie trotz großer Mühe wenig einbrächten.[456] Bei Gruitrode habe er „*sozusagen alles ruiniert gefunden*".[457] Doch gerade hier wollte er Großes leisten, damit jeder neuübernehmende Komtur sehen könne, daß er als ehrlicher Mann gewirtschaftet habe.[458]

Die Beziehungen der Ballei Altenbiesen und ihrer Kommenden zu den benachbarten Territorien gestaltete sich trotz gelegentlicher Konflikte nicht annähernd so schwierig wie zwischen der Ballei Hessen und den hessischen Landgrafschaften – schon deshalb nicht, weil einige Kommenden geschlossene und nach außen gefestigte (Gemert, Gruitrode, Ordingen) oder sogar reichsunmittelbare Herrschaften (St. Pieters-Voeren) waren. Auch hatten die umliegenden Territorien anders als die hessischen Landgrafschaften offenbar keine Furcht vor einem in ihrem Gebiet liegenden weiteren Herrschaftsträger wie dem Deutschen Orden. Schließlich fehlte jeglicher Anlaß zu konfessionellem Streit. Hinsichtlich der Religion fürchtete Damian Hugo nur die „*Seuche*" des Jansenismus.[459] Doch ganz ohne Außendruck ging es auch in Altenbiesen nicht ab. Das Hauptproblem der Ballei, so das Provinzialkapitel von 1736, bestehe in der Verletzung ihrer altüberkommenen Privilegien und Freiheiten besonders durch die Generalstaaten.[460] Die ehemals so ansehnliche Kommende Gemert soll vor allem durch die von den Generalstaaten erhobenen Steuern in traurigen Verfall geraten sein.[461]

Damian Hugo hat natürlich auch in der Ballei Altenbiesen gebaut. Die Renovierung und Umgestaltung des Schlosses Altenbiesen und der dazu gehörenden Wirtschaftsgebäude war der Höhepunkt seiner Bautätigkeit in der Ballei. Das Schloß Altenbiesen – in Hessen hat er nichts Vergleichbares geschaffen – ist nach der Bruchsaler Residenz wohl das bedeutendste Bauwerk Damian Hugos. Es dient heute als Tagungsstätte. 1993 tagten hier die Außenminister der EG – eine unbewußte Reminiszenz an den Diplomaten Damian Hugo.[462]

Mit der Stiftung einer neuen Kommende hat sich Damian Hugo ein besonderes Verdienst um die Ballei und den Orden erworben. Um 1717 hatte er in Aschaffenburg einen adligen, also schatzungsfreien Hof gekauft und mit der üblichen Baufreude als privates Domizil hergerichtet. In seinem Testament vermachte er das Anwesen dem Orden. Zusätzlich stiftete er 3 000 fl. für die Erhaltung des Gebäudes, 4 000 fl. für den Unterhalt des Rentmeisters der Kommende und 50 000 fl. für den Komtur. In einer Klausel verlangte er die Vergabe der Kommende Aschaffenburg an einen in den Orden eingetretenen Schönborn, selbst wenn dieser bereits eine Kommende innehaben sollte.[463] Es spricht für sich, daß Damian Hugo Aschaffenburg nicht der in der Nachbarschaft liegenden Ballei Hessen stiftete, sondern der viel weiter entfernten Ballei Altenbiesen. Da er um den Bestand oder zumindest um die Freiheiten der Ballei Hessen fürchtete, mußte er damit rechnen, daß auch die Kommende Aschaffenburg zur Beute mächtiger Nachbarn wurde; auch wollte er der ungeliebten Ballei Hessen kein Geschenk machen, sondern lieber zu Wohl und Wachstum der einträglicheren und viel leichter zu regierenden Ballei Altenbiesen beitragen. Nicht zuletzt wird ihn der Gedanke, daß Aschaffenburg nach der in Hessen üblichen Alternation einmal einem protestantischen Ritter zufallen könnte, bewogen haben, die Stiftung dem durchweg katholischen Altenbiesen zu vermachen.

4.6. Im Dienste des Ordens

Damian Hugo diente seinem Orden nicht nur als Komtur und Landkomtur, sondern auch als Diplomat in schwierigen Missionen. Im Juli 1700 beschloß das Generalkapitel des Ordens, Maßnahmen zur Rückgewinnung verlorenen Besitzes in Italien zu ergreifen.[464] Damian Hugo, der bei dieser Gelegenheit dem Hochmeister vorgestellt wurde, sollte die Aufgabe vor Ort übernehmen. Die Mission war ebenso schwierig wie ehrenvoll und hätte eigentlich einem älteren und erfahrenen Ritter gebührt, doch wieder konnte sich Damian Hugo auf seinen Gönner Forstmeister verlassen. Rückblickend bemerkte Damian Hugo 1718: *„undt da […] von Forstmeister als damahliger Obrist Hoffmeister und Groß-Capitular in seiner Freundtschaft gegen dieselbe* [Damian Hugo, S.M.] *und dero gantzes Hauß als noch continuirte, so seindt sie auff diesem Groß-Capitell per unanimia zum Gesanthen vom Hohen Orden nach Rom denominiret, und ihnen zugleich auffgetragen worden, alle Ordens Güther in Welschlandt, Neapolitanischen undt Sicilien zu untersuchen"*.[465] Da aber der Landkomtur von Hessen 1701 starb und das Amt nach balleiüblicher Alternation an Damian Hugo fiel, konnte er die Mission nicht antreten. *„Allein Gott wolte allem Ansehen nach nicht haben, das sie die schwäre Reys und Commission […] thuen solten"*, schrieb er bedauernd in seiner autobiographischen Notiz.[466] Immerhin ernannte ihn der Hochmeister 1707 zum Wirklichen Geheimen Rat[467] und schickte ihn nach Wien, wo er vom Kaiser die Reichslehen des Ordens empfing.[468] Mit Rücksicht auf Damian Hugo hatte der Hochmeister die Mission sogar um ein Jahr verschoben, da Damian Hugo 1706 an einem schweren Fieber litt, an dem er fast gestorben wäre.[469]

20 Jahre später hat sich Damian Hugo tatsächlich um die italienischen Ordensgüter kümmern müssen. Zunächst hatte sich der Ordensritter von Wachtendonck, Komtur von Gemert, der Sache annehmen sollen, da er Generalleutnant des kaiserlichen Heeres war, das 1719 nach Süditalien vorrückte, und so vor Ort die Interessen des Ordens hätte verfolgen können. Aber Wachtendonck starb, bevor er etwas auszurichten vermochte. 1721, nach der Papstwahl, hielt sich Damian Hugo für einige Zeit in Rom auf, um verschiedene Dinge zu erledigen. Durch Vermittlung des Kardinals Althan erhielt er eine wertvolle Zusammenstellung aller Rechte und Güter des Ordens in Italien. Da Althan Aussicht hatte, Vizekönig von Sizilien zu werden (er wurde es 1722 tatsächlich), tat Damian Hugo alles, um die freundschaftlichen Beziehungen zwischen dem Kardinal und dem Orden zu festigen und sich dessen Hilfe bei der Rückgewinnung der Ordensgüter zu sichern.[470] Ob Damian Hugo auch mit dem Papst

über diese Frage sprach, ist unbekannt. Immerhin überlegte er, ob er dem Pontifex bei einer Audienz darlegen sollte, der Verlust der italienischen Güter schwäche den Orden derart, daß sein Bestehen auch in Deutschland gefährdet sei.[471] Tatsächlich hat Damian Hugo in dieser Angelegenheit nichts erreicht, auch weil er sich als Fürstbischof von Speyer nicht so lange in Rom aufhalten konnte, wie es die Sache erfordert hätte. Zwei andere Probleme, die den Orden drückten, hat er dagegen in gewünschter Weise lösen können: Er erhielt nicht nur die päpstliche Bestätigung aller Ordensprivilegien, sondern auch die Befreiung von den Abgaben, die der Orden traditionsgemäß für den Krieg gegen die Türken an die Kurie zu zahlen hatte. Diese Steuer wurde als besonders ungerecht empfunden. Denn wie der Malteserorden trug auch der Deutsche Orden als Reichsstand seinen Teil zum Kampf gegen den Erzfeind der Christenheit bei, doch anders als die Malteser hatte ihn die Kurie nicht von ihren Ansprüchen befreit, so daß er sich zu allen wirtschaftlichen Schwierigkeiten noch durch eine unbillige Doppelbesteuerung belastet sah.[472]

Die erfolgreiche Vertretung der Interessen seines Ordens verdankte Damian Hugo zum großen Teil seiner Stellung als Kardinal, die es ihm erlaubte, sich vergleichsweise sicher auf dem schwierigen und glatten Parkett der Kurie zu bewegen. So beschämte er alle Kritiker innerhalb des Ordens, die die Würde des Kardinals mit der des Landkomturs für unvereinbar hielten. Immerhin ging für eine gewisse Zeit das Gerücht um, die Balleien Hessen und Altenbiesen sollten wegen Damian Hugos Kardinalswürde bei dessen Tod an den Papst zur Wiederbesetzung fallen (devolvieren), bis Rom ausdrücklich feststellte, daß dies nicht der Fall sein werde.[473] Damian Hugo konnte also im Herbst 1721 zufrieden nach Speyer zurückreisen. Seine Hoffnung, daß Gott seine „*Strafruthe*" vom Orden wegziehen werde, hatte sich erfüllt.[474] Er habe für den Orden alles erhalten, was er verlangt habe, schrieb er Lothar Franz mit einem gewissen Stolz.[475] Er hatte aber auch erkennen müssen, wie schwach die Position des Ordens an der Kurie war. In Rom wisse man fast nichts über den Deutschen Orden, schrieb er dem Hochmeister. Man müsse den künftigen Vertreter des Ordens in Rom mit Sorgfalt auswählen. Da Italiener nur am eigenen Gewinn interessiert seien, schlug er für das Amt Dr. Johann Franz Bessel vor. Bessel war ein Bruder des Abtes von Göttweig, Gottfried Bessel, gehörte mithin zum Kreis der Schönbornschen Protegés.[476] Um Kosten zu sparen, so Damian Hugo weiter, könne Bessel zugleich Vertreter Speyers sein.[477] Der Orden ging auf seinen Vorschlag jedoch nicht ein.

Neben diesen großen Missionen trat Damian Hugo auch bei kleineren Angelegenheiten als treuer und engagierter Ritter seines Ordens auf. Wenn er zu Gesandtschaften bei Kaiser und Reichsfürsten aufbrach, fragte er stets beim Hochmeister an, ob er etwas für den Orden besorgen könne. Doch mancher Wunsch des Ordens war von vornherein derart wirklichkeitsfremd, daß auch der erfahrene Damian Hugo keinen Rat wußte. So lag etwa die vom Orden angestrebte Rückgewinnung von Kurland, Livland und Semgallen außerhalb jeder Realisierungschance.[478] Ein bemerkenswerter Vorschlag des Schönborn selbst war die Einrichtung eines vom Orden getragenen Sanitätsdienstes für die gegen die Türken kämpfenden Heere.[479] Das Projekt erreichte freilich nicht einmal die Phase ernsthafter Überlegungen.

In Wien und Rom zögerte Damian Hugo nicht, die berechtigten Interessen des Ordens zu vertreten. In den Jahren 1712–1714 sah es jedoch zumindest zeitweise so aus, als ob er sich im Geflecht von Familie, Reich und Orden zunächst für die Interessen seiner Familie entscheiden werde. Nach langen und zähen Verhandlungen hatten die Reichsfürsten eine Beständige („Perpetuierliche") Wahlkapitulation verabschiedet, die der neue Kaiser, Karl VI., 1711 beschworen und unterschrieben hatte. In ihr hatte der Kaiser im Artikel X seine Hilfe bei der Restitution der innerhalb und außerhalb des Reichs liegenden und inzwischen verlorenen Besitzungen des Deutschen Ordens versprochen, soweit damit nicht der Westfälische Frieden verletzt werde. Trotz dieser Klausel sah Brandenburg-Preußen im Artikel X eine Gefahr für seine preußischen Besitzungen, an der die kürzlich errungene Königswürde hing. Berlin verlangte die Streichung des Artikels, fand aber beim Reich kein Gehör, auch nicht bei den protestantischen Ständen.[480] Brandenburg-Preußen versuchte nun über das Haus Schönborn zum Ziel zu kommen – eine im Ansatz richtige Strategie, da Mitglieder des Hauses drei wichtige Positionen besetzten, von denen aus die Streichung des fraglichen Artikels hätte ins Werk gesetzt werden können: Reichserzkanzler Lothar Franz besaß großen Einfluß auf den Reichstag, besonders auf das Corpus Catholicorum; Reichsvizekanzler Friedrich Karl wirkte am Wiener Hof; der zweifache Landkomtur Damian Hugo schließlich nahm eine bedeutende Stellung innerhalb des Deutschen Ordens ein. Als Gegenleistung bot Brandenburg-Preußen dem Haus Schönborn die im Fränkischen Kreis liegende Grafschaft Limpurg an, ein bald an den Kaiser zurückfallendes Reichslehen, auf das Brandenburg-Preußen eine Anwartschaft zu haben behauptete.[481]

Vom Berliner Hof, wo er im Dezember 1712 in kaiserlicher Mission weilte, berichtete Damian Hugo dem Onkel Lothar Franz von vielen Ehren, die man ihm erwiesen habe. Zum Abschied schenkte ihm der König Brillanten im Wert von 10 000 fl. Das Limpurger Lehen, so Damian Hugo, wolle Berlin der Familie *„transferriren"*.[482] Vermutlich ist in Berlin sehr deutlich über die Gegenleistung gesprochen worden, die Brandenburg-Preußen vom Haus Schönborn erwartete, denn Damian Hugo schrieb in einem Bericht nach Wien, der preußische König wolle immer noch den Artikel X gestrichen sehen, was aber, wie sich Damian Hugo zu bemerken beeilte, ein *„ganz ungerechte[s] Begehren"* sei.[483] Sehr schnell kamen die Schönborns zu der Überzeugung, daß ihnen das Berliner Angebot nur Nachteile bringe. Lothar Franz sprach von einer Falle, die man seiner Familie stellen wolle. Mit Limpurg wolle sich Berlin die Familie verpflichten oder direkt bestechen, um sie von ihrem zähen Widerstand gegen Brandenburg-Preußens Griff nach Franken und von ihrer ordensfreundlichen Haltung abzubringen.[484] Dennoch überlegten die Schönborns noch etwa ein Jahr lang, ob und wie das Lehen Limpurg an die Familie zu bringen sei; immerhin hätte es ihre Besitzungen in Franken gut ergänzt.

Einige Punkte in der ganzen Angelegenheit müssen offenbleiben. Es sei dahingestellt, ob Brandenburg-Preußen zugunsten des Hauses Schönborn auf Limpurg verzichtet oder ihm die Herrschaft als Lehen übertragen hätte. Letzteres hätte die Schönborns enger an Berlin gebunden. Unklar ist zudem, wie Berlin Limpurg überhaupt an sich hätte bringen wollen. Erst 1706 hatte der Reichshofrat den Anspruch Brandenburg-

Preußens zurückgewiesen, damals zur Zufriedenheit von Lothar Franz.[485] Deutlich wird jedenfalls, welch einflußreiche Stellung die Familie Schönborn zu dieser Zeit im Reich einnahm. Wenn überhaupt, so war nur durch sie der Artikel X in der von Berlin gewünschten Weise aus der Welt zu schaffen. In der limpurgischen Affäre überschnitten sich alle Felder der Schönbornschen Politik: Familie, Reich und Religion, da der Streit um die Ordensgebiete auch einen konfessionellen Aspekt hatte. Doch gerade diese Gemengelage machte den Schönborns die Entscheidung schwer. Sie lehnten das Angebot Berlins nicht rundweg ab, sondern überlegten eine Zeitlang ernsthaft, ob sie es annehmen könnten. Obgleich Lothar Franz, Friedrich Karl und Damian Hugo die Risiken sehr deutlich erkannten, hätten sie doch nur zu gern den Besitz der Familie vergrößert. Für Damian Hugo selbst wäre Limpurg zu einem großen Problem geworden. Er wäre seinem Orden, dem er viele Ehren und Ämter verdankte, in den Rücken gefallen und hätte damit seinem eigenen Ruf und dem der Familie schwer geschadet. Es verwundert daher nicht, wenn das Haus Schönborn die Angelegenheit so geheim und unauffällig verfolgte, daß weder der Kaiser noch der Hochmeister oder sonst irgendjemand etwas davon erfuhr. Schon das Gerücht hätte böse Folgen haben können, da die Schönborns sich den verständlichen Zorn des Ordens und der gesamten katholischen Öffentlichkeit, aber sicher auch den Spott der Protestanten zugezogen hätten. Sie, die Brandenburg-Preußen schon sehr früh als Gefahr für das Gefüge des Reiches ausmachten, wären plötzlich als willige und käufliche Parteigänger Berlins aufgetreten.

4.7. Der Ordensritter Damian Hugo

Damian Hugo hatte weder in Altenbiesen noch in Hessen ein leichtes Amt übernommen, und er hat es sich auch nicht leicht gemacht. Engagiert bemühte er sich um bessere Verwaltung und Ökonomie, erste Erfolge stellten sich ein. Da er aber immer nur für kurze Zeit in seinen Balleien residierte, blieben grundsätzliche und durchgreifende Verbesserungen aus. Reiche und üppige Herrschaften wären die beiden Balleien auch unter ihm nicht geworden, doch Damian Hugo war, wie sich später in Speyer zeigte, ein begabter Organisator und Ökonom, der so manches hätte bewegen können. Ein Ausgleich im Streit mit den hessischen Landgrafen war von ihm nicht zu erwarten, denn er war kein Mann der Kompromisse. Zudem war die Konfliktlage angesichts der unvereinbaren Prinzipien, die hier aufeinanderstießen, im Rahmen des Reichsrechts nicht freundschaftlich aufzulösen, wie die vergeblichen Bemühungen seines Nachfolgers zeigten. Als Diplomat hat Damian Hugo viel für den Orden getan. Die Bilanz seines Wirkens als Ordensritter zeigt sicher Licht und Schatten. Die herbe Kritik an ihm aus dem Orden und die erzwungene Annahme eines Statthalters in Hessen wird aber seinen Leistungen sicher nicht gerecht. Richtig einschätzen läßt sich sein Wirken nur im Vergleich mit dem Zeitüblichen. An diesem Maßstab gemessen, macht der Ordensritter Damian Hugo alles in allem eine durchaus gute Figur.

5. Zwischen Hamburg und Speyer

5.1. Das „rothe Cappel"

Im September 1712 schrieb Damian Hugo dem Hofrat Cox in Altenbiesen von einem neuen Amt, das er in Aussicht habe und das von solcher Art sei, *„daß ich hinführo auch kein gröseres mehr zu verlangen oder zu bekommen in standt bin"*.[486] Er meinte nichts anderes als die Kardinalswürde, um die er sich seit Beginn des Jahres 1712 bemühte. Im Unterschied zu seinen sonstigen Ämtern ist kaum auszumachen, wie Damian Hugo die Kardinalswürde errang. In der dichten und ausführlichen Korrespondenz der Familie, in der sonst jede private und politische Frage behandelt wurde, finden sich nur wenige verstreute Hinweise. Grund solch ungewöhnlicher Stille war vermutlich die äußerste Diskretion, um die sich die Familie in dieser Angelegenheit bemühte. Sicher ist, daß die Initiative von Damian Hugo selbst ausging. Sein Interesse am Kardinalshut, dem „rothen Cappel", wurde von der Familie sehr reserviert aufgenommen. Lothar Franz glaubte nicht, daß die Würde der Familie viel bringe, er warnte sogar vor der *„Jalousie"*, die sie dadurch erneut auf sich ziehen werde.[487] Dennoch unterstützten er und Friedrich Karl den Wunsch Damian Hugos, wie sie es bei jedem Amt taten, um das er sich bemühte. Der Weg zur Kardinalswürde führte über den Kaiser und über den Kurfürsten von Sachsen als König von Polen. Sie mußte man dazu bewegen, dem Papst Damian Hugo als Kandidaten für die Kardinalswürde offiziell zu empfehlen. Denn der polnische König verfügte über das Nominationsrecht für eine vakante Kardinalswürde. Der Kaiser aber mußte höchst interessiert daran sein, daß eine dem Hause Habsburg gewogene Persönlichkeit das Kardinalsbirett erhielt. Spätestens im Frühjahr 1712 trat die Familie an beide Fürsten heran, in welcher Weise auch immer. Kaiser und König verschlossen sich den Bitten nicht und präsentierten Damian Hugo in Rom.[488]

Am 30. Januar 1713 ernannte Papst Clemens XI. im Geheimen Konsistorium zwei neue Kardinäle; einer davon war Damian Hugo. Allerdings wurde die Ernennung Damian Hugos nicht publiziert, sondern „in pectore" gehalten, vermutlich weil die Kurie die hohe Würde nur widerwillig an den Schönborn verlieh.[489] Damian Hugo mußte auf seine offizielle Ernennung warten. Hinter den Kulissen wurde heftig gerungen, doch so gut abgeschirmt, daß kaum etwas nach außen drang. Lothar Franz sprach nur sehr allgemein von einigen Intrigen, die eben in der ganzen Sache steckten.[490] So ging das Gerücht, der Papst habe gegenüber dem König von Polen gesagt, daß er Damian Hugo nicht als Kardinal wünsche.[491] Unerwartet große Widerstände ließen Damian Hugos Interesse erlahmen. Wahrscheinlich hätte er das ganze Projekt fallengelassen, wenn sich nicht der Kaiser der Sache angenommen hätte. Grund des besonderen Engagements des Kaisers, so Damian Hugo an anderer Stelle, war die Absicht Frankreichs, die polnische Nominierung für einen eigenen Kandidaten zu erbitten.[492] Das aber wollte der Kaiser natürlich verhindern, damit der große Gegner nicht einen weiteren Parteigänger an der Kurie plazieren konnte. In Rom gab es Vorbehalte gegen den Schönborn auch deshalb, weil er kein Geistlicher war und nur die vier niederen Weihen empfangen hatte.[493] Der kaiserliche Gesandte, Graf Gallas, berichtete aus Rom von den Launen des Papstes im allgemeinen und in der Sache Damian Hugos im besonderen. Der Papst sei eines der *„wunderlichsten Geschöpfe"* überhaupt, bei dem man *„unmöglich von einem Tag zu dem anderen den geringsten conto von seinem Wort machen kann".*[494] Der ratlose Damian Hugo tröstete sich inzwischen mit einem Kardinalsbirett, das er im Ordenshaus zu Maastricht in einer Schublade fand. Er nahm den Fund als Zeichen für einen glücklichen Ausgang der ganzen Affäre.[495] Am 29. Mai 1715 wurde seine Ernennung publiziert – aus politischen Rücksichten gegenüber dem Kaiser konnte Rom sie nicht länger aufschieben.[496] Nicht den Schönborns, sondern dem Kaiser zuliebe wurde Damian Hugo Kardinal, und als Mann des Kaisers schätzte man ihn auch ein. 1721 wurde er zum Kardinaldiakon zu St. Nikolaus in Carcere und im gleichen Jahr noch zum Kardinalpriester zu St. Pankratius ernannt. 1726 erhielt er statt dessen die Titelkirche St. Maria in Pace. Papst Innozenz XIII. ernannte ihn 1721 zum Mitglied der Propagandakongregation. 1725 wurde Damian Hugo in die Konzilskongregation aufgenommen.[497]

Damian Hugo hat sich nie über die Gründe erklärt, die ihn bewogen haben, die Kardinalswürde anzustreben. Für den frommen Katholiken aber mußte sie tatsächlich, wie er Cox 1712 schrieb, das höchste erreichbare Amt darstellen; sie war für die Selbst- wie für die Fremdeinschätzung mehr als ein Titel unter anderen, sie war zumindest, wie man heute sagen würde, ein wertvolles „symbolisches Kapital" zumal im katholischen Umfeld der damaligen Zeit. Welche Bedeutung die neue Würde für den Schönborn in der Praxis hatte, ist schwer abzuschätzen. Auf dem diplomatischen Parkett brachte sie anfangs manche Schwierigkeiten in die stets äußerst heiklen Rang- und Zeremoniefragen. Die Gesandten beim Braunschweiger Kongreß weigerten sich zunächst, Damian Hugo den nunmehr fälligen Titel „Eminenz" zuzubilligen. Selbst katholische Fürsten taten sich schwer im gelassenen Umgang mit dem Kardinal Damian Hugo. Innerhalb des Deutschen Ordens gab es Bedenken, ob Amt und Würde eines Ritters und Landkomturs mit denen eines Kardinals vereinbar seien. Die Familie nannte Damian Hugo halb liebevoll, halb spöttisch *„das rothe Cappel"*. Die Kardinalswürde verlieh Damian Hugo andererseits eine vergleichsweise starke Position an der Kurie, so daß er die Angelegenheiten des Ordens (Bestätigung von Privilegien) und seiner Diözese (Priesterseminar) durchaus erfolgreich wahrzunehmen vermochte – von Kardinal zu Kardinal und von Kardinal zu Papst sprach es sich leichter. Aber auch dies darf man nicht überbewerten: Was ihm Rom auf sein Ersuchen hin zugestand, hätte es ihm vermutlich auch als Bischof eingeräumt. Bei den Prozessen, die er vor der Kurie führte, war Damian Hugo in erster Linie auf gute Juristen und geschickte Agenten angewiesen. Kaum in Erfüllung gingen schließlich die Hoffnungen, welche die Wiener Politik in den Kardinal von Kaisers Gnaden setzte. Ihre Erwartung, Damian Hugo werde zu jeder anstehenden Papstwahl reisen, um dort die Interessen Habsburgs wirkungsvoll zu vertreten, wurde enttäuscht. Der Schönborn reiste nur zu zwei der vier Wahlen, welche in seine Zeit als Kardinal fielen. 1721 nahm er am Konklave zur Wahl von Papst Innozenz XIII. teil, aus dessen Hand er den Kardinalshut erhielt und der ihn zum Mitglied der Propagandakongregation ernannte. 1724 blieb er trotz kaiserlicher Bitte der Wahl Benedikts XIII. fern. Er entschuldigte sich mit der politisch sehr schwierigen Vermählung der baden-badischen Prinzessin, die seine Hilfe erfordere. Lothar Franz vermutete freilich, daß Damian Hugo wegen kaiserlichen Undanks nicht nach Rom reise, weil Karl VI. ihn nach der Papstwahl von 1721 nicht so reich belohnt habe wie andere kaiserfreundliche Kardinäle.[498] 1730 nahm Damian Hugo ein mehr als zwei Monate dauerndes Konklave auf sich, mußt es aber schwerkrank bereits vor der Wahl Papst Clemens XII. verlassen.[499] 1739 bat ihn der Kaiser, sich für eine Romreise bereit zu halten, da der Papst schwerkrank und die kaiserliche Partei an der Kurie nur klein sei.[500] Doch auch 1740, als Papst Benedikt XIV. gewählt wurde, fuhr Damian Hugo nicht nach Rom. Seine schlechte Gesundheit und die hohen Kosten werden ihn abgehalten haben.

Nach seiner Ernennung zum Kardinal bzw. nach deren öffentlicher Bekanntmachung wünschte Damian Hugo die feierliche Übergabe des Kardinalsbiretts. Die neue Würde mußte, wenn sie etwas gelten sollte, aller Welt vor Augen gestellt werden. Hamburg als protestantische Stadt war als Ort unpassend. Damian Hugo dachte zunächst an Hildesheim, da es in der Nähe Braunschweigs lag, wo er den langwierigen Friedenskongreß leitete. Da er den Kardinalspurpur dem polnischen König als Nominationsberechtigten verdankte, hätte es nahegelegen, daß dieser Monarch ihm das Birett überreiche. Politisch aber schien das dem Schönborn nicht so opportun. Schließlich bat er Lothar Franz und Gottfried Bessel, den Abt von Göttweig und Freund der Familie, der von Mecklenburg kommend gerade in Braunschweig weilte, alles Nötige zu tun, damit er das Birett in Wien aus der Hand des Kaiser erhalten könne. Die beiden Sachwalter hatten mit ihren Bemühungen Erfolg. Im Herbst 1715 reiste Damian Hugo nach Wien und empfing dort am 1. Dezember 1715, dem ersten Adventssonntag, in der Kirche der Augustinereremiten das Birett aus der Hand des Kaisers, dies mit dem ausdrücklichen Vermerk, daß das Nominationsrecht des polnischen Königs dadurch nicht in Frage gestellt werde.[501]

Der kaiserliche Hofprediger, Franz Xaver Brean, hielt die Festrede.[502] In immer neuen Worten und Wendungen des Lobes und des Preises zählte er die ruhmreichen Taten der Familie Schönborn und ihrer Mitglieder auf. Die Taten Damian Hugos, dessen Erhöhung eigentlich Anlaß der Rede war, werden nur wie am Rande erwähnt. Die Kardinalswürde erscheint nach dieser Rede als etwas, was Damian Hugo als Sproß eines großartigen Geschlechtes gewissermaßen von selbst zukam. Brean verherrlichte das ganze Haus Schönborn und nannte auch den Zweck und das Ziel aller seiner Taten: *"Ich mit meiner Rede ziele allein dahin, jedermänniglich darzuthun, und für die Augen zu legen, daß alles, was Eure Eminenz* [Damian Hugo, S.M.] *und die Ihrigen mit Craft, Anschlagen, Gesandtschaft, Kräften, Schweiß und Blut bißhero rühmlichs gethan und erwiesen, solches habe allezeit einig und allein auf die Österreichische Macht und Sicherheit und dero Ehren Vermehrung abgziehlet, mit diesem haben sie das Römische Reich umbfangen, mit diesem haben sie erwiesen, das zum Aufnehmen des Heiligen Römischen Reichs nothwendig*

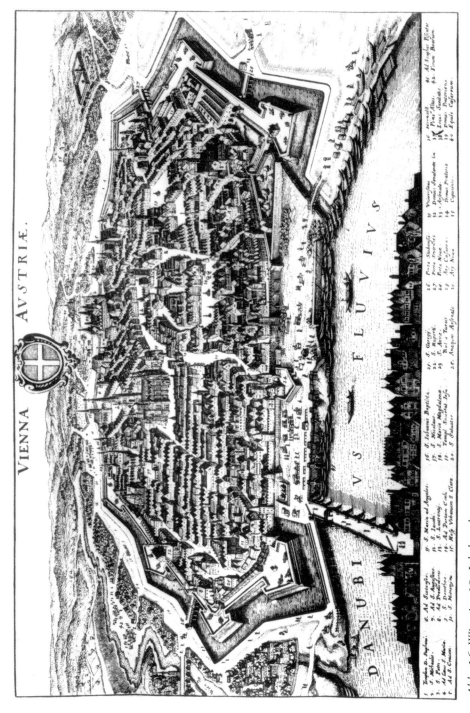

Abb. 16: Wien im 18. Jahrhundert.

gedeihen müße alles das jenige, so zum Nutz und Ehr des Ertz Hertzoglichen Hauses von Österreich unternohmen wird, das eines Glück und Heyl auf desen Magt allein beruhe, und seye in der That ein abgesagter geschworner Feind des Heiligen Römischen Reiches der ienige, so dem Ertzhaus Österreich nicht zugethan". Brean erwähnte weiter, daß ein Schönborn mit Rudolf von Habsburg, dem Stifter der Erzhauses, auf dem Marchfeld gegen König Ottokar focht, ein anderer mit Leopold bei Sempach gegen die Schweizer – historisch nicht nachweisbare, aber gern gepflegte Sagen. Brean stellt die Schönborns als unbeugsame Streiter für Habsburg und das Reich dar. Indem sie die Habsburger seit deren Aufstieg begleiteten, schienen sie in einer jahrhundertealten Schicksalsgemeinschaft mit dem Haus Habsburg verbunden. Da die Rede sicher nicht ohne Rücksprache mit Damian Hugo und Friedrich Karl verfaßt wurde, vielleicht sogar die Hofburg Richtlinien zur ihrer Gestaltung gab, gibt sie Zeugnis, wie sich die Schönborns selbst verstanden und was der Kaiser von ihnen erwartete.

Am 19. Januar 1716 erhielt Damian Hugo vom Kardinal Christian August von Sachsen-Zeitz die Weihe zum Subdiakon, am 26. Januar auch die zum Diakon. Er folgte damit dem Wunsch des Papstes. Zum Priester wurde er erst nach seinem Amtsantritt als Bischof von Speyer geweiht. Die Mittel für ein standesgemäßes Leben gewährten ihm Titel und Würde eines Kardinals freilich nicht. Eine einträgliche Position mußte er noch suchen.

5.2. Vergebliche Bewerbungen um Corvey, Stablo-Malmedy und Kempten

Er werde erst zufrieden sein, wenn er Patriarch von Konstantinopel geworden sei, spottete Lothar Franz über die Ämtersucht Damian Hugos.[503] Tatsächlich strebte der Neffe sein Leben lang nach Positionen, die Ansehen, Ehre, Einfluß und genügend Mittel für ein standesgemäßes Leben und die Befriedigung seines vorzüglichen Geschmacks einbrachten. Damit scheint er sich ganz im Rahmen seiner Zeit zu bewegen. Gerade die höheren Geistlichen und Prälaten suchten über das bisher Erreichte hinaus Pfründen, Benefizien und Stifte zu bekommen, wann immer sich eine halbwegs günstige Gelegenheit bot. Als Beispiele können andere Schönborns wie Franz Georg, Friedrich Karl und Lothar Franz, aber auch die Wittelsbacher gelten. So vereinigte Clemens August in seiner Hand fünf Diözesen bzw. Hochstifte. Damian Hugos Ehrgeiz war selbst in dieser nach Titeln und Ehren begierigen Zeit besonders groß, war er doch, wie wiederum Lothar Franz feststellte, in Fragen von Ehre und Geld sehr sensibel. Es gibt eine lange Liste von Fällen, wo Damian Hugo sich wegen Nichtigkeiten in unendliche Streitereien hineinsteigerte, weil er sich beleidigt fühlte. Derartiger mit Selbstbewußtsein verbundener Stolz benötigte immer neue Ämter und Ehren zur Erhöhung des eigenen Ansehens. Dabei betonte Damian Hugo stets, daß er dazu bestimmt sei, der Allgemeinheit, dem *„Publikum"* und der Kirche zu dienen, daß er aber für sich und seine Familie keine Absichten habe, denn er könne, selbst wenn er 50 Bistümer hätte, doch nur einmal essen.[504] Soweit es die finanzielle Seite der von ihm angestrebten Ämter betraf, beteuerte er, er benötige die mit einem bestimmten Amt verbundenen Einkünfte, um ein bereits wahrgenommenes Amt überhaupt angemessen ausüben zu können. So hatte er sich um die Verwaltung des Landes Hadeln nur bemüht, um die teure Hamburger Kommission zu finanzieren, denn von seiner Gage als kaiserlicher Gesandter konnte er nicht alle notwendigen Ausgaben bestreiten, einmal ganz abgesehen davon, daß Wien nur unregelmäßig zahlte. Solche Begründung kann man nicht einfach als schlecht getarnte Raffgier beiseite schieben. Damian Hugo war in finanziellen Dingen sehr vorsichtig und sorgfältig. Wie er nichts tat, ohne Rücksicht auf die dafür benötigten Mittel zu nehmen, so wird er auch die Unkosten seiner Missionen im kaiserlichen Auftrag penibel kalkuliert haben, um dann feststellen zu müssen, daß ohne diese oder jene einträgliche Ergänzung nichts Ordentliches zu erreichen war. Damit hatte er sich aber auch ein stets verwendbares Argument geschaffen, um weitere Ämter zu gewinnen und dabei immer eine Stufe höher zu steigen. Die Diskussion über den Gewinn geeigneter Posten der verschiedensten Art zogen sich fast wie ein roter Faden durch die Familienkorrespondenz.

Neben den erfolgreichen Bemühungen, von denen bisher bereits die Rede war, blieb so manches auch im Stadium der Überlegungen und der vergeblichen Bemühungen stecken, ist darum aber für die Schönbornsche Familienpolitik und den ‚Ämterhandel' der Zeit nicht weniger aufschlußreich. So bot die Kurpfalz bereits 1705 Lothar Franz die Hochmeisterwürde des Deutschen Ordens für seinen Neffen Damian Hugo an, wenn er nicht Friedrich Karl, sondern den kurpfälzischen Favoriten Graf Sinzendorf zum Reichsvizekanzler mache[505] – allerdings vergeblich. Fünf Jahre darauf äußerte Damian Hugo selbst Interesse an der Stelle des Generalgouverneurs der Provinz Limburg (Österreichische Niederlande) und an dem Amt des Präsidenten des Reichskammergerichts in Wetzlar.[506] Gerade in den Jahren 1713/14 merkt man Damian Hugo dann seine Unzufriedenheit mit dem bisher Erreichten an. Als Landkomtur nur seine beiden Balleien zu verwalten, reizte ihn nicht, sonst hätte er den Posten eines kaiserlichen Gesandten in Norddeutschland nicht angenommen. Die Gesandtschaft selbst wurde ihm bald mehr und mehr lästig. Die Hamburger Kommission hatte an seinen Nerven gezerrt, der Stillstand des Braunschweiger Kongresses bedrückte ihn. Zeitweise dachte er daran, als Offizier in die Dienste des Herzogs von Mecklenburg-Schwerin zu treten. Dieser Einfall verschwand aber so schnell und plötzlich, wie er gekommen war. So blieb dem Schönborn nur noch die Suche nach einem geeigneten Amt innerhalb der Reichskirche. Im Grunde war dies konsequent, denn obgleich Damian Hugo nur die niederen Weihen besaß, hatte er doch nie an seiner Berufung zum geistlichen Amt gezweifelt. Es gibt keinen Hinweis, daß er jemals daran gedacht hätte, ganz in den weltlichen Stand zurückzukehren.

Im Frühjahr 1714 ergab sich mit der Abtei Corvey eine erste Gelegenheit. Von Braunschweig aus, wo gerade der Friedenskongreß vorbereitet wurde, entsandte Damian Hugo seinen Bruder Franz Georg nach Corvey, um seine Bewerbung vor Ort zu befördern. Doch weder Franz Georg noch dem eigens angereisten kurmainzischen

Gesandten Geismar bot sich der geringste Ansatzpunkt, um Damian Hugo in eine günstige Ausgangsposition zu bringen. Die beiden Männer hatten sogar den Eindruck, daß man sie bewußt im Unklaren über die Absichten des Kapitels ließ, da man Damian Hugo zwar nicht grundsätzlich ablehnte, aber auch nicht das geringste Interesse an ihm zeigte und keine bestimmten Forderungen und Bedingungen für seine Wahl stellte. Franz Georg fand es sehr verdächtig, daß der Herzog von Wolfenbüttel, Anton Ulrich, Damian Hugo zwar dem Kapitel empfahl, dabei aber demonstrativ betonte, daß dieser bald Kardinal werde,[507] wo doch das Kapitel Vorbehalte gegen die Wahl eines Kardinals hatte. Anton Ulrich soll dem Kapitel sogar gesagt haben, daß sie jeden wählen dürften, nur keinen Schönborn. Über diese „Dücke" des Herzogs war besonders Lothar Franz empört, der so viel für Anton Ulrich getan hatte.[508] Aber vermutlich hatte der Herzog überhaupt nichts mit der Sache zu tun. Das Kapitel hatte Franz Georg von Anfang an deutlich genug erklärt, daß man bei der Wahl des Abtes „in capitulo" bleiben wolle.[509] Die Bewerbung erwies sich daher als völlig aussichtslos. Die Schönborns ließen sie fallen, um ohne größeren Ansehensverlust die ganze Sache auf sich beruhen zu lassen.

Bereits im folgenden Jahr, 1715, bot sich eine zweite Möglichkeit. Mainz, Köln und der Nuntius zu Köln baten Damian Hugo, sich um die in Personalunion verbundenen Abteien Stablo und Malmedy zu bewerben. Die Schönborns gingen nun mit der üblichen Sorgfalt vor, die sie bei der Corveyer Bewerbung hatten vermissen lassen. Kaiser und Papst wurden um Unterstützung gebeten. Damian Hugo sandte seinen Vertrauten Cox, Rat und Rentmeister der Ballei Altenbiesen, nach Stablo, um dort mit dem kurmainzischen Gesandten und anderen Parteigängern durch Sondierungen, genaue Beobachtung der örtlichen Verhältnisse und Knüpfen von Kontakten seine Bewerbung zu fördern. Dem Kaiser schrieb der Schönborn, er sei Kardinal geworden, um gerade dem Erzhaus zu dienen, dieser Dienst aber sei „kostbar" (teuer), so daß er die Einkünfte beider Abteien benötige.[510] Gegenüber den Kapitularen ließ er sich dagegen als einen wohlbestallten Kandidaten schildern, der schon Benefizien habe, also nicht von den Abteien leben müsse. Ferner ließ er ausrichten, daß er bekanntermaßen ein guter Wirtschafter sei; so habe er die Schulden der Landkommende Altenbiesen weitgehend getilgt, Gebäude renoviert oder neu errichtet, was er alles auch in Stablo und Malmedy tun wolle. Ferner stünden er und seine Familie in der Gunst des Kaisers, er könne also einiges für die Kapitulare erreichen.[511]

Auch diese Bewerbung war nicht ohne Probleme. Mehr noch als in Corvey erwies sich die Kardinalswürde als Hindernis. Viele Beispiele aus Frankreich vor Augen, fürchteten beide Kapitel ihr Wahlrecht zugunsten eines päpstlichen Besetzungsrechtes zu verlieren, wenn sie einen Kardinal zum Abt wählten. Der Hinweis der Schönborn-Partei, ein solcher Fall sei im Reich noch nie eingetreten, beruhigte die Kapitel nicht. Sie forderten für Damian Hugos Wahl eine Erklärung des Papstes in Form einer Bulle, daß ihr Wahlrecht auch künftig unangetastet bleibe.[512] Wien selbst wollte keine Empfehlung für Damian Hugo aussprechen. Von Rom waren trotz aller Bemühungen des Kardinals Schrattenbach, des kaiserlichen Gesandten Gallas und von Damian Hugos Agenten Battistini weder eine Empfehlung noch ein Wählbarkeitsbreve zu erhalten. Die Kurie wies darauf hin, daß Wählbarkeitsbreven zugunsten von Weltgeistlichen für Klöster nicht üblich seien.[513] Die Schönborns waren sich darüber im klaren, daß dieses Hindernis nicht unüberwindlich gewesen wäre, wenn Rom Damian Hugo gerne als Abt von Stablo und Malmedy gesehen hätte. Um die von dem Kapitel geforderte Bulle scheinen sie sich daher gar nicht erst bemüht zu haben.

So verließ man sich, wie Melchior Friedrich sagte, auf den Willen Gottes und wohlgesinnte Freunde. Da mehrere Wahlgänge ergebnislos verliefen, keimte immer wieder Hoffnung auf. Damian Hugo glaubte, er könne durch persönliches Erscheinen in Stablo seiner Bewerbung zum Durchbruch verhelfen. Seine Reise von Hamburg nach Wien unterbrach er in Forchheim, fuhr in Richtung Stablo und erreichte gerade Koblenz, als er von der Wahl Johann Ernsts von Löwenstein-Rochefort, Bischof von Tournai, zum Abt von Stablo und Malmedy erfuhr. Des Schönborns Hoffnung, die Wahl werde von der Kurie wegen Formfehlern annulliert, erfüllte sich nicht. Sarkastisch bemerkte er, daß alles zu erreichen sei, *„wo der frantzösische Spiritus wohnet"*.[514] Ein Kandidat Frankreichs war Johann Ernst allerdings nicht. Wien hätte ihn später gern zum Erzbischof von Köln gemacht.

Wenn sich Damian Hugo ab 1721, nunmehr bereits als Bischof von Speyer, um das Stift Kempten bewarb, so nicht, weil er an Abteien ein besonderes Interesse gehabt hätte oder die Niederlagen von Stablo-Malmedy und Corvey durch einen Erfolg vergessen machen wollte. Es waren vielmehr die Umstände, die noch nie so günstig und erfolgversprechend zu sein schienen wie hier. Seit Abt Rupert von Bodman 1701 einen ihm genehmen Kandidaten zum Koadjutor hatte wählen lassen wollen, lag er mit dem Kapitel in einem sich stetig verschärfenden Streit, der auch Kaiser und Kurie beschäftigte.[515] Gottfried Bessel, Abt von Göttweig, Freund der Familie Schönborn, der er seine Karriere verdankte,[516] wurde im September 1720 vom Kaiser nach Kempten entsandt, um den Streit zu schlichten. Er empfahl, Damian Hugo als Kompromißkandidaten zu wählen. Bodman ging auf den Vorschlag ein.[517] Da er den Schönborn schon lange kannte und schätzte, wird ihm diese Entscheidung leichtgefallen sein.[518] Von der Kurie schien diesmal kein Widerstand zu kommen. Als Damian Hugo 1721 in Rom weilte, machte der Papst höchstpersönlich ihm auf einer Audienz gute Hoffnung auf eine erfolgreiche Kandidatur.

Dennoch entwickelte sich auch diese Bewerbung nicht nach Wunsch. Bessel klagte, daß die *„gebenedeyten Herrn kemptischen Schwaben sehr wenig verschweigen können, welchen dan die Gegner alle Würmb aus der Nasen zihen"* und er daher nicht mit der nötigen Diskretion für Damian Hugo arbeiten könne.[519] Bodman war dem Schönborn wider Erwarten keine Hilfe, da er sich bald für, bald gegen ihn erklärte. Gereizt erinnerte der Kardinal den Abt daran, daß er sich nicht aus eigenem Antrieb, sondern auf dessen Bitte um Kempten bewerbe. Stützen konnte sich Damian Hugo auf den Großdekan Falckenstein und sechs weitere Kapitulare, die sich mit Brief und Siegel für ihn erklärten.[520] Die konkurrierenden Bewerbungen des Kardinals Conti und eines bayerischen Prinzen waren nicht so ernsthaft, daß sie als Gegenkandidaten auftraten. Entscheidendes Hindernis war einmal mehr Rom, das entgegen früherem Wohlwollen kein Wählbarkeitsbreve für eine Abtei ausstellen wollte, da Damian Hugo nicht dem Benediktinerorden angehörte.[521] Das Kapitel selbst blieb trotz aller Bemühungen gegenüber einem von außen kommenden Kandidaten reserviert. Zunehmend gab es unter den Schönborns selbst Unstimmigkeiten über die beste Strategie. Friedrich Karl hatte ein sorgfältig ausgearbeitetes Konzept vorgelegt, das auch die Zustimmung von Lothar Franz fand. Damian Hugo dagegen, ungeduldig und unsicher zugleich, legte immer wieder neue Pläne vor oder verfolgte mehrere zugleich, die Lothar Franz allesamt als wunderlich bezeichnete.[522] Lothar Franz und Friedrich Karl waren über Damian Hugos Dickköpfigkeit und Unwillen, einen guten Rat anzunehmen, verärgert. In der Hoffnung, daß ihr Kardinal endlich einmal durch Schaden klug werde, ließen sie ihn tun, was er für richtig hielt. Gewählt wurde Damian Hugo nicht. Ob Friedrich Karls Plan mehr Erfolg gehabt hätte, muß offenbleiben. An der Grundkonstellation hätte er nichts ändern können. Damian Hugo hatte so lange gute Aussichten, wie beide Parteien in der Wahl des Koadjutors zerstritten waren. Je besser sie sich verständigen konnten, desto weniger brauchte man einen Kompromißkandidaten von außen.

Neben diesen mit viel Mühe, aber wenig Erfolg betriebenen Projekten hat Damian Hugo weitere Ämter und Würden näher ins Auge gefaßt, ohne sich tatsächlich zu bewerben. Als die Schönborns Kardinal Schrattenbach baten, zugunsten Damian Hugos ein Wählbarkeitsbreve für Speyer zu beschaffen, hat der treue Freund der Familie von sich aus das gleiche Dokument auch für das Hochstift Eichstätt besorgt, weil, wie er bemerkte, der dortige Bischof schon sehr alt sei.[523] Da aber der Kardinal von Sachsen-Zeitz und das Haus Bayern ebenfalls Ambitionen zeigten und der Bischof zu verstehen gab, daß er keinen Koadjutor wünsche,[524] hat sich Damian Hugo nicht weiter um Eichstätt bemüht. Sein Interesse an Lüttich (1715)[525] und Gent (1716)[526] scheint nicht mehr als eine Laune gewesen zu sein, wenn auch eine Bewerbung um die Bistümer nicht ganz abwegig war, da sie in der Nähe der Ballei Altenbiesen lagen. 1723 schrieb Damian Hugo Gottfried Bessel, er wolle in Speyer bleiben und hier lieber das „schwartze Brot" essen als im Überfluß leben, obwohl er selbstverständlich wisse, daß *„mein Bistumb Speyer respective Lüttich undt anderen Bischtümbern sehr gering und gleichsam ein Schatten ist, so erst aus der Aschen hervorsteiget"*.[527] Aber ganz so bescheiden war er doch nicht, da er 1724 daran dachte, auch Fürstbischof des Speyer benachbarten Hochstifts Worms zu werden.[528] Ein Amt ganz anderer Art, das zusätzlich anzunehmen er sich damals vorstellen konnte, war die Stelle des Prinzipalkommissars des Reichstages.[529] 1732 gehörte Damian Hugo schließlich zu den aussichtsreicheren Kandidaten für die Würde des Hochmeisters.

5.3. Koadjutor von Speyer

Die kläglich gescheiterten und daher dem Ansehen der Familie schädlichen Bewerbungen hatten den Schönborns gezeigt, wie aussichtslos Kandidaturen aus der zweiten Reihe waren. In Zukunft mußten sie darauf achten, Damian Hugo sofort und endgültig in die günstigste Position zu bringen, damit andere Bewerber gar nicht erst den Status ernstzunehmender Konkurrenten erreichten. In Speyer gelang es der Familie Schönborn tatsächlich, durch umsichtiges Sondieren, Nutzen ihres weitgespannten Beziehungsnetzes und ebenso vorsichtiges wie festes Zugreifen Damian Hugo als einzigen Kandidaten zu positionieren. Speyer ist daher ein eindrucksvolles Beispiel für die einflußreiche Stellung der Familie Schönborn und für den erfolgreichen Einsatz ihres Patronagesystems.

Im August 1715, als Damian Hugo sich noch Hoffnung auf Stablo und Malmedy machte, erfuhr Friedrich Karl durch einen Kapuziner von einer frankreichfreundlichen Fraktion innerhalb des Speyrer Domkapitels. Sie werde sich mit ihrem Kandidaten durchsetzen, wenn man keine Gegenmaßnahmen von kaiserlicher Seite ergreife, etwa durch eine Bewerbung Damian Hugos um den Speyrer Bischofsstuhl.[530] Nun haben sich die Schönborns um jede Position bemüht, die zu erreichen sie sich berechtigte Hoffnungen machen konnten, und es bedurfte nicht einer besonderen Gefahr durch eine französische Partei, um sich zu engagieren, aber ohne den Hinweis eines mit ihnen sympathisierenden Kapuziners wären sie möglicherweise nicht auf Speyer aufmerksam geworden. Dabei waren hier die Umstände für die Kandidatur eines Schönborn besonders günstig. Der Bischof von Speyer, Heinrich Hartard von Rollingen, zählte bei seinem Amtsantritt im Jahre 1711 schon 77 Jahre. Man konnte ihm also guten Gewissens nahelegen, sich angesichts seines Alters und der Mühsal seines Amtes einen Koadjutor mit Nachfolgerecht zu nehmen, der natürlich niemand anders sein sollte als Damian Hugo. Als Erzbischof von Mainz hatte Lothar Franz eine günstige Position gegenüber Rollingen, der als Bischof von Speyer sein Suffragan war. Die Beziehungen zwischen den Familien Rollingen und Schönborn waren gut. Ein Verwandter des Speyrer Bischofs war am Mainzer Hof Geheimer Rat und Obriststallmeister. Er wurde von Lothar Franz während der Verhandlungen mit dem Speyrer Bischof wegen Damian Hugos Wahl als Gesandter verwendet. Heinrich Hartard und Damian Hugo kannten sich persönlich. 1704 hatte Damian Hugo mit Rollingen als Statthalter Speyers über die Vergabe einer Pfründe an seinen Bruder Marquard Wilhelm verhandelt. 1714 hatte Rollingen zur Kardinalswürde gratuliert. Damian Hugo nannte Rollingen seinen Freund.[531] Lothar Franz konnte also daran denken, sich für seinen Neffen in Speyer zu engagieren. Damian Hugo hat kaum etwas für seine Wahl getan, durchaus im Sinne seines Onkels und des Bruders Friedrich Karl. Abgesehen davon, daß Damian Hugo in den Jahren 1715/16 als Gesandter in Wien, Hamburg und Braunschweig kaum Zeit und Raum hatte, sich um Speyer zu kümmern, hielten sie ihn, wie sie gelegentlich andeuteten, für nicht hinreichend geschickt, sich selbst in eine aussichtsreiche Position zu bringen.

Um Damian Hugo als Koadjutor wählen zu lassen, mußten allerdings mehrere Hindernisse aus dem Weg geräumt werden.

1) Franz Ludwig von Pfalz-Neuburg, Bischof von Breslau und Worms, Propst von Ellwangen, Koadjutor von Mainz und Hochmeister des Deutschen Ordens, hatte an der Diözese und dem Hochstift Speyer selbst großes Interesse, das zu stören sich die Schönborns nicht erlauben konnten oder wollten. Selbst wenn Franz Ludwig

zum Erzbischof von Trier gewählt werden und jedes Interesse an Speyer verlieren würde, störte seine Unterstützung des Speyrer Domkapitulars von Warsberg, der sich große Hoffnungen auf den Bischofsstuhl machte. Damian Hugo hatte geradezu Angst, sich den „*Unglimpf*" und den Haß des mächtigen Fürsten zuzuziehen. Vermutlich fürchtete er, in diesem Fall zumindest seiner Stellung innerhalb des Deutschen Ordens zu schaden. Friedrich Karl beruhigte den Bruder: Es könne niemandem verwehrt werden, mit „*Vorsichtigkeith und Moderation etwaß zu suchen*".[532] Damian Hugos große Sorge zeigt, daß ihm seine vielen Ämter und Würden nicht nur Vorteile gewährten, sondern ihn unter bestimmten Bedingungen auch angreifbar machten und ihn zum Nachteil seiner ehrgeizigen Pläne zur Zurückhaltung zwangen.

2) Ob der Kaiser Damian Hugo in ausreichender Weise unterstützen werde, war fraglich. Seit den erfolglosen Bemühungen um Stablo und Malmedy konnte man damit nicht unbedingt rechnen.

3) Für den Papst galt Entsprechendes. Auch er hatte sich bisher eher als Hindernis denn als Hilfe erwiesen.

4) Bischof Rollingen war grundsätzlich bereit, einen Koadjutor mit Nachfolgerecht anzunehmen. Obwohl dies weder sein Wunsch noch sein Bedürfnis war, empfand er die Bitte der Schönborns offenbar nicht als unverschämte Einmischung oder ungebührlichen Druck. Doch er wollte erst wissen, wie der Kaiser zu Damian Hugo stand, vor allem aber mochte auch er nicht die Absichten des Hochmeisters durchkreuzen. Das größte Hindernis war indes sein in der Wahlkapitulation fixiertes Versprechen, keinen Koadjutor anzunehmen.

5) Ob und wie die 15 Kapitulare zu bewegen waren, Damian Hugo zu wählen, war noch völlig offen.

6) Das gesamte Procedere verlangte exakte zeitliche Abstimmung und äußerste Diskretion. Der jeweilige Konsens von Papst, Kaiser, Hochmeister und Bischof mußte möglichst schnell und zu gleicher Zeit erlangt werden. Die Kandidatur Damian Hugos konnte leicht scheitern, wenn beispielsweise der Papst den Schönborn erst nach längerer Überlegung unterstützen würde und so Konkurrenten die Verzögerung für eine Bewerbung zu nutzen wußten. Durch Diskretion mußte verhindert werden, daß einer der um Unterstützung Ersuchten sich hintergangen oder zurückgesetzt fühlte, wenn er nicht als erster von Damian Hugos Absicht erfuhr, oder daß Feinde der Familie Schönborn, durch Gerüchte aufmerksam geworden, Intrigen gegen Damian Hugo spannen.

Zum Hochmeister hatten die Schönborns eine sehr gute Verbindung über Philipp Benedikt Forstmeister von Gelnhausen, Landkomtur von Franken, einen guten Freund der Familie, der Damian Hugo in allen Angelegenheiten des Ordens unterstützt hatte. Forstmeister meinte, man solle warten, bis sich der Hochmeister über seine Absichten erklärt habe.[533] So lange konnten die Schönborns aber nicht ausharren, da sie jede Verzögerung vermeiden mußten. Gegen Forstmeisters Rat zu handeln war indes ebenso ungünstig, da er sehr empfindlich reagierte, wenn man sich nicht an seine Empfehlungen hielt. Forstmeister informierte dann doch Hochmeister Franz Ludwig über die Pläne der Familie Schönborn. Zu ihrer Erleichterung zeigte der Hochmeister selbst kein Interesse mehr an Speyer. Einzig sein Eintreten für Warsberg war noch ein Hindernis, da er natürlich nicht einen weiteren Bewerber unterstützen konnte, es sei denn, Warsberg verzichtete von sich aus.[534] Damian Hugo war damit nicht zufrieden. Er fürchtete nach wie vor, Franz Ludwig vor den Kopf zu stoßen, war aber andererseits kühn genug, Eleonora Magdalena, die Mutter des Kaisers und Schwester Franz Ludwigs, bei einem Besuch in Wien auf die vielen Ämter des Hochmeisters hinzuweisen, die dessen Gewissen doch zu sehr beschweren müßten, als daß er jetzt auch noch Kurfürst von Trier oder Bischof von Speyer werden könnte.[535] Ganz abgesehen davon, daß Damian Hugo selbst mit ruhigem Gewissen Ämter und Ehren fleißig sammelte, war es außerordentlich ungeschickt, der Familie Pfalz-Neuburg, auf deren Wohlwollen man angewiesen war, in solcher Weise zu nahe zu treten. Lothar Franz hatte also tatsächlich gut daran getan, seinem Neffen im schwierigen Geschäft einer Kandidatur nicht zuviel zuzutrauen. Als am 20. Februar 1716 das Trierer Domkapitel Franz Ludwig auf Druck des Kaisers als Koadjutor des Erzbischofs postulierte, konnten sich die Schönborns endgültig sicher sein, daß der Hochmeister nicht mehr auf Speyer spekulierte. Länger hätten sie nicht mehr warten können, da man bereits Anfang Februar in den Zeitungen Hamburgs von Damian Hugos Interesse an Speyer lesen konnte,[536] jede Diskretion und Rücksicht auf die mögliche Empfindlichkeit des Hochmeisters folglich unmöglich geworden war.

Zwei weitere Knoten wurden vergleichsweise leicht und schnell gelöst. Da Damian Hugo nur die vier niederen Weihen besaß, nach kirchenrechtlichen Bestimmungen für eine Wahl zum Bischof aber zumindest der Grad des Subdiakons erforderlich wurde, benötigte er ein Wählbarkeitsbreve der Kurie, das ihn von diesem Hindernis dispensierte. Wiederum war es der treue Freund Kardinal Schrattenbach, der sich als große Hilfe erwies und das Dokument besorgte. *„Ihro päpstliche Heiligkeit haben diese Gnad auf eine sehr obligante Weise accordiert"*, schrieb er Friedrich Karl.[537] Die Kurie hat später, im Mai 1716, Bischof Rollingen von der Verpflichtung entbunden, keinen Koadjutor anzunehmen.[538] Auch dies ging schnell und offensichtlich ohne größere Schwierigkeiten. Die Kurie hätte einige Mühe gehabt zu erklären, warum sie Damian Hugo zwar ein Wählbarkeitsbreve für Speyer erteilte, den dortigen Bischof aber nicht vom Koadjutorverbot befreite. Darüber hinaus stellte man bei der Kurie zufrieden fest, daß sich Damian Hugo inzwischen zum Subdiakon und dann auch zum Diakon hatte weihen lassen. Beides war mit der Erteilung des Wählbarkeitsbreves eigentlich nicht mehr nötig, kam aber in Rom als gefällige Geste gut an.

Wien gewährte Damian Hugo die Unterstützung, die er in Stablo und Malmedy vermißt hatte. Vermutlich werden Lothar Franz und Friedrich Karl von der frankreichfreundlichen Partei innerhalb des Domkapitels mit Absicht ein düsteres Bild gezeichnet haben. Ob es diese Partei wirklich gab und wie stark sie war, ist leider unbekannt. In den internen Überlegungen der Schönborns spielte sie nie eine Rolle. Sie wurde nicht einmal erwähnt. Doch Wien war in diesem Punkt sehr sensibel. Der Kaiser wollte an der Grenze zum aggressiven Frankreich einen Fürsten plaziert wissen, der Kaiser und Reich treu ergeben war. In Trier hatte er seinen Kandidaten Franz Ludwig durchgesetzt, in Speyer wollte er bereits 1712 Franz von Lothringen als seinen Favoriten zum

Abb. 17: Friedrich Karl von Schönborn. Reichsvizekanzler, Bischof von Würzburg und Bamberg.

Bischof wählen lassen. So war er 1715/16 bereit, Damian Hugo zu unterstützen, dessen Treue bekannt und erprobt war. Am 21. Januar 1716 schrieb er an Bischof Rollingen, er habe von dessen Absicht gehört, sich einen Koadjutor zu nehmen; er rate ihm daher zu Damian Hugo, dessen *„rühmliche Aigenschafften"* er kenne und dessen Wahl im Interesse von Kirche und Vaterland liege.[539]

Angesichts solch breiter Unterstützung des Schönborns zögerte der Bischof nicht länger. Wie wichtig gerade die Hilfe des Amtsinhabers war, zeigte Damian Hugos spätere Bewerbung um Kempten, dessen Abt sich einmal für, einmal gegen ihn aussprach und so jedes Bemühen scheitern ließ. Rollingen hatte von sich aus kein Interesse an einem Koadjutor, sträubte sich aber auch nicht gegen die Wünsche der Schönborns, zumal die einflußreiche Familie bereit war, Rollingen in einer schwierigen Angelegenheit zu helfen: Seit 1714 stritten die Reichsstadt Speyer und das Hochstift Speyer um ein Waldstück. Bei Reichskammergericht und Reichshofrat waren bereits entsprechende Verfahren anhängig. Der Streit erreichte im März 1716 einen dramatischen Höhepunkt, als Untertanen des Bischofs die Reichsstadt stürmten und zeitweise besetzt hielten. Rollingen brauchte dringend Hilfe, nicht nur um die anhängigen Verfahren zu gewinnen, sondern auch, um die möglicherweise höchst nachteiligen Folgen abzuwenden, die die Besetzung der Stadt für ihn haben konnte. Er hoffte auf eine kaiserliche Kommission, die den Streit zwischen Bischof und Stadt gütlich beilegen sollte. Auf einem geradezu konspirativen Treffen Rollingens mit Lothar Franz in Bensheim wurde neben den verschiedenen Fragen der Kandidatur Damian Hugos auch dieser Punkt ausführlich besprochen. Tatsächlich gelang es Friedrich Karl, jeden Beschluß des Reichshofrates zum Nachteil des Bischofs zu verhindern, ausgenommen den scharfen Befehl des Kaisers, die Besetzung der Stadt sofort aufzuheben. Es sei schwer gewesen, so Friedrich Karl an Lothar Franz, Schlimmeres zu verhindern. Die Stadt Speyer habe viele Freunde, und die Protestanten hätten aus diesem Vorfall gerne ein Religionssache gemacht.[540] Die von Rollingen so dringend gewünschte Kommission wurde Kurpfalz und Hessen-Darmstadt übertragen.

Das letzte Hindernis auf dem Weg zum Bischofsstuhl war das Domkapitel. Mit Einverständnis des Bischofs entsandte Lothar Franz am 1. April 1716 seinen Vertrauten Veit Franz von Reichersberg nach Speyer. Hier besprach er mit den engsten Ratgebern des Bischofs, Vizekanzler Streit, Kammerrat Kubas und Beichtvater Schlelein, das weitere Vorgehen. Es ging darum, bei jedem der 15 Kapitulare den archimedischen Punkt zu finden, an dem man den Hebel zugunsten Damian Hugos ansetzen konnte. So war nach möglichen Verwandtschaftsverhältnissen zwischen den Kapitularen und den Schönborns oder nach sonstigen Beziehungen auch mittelbarer Art zu suchen. Weiter war zu prüfen, ob die Schönborns bestimmte Gegenleistungen anbieten konnten: Geld, Ehren und Ämter für die Kapitulare selbst oder für ihre Verwandten. Man scheute sich nicht, einen Kapitular durch eine von ihm verehrte *„Jungfer"* auf die Seite Damian Hugos zu bringen. Reichersberg hat ein ausführliches Diarium hinterlassen, das jeden Schritt seiner Verhandlungen mit den einzelnen Kapitularen festhält. So berichtete er z. B., daß er den Generalvikar von Spies und vier andere Kapitulare berauscht bei einer *„Zechgesellschaft"* angetroffen habe.[541] Ob dadurch die Verhandlung mit ihnen erleichtert oder erschwert wurde, sagt Reichersberg freilich nicht. Das Verbot, einen Koadjutor anzunehmen, war für die Kapitulare kein so großes Hindernis wie für den Bischof, auch an der Kardinalswürde des Bewerbers störte man sich nicht. Nach und nach gab jeder seine Vorbehalte gegen einen Koadjutor mit Nachfolgerecht auf. Warsberg hatte schon lange kein Interesse mehr an der Bischofswürde. Reichersberg fand bei fast jedem Kapitular eine als Gegenleistung für seine Stimme verwendbare Gefälligkeit. So wurde von Eltz-Öttingen mit der Zusage gewonnen, während der Abwesenheit des zu wählenden Bischofs das Amt des Statthalters wahrzunehmen (er hat es tatsächlich zweimal ausgeübt). Von Aubach versprachen die Schönborns, sich für seinen Bruder, den Oberst von Aubach, bei Prinz Eugen einzusetzen. Mancher Kapitular durfte zudem mit einem bedeutenden Geldbetrag als „*Verehrung*" rechnen.

Nachdem die Mehrheit von acht Stimmen gesichert war, ging alles sehr schnell. Kein Kapitular wollte dem künftigen Bischof übel auffallen, indem er ihm erst als letzter seine Stimme versprach. Am 21. Juli 1716 wurde Damian Hugo einstimmig zum Koadjutor mit Nachfolgerecht gewählt.

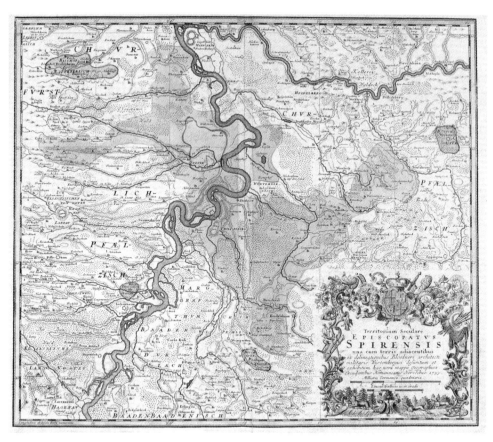

Abb. 18: Das Hochstift Speyer im 18. Jahrhundert. Auf der Karte fehlen die speyrischen Gebiete im Südwesten, südlich der Queich.

6. „Regieren wie es sich gebühret".[542]
Das Hochstift Speyer unter Damian Hugo

6.1. Das Hochstift Speyer

Das Hochstift Speyer erstreckte sich auf der Höhe der Reichsstadt Speyer zu beiden Seiten des Rheins. Sein Territorium mit etwa 50 000 Einwohnern bestand aus vergleichsweise großen, gut arrondierten Gebieten. Der rechtsrheinische Teil mit der Stadt Bruchsal als Mittelpunkt bildete ein zusammenhängendes Gebiet. Durch Personalunion war die Gefürstete Propstei Weißenburg und das Ritterstift Odenheim mit dem Hochstift verbunden. Die Einkünfte des kleinen Staates waren bescheiden, verglichen mit denen von Bamberg, Köln, Mainz und Würzburg, aber auch nicht annähernd so gering wie diejenigen der Hochstifte Konstanz, Worms, Freising oder Regensburg. Speyer lag in einer Wetterecke der europäischen Politik. Es hatte über Jahrzehnte Krieg und Verwüstung über sich ergehen lassen müssen. Dem Dreißigjährigen Krieg folgten der Pfälzische und der Spanische Erbfolgekrieg. Zwischen 1616 und 1711 waren die Bischöfe von Speyer zugleich Erzbischöfe von Mainz bzw. Trier. Dadurch sank das Hochstift zu einem „Nebenland" ab. Heinrich Hartard von Rollingen war seit 1676 Statthalter und wurde 1711, im Alter von 77 Jahren, Bischof. Er bemühte sich um den Wiederaufbau des kleinen Staates, konnte aber bis zu seinem Tod kaum etwas erreichen. Damian Hugo fand im Hochstift Speyer nur Niedergang und Mißwirtschaft, *„theils wegen der continuirlichen Krichs Stritten, theils das viele vorherige Landsfürsten nicht im Land gewesen, theils auch weilen unserer letzter fürstlicher Vorfahrer Sachen alterswegen, wie er uns ofters selbsten gesagt und geschrieben, nicht mehr nachkommen"*.[543]

    Es liegt völlig im Dunkeln, ob und wieweit Damian Hugo zwischen seiner Wahl 1716 und seinem Regierungsantritt 1719 an Leitlinien und Grundsätzen seiner künftigen Regierung arbeitete. Es fehlen Hinweise, daß er sich zumindest in groben Zügen über die Lage des Hochstifts informierte, zumal er dem Domkapitel hatte versprechen müssen, zu Lebzeiten seines Vorgängers nicht in die Regierungsgeschäfte einzugreifen.[544] In den Akten findet sich eine Notiz Damian Hugos vom 2. Mai 1719, wonach er über Titel, Rang, Aufgaben und Besoldung der Hofbediensteten, nicht aber über Regierung und Verwaltung nähere Informationen einziehen wollte.[545] Wahrscheinlich sah Damian Hugo sich gar nicht genötigt, Erkundigungen einzuziehen. Seine Energie und seine Erfahrungen in Fragen der Verwaltung und der Wirtschaft ließen ihn darauf vertrauen, aus der aktuellen Lage heraus, wie er sie vor Ort vorfinden werde, die wirksamsten Maßnahmen ergreifen zu können. Tatsächlich hat Damian Hugo später viele Anordnungen zur Reorganisation oder Umgestaltung der Regierungsbehörden ad hoc entwickelt. Er verfolgte kein abstraktes Konzept, verfügte aber über einen großen Schatz an Erfahrungen.

6.2. Reform und Reorganisation der Zentralbehörden

6.2.1. Kammer und Kammerzahlamt

Wegen Krankheit hatte Damian Hugo nicht sofort von Altenbiesen nach Speyer reisen können, als ihn die Nachricht vom Ableben Rollingens erreichte.[546] Er mußte sich zunächst darauf beschränken, der Speyrer Regierung brieflich Anordnungen zu geben. Seine ersten Marginalien in den Kammerprotokollen datieren vom 14. Dezember 1719.[547] Befehle an die Kammer, die Spitzenbehörde für Wirtschafts- und Finanzangelegenheiten, ihn über verschiedene einschlägige Fragen zu informieren, finden sich ab Januar 1720.[548] Aus der Korrespondenz ergab sich fast wie beiläufig Damian Hugos erstes Regierungsprojekt. Noch von Altenbiesen aus leitete er die Umorganisation des Kammerwesens ein.

Der Kanzler und Geheime Rat Josef Urban Streit versicherte seinem Fürsten in einem Brief vom 6. Januar 1720, daß dessen erste Befehle in der Regierung verlesen wurden und bereits ausgeführt würden. Streit gab in diesem Zusammenhang einen kurzen Bericht über die Lage der zentralen Regierungsbehörden. Soweit es seine eigene Behörde, die Regierung, betraf, betonte er, daß *„die Sachen noch zimblich wohl geführet worden"*. Ganz anders sei dagegen der Zustand der Kammer und des Finanzwesens: Seit 16 Jahren würden keine Landschreibereirechnungen angefertigt, der mit der Revision der Kellereirechnungen beauftragte Kammerrat sei bestechlich, und ausstehende Abgaben der Untertanen würden nicht eingezogen. Allgemein herrsche im ganzen Hebungswesen Verwirrung. Die dringend erforderliche Schatzungsrenovation sei noch nicht in Angriff genommen worden. Die Nachlässigkeit der Kammerleute sei so groß, daß sie *„öfters geraume Zeit in ihrem consilio, wie sie gesolt, nit zusammen getretten, oder wann solches geschehen, die Zeit mit Erzehlung der Nowellen"* zugebracht haben.[549] Auf Streits düsteres Bild über den Zustand der Kammer antwortete Damian Hugo voll Optimismus und Zuversicht.[550] Er gab Anweisung, vom Zeitpunkt seines Regierungsantritts an das gesamte Rechnungswesen von dem seines Vorgängers getrennt zu führen, da dies das einzige Mittel sei, *„aus der Confusion zu kommen"*. Der Landschreiber solle zwar weiterhin als *„Chef und Direktor Camerae"* den drei Kammerräten vorstehen und die Kammersitzungen leiten, aber keine weiteren Kompetenzen haben; insbesondere dürfe er nicht mehr allein wichtige Entscheidungen treffen, denn dies wolle er, Damian Hugo, sich in Zukunft vorbehalten. Er wolle sein eigener Kammerpräsident sein. Weiter befahl der neue Fürst, daß die Kammer Mehrheitsbeschlüsse fassen solle, wobei es dem einzelnen Rat freistünde, ein Minderheitsvotum abzugeben. Grundsätzlich sollte in der Kammer alles *„ad protocollum"* geschehen. Diese Befehle enthielten im Kern die wenig später erlassene Kammerordnung.

Damian Hugo ging noch einen Schritt weiter. Er befahl die Einrichtung einer Zahlkasse innerhalb der Kammer und teilte diese damit hinsichtlich der Finanzen in eine anweisende und eine auszahlende Stelle. Er schuf das in Speyer bislang unbekannte Amt eines Kammerzahlmeisters, der die Einnahmen und Ausgaben der Kammer verwaltete, aber weder Sitz noch Stimme in der Kammer hatte. Alle Ausgaben waren dem Kammerzahlmeister künftig durch „*Assignationes*" anzuweisen, die von allen Kammerräten unterschrieben sein mußten. Sämtliche Einnahmen und Ausgaben mußten mit den Assignationen nebst Quittungen der Empfänger belegt und genau spezifiziert werden. Dem Fürsten war am Sonnabend die Abrechnung für die vergangene Woche vorzulegen. Jährlich war eine Gesamtabrechnung zu erstellen.[551] Gelder, die nicht durch Assignationen belegt wurden oder aus der Hand des Fürsten selbst kamen, durften vom Kammerzahlmeister nicht ausgegeben werden. Dessen Ausgaben bestanden aus Überweisungen an die vier ihm untergeordneten Zahlmeister bzw. Kassen: 1) „*Hofstatt-Cassa und deren Zahlamt*", 2) „*Extraordinar-Cassa und deren Zahlamt*", 3) „*Krichs-Cassa und deren Zahlamt*", 4) „*Bau-Cassa und deren Zahlamt*". Benötigte z. B. der Hofzahlmeister Geld, so wandte er sich an die Kammer, diese stellte ihm für den Kammerzahlmeister eine Assignation über die gewünschte Summe aus, die er dann bei Empfang quittierte. Die Ausgaben des Hofzahlmeisters sollten aus vier Posten bestehen: 1) Persönliche Bedürfnisse des Fürsten. 2) Bestreitung der Hofhaltung. 3) Lohn und Gehalt aller Bedienten und Beamten in Verwaltung und bei Hof. 4) Küche des Hofes. Bei den anderen Kassen wollte sich Damian Hugo noch nicht auf bestimmte Rubriken festlegen. Abschließend bat er Streit, das ganze Projekt vorerst geheimzuhalten und stellte fest, „*wan also auf diese Ahrdt alles eingeteilet und geführt werden wird, so ist nicht zu zweifeln, das sich alles bald finden undt nach undt nach beser gehen werde*".[552]

Am 16. Januar 1720 fixierte Damian Hugo seine Gedanken über das Kammerwesen in einer „*Resolution und Verordnung*" über „*das künftig einzurichtende und hinfort zu führen seynde Kameral Wesen*".[553] Die Resolution hat den gleichen Inhalt wie der Brief an Streit, ist aber detaillierter und im Ton eindringlicher. So begründete Damian Hugo die Einrichtung des Kammerzahlamts damit, daß Einnahmen und Ausgaben nicht, wie es bisher geschah, durch eine Hand gehen sollten, besonders wenn es die Hand dessen sei, der „*bei der Kammer das Ruder führet*". Die wöchentlichen Abrechnungen sollten nicht allein dem Fürsten vorgelegt werden, sondern die ganze Kammer mußte überprüfen, ob die vom Zahlmeister aufgelisteten Assignationen tatsächlich von ihr angewiesen worden waren. Damian Hugo betonte, es dürfe keine Ausgabe ohne Assignation geben, um die Ausgaben des Zahlmeisters zu belegen. „*Was er nicht also belegt, wird ihm nicht passiret*", stellte der Fürst bündig fest.[554]

In dem angeführten Brief an Streit schrieb Damian Hugo, er habe „*nuhn 20 Jahre in diesem Handwerk in groß, klein und mittleren Dingen in dergleichen nicht ohne Fruchdt gearbeitet*".[555] Es hätte vermutlich gar keiner Unordnung im Kammerwesen bedurft. Damian Hugo wollte die Kammer von vornherein so einrichten, wie es seiner Erfahrung und seiner Verwaltungspraxis entsprach. Wenige Tage später ordnete er die Einrichtung des Rechnungswesens in der Form an, daß die Einnahmen und Ausgaben der Kammer nach den schon genannten vier Ausgaberubriken geführt werden sollen. Zur Anleitung legte er ein „*Rubriquenformular*" bei.[556] Damian Hugo griff damit zu einer Übergangslösung, denn die Einrichtung der Zahlkassen ließ noch auf sich warten.

Die in den zentralen und lokalen Verwaltungen des Hochstifts täglich angefertigten und von Damian Hugo in großer Zahl angeforderten Abrechnungen, Spezifikationen usw. haben sich nicht erhalten. Sie sind zum größten Teil nur noch in ihrer Erwähnung faßbar. Soweit überliefert, sind sie als Anlagen zu Berichten, Dekreten und dergleichen, aber auch als Teil der Kammerprotokolle zu finden. Dies gilt auch für die Zahlämter. Die in den Kammerprotokollen und in anderen Schreiben zur Verwaltung erhaltenen Nachrichten ergeben aber doch ein einigermaßen klares Bild von der Arbeit dieser Behörden. Entsprechend den Verordnungen Damian Hugos zahlte der Hofzahlmeister die Gehälter sämtlicher im Dienst des Fürsten und des Hochstifts stehenden Beamten aus. Hierzu rechneten die Angehörigen von Regierung, Kammer,[557] Jagd-, Bau- und Marschallamt,[558] waren sie nun Direktor oder Kopist. Entsprechendes gilt für die lokalen Stellen wie Ämter und Kellereien. Hinzu kamen Zahlungen an Spezialisten wie den Frescomaler Antonio Gresta,[559] aber auch an alle bei den herrschaftlichen Bauten beschäftigten Handwerker und Tagelöhner.[560] Die Naturalbezüge wurden vom Hofzahlamt der Pfalzkellerei in Bruchsal oder den örtlichen Kellereien zur Ausgabe angewiesen. Weiterhin gingen durch die Hand des Hofzahlamts die Mittel für die fürstliche Hofhaltung, z. B. die Gelder für die Anschaffung damastener Tischtücher oder eines Kardinalshabits.[561] Die Pflegekosten für einen bei der herrschaftlichen Jagd verletzten Untertanen wurden ebenfalls aus dieser Kasse bestritten.[562] Da die Assignationen in der Kammer verhandelt und zu Protokoll genommen wurden, dieses aber dem Fürsten vorgelegt werden mußte, hatte Damian Hugo stets einen Überblick über Art und Umfang der Ausgaben und konnte gegebenenfalls korrigierend eingreifen. Das Bauzahlamt ließ sich nicht nur Gelder, sondern auch Holz aus den herrschaftlichen Waldungen per Assignation anweisen.[563] Folglich mußte der Bauschreiber auch „*Naturalabrechnungen*" vorlegen.[564] Selbst die zur Gestaltung des Altars in der Schloßkirche benötigten Farben mußten erst von der Kammer angewiesen werden.[565]

Die Revision der monatlichen und jährlichen Einnahmen und Ausgaben in Geld und Naturalien wurde dem Kammerrat Dona übertragen.[566] Von seinem Grundsatz, nach der die Kammer nicht selbst Gelder und Naturalien auszahlen oder anweisen dürfe, ist Damian Hugo später etwas abgerückt, denn Kammerzahlmeister Engelhard und Hofzahlmeister Fleischmann wurden 1732 zu Kammerräten ernannt.[567] Damian Hugo hat die Abrechnungen der Zahlmeister überprüft und, wie angekündigt, nichts „*passieren lassen*", was nicht durch Belege nachzuweisen war. So wurde dem Bauzahlmeister Geiger die Auszahlung seines Gehalts verweigert, „*bis das sein Bauzahlamtsrechnungswesen, so zu Eminentissimi hohen Handen übergeben werden müssen, zur Richtigkeit gebracht seyn würde*".[568] Wie schon gezeigt, wurde jede Assignation in das dem Fürsten vorzulegende Protokoll aufgenommen. Erst mit seiner Rückgabe an die Kammer konnte der angewiesene Betrag ausgezahlt werden. In dem Reglement für die Zahlkassen war das zwar nicht vorgesehen, aber offenbar im Tagesgeschäft Praxis geworden. Da so aber der gesamte Geschäftsgang verzögert wurde, erließ Damian Hugo 1728 eine Verordnung, die Ausgaben in „*extraordinäre*" und „*ordinäre*" Zahlungen einzuteilen. Für die besonderen Ausgaben mußten die Assignationen nicht nur, wie üblich, „*ad protocollum*" genommen, sondern vor der Auszahlung durch das Hofzahlamt dem Fürsten zur Unterschrift vorgelegt werden. Die „*Ordinaria*" brauchten dagegen nur zu Protokoll genommen und konnten dann sofort ausgezahlt werden. Was unter ordinären und extraordinären Ausgaben zu verstehen sei, sagte Damian Hugo in dieser Anordnung freilich nicht. Vermutlich gehörten z. B. die Gehälter der Bediensteten zu den gewöhnlichen Ausgaben, dagegen Honorare für Spezialisten bei den herrschaftlichen Bauten zu den außergewöhnlichen Kosten. Die Kammer hat nicht jede Assignation in das Protokoll aufgenommen. Wiederholt mußte Damian Hugo die Befolgung seiner Verordnung anmahnen.[569]

Mit der Einrichtung der Zahlkassen war für die Arbeit der Kammer selbst noch nicht alles Mögliche und Nötige getan. 1721 bemerkte Damian Hugo, daß in der Kammer *„fast alle Sachen lau tractieret"* wurden und *„also das wenigste zu Beförderung gebracht werde, sondern meist liegen bleibe und ein jeglicher sich unter verschiedenen Praetexten von der Arbeit fliehe".*[570] Besonders skandalös war die Amtsführung des Landschreibers Driesch. Driesch stand seit Oktober 1699 im Dienst des Hochstiftes. Zuerst Kellereiverwalter in Edesheim, avancierte er 1702 zum Kammerrat, 1704 zum Landschreiber (Kammerdirektor) und 1706 zusätzlich zum Hofrat.[571] Von Altenbiesen aus hatte ihn Damian Hugo noch zum Vizekanzler (Direktor der Regierung) ernannt, da es Driesch gelang, sich bei dem neuen Fürsten einzuschmeicheln, wie Damian Hugo später bemerkte. Dabei war der Fürst hinreichend gewarnt. Schon Rollingen hatte Driesch mehrfach ermahnen müssen, die Landschreibereirechnungen vorzulegen, in denen die Eingaben und Ausgaben des Hochstiftes hätten zusammengestellt werden sollen. Rollingen hatte zuletzt sogar mit Festungshaft gedroht, offenbar ohne Erfolg, denn das Kapitel hatte den milden Rollingen auch später noch zu strengeren Maßnahmen gegen Driesch gedrängt. Schließlich hatte sich das Kapitel an den Koadjutor selbst gewandt, was diesen nicht davor bewahrte, von Driesch getäuscht zu werden. Um so härter war Damian Hugos Reaktion, nachdem er das ganze Ausmaß der bisherigen Mißwirtschaft erkannt hatte. Es waren nun nicht mehr nur die fehlenden Landschreibereirechnungen, die Damian Hugo einen Überblick über die wirtschaftliche Lage des Staates hätten verschaffen sollen. Driesch wurde für den *„Verfall des Cameralwesens"* allgemein verantwortlich gemacht. Er trage die Schuld für die leeren herrschaftlichen Magazine, die hohen Schulden und dafür, daß er, Damian Hugo, *„kein einziges Haus gefunden, wo ich mein Kopf hätte hinlegen können"*. Die Kammergeschäfte, so Damian Hugo weiter, habe Driesch selbstherrlich und unter Umgehung der Kammerräte geführt. Kurz: Driesch sei *„alles Verfall und Ohnglück"* seines Stiftes.

Damian Hugo gab Driesch Gelegenheit, in Arrest die gesamten Rechnungen nachträglich anzufertigen.[572] Die Kammer sah sich gezwungen, direkt bei den Kellereien, Ökonomiehöfen usw. Abrechnungen anzufordern, um einen ungefähren Überblick zu erhalten. Es zeigte sich bald, daß Drieschs Nachlässigkeit die Mißwirtschaft einiger lokaler Beamter begünstigt, wenn nicht sogar erst möglich gemacht hatte. Der Verwalter des herrschaftlichen Hofes bei Hambach verteidigte seine mangelhaften Abrechnungen damit, daß er sie dem Landschreiber nie vorlegen konnte, da dieser stets verhindert gewesen sei.[573] Ähnlich unübersichtlich und widersprüchlich waren die Rechnungen des verstorbenen Fauten von Kislau.[574] Bei den Abrechnungen der südlich des

Flüßchens Queich gelegenen Ämter ergaben sich Probleme, da viele Untertanen ihre Abgaben und Gefälle in französischen Geldsorten zahlten. Kammer und lokale Stellen versuchten nun in mühselig erstellten Rechnungen zu ermitteln, in welchem Kurs innerhalb der letzten 20 Jahre die französischen zu den deutschen Währungen gestanden hatten.[575] Die Regierung war gezwungen, sich mit verschiedenen Anschuldigungen und Forderungen zu beschäftigen, die gegen Driesch erhoben wurden. So hatte er einem Untertanen die vom Bischof gnadenhalber gewährte Unterstützung eigenmächtig vorenthalten.[576] Bei Speyrer Bürgern hatte er Schulden von insgesamt 150 fl., die bis auf das Jahr 1715 zurückgingen.[577] Ein Bauer aus dem Pfalz-Birkenfeldischen hatte bei Driesch Schafe gekauft und die Hälfte des Kaufpreises schon gezahlt, ohne aber bisher auch nur ein Tier bekommen zu haben.[578] Driesch beklagte sich über die Art der Haft und über die Weigerung der Kammer, ihm die nötigen Dokumente für seine Arbeit zu geben.[579] Trotz entsprechender Bitten an den Fürsten änderte sich nichts an seiner Lage. Vor der Tür seines Zimmer stand ein Doppelposten. Besuch durfte er nicht empfangen. Die Bitte der Claudia Therese Driesch, ihren kranken Mann pflegen zu dürfen und für seine Freilassung eine Kaution zu zahlen, wurde von Damian Hugo abgelehnt.[580] Drieschs Partei wandte sich schließlich an den Kaiser, doch auch die Fürbitte aus Wien konnte Damian Hugo nicht bewegen, seine Härte gegenüber Driesch zu mildern. Driesch starb vier Jahre später.[581] Seine noch nicht fertiggestellten Rechnungen wurden zur abschließenden Bearbeitung Kammerrat Dona übergeben. Die Affäre Driesch war nicht geeignet, den ohnehin mißtrauischen und ernsten Damian Hugo freundlicher zu stimmen. Sie bestätigte ihn in seiner Neigung, alles im Detail selbst überprüfen zu wollen. Sie erklärt auch die Ungeduld und die Konsequenz, mit der er die Kammer reorganisierte, ganz so, als ob er damit eine ähnliche Affäre für immer zu verhindern hoffte.

Im November 1720 erließ Damian Hugo eine Geschäftsordnung *„Wie die Camer hinfüro reguliert und alles darin geführt werden soll"*.[582] In der Zahlkassenordnung vom Januar 1720 waren die Befugnisse des Landschreibers schon erheblich eingeschränkt worden. Die Kammerordnung schaffte nunmehr dieses Amt für die Zeit, während der sich der Fürst im Hochstift aufhielt, ganz ab. Künftig sollte der jeweils älteste Kammerrat die Sitzungen leiten. Die Kammer sollte künftig wie folgt arbeiten: Die einlaufenden Geschäfte wurden in vier Sachgruppen zusammengefaßt und jeweils immer einem bestimmten Kammerrat zur Bearbeitung übergeben. Diese Departements genannten Sachgruppen bestanden aus: 1) Hofsachen, Bauwesen, Militär, Extraordinarien und Zahlamtssachen, 2) *„Cameral Sachen"* wie Wald und Forsten, Fischerei, Weinberge, Ökonomiehöfe, Äcker, Wiesen und Zehnt, 3) Schatzung, Kontribution und Polizei, 4) Rechnungsrevision. Jeder Kammerrat sollte über eine ihm nach seinem Departement zugewiesene Sachfrage ein Referat nebst Beschlußvorlage anfertigen und in der Kammer vortragen. Das Referat wurde dann *„von Punkt zu Punkt ad protocollum cum voto"* genommen. Die Kammer konnte sich nun dem *„conclusum"* des Referenten anschließen oder einen anderen, abweichenden Beschluß fassen. Die behandelten Materien waren nicht *„confus"* durchzugehen, sondern sorgfältig voneinander separiert im Protokoll niederzuschreiben.

Die Fachämter und Zahlkassen sollten Anfragen schriftlich, mit Datum und Unterschrift versehen, bei demjenigen Kammerrat einreichen, in dessen Departement die Angelegenheit fiel. Die Vertreter der betreffenden Ämter hatten nicht gleich wegen jeder Lappalie an den Sitzungen der Kammer teilzunehmen. In einfachen Angelegenheiten, Anfragen usw. konnte der damit betraute Kammerrat ohne Vortrag in der Kammer „*gleich direkt die Resolution darauf*" geben. Doch auch diese Entscheidung mußte zu Protokoll genommen werden. Die Kammer konnte sie wieder aufheben, wenn sie ihrer Meinung nach nicht zum Besten des Hochstifts getroffen worden war. Angelegenheiten, die nicht in ein bestimmtes Departement fielen, wurden von den Räten gemeinsam und ohne Referat besprochen. Ferner befahl Damian Hugo, daß *„das Zeitung erzählen, das unnötige Zanken, das Discutieren und Briefschreiben, das unnötige Projecte machen und andere dergleichen nicht in ein dicasterium gehörende Dinge völlig abgeschaffet"* werden sollten.

Neben genauen Verordnungen für den Geschäftsgang gab Damian Hugo präzise Vorgaben, wie die Protokolle abzufassen waren. Sie durften nicht mehr von einem Kammerrat zu Hause, nach der Sitzung und gleichsam aus dem Gedächtnis niedergeschrieben werden, sondern waren künftig vom Kammersekretär anzufertigen, der auf genaue Erfassung des Sachverhalts und vollständige Wiedergabe zu achten hatte. Schon im Mai 1720 hatte Damian Hugo den Kammerräten befohlen, die ihnen zurückgegebenen Protokolle sofort auf seine in Randbemerkungen gegebenen Anweisungen und Befehle hin durchzugehen, nach diesen zu verfahren und eine entsprechende Vollzugsmeldung in das neue Protokoll aufzunehmen. Weiter befahl er, daß das eingereichte Protokoll von allen Kammerräten unterschrieben werden mußte, damit später kein Rat behaupten konnte, von bestimmten Beschlüssen oder Befehlen nichts gewußt zu haben.[583] Beide Anweisungen wurden in der Kammerordnung wiederholt.

Die Umsetzung der neuen Ordnung läßt sich anhand des in den Protokollen niedergelegten Geschäftsgangs nachweisen. Die Protokolle entsprachen schon in der äußeren Form Damian Hugos Anweisungen. In einer Mischung von Verlaufs- und Ergebnisprotokoll wurden die Entscheidungen Punkt für Punkt festgehalten. Für jeden Sachbetreff wurde ein neues Blatt angelegt und mit einem entsprechenden Vermerk versehen wie „*Marschallamtssachen*", „*Bauamt*", „*Amt Deidesheim*", „*Schäferei Kirrweiler*", „*Militär*", „*Manumission*". Die Materien wurden nicht immer oder nicht immer so voneinander getrennt, wie es Damian Hugo sehen wollte. Mehrmals mußte er die Separation der behandelten Fragen anmahnen. „*Warumb denn*" schrieb er z. B. in einer Marginalie, „*zwei Materien in einem protokolla, wir wollen es absolute nicht mehr sehen*".[584]

Nicht jedes kleine Detail der Kammerordnung ist tatsächlich befolgt worden. Dagegen floß durch die tägliche Arbeit vieles in den Geschäftsgang ein, was in der Kammerordnung nicht vorgesehen war. So wurden die angefertigten Protokolle noch einmal in der Kammer verlesen und gegebenenfalls revidiert.[585] Damian Hugo wollte den Geschäftsgang zwischen Kammer und Ämtern schriftlich erledigt sehen. In einem Gutachten des Kammerrats Nentwich bemerkte er, alle Berichte der lokalen Behörden an die Zentralämter sollten zuerst an seine Geheime Kanzlei gehen, um dort kopiert zu werden. Folglich waren mündliche Berichte in einer Kammersitzung nicht vorgesehen, wurden aber üblich. Abweichend von seiner ursprünglichen Intention hat Damian Hugo dieses Verfahren nicht gerügt. Mündliche Referate der Kammer vor dem Fürsten, wie ursprünglich verordnet, hat es nie gegeben. Damian Hugo regierte durch die Protokolle. Dagegen ist nicht nachweisbar, daß Beschlüsse der Kammer ausgeführt wurden, ohne daß der Fürst nach der Lektüre des Protokolls sein „*placet*" dazu gesetzt hätte. Damian Hugo kam Eigenmächtigkeiten schnell auf die Schliche und blieb die letztentscheidende Instanz. Problematisch war jedoch, daß zwischen dem Einreichen des Protokolls und Damian Hugos Entscheidung, ausweislich der datierten Marginalien, eine gewisse Zeit verstrich. In einem Fall waren es 20 Tage.[586] Ein ähnliches Problem hatte sich schon bei den Assignationen ergeben. Damian Hugo erkannte von vornherein diese Schwierigkeit. Nach der Kammerordnung war vorgesehen, daß in Fällen, bei denen Gefahr in Verzug war, ein notwendiger Beschluß auch ohne Resolution des Fürsten rasch gefaßt und in die Tat umgesetzt werden konnte. Auffallend ist, daß die Beschlußvorlagen der referierenden Räte von der Kammer zum größten Teil übernommen wurden. Bemerkenswert ist des weiteren, daß Damian Hugo wiederum diese Beschlüsse in der weit überwiegenden Zahl der Fälle guthieß. Damian Hugo war also nicht der einzige fähige Mann im Staate Speyer, der nur von unfähigen Beamten umgeben war. Die von den Beamten insgesamt offensichtlich bewiesene Kompetenz war Damian Hugo natürlich willkommen, denn er wollte nicht alles selbst verrichten, wenngleich als die jederzeit präsente oberste Kontrollinstanz wirken. Der Kardinal und Fürstbischof formulierte es mehrfach als sein Ziel, die „*dicasteria*" so weit einzurichten, daß sie von selbst gut arbeiteten.[587]

Damian Hugo hat die Einrichtung der Departements nicht ausführlich begründet. Nur einmal deutet er an, daß sich die Räte bei der bisher üblichen Art der Geschäftsführung gegenseitig behinderten. Ging ein Kammerrat an eine bestimmte Aufgabe, so wurde ihm „*solches von einem anderen mittels ohnjustizierlichen contradictionen gehemmet*".[588] Die Lösung sah Damian Hugo darin, jedem ein Aufgabengebiet zuzuweisen, in dem er ungestört arbeiten konnte, denn das Erarbeiten eines Referats und einer Beschlußvorlage wurde immer nur einem Kammerrat übertragen. Damit sollte nicht nur eine zügige Bearbeitung ermöglicht werden, sondern auch bei möglicherweise auftretenden Fehlern oder Problemen ein bestimmter Rat verantwortlich gemacht werden können. Was der Kardinal an der Amtsführung der Kammer bitter beklagte, dürfte aber keine Besonderheit seines Fürstentums gewesen sein. Wie in den meisten, wenn nicht allen Territorien des Reiches waren auch die Speyrer Zentralbehörden nach dem Kollegialitätsprinzip organisiert, dessen umständliche und schwerfällige Arbeitsweise bei wachsender Aufgabenfülle zu einem Problem werden mußte.

Die Departements wurden nicht sofort eingerichtet. Im Dezember 1721 klagte Damian Hugo, daß der entsprechende Befehl „*a Camera ohn executiert geblieben*" und sich so die „*confusiones immerfort continuieren*".[589] Inzwischen war eine neue Aufstellung von Departements erarbeitet worden, die gegenüber der Systematik von 1720 einige neue Sachgebiete nannte. Dazu gehörten z. B. die Manumissionen und die „*französische Prozeß-Besorgung*", letztere zur Bearbeitung aller Angelegenheiten, die sich aus der französischen Oberhoheit über die südlich der Queich gelegenen Gebiete des Hochstifts ergaben.[590] Der Verhandlungspartner auf französischer Seite war in diesem Fall das königliche Conseil zu Colmar[591] oder der Intendant in Straßburg.[592] Ab Dezember 1721 ist das Bestehen der einzelnen Departements nachweisbar. Kammerrat Dona wurde das Kammerarchiv und die Revision sämtlicher in der Finanzverwaltung des Hochstifts anfallenden Rechnungen und Jahresabschlüsse übertragen.[593] Rechnungen als solche waren Damian Hugo sehr wichtig, sollten sie ihm doch helfen, jederzeit zu überprüfen, ob „cameralisch gehauset" wurde.[594] Nicht nur die Zahlmeister waren verpflichtet, stets Abrechnungen mit entsprechenden Belegen abzugeben, selbst der Hofzuckerbäcker mußte regelmäßig Rechnungen vorlegen. Als dieser darum bat, ihn von der lästigen Aufgabe zu befreien, stellte ihm Damian Hugo frei, seinen Dienst zu verlassen.[595] Besonders wichtig waren Damian Hugo die Kellereirechnungen, die auch Aufstellungen über eingenommene und ausgegebene Naturalien enthielten.[596] Neben den laufenden Geschäften hatte Dona aber auch die Kellereirechnungen aus der Zeit vor Damian Hugos Regierung zu überprüfen oder überhaupt erst anzufertigen. In einem Fall mußte er bis in das Jahr 1699 zurückgehen.[597] Die Rechnungen mit den entsprechenden Belegen ließ sich Damian Hugo jedesmal vorlegen. Es ist daher nicht verwunderlich, daß Dona seine Überlastung beklagte. Donas Bitte um einen eigenen Schreiber zur leichteren und schnelleren Bearbeitung der Rechnungen lehnte Damian Hugo jedoch ab. Donas Hinweis auf seine außerordentlichen Belastungen beeindruckte den Fürsten wenig. Er schrieb seinem Kammerrat, „das man eines thun könne, das andere aber nicht unterlassen muß".[598] Dem Kammerrat Haren wurden als Departement das Bauwesen, Zölle, Manumissionen und Steuern einschließlich Steuerrevisionen übertragen. Kammerrat Dincker betreute Bestallungen, Hofsachen und das Kriegswesen. Der Kammerrat und spätere Landschreiber Koch kümmerte sich um die Verpachtung der herrschaftlichen Mühlen und den Verkauf von Feldfrüchten aus den herrschaftlichen Ernten.

Das 1720 abgeschaffte Amt des Landschreibers richtete Damian Hugo im Sommer 1724 wieder ein und vertraute es dem Kammerrat Koch an.[599] Er habe „aus besonderen Ursachen bishero Bedenkens getragen", diesen Posten wiederzubesetzen, sich jetzt aber aus verschiedenen Gründen dazu entschlossen, zumal Koch viele Beweise seines Fleißes und seiner „treuen Aufführung" gegeben habe.[600] Die Erwähnung der besonderen Treue ist dabei kein Topos. In seiner Instruktion für die Statthalterschaft während seiner Romreise 1721 hatte Damian Hugo den Rat Koch mehrmals mit wichtigen Aufgaben betraut, die er zur vollen Zufriedenheit seines Fürsten wahrgenommen hatte.[601] Die „besonderen Ursachen" nannte Damian Hugo hier ebensowenig wie die Gründe, die ihn das Amt des Landschreibers 1720 abschaffen ließen. Die schlechte Amtsführung des Landschreibers Driesch kann nicht der Grund gewesen sein. Drieschs Nachlässigkeit wurde erst im Sommer 1720 bekannt, doch schon im Januar desselben Jahres hatte Damian Hugo die Kompetenzen des Landschreibers erheblich beschnitten. Damian Hugo mißtraute offensichtlich jeder mit Autorität und Lenkungsaufgaben versehen Instanz zwischen sich und der Kammer. Die Wiederbesetzung mit Koch bestätigt diese Vermutung, wird doch dessen besondere

Treue als qualifizierendes Kriterium ausdrücklich genannt. Ursache für die erneute Einrichtung des Landschreiberamtes dürfte nicht zuletzt die Arbeitsüberlastung Damian Hugos gewesen sein, die ihn zwang, gewisse Aufgaben zu delegieren, so daß sich die Kammerräte nicht mehr mit jeder Kleinigkeit an den Fürst selbst wenden mußten.

Die Kammerräte waren mit Arbeit reichlich eingedeckt. Neben den täglichen Kammergeschäften, deren Erledigung Damian Hugo nie schnell genug ging, hatte jeder Rat noch Sitz und Stimme in den Fachämtern oder wurde zu Kommissionen hinzugezogen, die jeweils für eine bestimmte Aufgabe gebildet wurden. 1735 und 1739 blieb Landschreiber Koch wegen einer Kommission in Lauterburg vielen Kammersitzungen fern.[602] Kammerrat und Hofzahlmeister Fleischmann gehörte mit Mitgliedern des Hofrates einer Kommission zur Reorganisation des Hospitals in Deidesheim an,[603] das völlig heruntergewirtschaftet war.[604] Derartige ‚Nebengeschäfte' erschwerten natürlich die Alltagsarbeit der Kammer. An nicht wenigen ihrer Sitzungen nahmen nur zwei[605] Kammerräte teil, ja einmal war sogar nur ein Kammerrat anwesend.[606] Im letzteren Fall ließ der betreffende Beamte – gewissermaßen als Aktennotiz – im Protokoll den Stand der Geschäfte vermerken. Fiel bei der Fülle von Aufgaben ein Kammerrat wegen Krankheit aus, mußte ein Teil der Arbeit unerledigt liegen bleiben.[607]

6.2.2. Die Regierung

Als besonders wichtige Zentralbehörde des Speyrer Staatswesens war die Kammer dem Fürsten 1720 in seine neue Bruchsaler Residenz gefolgt.[608] Die Regierung dagegen, auf oberster Ebene verantwortlich für den Bereich Verwaltung und Justiz, behielt ihr Domizil in Speyer. Kanzler Streit hatte im Januar 1720 beteuert, die Regierung leiste – anders als die Kammer – gute Arbeit, doch Damian Hugo hatte sich von dieser Versicherung nicht lange beruhigen lassen. Im November 1722 beklagte er sich über Versäumnisse und Langsamkeit des Gremiums. So habe er, Damian Hugo, zwei bis drei Monate auf einen bei Streit angeforderten Bericht warten müssen. Streit gebe mit seiner Haltung ein schlechtes Beispiel, das andere dazu verleiten könne, *„die nehmliche Conduit"* anzunehmen. Streit solle sich also bessern und auch *„die Untergebenen beßer zu Ihrer Schuldigkeit"* anhalten.[609] Damian Hugo bekräftigte bei dieser Gelegenheit, regieren zu wollen, wie es sich gebühre. Den Grund für die unbefriedigende Arbeit der Regierung in Speyer sah Damian Hugo darin, daß er ihre Arbeit nicht in der nötigen Weise leiten und kontrollieren konnte, seit er in Bruchsal residierte.[610] Die Lösung bestand darin, den wichtigeren Teil der Regierung nach Bruchsal zu verlegen, den anderen Teil aber in Speyer zu lassen, um die Gerechtsame des Bischofs in der freien Stadt zu behaupten.[611] Weiterhin hoffte Damian Hugo, mit einer Teilung der Regierung in zwei Gremien eine bessere und schnellere Bearbeitung der ihnen jeweils zugewiesenen Geschäfte zu erreichen. Der Teilumzug der Administration nach Bruchsal sollte vermutlich auch die Regierungsgeschäfte dem Einfluß des Domkapitels entziehen.[612]

Damian Hugo hat sich dazu selbst gegenüber seinen engsten Vertrauten nicht geäußert, doch spricht manches dafür, nicht zuletzt die später erhobene Forderung des Domkapitels, die Regierung nach Speyer zurückzuverlegen. So blieb der Präsident der Regierung, der stets aus den Reihen der Domkapitulare kam, nach der Teilung in Speyer.[613]

An der Ausarbeitung der Zahlkassen- wie der Kammerordnung haben weder Kammerräte noch andere Beamte und Vertraute mitgewirkt. An der Geschäftsordnung für die Regierung waren dagegen von Anfang an Regierungsräte konzeptionell beteiligt. Am 28. Dezember 1723 legte Regierungsrat Nentwich ein Gutachten vor, das sich freilich an einschlägigen Vorgaben Damian Hugos orientierte. Damian Hugo, der viele Überlegungen Nentwichs zu zaghaft und zu halbherzig fand, arbeitete den Entwurf komplett durch und entwickelte dabei eine neue Organisation der Regierung. Er betonte, daß er nichts anderes wolle, als eine *„simple separatio dicasterii in duabus"* wobei die Geschäfte auf zwei Gremien zu verteilen seien, *„umb dadurch die Justiz und des Hochstifts Dienst desto geschwinder und besser zu befordern"*.[614] Damian Hugo hoffte also auch auf eine bessere Verwaltungseffizienz durch Spezialisierung. Die Räte würden dann *„fleisiger, besser und geschwinder"* arbeiten können.[615] Bei der Frage, wie die Regierungsgeschäfte künftig einzuteilen seien, äußerte Damian Hugo zunächst nur, daß alles, was seine tägliche Resolution erfordere, nach Bruchsal kommen solle.[616] Die *„Process Criminal und Feudalsachen"* verblieben in Speyer. Die gesamte Verwaltung dagegen war künftig von Bruchsal aus zu besorgen. Nentwich erhob hiergegen Bedenken. Die meisten Räte in Bruchsal seien mit dieser Materie nicht vertraut. Die Akten befänden sich in Speyer und wären in Bruchsal nicht zur Hand.[617] Nentwich mache die Sache schwerer, als sie sei, meinte Damian Hugo dazu. Die Akten könne man schließlich von Speyer nach Bruchsal holen. Etwas gereizt bemerkte er beiläufig, er habe in den Verwaltungssachen in Speyer bisher keinen Fortschritt gesehen. Nentwich aber nutzte die Gelegenheit, weitere Bedenken vorzutragen. Ob wirklich ein Kanzlist der Geheimen Kanzlei Protokollführer in der Militärdeputation sein müsse, da dann bei der dünnen Personaldecke der Kanzlei Arbeit liegen bleibe?[618] Nentwich berührte damit einen Punkt, den verschiedene Räte und Beamte immer wieder deutlich, wenn auch mit der üblichen Devotion ansprachen. Damian Hugo aber war auf diesem Ohr taub.

Die Regierungsstelle zu Bruchsal hieß *„Hof- und Regierungsrat von dem Fürstentum und dem Bischof von Speyer"*, wurde aber vereinfachend *„Hofrat"*, ihr Gegenstück in Speyer *„Regierung"* genannt.[619] Ganz nach dem Muster der Kammer erhielt jeder Regierungsrat ein bestimmtes Departement. Soweit es den Verkehr zwischen der Bruchsaler und der Speyrer Teilregierung betraf, verfügte Damian Hugo, die Speyrer Räte sollten ihre Kollegen in Bruchsal informieren. Eine Information Speyers durch Bruchsal über die dort verhandelten Fragen hielt er nicht für nötig.[620] Abschließend wurde Nentwich aufgetragen, erneut ein Projekt vorzulegen, *„daher er nun mein [Damian Hugos, S.M.] Intention recht siehet"*.[621]

Dieses erste Separationsprojekt sollte wahrscheinlich einen Zustand regeln, der bis zu einem gewissen Grad bereits eingetreten war. Schon im März 1723 hatte Damian

Hugo einigen Räten befohlen, ihre Wohnung in Bruchsal zu nehmen, da er sie hier zu seiner Regierung brauche.[622] Vom 30. Dezember 1723 ist ein zweiter Entwurf zur Separation der Regierung datiert, den Damian Hugo selbst entwickelte und dem Regierungsrat Hartmann zur weiteren Ausarbeitung übergab. Damian Hugos Entwurf war ausführlicher und präziser, wich aber nicht grundsätzlich von Nentwichs Entwurf ab. Es blieb bei der Separation der Regierung in zwei Teile, die zu Speyer und Bruchsal residierten. In Speyer blieben „*Prozeß Sachen, die feudalia und die criminalia*"[623] sowie die „*civilia*". Der Rat beim „*Hoflager*" (Bruchsal), kurz der Hofrat, sollte dagegen „*alle jurisdictionalia, publica, politica, Stats und Polizey unter Eminentissimi Nahmen traktieren*". Delikat war ein weiteres Aufgabengebiet des Hofrates: Die Räte mußten aktiv werden, wenn der Fürst ein „*ex illegitima cohabitatione erzieltes Kind legitimieren*" wollte. Ferner gehörten nach Bruchsal der Rechtsschutz speyrischer Untertanen vor fremden und ausländischen Gerichten, das Geleitrecht, die Aufsicht über die Zünfte und ihre Statuten, die Ausschreibung von Steuern, die „*jura fiscalia*" sowie das Zollwesen. Das Steuer- und Zollwesen durfte nur soweit von der Regierung behandelt werden, wie es nicht zu den Aufgaben der Kammer gehörte. Weitere Bestimmungen des Entwurfs regelten den Geschäftsgang des Bruchsaler Hofrats und dessen Zusammenarbeit mit der Regierung in Speyer: Da er nur mit dieser zusammen „die" Regierung bildete, wurden alle Ausfertigungen und Expeditionen von Speyer aus erledigt, wo mit dem Präsidenten auch die Direktion der Gesamtregierung ihren Sitz hatte. Alle Schreiben, Berichte usw. an die Regierung gingen erst an den Fürsten zu dessen Kenntnisnahme, bevor sie von dort zu den jeweils zuständigen Behörden in Bruchsal oder Speyer gelangten.

Damian Hugo trug dem Vizekanzleidirektor Hartmann auf, er solle nun, wo er die Intentionen seines Fürsten kenne, ein genaues Projekt erarbeiten, „*dann wir wollen so lang die Sach miteinander durch arbeiten, bis endlich die verlangte Formb herauß kombt*". Hartmann legte nach einem halben Jahr, im Juni 1724, das geforderte Projekt vor. Hinsichtlich der Aufteilung der Geschäfte auf Bruchsal und Speyer hielt er sich wörtlich an Damian Hugos Entwurf. Für den Geschäftsgang innerhalb der Bruchsaler Regierung scheint sich Hartmann an der Kammerordnung orientiert zu haben. Er übernahm deren Grundsätze, besonders was Art und Umfang der Protokolle betraf. In anderen Bereichen zerlegte er den Geschäftsgang in kleine und kleinste Schritte. Nach Hartmanns Entwurf sollte sich der Hofrat aus dem Vizekanzleidirektor als Vorsitzendem und zwei bis drei Hofräten zusammensetzen. Die Regierung bestand aus dem Regierungspräsidenten, der stets ein Domkapitular war, dem Vizekanzler und vier Regierungsräten. Jedes Gremium fertigte eigene Protokolle an. In der Anwesenheitsliste der Regierungsprotokolle waren die Mitglieder des Hofrates als abwesend und „*apud Eminentissimum*" zu führen.[624] Damit wurde wiederum gezeigt, daß es sich beim Hofrat um keine Zweit- oder Nebenregierung handelte. Wie schon bei der Kammerordnung läßt sich auch bei der Geschäftsordnung des Hofrates nicht genau sagen, wann sie in Kraft trat. Da die neue Regierungsordnung einen Zustand regelte, der bis zu einem gewissen Grade bereits eingetreten war, könnte sie gleichsam gleitend umgesetzt worden sein. Praxis wurde sie zweifellos.

Damian Hugos Hoffnung, daß die Justiz wie die Verwaltung bei einer entsprechenden Teilung der Regierung besser und schneller arbeiten können, erfüllte sich nicht. Es gelang nie, die Arbeit der beiden Zentralbehörden in geeigneter Weise aufeinander abzustimmen. Die Geschäfte im Dreieck von Regierung, Hofrat und Fürst waren ohne „*3 und 4 fachter Arbeydt und Geschreibs*" nicht zu bewältigen.[625] Kritisch war der Fürstbischof besonders gegenüber der Regierung und ihren Ambitionen eingestellt. So verbot er ausdrücklich, daß diese Behörde sich in Kammer-[626] oder Kirchensachen[627] einmischte. Mit ihren Protokollen war er unzufrieden.[628] Andererseits erhielt der Hofrat zu Bruchsal die Weisung, er solle die Protokolle der Regierung genauer lesen.[629] Offensichtlich gab es also einigen Reibungsverlust. Ein Gutachten über den Zustand des Stiftes aus der Umgebung des Domkapitels kritisierte die Teilung der Regierung mit herben Worten: Der Fürst tue nichts anderes, als seiner eigenen Regierung die Arbeit „*höchstschwehr, verdrüsslich und widerrätig*" zu machen. Die Arbeitsweise der Gremien sei aufwendig und schwerfällig, auch weil ohne Resolutionen Damian Hugos nichts entschieden, geschweige denn unternommen werden dürfe. Das Damian Hugo gegenüber mißgünstig gestimmte Kapitel sah das Bruchsaler Gremium mit lauter unfähigen Leuten besetzt. Zwischen den Teilbehörden sah der anonyme Verfasser nur Mißtrauen herrschen; er stellte fest, daß „*diese getheilte membra ein gantzes dicasterium formierenden sollenden corporis öfters aus jalousie oder anderer verborgener Ursachen sich ein studium mache, directè gegen einander zu votiren*". Die Justiz arbeitete zudem nicht schneller, sondern eher noch langsamer, da, so das Gutachten, nichts entschieden werden dürfe, was der Fürst nicht vorher durchgesehen habe.[630]

Von der „*Separation*" der Regierung hatte Damian Hugo schon deswegen zu Unrecht Besserung erhofft, weil sie nicht konsequent durchgeführt wurde. Der Bischof befahl nämlich dem Hofrat, seinerseits über die in der Regierung beratenen Gegenstände „*Notamina*" einzureichen.[631] In bestimmten Fällen forderte er den Hofrat ausdrücklich auf, zu einer Entscheidung der Regierung Stellung zu nehmen. So hatte die Regierung 1724 gegen einen Untertanen eine Geldstrafe verhängt. Der Hofrat wurde um seine Meinung in diesem Fall gebeten mit der Anweisung Damian Hugos, „*wenn hierbey weiter nichts von unseren Bruchsaler Hofräten zu erinnern, fiat justitia*". Der Hofrat aber war mit der verhängten Geldstrafe nicht einverstanden und bat die Regierung um eine nähere Erklärung ihrer Entscheidung. Dies wiederum lehnte Damian Hugo ab, da sonst die Justiz „*sehr weitläufig und schwer fallen wirdt, wann die Regierung zu Speyer sich über alles legitimieren soll, wie hier ratione der Geldstraf*".[632] Regierung und Hofrat befanden sich somit in einem eigenartigen Schwebezustand zwischen Trennung und Zusammenarbeit. Offensichtlich nutzte der Landesherr in Zweifelsfällen die Existenz zweier Behörden zur Kontrolle und Selbstvergewisserung.

Davon abgesehen arbeitete die Regierung in den Justizsachen nicht so, wie es sich Damian Hugo erhofft hatte. Im Sommer 1725 wies der Bischof daher die Speyrer Regierung an, „*wegen schleuniger Außarbeitung der Processachen und baldiger Administrierung der Justiz*" alle Verfahren in zwei, höchstens drei Wochen zu bearbeiten.[633] In einem Schreiben vom 3. Januar 1726 teilte er dann Hofrat Gaukert in Speyer mit, daß künftig auch die Justiz („*Process- und Criminal Sachen*") in Bruchsal ihren Sitz nehmen solle. Gaukert und vier weitere Mitglieder der Speyrer Regierung sollten daher nach Bruchsal ziehen. Nur ein Restbestand der Regierung verblieb weiterhin „*in Monitierung unserer Gerechtsame*" in Speyer.[634] Welches ihre Aufgaben waren, sagte Damian Hugo nicht. Aus den früheren Projekten ergibt sich, daß es sich nur um Lehensachen handeln konnte. Damian Hugos Entschluß, nun auch die Gerichtsbarkeit in Kriminal- und Justizsachen nach Bruchsal zu ziehen, wurde wenig später auch der Bruchsaler Regierung mitgeteilt[635] und zügig in die Tat umgesetzt.

Trotz mancher Klagen war Damian Hugo 1726 mit seiner bisherigen Regierungsarbeit und seinen Reformen der Zentralbehörden zufrieden. Er hoffe, schrieb er an Gaukert, daß in Zukunft „*die Justiz und Regierungssachen wohl gehen werden*" und alles „*selber alleine gehen könne*", er sich also von den täglichen Regierungsgeschäften zurückziehen könne, auch mit Rücksicht auf seine schlechte Gesundheit.[636] Tatsächlich beließ Damian Hugo seitdem die Zentralbehörden so, wie er sie bis zum Jahre 1726 organisiert hatte. Er muß demnach mit der weiteren Arbeit von Regierung und Kammer im großen und ganzen zufrieden gewesen sein, andernfalls hätte er, denkt man an seinen zupackenden Regierungsstil, nicht gezögert, erneut einzugreifen. Dennoch hat er sich nie so weit von den täglichen Geschäften zurückgezogen, wie er es in seinem Brief an Gaukert als Zukunftsideal andeutete. Dies lag zum einen daran, daß der Fürstbischof sich nicht gerne etwas aus der Hand nehmen ließ. Zum anderen aber arbeitete der Hofrat nicht so effizient, wie es sich Damian Hugo wünschte. Die schleppende Bearbeitung der Justizsachen hatte er schon beklagt, als diese noch zum Aufgabenbereich der Speyrer Regierung gehörte. Den Hofrat zu Bruchsal wies er am 25. Februar 1726 an, künftig am Montag, Dienstag, Donnerstag, Freitag und Sonnabend zu Sitzungen zusammenzukommen, um einen „*schleunigeren Vollzug*" der Justizsachen zu gewährleisten.[637] Genauere Beobachtung seines Hofrates schien ihm hierfür das beste Mittel zu sein. Über jeden abgeschlossenen Prozeß war ihm eine „*Definitiv-Relation*" vorzulegen. Da jeder Rat pro Quartal eine gewisse Anzahl derartiger Relationen anzufertigen hatte, mußten in dieser Zeit die betreffenden Prozesse auf alle Fälle beendet sein. Erfolg war der Regelung nicht beschieden. Im Mai 1727 schrieb Damian Hugo an den Hofrat, daß ihn täglich Bittschriften „*pro promovendo justitiae*" erreichten. Gerade im Bereich der Justiz, so Damian Hugo weiter, schmerzten ihn Mängel besonders. Er drohte den Hofräten mit Strafen, sollte die Regelung der Definitivrelationen nicht eingehalten werden, denn dies geschehe „*zu lieb und Promovierung der heiligen Justiz und unserer besonderen Beruhigung unseres Gewissens*".[638] Im Hofrat regte sich Widerstand. Auf Damian Hugos Befehl berichtete der Kanzleidirektor Hartmann, Hofrat Gaukert habe es abgelehnt, die durch die Definitivrelationen entstandene Mehrarbeit zu übernehmen. Hofrat Lihr sagte in der gleichen Sitzung sinngemäß, er habe nicht studiert, um jetzt Schreibarbeiten zu machen. Alle anderen Räte hätten dazu geschwiegen, so Hartmann abschließend.[639] Es gibt leider keine Quellen, die berichten, wie Damian Hugo auf derartigen Widerstand reagierte. Entlassen wurden die beiden Räte, die „*sehr Respekt vergessen sich aufgeführt*", jedenfalls nicht.[640]

Aus dem Jahre 1735 ist ein Auszug aus dem Hofratsprotokoll erhalten, in dem eine Reihe laufender Prozesse aufgelistet wird. Wie die Marginalien Damian Hugos zeigen,

Abb. 19: Schloß Bruchsal.

werden hier selbst Prozesse als noch nicht abgeschlossen aufgeführt, in denen er selbst bereits ein endgültiges Urteil verhängt hatte.⁶⁴¹ Im Jahre 1741 beklagte er erneut, daß es ihm nie gelungen sei, eine zügig arbeitende Justiz in seinem Hochstift einzurichten.⁶⁴² In dieser Hinsicht meinte Damian Hugo gescheitert zu sein. Man sollte sich jedoch nicht der Möglichkeit verschließen, daß Damian Hugo das Problem dramatischer sah, als es tatsächlich war. Es ging ihm nirgendwo gut und schnell genug. Sein ganzes Wesen war überdies nie frei von depressiven Zügen, die ihn die Welt dunkel und grau sehen ließen.⁶⁴³ Ob die Justiz wirklich so schleppend dahinging, ließe sich nur dann genauer beantworten, wenn man Damian Hugos Regierung mit der seiner Vorgänger und Nachfolger vergliche oder auch andere Territorien zum Vergleich heranzöge. Nützlich wäre es auch, die Sichtweise anderer Zeitgenossen, etwa der Hofräte und lokalen Amtmänner, kennenzulernen. Bis auf den erwähnten Fall schweigen die gesichteten Quellen hierzu.

Durch die Zuweisung der Justiz an den Bruchsaler Hofrat und die personelle Aufstockung dieser Behörde durch Mitglieder der Regierung in Speyer war die ursprünglich vorgesehene „*Separation*" zumindest stark durchlöchert worden. Die klare Abgrenzung zwischen Rechtsprechung und Verwaltung erschien Damian Hugo auf Grund seiner Erfahrungen später wieder sinnvoll. Am 1. August 1729 verfügte er, Justiz und Verwaltung sollten in getrennten Sitzungen behandelt werden. Am Dienstag sollte die „*Land-Sachen-Session*" stattfinden, am Mittwoch waren die „*Process-Sachen*" zu bearbeiten. Die Hofräte sollten künftig wieder nur eines der beiden Sachgebiete bearbeiten. Für die Justiz waren drei Hofräte vorgesehen.⁶⁴⁴ Diese Arbeitsteilung innerhalb einer Behörde erinnert an die Departements der Kammer. Tatsächlich wurden die mit der Justiz betrauten Hofräte als „*Process-Departement*"⁶⁴⁵ oder „*Landprocess-Departement*"⁶⁴⁶ bezeichnet.

6.2.3. Der Geheime Rat

Am 2. Januar 1727 ernannte Damian Hugo den Obermarschall von und zu der Hess, den Geheimen Sekretär und Hofrat von Nentwich und Kanzleidirektor Hartmann zu Wirklichen Geheimen Räten.⁶⁴⁷ Damit war der Geheime Rat zwar nicht neu eingerichtet, aber neu belebt worden. Durch das kleine Gremium erhoffte sich Damian Hugo wiederum Hilfe und Entlastung bei der Regierungsarbeit, der er sich wegen fortgeschrittenen Alters und angegriffener Gesundheit nicht ausreichend gewachsen fühlte. Den Räten sollte jeweils ein „*Kästlein*" überbracht werden, für das nur sie und der Fürst einen Schlüssel besaßen. Die darin enthaltenen Akten sollten sie alleine lesen und, wie Damian Hugo ausdrücklich bemerkt, von Weib, Kind, Mägden und Knechten fernhalten. Insbesondere sollten sie beim Aktenstudium nicht „*saufen, welches wir in specie mehr als den Teufel selbsten hassen*". Ein genau festgelegtes Aufgabengebiet hatte der Geheime Rat nicht. Ein gewisser Schwerpunkt der Beratungen lag aber, modern gesprochen, bei Fragen der Außenpolitik sowie der inneren und äußeren Sicherheit. So wurde in dem Gremium z. B. über das nicht unproblematische Verhältnis zwischen dem Hochstift und der Kurpfalz[648] wie über „*rebellische Untertanen*" in Odenheim beraten.[649]

6.2.4. Die Fachämter

Neben Kammer und Regierung bestanden im Hochstift Speyer weitere Zentralbehörden, freilich mit enger umrissenen Arbeitsgebieten. Sie wurden als Departement, Deputation oder einfach als Amt bezeichnet und sollen hier der Kürze wegen Fachämter genannt werden. Mit der Einrichtung der Fachämter änderte sich für den Geschäftsgang zwischen Hofzahlamt bzw. Zahlkassen und der Kammer wenig. Zwar waren es nun die Fachämter und nicht mehr die Kammer, welche die Höhe der benötigten Gelder veranschlagten und nach Auszahlung verwendeten, doch die Assignationen an die entsprechende Zahlkasse via Zahlmeister konnte nur die Kammer erteilen.

Einzelheiten über Aufbau und Arbeit der „*Kriegs-*" oder „*Militär-Deputation*" sind unbekannt. Sicher ist nur, daß dieses Amt wie alle anderen auch ein Protokoll über seine Sitzungen anfertigte und dem Fürsten vorlegte. Es gibt keine näheren Hinweise, wie die Deputation personell besetzt war. Natürlich wäre hier an Offiziere der kleinen speyrischen Armee zu denken. Nachzuweisen ist nur die Anwesenheit eines Kammerrates, dem in der Kammer das Militärdepartement anvertraut war. Der Kammerrat nahm das Protokoll der Militärdeputation mit in die Kammersitzungen und referierte daraus, soweit Aufgaben der Kammer betroffen waren.[650] Im Januar 1732 bestand die Armee des Hochstifts aus einer Kompanie Leibgrenadiere zu Fuß und drei Kompanien Musketieren mit zusammen etwa 400 Mann. Das Offizierskorps setzte sich aus einem Oberst, zwei Hauptleuten, einem Leutnant und zwei Fähnrichen zusammen.

Dem Hofmarschallamt gehörten im Jahre 1733 der Hofmeister Domenicus Freiherr von Kreppen, Kammerrat und Hofkeller Duras, Haushofmeister von Belondy und Hoffourier Heger an. Zu den Aufgaben des Amtes gehörte das Personalwesen einschließlich der Jurisdiktion über die Bediensteten des Hofes (Lakaien, Diener, Mägde usw.).[651] Protokolle wurden auch in dieser Behörde angefertigt und dem Fürsten vorgelegt. Der im Hofmarschallamt sitzende Kammerrat war in der Kammer mit dem entsprechenden Departement betraut.[652]

Es ist nicht erstaunlich, daß ein Fürst wie Damian Hugo, der gerne und viel baute, für das Bauwesen eine eigene Behörde benötigte. Bereits im Mai 1720 entschloß sich Damian Hugo, in Bruchsal eine neue Residenz zu errichten.[653] Ursprünglich wollte er das alte Schloß der Bischöfe neben dem Speyrer Dom ausbauen, doch die Stadt Speyer ließ von Anfang an erkennen, daß sie einen Aufenthalt des Bischof in ihren Mauern nicht wünschte, da dies mit dem Status einer Freien Reichsstadt unvereinbar war. Der Wirtschaftsfaktor Residenz beeindruckte die verarmte Stadt offenbar wenig. Aus Altenbiesen kommend, residierte Damian Hugo zunächst in Ruppertsberg und bezog dann bis zur Fertigstellung der Residenz den Rollingenschen Hof zu Bruchsal.[654] Neben dem Residenzbau wurden sehr bald weitere Projekte wie Amts- und Pfarrhäuser, Ökonomiebauten und Zehntscheuern konzipiert.[655] Eine bestimmte

151

Baubehörde fand Damian Hugo bei Amtsantritt nicht vor, sieht man von dem Gremium ab, das aus dem Baumeister Froimont, dem *„Bauadjudant"* Mayer sowie einem Bauschreiber bestand. Damian Hugo war mit dieser Organisationsform nicht zufrieden. Was im Bauwesen geplant und ausgeführt werden sollte, übertrug er zunächst ad hoc gebildeten Kommissionen. Im Dezember 1721 wurde, gleichsam als ständige Kommission, das Bauamt geschaffen. Seine Einrichtung begründete der baulustige Fürstbischof mit der zu schleppenden Bearbeitung aller einschlägigen Fragen im bisherigen Geschäftsgang. Dem Bauamt gehörten an: Kammerrat Koch, der in der Kammer das Baudepartement versah,[656] Bauzahlmeister Geiger, Werkmeister Seitz, seit dem 15. Januar 1722 in diesem Amt,[657] und Bauschreiber Schulemann. Froimont und Mayer genossen nicht das Vertrauen Damian Hugos, so daß sie es vorzogen, im November 1720 ihren Abschied zu nehmen.[658] Froimont ging nach Mannheim, um dort den Bau des Schlosses zu leiten, das im selben Jahr (1720) wie die Bruchsaler Residenz begonnen wurde.[659] Wie bei den anderen Ämtern ließ sich Damian Hugo auch beim Bauamt durch Protokolle über Beratungen und Entscheidungen unterrichten. Das Protokoll des Bauzahlmeisters Geiger ging zusammen mit seinen Rechnungen zunächst an die Kammer, bevor es von dort an den Fürsten weitergereicht wurde.[660] Wie in anderen Zweigen der Verwaltung achtete Damian Hugo auf genaue Abrechnungen.[661] Durch die Mitgliedschaft eines Kammerrats war auch das Bauamt mit der Kammer verbunden.[662]

Der Schönborn ließ sich im Bauwesen nichts aus der Hand nehmen. Immer wieder gab er detaillierte Anweisungen, welche Mitglieder des Bauamts an welchem Ort welche Aufgaben wahrzunehmen hatten. So wurden Koch, ein Werkmeister und ein Zimmermann zum Pfarrhaus nach Herxheim geschickt, um es zu begutachten und gegebenenfalls dessen Renovierung zu projektieren.[663] Koch sollte ferner Schloß, Ställe und Magazine in Jockgrim[664] und die Scheuer in Rheinhausen untersuchen[665]. Später visitierten Koch, Seitz und Geiger das baufällige Amtshaus in Marientraut.[666] Die Aufsicht über die Bauarbeiten als solche wurde 1725 Baron Christian von Vogelsang übertragen. Vogelsang, Colonel und Capitain der speyrischen Garde zu Fuß, hatte dabei Disziplinargewalt über die beim Bau Beschäftigten. Diese erstreckte sich nicht nur über die zur Zwangsarbeit verurteilten Sträflinge,[667] sondern auch über die eingestellten freien Handwerker.[668] Angesichts solcher Organisation konnte Damian Hugo die gesamte Bautätigkeit leicht überschauen.[669]

Im März 1728 plante oder beaufsichtigte das Bauamt neben dem Residenzbau zehn weitere Projekte in Altenburg, Neudorf, Neuthard, Kislau, Hanhofen, Kirrweiler, Jockrim und Rot.[670] Obwohl damit eigentlich die Leistungsfähigkeit des Bauamtes unter Beweis gestellt wurde, war Damian Hugo mit der Arbeit der Behörde nicht zufrieden. Regelmäßig kritisierte er deren angeblich zu langsame und zu schwerfällige Arbeit.[671] Sogar das Tabakrauchen der Handwerker auf dem Bauhof war ihm eine Rüge und ein strenges Verbot wert.[672] Wiederholt zeigte sich Damian Hugo auch als schonungsloser und ungerechter Herr. Ungerecht, so Renner, war seine Kritik an dem in baden-badischen Diensten stehenden und an ihn entliehenen Baumeister Rohrer.[673] Schonungslos begegnete er dem schon genannten Seitz. Der mit Arbeit überhäufte und stets kränkelnde Werkmeister kehrte schließlich aus einem ihm wider-

Abb. 20: Das kühn geschwungene Haupttreppenhaus im Buchsaler Schloß.

willig gewährten Urlaub nicht nach Bruchsal zurück.[674] Der neue Baumeister Anselm Ritter von Groenesteyn trat selbstbewußter auf. Er warf Damian Hugo den Auftrag sozusagen vor die Füße, als der Bischof in seiner Abwesenheit die Pläne für das große Treppenhaus des Schlosses eigenmächtig verändert hatte. Sechs Jahre blieb der Bau liegen. Dann entwarf das Genie Balthasar Neumanns einen neuen Plan, nach dem das Treppenhaus doch noch ausgeführt werden konnte.

Das Oberjägermeister- und Forstamt war das erste seiner Art im Hochstift.[675] An seiner Spitze stand der Oberjägermeister, gefolgt von Oberforstmeister, Oberjäger und Jagdschreiber.[676] Die untergeordneten Beamten vor Ort waren die Oberförster und die Waldfaute.[677] Ein Kammerrat scheint dem Amt nicht angehört zu haben. Es kontrollierte die gesamte Waldwirtschaft einschließlich der Versorgung des Hofes mit Holz, hatte die Aufsicht über die nachgeordneten Stellen und verfolgte die Waldfrevel. Ferner gehörten Leitung und Verwaltung der Jagden und der dazugehörenden Frondienste zu seinen Aufgaben.[678] Das Oberjägermeisteramt war der Kammer in der Weise untergeordnet, daß diese nicht nur die allgemeinen Vorschriften erließ, sondern auch über Art und Umfang des Holzeinschlags und anderer Waldnutzungen entschied. Da diese Fragen durchweg über die Kammerprotokolle zur Kenntnis des Fürsten gelangten, gab es keine Holzabgabe, die Damian Hugo nicht zuvor gebilligt hätte. Erst in seinen späteren Regierungsjahren erhielt das Oberjägermeisteramt größeren Entscheidungsspielraum.[679]

6.2.5. Die Zentralbehörden nach Damian Hugo

Welche Bedeutung kam der Runderneuerung des Zentralbehörden durch Damian Hugo zu? Maas stellt in seiner Verwaltungs- und Wirtschaftsgeschichte des Bistums Speyer fest, daß die „*brauchbare Organisation*" bis zum Ende des Hochstifts in ihren Grundzügen gültig blieb.[680] Das gilt für Hofrat und Kammer wie für die Zahlkassen.[681] Den Geheimen Rat löste Damian Hugos Nachfolger Hutten freilich auf, nur der Titel „Geheimer Rat" dauerte fort.[682] Unabhängig von der Organisation änderte sich unter von Hutten der gesamte Regierungsstil: Der Landesherr zog sich aus der täglichen Regierungsarbeit allerdings sehr weit zurück. Zeigen Damian Hugos zahlreiche Marginalien in den Protokollen der Regierungsstellen nie erlahmendes Engagement, so begnügte sich Hutten in der Regel mit einem „placet".[683] Für die Beamten muß Hutten ein angenehmerer Landesvater gewesen sein als Damian Hugo. An die Stelle von hoher Arbeitsbelastung infolge dünner personeller Besetzung der Zentralstellen, knapper Besoldung sowie strenger und steter Kontrolle durch den Fürsten traten großzügig besetzte Ämter, gehobene Bezahlung und ein nachlassender Leistungsdruck. Es ist daher nicht verwunderlich, daß Huttens Nachfolger bei seinem Amtsantritt Mängel in Verwaltung und Finanzen feststellte und dafür die Beamten verantwortlich machte.[684]

Der energische und eigenwillige Limburg-Styrum zog die Zügel wieder an. Er berief sich bei seiner Regierungspraxis auf das Vorbild Damian Hugos und Franz Georgs von Schönborn, des Kurfürsten von Trier, deren Neffe er war.[685] Aufteilung der Geschäfte, Referatbildung, strikte Trennung der Sachbetreffe: all das waren Prinzipien, die bereits Damian Hugo für Kammer und Regierung festgelegt hatte. Eine Teilregierung in Speyer bestand unter Hutten und Limburg-Styrum nicht mehr. Die Einrichtung eines eigenständigen Bauamts unter Hutten 1754 und die Loslösung des Oberjägermeisteramtes aus der Kompetenz der Kammer knüpfen an entsprechende Spezialisierungstendenzen an, die bereits der Schönborn auf den Weg gebracht hatte.

6.2.6. Vorbilder und Einflüsse

In den Arbeiten, die sich mit Damian Hugos Regierung in Bruchsal beschäftigen, wird stets auf seine Verwaltungserfahrung als Komtur des Deutschen Ordens hingewiesen, wo er sich „*zu einem hervorragenden Verwaltungsfachmann ausbildete*".[686] Damit wird zugleich unterstellt, daß er die gewonnenen Erfahrungen und Grundsätze auf das Hochstift übertragen habe.[687] So naheliegend diese Vermutung auch ist, nachzuweisen ist nichts dergleichen. Damian Hugo hat seine Tätigkeit in den Balleien nie erwähnt, wenn es um bestimmte Anordnungen oder um die Reorganisation der Bruchsaler Regierung ging. Für Damian Hugo war es vermutlich nicht so entscheidend, Vorbilder oder Muster zu haben, nach denen er regierte, wichtig war ihm der reiche Erfahrungsschatz im Verwalten und Wirtschaften, und den hat er tatsächlich anhäufen können.

Dennoch gab es konkrete Vorbilder, auf die Damian Hugo zurückgriff. Bei den Verbesserungsarbeiten an den Straßen und Chausseen des Stiftes verwies er auf das gute Wegesystem in Mainz, Hessen-Darmstadt und in der Kurpfalz. 1726 wandte er sich an die Mainzer Regierung, um sich zu informieren, in welcher Rangordnung man im Mainzer Regierungsrat, dem adlige und bürgerliche Räte angehörten, arbeite. Offenbar stand er bei seiner Regierung bzw. dem Hofrat, die in gleicher Weise zusammengesetzt waren, vor einer ähnlichen Frage.[688] Vermutlich hat er auch die Zahlkassen nach Mainzer Vorbild eingerichtet. Nachdem Johann Philipp von Schönborn seinerzeit an der schlechten Finanzlage des Erzstiftes kaum etwas hatte ändern können, hatte sein Nachfolger Lothar Franz neben anderen Neuerungen die Teilung der Kasse in eine anweisende und eine auszahlende Stelle eingeführt. Die damit eingerichteten Zahlämter durften keine Transaktion ohne Anweisung der Kammer vornehmen. Alle 14 Tage wurden die Rechnungen überprüft. Monatlich gab es eine große Revision, die dem Kurfürsten vorzulegen war.[689] Damian Hugo hatte sich oft und lange am Hof seines Onkels in Mainz aufgehalten, kannte mit Sicherheit das dortige Zahlkassensystem und übernahm es in ähnlicher Form für sein Hochstift. Der Rückgriff auf das Mainzer Vorbild würde die Schnelligkeit erklären, mit der er 1720 die Zahlkassenordnung formulierte.

Bei zwei anderen wichtigen Elementen seiner Regierungsorganisation, den Protokollen und der Bildung von Departements bzw. Fachämtern, läßt sich ein bestimmter Einfluß auf Damian Hugo nicht nachweisen. Nicht weil es keine Vorbilder gäbe, sondern weil es deren zu viele wären. Das Prinzip, unterhalb der Kammer Ämter mit einem bestimmten Aufgabengebiet einzurichten, dem innerhalb der Kammer ein Kammerrat mit dem gleichen Gebiet zugeordnet war (Departement), kann sich Damian Hugo in dieser Form nicht von Mainz abgeschaut haben. Wohl aber war es im Erzstift seit Lothar Franz üblich, jedem Kammerrat einen bestimmten Sachbetreff zuzuweisen, für den er einzig und allein zuständig und verantwortlich zeichnete. Schon in Mainz wurde ein solcher Sonderbereich „Departement" genannt.[690] Doch war dies keine Eigenart des Erzstifts Mainz. Viele deutsche Territorien sahen sich bei wachsender Zahl der Kammer- oder Regierungsgeschäfte gezwungen, diese sinnvoll aufzuteilen

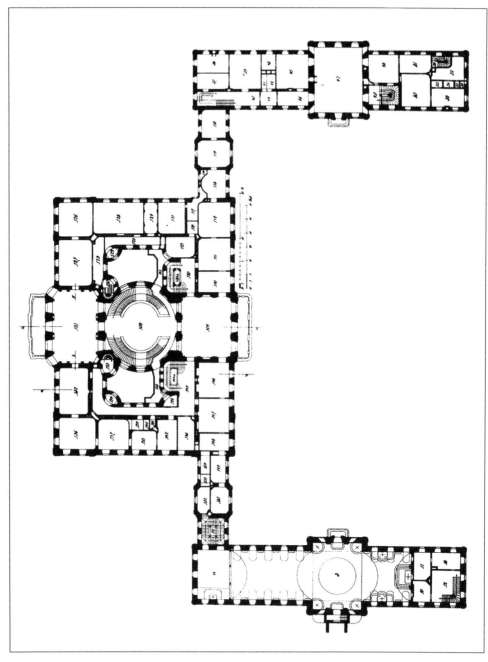

Abb. 21: Schloß Bruchsal. Hauptgeschoßgrundriß.

und jeweils einem Rat oder einer dafür geschaffenen Stelle zur Bearbeitung zuzuordnen.[691] In der Regel wurde die Beschlußfassung, welche der einzelne Kammer- oder Regierungsrat in seinem Departement ausarbeitete, zur Abstimmung in dem entsprechenden Gremium vorgelegt.[692] Departements gab es z. B. seit 1715 in Kursachsen und in Jülich-Berg,[693] 1721 in Holstein-Gottorf,[694] 1730 in Hessen-Kassel. In Hannover bestanden 23 verschiedene Departements.[695] Das 1724 in Preußen eingeführte Generaldirektorium läßt ebenfalls die Tendenz erkennen, bestimmte Sachgebiete zu bündeln.[696] Es ist bisher nicht hinreichend erforscht, ob sich die Territorien in dieser Tendenz zur Spezialisierung gegenseitig beeinflußten. Wahrscheinlich ist sie in den meisten Fällen unabhängig von bestimmten Vorbildern aus der Notwendigkeit der täglichen Praxis erwachsen. Es lassen sich weitere Parallelen zwischen der Behördenorganisation des Hochstifts Speyer und anderer Territorien der Reiches ausmachen. Die grundsätzliche Einteilung in Kammer (Wirtschaft und Finanzen) und Regierung (Verwaltung und Justiz) ist bereits seit dem 15. Jahrhundert in den thüringischen Staaten nachzuweisen, und sie blieb bis in das früheste 19. Jahrhundert das gängige Muster.[697] Was für die Departements gilt, trifft auch auf die Protokolle zu, auf die Damian Hugo so großen Wert legte. Auch sie sind eine Einrichtung, die sich in anderen Territorien der Zeit finden läßt. Schon der Große Kurfürst hatte in seinem politischen Testament dem Nachfolger geraten, *„fleissig Protokolle zu halten"*.[698]

6.2.7. Lokale Verwaltung

Das Hochstift Speyer war im 18. Jahrhundert in vier Oberämter mit insgesamt vierzehn Ämtern gegliedert.[699] Damian Hugo hat den Oberämtern und Ämtern die gleiche Aufmerksamkeit geschenkt wie den Zentralbehörden. Wie an der Spitze der Verwaltung, so sollte auch auf der lokalen Ebene die Arbeit effizienter organisiert werden. Gerade im ersten Jahrzehnt seiner Regierung hat Damian Hugo eine Reihe von entsprechenden Gesetzen erlassen, die später des öfteren wiederholt wurden. Die Reorganisation der Zentralstellen und der lokalen Stellen verlief also parallel, denn auch die Verordnungen für Hofrat, Kammer, Zahlkassen und Geheimen Rat fallen in die Zeit zwischen 1720 und 1727. Viele Anordnungen Damian Hugos sind auf die Abstellung von Mängeln gerichtet, die sich aus der Schwäche der Zentrale unter Rollingen ergeben hatten. So verbot der neue Bischof den Ämtern, Dienste und Aufträge ohne Erlaubnis der Regierung zu vergeben.[700] Den Beamten wurde im Interesse des Dienstes untersagt, länger als drei Nächte ohne Erlaubnis ihre Amtsbezirke zu verlassen[701], und großen Wert legte der Fürstbischof darauf, daß die Behörden die Untertanen möglichst wenig mit Botengängen belasteten[702]. Herrschaftliche Verordnungen sollten künftig innerhalb von acht Tagen tatsächlich ausgeführt werden.[703] Eine andere Gruppe von Verordnungen regelte den Gang der Amtsgeschäfte: Der Eingang aller herrschaftlichen Verordnungen war zu bestätigen[704] und von allen Bediensteten des Amtes zur Kenntnis zu nehmen.[705] Die Verordnungen mußten dann mit Vollzugsmeldung in das Amtsprotokoll aufgenommen werden.[706] Später wurde eine Frist von drei Wochen angesetzt, um die herrschaftlichen Verordnungen durchzuführen. Auf diese Weise wollte der Schönborn vor allem auch eine „*Retardierung der Justiz*" verhindern.[707] Die ursprüngliche Frist von acht Tagen hatte sich also als unrealistisch erwiesen. Weitere Verordnungen schrieben genau vor, wie die Amtsberichte abzufassen waren: Sie sollten rubriziert und „*brüchig*", also nur auf einer halben Seite, geschrieben werden, während die andere Hälfte frei blieb, „*da wir* [Damian Hugo, S.M.] *dann sehr commod zu jedem numero unsere Gedanken setzen können*".[708] Wie die Berichte, so waren auch die Amtsprotokolle mit den Fronregistern allmonatlich in Abschrift an die Regierung zu schicken.[709] Sie mußten zuvor revidiert und von allen Beamten unterschrieben werden.[710] Berichte und Protokolle wurden vom Hofrat[711] wie auch von Damian Hugo selbst gelesen.[712] Die Art und Weise, wie der Landesherr den lokalen Stellen Vorgaben über das Abfassen schriftlicher Berichte machte, erinnert sehr an die entsprechenden Vorschriften über die Form der Protokolle bei den Zentralbehörden. Auch auf der unteren Ebene der Verwaltung hielt Damian Hugo Protokolle für das geeignetste Mittel, sich über die Arbeit der Ämter zu informieren und sie damit zugleich zu kontrollieren. Ohne Schwierigkeiten ging es freilich auch hier nicht ab, wie eine einschlägige Verordnung ziemlich zu Beginn seiner Regierung zeigt.[713] Beim Amt Deidesheim wurde zeitweise überhaupt nichts zu Protokoll genommen.[714]

Für das Funktionieren der Lokalverwaltung und die Umsetzung des landesherrlichen Willens auf der untersten Ebene der Gemeinden kam zweifellos der Auswahl der Schultheißen eine nicht zu unterschätzenden Bedeutung zu, hatten diese Amtsträger auf Lebenszeit doch in den Alltagsgeschäften ihrer Dorfgemeinschaft das erste Wort und waren damit Stimmführer und Stimmungsträger vor Ort. Es war daher nur konsequent, daß Damian Hugo sich ab 1724 die Auswahl und Ernennung der Schultheißen vorbehielt, während diese Entscheidung zuvor bei der Regierung gelegen hatte.[715] Wurde eine Schultheißenstelle vakant, dann sollten die Ämter innerhalb von zehn Tagen drei Kandidaten vorschlagen, unter denen der Fürst einen auswählte.[716]

6.3. Ökonomie

6.3.1. Wirtschaft

Wenn Damian Hugos Regierungsleistung im Hochstift Speyer gerühmt wird, so geschieht das vor allem mit Blick darauf, daß er seinen am Boden liegenden Staat wieder auf ein gesundes wirtschaftliches Fundament zu stellen vermochte. Wie bei der Organisation der Behörden hat Damian Hugo auch im Bereich der Wirtschaft nicht lange zugewartet, sondern gleich im ersten Regierungsjahr grundlegende Maßnahmen ergriffen. Er schickte 1720 eine Kommission durch das Land, die nicht nur die herrschaftlichen Kellereien, sondern auch jedes Dorf visitierte, um festzustellen, was die Herrschaft vor Ort an Boden und Gerechtsamen besaß. Die Ergebnisse ging Damian Hugo sorgfältig durch.[717] Wie überall verschaffte er sich zunächst eine Übersicht über den Ist-Zustand, in diesem Fall also über die Lage der herrschaftlichen Wirtschaft. Schärfere Konturen gewann seine Wirtschaftspolitik, als er an die Lösung von zwei drängenden Problemen ging: die Unterschlagung herrschaftlicher Feldfrüchte und die Versorgung von Hof und Residenz.

Bei seinem Amtsantritt hatte Damian Hugo feststellen müssen, *„daß man fast von nichts einen Vorrat habe, so zu einer wohl regulierten Hofhaltung doch gehöre"*. Statt einen Erlös aus dem Verkauf von Überschüssen der herrschaftlichen Wirtschaft erzielen zu können, hatte selbst der geringste Bedarf des Hofes zugekauft werden müssen.[718] Um hier Abhilfe zu schaffen, mußte der neue Fürst den überall üblich gewordenen *„Unterschleif"* unterbinden und die fürstbischöfliche Landwirtschaft verbessern. In den Kellereien, den herrschaftlichen Hebestellen im Land, müssen die meisten Unterschlagungen an Naturalien stattgefunden haben, denn hier setzte Damian Hugo mit entsprechenden Maßnahmen an. Da viele Beamte ihre Naturalzuwendungen eigenmächtig erhöht hatten, wurden zur genauen Erfassung aller deputatberechtigten Beamten Bestallungslisten bei den Ämtern eingeführt.[719] Eine Kommission setzte die Deputate neu fest.[720] Um die der Herrschaft zustehende Ernte schnell und ohne den „rätselhaften" Schwund einbringen zu können, erließ Damian Hugo im Mai 1720 eine Verordnung, nach der ein Vertreter des Amtes, ein Gardeoffizier und der Stabhalter der jeweiligen Gemeinde die Ernte beaufsichtigen mußten. Dieselben Personen sollten anschließend den Transport der Feldfrüchte in die herrschaftlichen Scheuern leiten, wobei *„alle Fuhren auf einmal kommen, zu einer Troupe zusammengehalten"* werden mußten. Bei den Scheuern war das Abladen und Einlagern zu beaufsichtigen. Der Stabhalter erhielt an Ort und Stelle eine Quittung über die abgelieferte Ernte. Eine Kopie davon erhielt auch die Kammer. Die Scheuern wurden mit zwei Schlössern verschlossen, deren Schlüssel jeweils ein Gardeoffizier und ein Beamter des Amtes erhielten. Erst aus dieser bewachten Scheuer wurden die Deputate gegen Quittung ausgegeben.[721] Die Ernte wurde tatsächlich nach diesen Vorgaben eingebracht, wie ein Jahr später zu erfahren war. Damian Hugo war mit der getroffenen Lösung zufrieden. Die nächsten Ernten ließ Damian Hugo auf die gleiche Weise in die Scheuern fahren, wobei er den Beteiligten einschärfte, die Verordnung genau zu befolgen.[722] Zwecks besserer Verwahrung der herrschaftlichen Früchte ließ der Schönborn viele Scheunen renovieren oder neu erbauen. Eine derartige Scheune ist noch heute in Rot zu sehen.[723] Er hatte damit zumindest den größeren Unterschlagungen einen Riegel vorgeschoben. Ganz unterbinden ließen sie sich auch in Zukunft nicht.

Zum Unterhalt seiner Residenz und seines Hofes in Bruchsal richtete der Fürstbischof im nahe gelegenen Altenburg (heute Karlsdorf) einen gutsähnlichen Ökonomiehof ein. Mit freundlichem Druck und einer ansehnlichen Ablöse bewog er den Pächter im August 1720, Altenburg an die Herrschaft zurückzugeben.[724] Im gleichen Monat wurde mit dem Bau neuer Stallungen begonnen. Im Frühsommer 1721 beherbergten sie 16 Fohlen, 20 Zugochsen und 80 Kühe. Damian Hugo wollte den Bestand auf 100 Kühe erhöhen, so daß Altenburg die *„Notdurft des Hofes"* an Milch, Sahne, Butter und Käse bestreiten konnte. Weiterer Überschuß sollte verkauft werden, wie Damian Hugo in einer Instruktion feststellte, *„daß wan der Altenburger Hof recht eingerichtet ist, das er nicht die Hofstatt ahn Butter und Käse, sondern auch ein gute Quantität zu Verkauf fouriren müße"*. Diese Überschüsse wollte er in Philippsburg, aber auch in Speyer, Mannheim, Worms, Mainz und Koblenz anbieten lassen, wo *„ein großer Consumo"* sei.[725] Für die Milchwirtschaft warb Damian Hugo Fachkräfte aus Böhmen an.[726] Das Vieh sollte mit Ausnahme der Schweine vorzugsweise in Altenburg gezüchtet und von dort zu den Gütern und Kellereien gebracht werden, so z. B. nach Kislau, *„wegen der guten Wayd zum volkommenen guten Wachstumb"*. Die dort stehenden Ochsen wurden teils gemästet, teils für den Einsatz bei den herrschaftlichen Bauten besonders sorgfältig versorgt.[727] Ein Jahr später ließ Damian Hugo eine Schweinezucht (*„Sauerei"*) und einen Hühnerhof einrichten. Den Ackerbau gab man dagegen 1724 auf, während der Gemüsegarten bestehen blieb. Ausdrücklich bat Damian Hugo die Frau des Fauts von Kislau, eine geeignete Wirtschafterin auszusuchen, die Knechte und Mägde des Hofes beaufsichtigen sollte. Gerade für die erste Zeit hatte die Frau des Fauts den Hof möglichst oft zu visitieren, wozu ihr ein Wagen gestellt wurde.[728] Als Hauptverwalter über der Wirtschafterin wurde ein *„Haus Meister"* engagiert.[729]

Kontrollieren ließ Damian Hugo den Hof mit dem üblichen Instrumentarium. Der Hausmeister legte wöchentliche und monatliche Abrechnungen vor. Er und der Verwalter der Hofkellerei (*„Pfalzkeller"*) in Bruchsal hatten sich die Altenburger Lieferungen gegenseitig zu bestätigen. Kommissionen besuchten seit 1724 quartalweise den Hof.[730] Nach einer *„Relation über Ab- und Zugang des Viehes bei Oeconomiehof Altenburg"* mit dem Stichtag 17. Dezember 1724 zählte Altenburg danach u. a. 85 große Schweine, 106 Säue, 53 Ferkel und 12 Mastschweine.[731] 1721 ließ Damian Hugo auf der Frankfurter Messe einen Kessel zum Bierbrauen kaufen und nach Altenburg bringen,[732] wo er bereits Schnaps brennen ließ.[733] Die benötigten Rohstoffe wurden von den Kellereien in Deidesheim, Kirrweiler und Edesheim geliefert.[734] Ferner besaß Altenburg eine Baumschule, die jedem interessierten Untertanen kostenlos Obstbäume ausgab.[735] Später wird auch eine Spinnerei und eine Weberei in Altenburg erwähnt.[736] Eine 1739 projektierte Leinenbleiche wurde vermutlich nicht verwirklicht.[737] Ebenso scheint das *„Bandhaus"* zur Herstellung von Fässern nicht eingerichtet worden zu sein.[738] Eine Musterwirtschaft dieser Größenordnung verlangte die Errichtung angemessener Gebäude. In den Jahren 1721 bis 1724 ließ Damian Hugo einen Meierhof errichten.[739] Zwischen 1727 und 1733 rundete der Bau des Gestüthofes das landwirtschaftliche Ensemble in Altenburg ab.

Der umsichtig geplante und sorgfältig errichtete Altenburger Hof wurde durch den Polnischen Erbfolgekrieg bedroht. Damian Hugo floh nach Aschaffenburg und nahm einen Teil des Gestüts mit.[740] In einem Brief wandte er sich an Kardinal Fleury, um eine Verschonung der herrschaftlichen Wirtschaft nicht nur in Altenburg zu erreichen.[741] Erfolg hatte seine Bitte nicht, da der Brief Versailles zu spät erreichte. Fleury hätte vermutlich nicht viel tun können, zumal *„die Teutschen auff den Altenburger Gestüd und Oeconomie Hof so arg und bald noch schlimmer als die Franzosen zu hausen"* begannen, wie Kammerrat Dincker schrieb.[742] Nach dem Krieg wurde Altenburg wiederhergestellt. Hutten hat den Hof noch einmal erweitert. Noch heute ist in Karlsdorf das Torhaus des ehemaligen Hofes zu sehen.[743]

In seinen ersten Regierungsjahren wollte Damian Hugo größere herrschaftliche Güter anlegen, wo entweder genügend herrschaftliches Land zusammengezogen werden konnte oder aber Nebenresidenzen des Fürsten ihre Errichtung erforderten. Der Ökonomiehof Kislau kam Altenburg nach Art und Umfang am nächsten.[744] Damian Hugo plante 1736, den Hof Neudorf wie Altenburg auf Viehzucht und Milchwirtschaft zu spezialisieren und das nicht mehr benötigte Land auf drei Jahre an die Untertanen zu verpachten.[745] Wenn Altenburg gleichsam als Speisekammer der Residenz von Bruchsal eine Wegstunde entfernt war, so war die Einheit von Wirtschaftshof und herrschaftlichem Sitz bei der 1731 fertiggestellten Eremitage zu Waghäusel von Anfang an vorgesehen. Die Wirtschaft Waghäusels erreichte nicht annähernd die Größe Altenburgs, zumal die Herrschaft hier andere Möglichkeiten sah, zu Einnahmen zu gelangen. Waghäusel mit dem 1734 von Damian Hugo erweiterten Kapuzinerkloster war ein wirtschaftlich interessanter Wallfahrtsort.[746] Damian Hugo stellte Baugrund für sechs Häuser zur Verfügung, die von Schildwirten, Lebkuchenbäckern und Kerzenziehern errichtet und ihrem Handwerk entsprechend genutzt werden sollten. Den Bauwilligen wollte er Kredite und eine vierjährige Fronfreiheit gewähren. Zusätzlich waren jeder Hausstelle 5 Morgen Ackerland zugedacht, nur die Wiesen sollten bei der Herrschaft bleiben. Das Projekt hatte aber keinen Erfolg.[747] Wie Altenburg wurde Waghäusel während des Polnischen Erbfolgekrieges in Mitleidenschaft gezogen. Der General von Roth wollte das Dach des Mittelbaus abdecken und dort Kanonen aufpflanzen.[748]

Weitere Ökonomiehöfe plante Damian Hugo 1722 in Berghausen und Marientraut, wo schon kleinere Einheiten bestanden. Berghausen wollte er zur *„Notdurft der Residenz zu Speyer"* einrichten. In diesem Sinne befahl der Fürstbischof, die herrschaftlichen Äcker nicht mehr zu verpachten, sondern zusammenzuziehen, damit man einen *„vollkommenen Hof zusammenbringen könne"*.[749] Warum er noch im Jahre 1722, wo doch gerade in Bruchsal die neue Residenz gebaut wurde, einen Ökonomiehof für die Residenz zu Speyer anlegen wollte, bleibt unklar. Tatsächlich ist der Hof auch nicht eingerichtet worden.[750] In Marientraut ließ Damian Hugo herrschaftliche Güter (Äcker, Wiesen, Gärten) zusammenziehen, um aus *„dem Schloß Marientraut einen werdtschaffenden Hof zu machen"*, durch den *„in hundert Sachen nutzen geschaffen werden"* könne.[751] Wieder ist das Konzept zu erkennen, jedem Hof, der den Charakter einer kleinen Residenz besaß, eine wirtschaftliche Basis zu schaffen.

Eine gleichsam spezialisierte Art der Ökonomiehöfe waren die Schäfereien. Zu ihnen gehörte das linksrheinische Jockgrim. 1726 standen dort insgesamt 417 Schafe, von denen 36 an den Hof zur *„Consumption"* geliefert, 19 für 50 fl. 6 kr. verkauft wurden. 1727 vergrößerte sich der Bestand auf 486 Stück. 1730 standen sogar 891 Schafe auf den Weiden. Zu den Käufern der herrschaftlichen Schafe in den Jahre 1726 bis 1730 gehörten Metzger und Wirte in Jockgrim, Rheinzabern und Landau. Die Wolle wurde u. a. an einen Hutmacher in Bruchsal verkauft.[752] Weitere Schäfereien bestanden in Rauenberg,[753] Berghausen, Marientraut und Hanhofen.[754] Die Schafe der Kellerei zu Rotenberg ließen sich gut an Heidelberger Metzger verkaufen.[755]

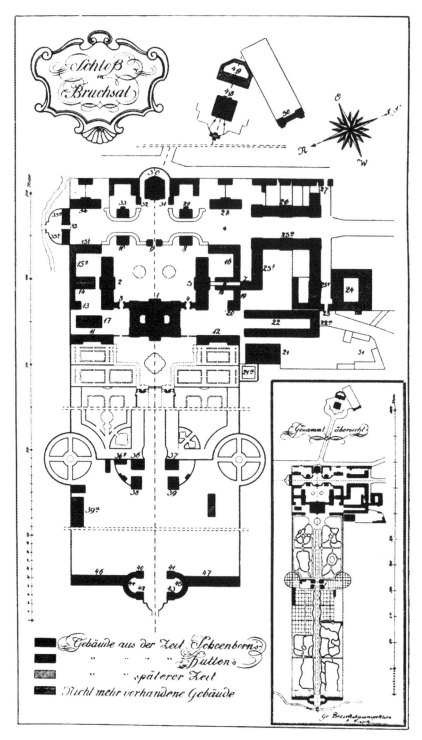

Abb. 22: Schloß Bruchsal. Plan der Gesamtanlage.

Damian Hugo meinte zu Beginn seiner Regierung, daß Eigenbewirtschaftung der Güter für die Herrschaft vorteilhafter sei als Verpachtung, doch Ende der 1720er Jahre ließ er viele Höfe wieder an Interessenten ausgeben.[756] In Eigenregie blieben allein die Höfe Altenburg, Kislau, Marientraut, Kredenburg, Spangenberg und Neudorf. Man muß dies nicht als zaudernde Unentschlossenheit oder Zurückschrecken vor zu großen Schwierigkeiten verstehen. Als umsichtiger und erfahrener Ökonom war Damian Hugo flexibel genug, die einmal gefaßten Pläne wieder zu verwerfen, wenn sich günstigere Arten der Nutzung ergaben.

Die Organisation der direkt von der Herrschaft bewirtschaften Ökonomiehöfe war nur ein, wenngleich wichtiger Schritt zur Verbesserung der herrschaftlichen Einnahmen. Damian Hugo hat auch sehr genaue Anweisungen für die Arbeitsweise der Kellereien erlassen. Wie oben gezeigt, hatte die Kammer unter dem Landschreiber Driesch die Arbeit der Kellereien kaum kontrolliert. Nachlässigkeiten und Unterschleif waren die Folge. Damian Hugo sorgte dafür, daß die Abrechnungen der Kellereiverwalter genau überprüft und noch ausstehende Gelder eingefordert wurden. Den Verwalter der Kellerei St. Remig z. B. ließ er unter massiven Druck setzen, damit er die ausstehenden Rechnungen für die Jahre 1699 bis 1703, 1710 und 1718 abschloß: Bei dem säumigen Beamten bezog ein Gardereiter kostenloses Quartier, bis die Rechnungen eingereicht waren.[757] Zur gleichen Maßnahme sah sich der Fürstbischof bei der Kellerei zu Lauterburg genötigt.[758] Zusätzlich ließ er verschiedene Kellereien von Kommissionen visitieren.[759] Damian Hugo kontrollierte die Arbeit der Kellereien also mit denselben Methoden wie diejenigen der Zentralbehörden und Ämter. Die Kellereien hatten ihm regelmäßige Abrechnungen vorzulegen[760] und monatlich genaue Aufstellungen über die bei ihnen lagernden Naturalien einzureichen.[761] Der Rahmen, innerhalb dessen die Verwalter selbständig handeln konnten, war sehr eng gesteckt. Oft wandten sie sich mit vergleichsweise geringfügigen Problemen an die Kammer. So fragte 1722 der Keller von Grombach an, was mit dem *„inficierten"* Dinkel geschehen solle.[762] Und der Keller von Rauenberg wollte genau wissen, ob die Schafe am kommenden Sonnabend gewaschen und am Montag darauf geschoren werden könnten, wenn das Wetter *„favorabel"* sei.[763] Die Verwalter waren vorsichtig geworden, da sie sich mit ganz ungewohnter Intensität kontrolliert wußten.

Durchmustert man Damian Hugos Wirtschaftspolitik im einzelnen, dann fällt auf, daß er herrschaftliche Güter (Weiden, Wiesen, Äcker usw.) nur für eine möglichst kurze Frist verpachtete.[764] Es ging ihm wohl in erster Linie darum, jeden Anschein von Erblichkeit der Güter zu vermeiden. Gleichzeitig konnte er so gerade zu Beginn seiner Regierung die Pacht kräftig anheben – verständlich vor dem Hintergrund der vorhergehenden Mißwirtschaft. Durch kurze Pachtzeiten könne man *„allemahl gleich Wunder sehen"*, schrieb Damian Hugo seinem Kammerrat und späteren Landschreiber Koch.[765] So wurden 1722 nicht näher bezeichnete Äcker und Wiesen bei der Kellerei Marientraut für 14 Malter Korn und 39 fl. jährlich verpachtet, die der Kammer im Jahr zuvor nur 7 Malter und 6 fl. eingebracht hatten.[766] Indes konnte die Kammer herrschaftliches Land nicht immer so erfolgreich vergeben. In Büchig wollte sie 54 Morgen Acker und 5 Morgen Weide zusammen für ein Jahr an den Interessenten verpachten, der bei der Versteigerung den höchsten Kanon in Naturalien bot. Doch niemand wollte das Land haben *„aus Vorwand eines prätentierten Erbbestands"*, obwohl es erst wenige Jahre zuvor für eine begrenzte Zeit verpachtet worden war. Die Kammer reduzierte daraufhin ihre Forderung und bot das Land auf drei Jahre gegen eine jährliche Pacht von 12 Malter Korn, 18 Malter Spelz und 11 Malter sonstiger Feldfrüchte an. Wieder fand sich kein Interessent, so daß die Kammer das Land sogar parzellenweise an den Mann zu bringen suchte. Erst als sie sechsjährige Nutzung für jährlich 14 Malter Korn, 22 Malter Spelz und 22 Malter weiterer verschiedener Früchte zugestand, fand sich ein Pächter. Die Kammer war mit dem Ergebnis unzufrieden, mußte es aber annehmen, *„angesehen nach langen Worthen niemand mehr hat geben wollen"*.[767] Der Pachtzins war zwar höher ausgefallen als zunächst gedacht, aber bei der Pachtdauer hatte die Kammer nachgeben müssen. Ähnlich lagen die Dinge bei den zur Kredenburg gehörenden Äckern und Weiden. Hier behaupteten die Untertanen sogar, das strittige Land als Erbbestand zu besitzen, und weigerten sich, überhaupt eine Pacht zu entrichten.[768] Es ist wahrscheinlich, daß hinter dem Boykott bzw. der Weigerung eine verabredete Taktik stand, um die Konditionen für die Pächter zu verbessern. Derartige Erfahrungen machten auch die Kapuziner zu Waghäusel: Sie konnten ihr Land nicht zu den gewünschten Konditionen versteigern, *„da die Pächter und Steigerer vorher die Köpfe zusammensteckten und den Preis drückten"*.[769]

Vielfach scheinen Pächter die Unordnung der vorangehenden Krisenzeit genutzt zu haben, Pachtgüter in aller Stille als Eigentum zu beanspruchen. So hatten die schon genannten Kredenburger seit 1713 keine Pacht mehr gezahlt. Das Interesse der Bauern und anderer landwirtschafttreibender Untertanen des Hochstifts, Weiden, Äcker usw. für eine möglichst lange Zeit zu pachten, ist nicht zu übersehen. Damian Hugo war darüber alles andere als erfreut. Als die Gemeinde Hambrücken bei Kislau um *„Prolongation"* einer Weidepacht nachsuchte, klagte er, wenn er einmal eine Gnade dieser Art erteilt habe, werde gleich eine Schuldigkeit daraus gemacht.[770] Damian Hugo gewährte im Interesse der Kammereinnahmen Pacht- und Steuernachlässe nach Unwettern und Mißernten nur sehr sparsam. Nach einer freilich tendenziösen Quelle sollen Kammerbeamte um Nachlaß bittende Untertanen beschieden haben, sie müßten trotz Ernteausfällen ihre Abgaben in voller Höhe entrichten, da Gott mit dem Unwetter nur sie, nicht aber die Herrschaft habe strafen wollen.[771] In der Regel aber scheinen gerade die lokalen Beamten recht großzügig Nachlässe zugestanden zu haben. Die von Damian Hugo für diesen Fall vorgeschriebenen strengen Verfahrensweisen wurden auf lokaler Ebene selten beachtet.[772]

Das Hochstift Speyer war reich an Weinbergen, Wäldern und Gewässern, die sich wirtschaftlich nutzen ließen. Im linksrheinischen Weingebiet besaß die Herrschaft Weinberge bei Hambach, Kredenburg, Diedesfeld, Kirrweiler, Deidesheim und Edesheim.[773] Sofern die Herrschaft den Wein nicht selbst als Deputatwein oder für die herrschaftliche Tafel benötigte, wurde er als Bannwein an die Untertanen verkauft. Damian Hugos Plan, Wein nach Frankfurt zu exportieren, hatte keinen Erfolg.[774]

Auch bei der Teich- und Fischwirtschaft hoffte der Fürstbischof, durch Exporte seine Kasse zu füllen. Er befahl der Kammer, die Schloßgräben in Hanhofen, Kirrweiler,

Deidesheim und Edesheim für die Fischzucht einzurichten, deren Fische dann "*mit bestem Nutzen*" verkauft werden könnten.[775] Die Teichwirtschaft entwickelte sich freilich nicht nach Wunsch. Die Teiche in Marientraut z. B. brachten kaum mehr ein als ihre eigenen Unterhaltskosten.[776] Der Keller zu Jockgrim riet der Kammer, die dortigen Teiche zu verpachten, da die Herrschaft von einer eigenen Bewirtschaftung wenig oder keinen Gewinn hätte.[777] Die Fischereien zu St. Remig und Lauterburg brachten so wenig ein, daß sie Damian Hugo, ganz gegen seine sonstige Pachtpolitik, für sechs Jahre versteigern ließ.[778]

Die Wälder nannte Damian Hugo das größte Kleinod seines Hochstifts und ermahnte die Kammer, sie "*in besonderer Obsorg auf alle Arth, und mit vollkommener Schärfe zu halten*".[779] Der Fürst war mit den Leistungen der bestehenden Wald- und Forstverwaltung unzufrieden. Zunächst mißfiel ihm die Waldwirtschaft als solche. Er vermißte die Düngung des Waldbodens und beschwerte sich, daß geschlagenes Holz einfach im Forst gelagert wurde, wodurch diesem, wie er meinte, Schaden zugefügt werde.[780] Dann stellte man wie bei den anderen Deputaten, so auch beim Brennholz Unterschlagungen fest, da Bedienstete ihre Deputate eigenmächtig großzügig vergrößerten.[781] Das "*Holzbestallungswesen*" wurde daher völlig neu eingerichtet. Die Höhe der Deputate wurde endgültig festgesetzt und ihre Einhaltung überwacht. Besonders verärgert war Damian Hugo über die bisher übliche Art des Holzverkaufs: Sie habe dem Hochstift mehr Schaden als Nutzen eingebracht.[782] Der gesamte Holzverkauf sollte daher von der Kammer und damit von ihm selbst kontrolliert werden. Es wurden die sogenannten Holzlisten eingeführt (auch Brennholzlisten genannt), in denen Schultheiß bzw. Kellerei einzutragen hatten, wer wieviel Holz an welchem Ort des herrschaftlichen Waldes schlagen wollte. Die Listen wurden dann über die Kammer beim Fürsten selbst "*zur gnädigsten Subsignatur*" eingereicht. Es hing also vom persönlichen Placet des Fürsten ab, ob und wieviel Holz abgegeben wurde.[783] Die mit der Revision und Kontrolle der Listen betraute Kammer wies vorsichtig darauf hin, daß "*auch der habilste Mann nicht capable ist, in einem Viertel Jahre einzig und allein daran zu arbeiten*". Damian Hugo war hingegen der Meinung, daß "*zu Conservation deren Waldungen*" von den Holzlisten nicht abgewichen werden könne.[784] 1733 erließ Damian Hugo schließlich eine detaillierte Ordnung, wie Kammer und Forstamt beim Holzverkauf zu verfahren hätten. Er war inzwischen so mißtrauisch geworden, daß er seinen Husaren befahl, die Arbeit der Forstbediensteten beim Holzverkauf zu überwachen.[785] Der Fürstbischof hatte Erfolg. Es gibt keine Klagen, daß die Ordnung nicht befolgt worden wäre. Die Kammer bestätigte z. B. der Kellerei zu Rauenberg, daß sie das Holzregister "*revidiert und concludiert*" und den herrschaftlichen Verordnungen "*allerdings conform gefunden*" habe.[786] Neben der erfolgreichen Regelung des Holzverkaufs konnte Damian Hugo die herrschaftlichen Wälder sogar vergrößern, indem er Felder einzog, die durch die langen Kriege brachlagen und mit Gehölz zugewachsen waren.[787]

Freilich haben auch bei der Waldwirtschaft nicht alle Initiativen des Schönborn zur besseren wirtschaftlichen Nutzung des Waldes das gewünschte Ergebnis gezeitigt. Holzreste zu Pottasche brennen zu lassen, ging schon technisch nicht, weil dazu das ohnehin wertvolle und daher leicht zu verkaufende Buchenholz hätte verwendet werden müssen.[788] Der Holzhandel in die Niederlande ließ sich nicht fördern, da er während der Regierungszeit Damian Hugos, zwischen 1722 und 1743, am Boden lag.[789] Im übrigen war der Fürstbischof auf Nachhaltigkeit der Forstnutzung bedacht und setzte dieses Ziel auch gegen traditionelles bäuerliches Verhalten durch. So verbot er der Gemeinde Obergrombach die beliebige Nutzung ihres eigenen Waldes. Als Landesfürst habe er dafür zu sorgen, daß nicht nur die jetzt lebenden, sondern auch die nachkommenden Untertanen ihre „*Subsistence*" hätten, er müsse also verhindern, daß sie jetzt ihre Wälder ruinierten.[790]

Abb. 23: Plan der Stadt Bruchsal von 1780. Das Schloß Damian Hugos liegt am Nordrand der Stadt.

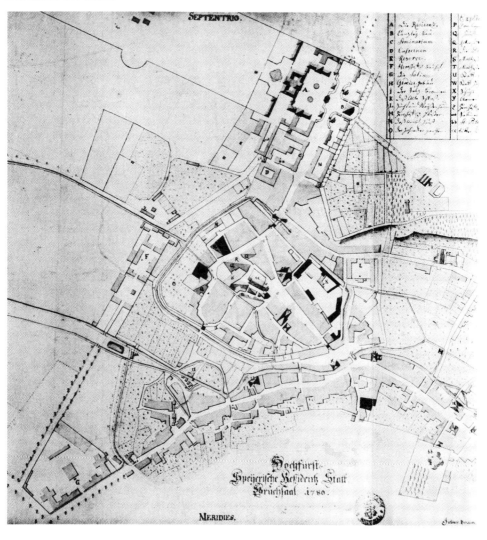

Neben der intensiveren Bewirtschaftung der Ökonomiehöfe und der besseren Nutzung der über das ganze Land verstreuten herrschaftlichen Ressourcen war die Erhöhung der Einnahmen aus Steuern und Abgaben der dritte große Bereich der fürstlichen Wirtschaftspolitik. Wie bei allen Verwaltungsakten hat Damian Hugo auch bei der Erhebung der Steuern und Abgaben ein genaues Verfahren vorgeschrieben, um von vornherein Nachlässigkeiten und Unterschlagungen zum Nachteil der herrschaftlichen Kasse unmöglich zu machen. Höhe und Zahlweise der aus der Leibeigenschaft sich ergebenden Manumission wurden erstmals unter Damian Hugo grundsätzlich geregelt.[791] Die Abgabe war bei Umzug in einen leibeigenschaftsfreien Ort innerhalb des Hochstifts oder bei Umzug in andere Territorien fällig. Sie betrug zehn Prozent vom Vermögen des Abzugswilligen. Eine „hübsche Einnahmequelle" war das Lager- und Umgeld. Es mußte von allen Untertanen gezahlt werden, die Wein eingelagert hatten, sei es zum Verkauf oder zum Eigenbedarf.[792] Wirte zahlten für jedes Faß, das für den Verkauf angezapft wurde, das Um- oder Ohmgeld.[793] Mit der Einführung des Salzgeldes eröffnete Damian Hugo seinem Staat einen höchst ergiebigen Finanzzufluß. Vor seiner Regierung wurde das Salzmonopol der Herrschaft an Händler (Admodiatoren) für eine gewisse Zahl von Jahren verpachtet. Wie schon bei der Verpachtung der größeren Güter erkannte Damian Hugo auch hier, daß dieses System unrentabel war. Den Untertanen brachte es überhöhte Salzpreise, ohne daß die Monopolpächter einen nennenswerten Gewinn erwirtschafteten. 1721 hob Damian Hugo das Salzmonopol auf, führte dafür aber ein monatliches Salzgeld ein, das für jeden Untertan ab dem siebten Lebensjahr einen Kreuzer betrug. Da der Betrag unabhängig vom tatsächlichen Verbrauch zu zahlen war, hatte das Salzgeld den Charakter einer Kopfsteuer. Ab 1723 mußten die Händler das Salz bei der Kammer einkaufen. Zwischen 1712 und 1718 hatte die Kammer jährlich 600 fl. an Pacht eingenommen; demgegenüber brachte das Salzgeld nun allein im rechtsrheinischen Teil des Hochstifts 2 988 fl. pro Jahr.[794]

Zu den wichtigsten Abgaben, die von allen Untertanen zu zahlen waren, gehörte die Schatzung. Sie hatte als direkte Abgabe den Charakter einer Grund- und Kapitalsteuer, die ein Prozent des steuerpflichtigen Kapitals (Äcker, Weiden, Gärten, Wiesen, Weinberge, Häuser, Wirtschaftsgebäude und Gewerbe) betrug und pro Quartal entrichtet wurde. Die dazu nötige Steuerschätzung nahmen Amtsschreiber und Schultheiß vor und hielten das Ergebnis in Schatzungsbüchern fest. Das Problem der Schatzungsbücher war ihre mangelhafte Anpassung an die reale Entwicklung zumal in den unruhigen Kriegsjahrzehnten des späten 17. und frühen 18. Jahrhunderts. Das galt nicht nur für das Hochstift Speyer. Die Renovation der Schatzungsregister vor allem im Interesse größerer Steuergerechtigkeit stellte sich der Obrigkeit allenthalben als wichtige Ordnungsaufgabe. Es ist daher verwunderlich, daß Damian Hugo, der doch selbst den Anspruch erhob, ein guter Verwalter und Ökonom zu sein, und in der Tat viel bewegt hat, in dieser drängenden Frage völlig untätig blieb. Vermutlich schätzte er die Schwierigkeit der Aufgabe richtig ein,[795] zumal zunächst die Besitz- und Eigentumsverhältnisse vor Ort jeweils genau abzuklären waren – auch in dieser Hinsicht bestand vielfach Unklarheit. So erklärt es sich auch, daß der Fürstbischof den Gemeinden untersagte, die Register aus eigenem Antrieb zu bearbeiten, denn hierbei war das Risiko zu groß, daß herrschaftliche Rechte und Einkünfte stillschweigend verschwanden. Falls Damian Hugo aber gehofft haben mochte, die Renovation könnte auch den herrschaftlichen Kassen etwas einbringen, dann sah er sich bald eines Besseren belehrt: Als in seinem Auftrag Visitatoren das Hochstift 1720 durchzogen, um sich unter anderem auch nach verlassenen oder neu angelegten Feldern zu erkundigen, stießen sie auf eine Mauer der Unwissenheit.[796] Für das Domkapitel allerdings bot die Untätigkeit in der Schatzungsfrage eine erwünschte Handhabe, um den Fürstbischof, mit dem es im Streit lag, am Zeug zu flicken: Es sei unverständlich, so mäkelte ein Gutachten um 1730, daß die Kammer über ein verlorenes Bündel Stroh in Unruhe gerate, in der Schatzungssache aber nichts tue. Die Kammer *„amusiert sich mit Kleinigkeiten, ohne das Grosse in Betracht zu ziehen"*.[797] Eine umfassende Schatzungsrenovation kam erst unter Damian Hugos Nachfolgern zwischen 1740 und 1780 in Gang. Freilich erreichte auch sie nicht überall die angestrebte Steuergerechtigkeit.[798]

Durch seine Anordnungen über das Fronwesen versuchte Damian Hugo, eine Überlastung der Untertanen mit Diensten zu verhindern und das gesamte Fronwesen überhaupt in geordnete Bahnen zu lenken. Grundsätzlich durften an Sonn- und Feiertagen *„ohne Noth"* keine Fronen und insbesondere keine Jagdfronen verlangt werden.[799] Entsprechendes galt für die Botendienste, die gerade in abgelegenen Gebieten unbeliebt waren.[800] Für die genaue Kontrolle des Fronwesens wurde in jedem Amt ein Fronregister eingerichtet, in dem angegeben werden mußte, welche und wie viele Untertanen was für eine Arbeit und in welchem Ort verrichtet hatten und wieviel Brot und Wein ihnen dafür gegeben worden war. Die Register mußten dann mit den Amtsprotokollen bei Hofrat und Fürst eingereicht werden.[801] Vermutlich hoffte Damian Hugo, von Fall zu Fall feststellen zu können, ob z. B. eine bestimmte Arbeit auch mit weniger Frönern zu bewältigen gewesen wäre, was sowohl die Untertanen als auch die herrschaftlichen Vorräte, aus denen sie verpflegt wurden, geschont hätte. In diesem Fall hätte Damian Hugo in der üblichen Weise das Amt verwarnen können. Nun ist hier, wie überall sonst, die Verordnung der Zentrale etwas anderes als die Praxis vor Ort. Mehrmals mußte Damian Hugo Register anmahnen. 1729 klagten die Untertanen des Oberamts Kirrweiler, daß sie von den Beamten mit Fronen überhäuft würden. Damian Hugo reiste selbst in das Oberamt und blieb dort einen vollen Monat, um die Mißstände abzustellen. Aus dem fränkischen Gaibach, wohin er sich während des Polnischen Erbfolgekrieges geflüchtet hatte, beklagte er sich gegenüber dem Hofrat über die Bauernschinderei einiger *„Blutigel"* unter den Beamten. Die Klagen häuften sich schließlich derart, daß Damian Hugo 1742 eine Kommission in die Ämter schickte. Diese entdeckte tatsächlich eine ganze Reihe von Mißständen, wußte sich aber keinen anderen Rat, als daß sie dem Fürsten empfahl, erneut eine präzise Fronordnung zu erlassen.[802] Das Fronwesen war und blieb ein Problem. Einerseits klagten die Fröner über die ständigen Dienste, andererseits war ihre Arbeit oft so schlecht, daß es die Herrschaft vorzog, bestimmte Arbeiten an Tagelöhner zu vergeben.[803] Dabei handelte es sich nicht um ein Speyer-spezifisches Phänomen. Gerade im 18. Jahrhundert erkannte man allgemein mehr und mehr, daß Fronarbeit schlechte Arbeit sei. Dennoch erwies es sich im Widerstreit der Interessen als schwierig, eine allseits befriedigende Lösung zu finden. Das Angebot an die Pflichtigen, die Fronen durch Geld- und Naturalabgaben abzugelten, stieß auf wenig Gegenliebe – diese Erfahrung machten die Nachfolger des Schönborn, und so blieb schließlich alles „beim Alten".

Alle genannten Maßnahmen hatten den Zweck, die herrschaftlichen Einnahmen zu erhöhen. Einen Landesausbau im eigentlichen Sinne betrieb Damian Hugo höchstens in Ansätzen. Seine Ansiedlungsprojekte in Bruchsal und Waghäusel schlugen fehl.[804] Der nur aus wenigen Häusern bestehende Ort Neudorf entwickelte sich unter dem Füstbischof allerdings zu einem richtigen Dorf. Der Schönborn legte im Hochstift neue Straßen an, aber der Versuch, sie auf beiden Seiten mit Nuß- und Obstbäumen zu bepflanzen, zeitigte nur Teilerfolge.

Damian Hugo befolgte als sparsamer Ökonom hartnäckig das Ziel, die herrschaftlichen Einnahmen zu erhöhen, die Ausgaben aber zu reduzieren. Bei aller Reichstreue versuchte er die Reichs- und Kreisabgaben, die das Hochstift Speyer, das Stift Weißenburg und das Stift Odenheim zu zahlen hatten, so weit wie möglich zu drücken, indem er auf die langen Kriegszeiten verwies, die diese Territorien heimgesucht und an den Rand des Bankrotts geführt hatten bzw. weiterhin belasteten, so besonders während des Polnischen Erbfolgekrieges (1733/35).[805] Die Gagen der Beamten waren knapp bemessen, die Zentralbehörden wurden nur mit einem Minimum an Personal besetzt. *„Sein Hofstaat und Dienerschaft war sehr eingeschränkt, und diese dabei gering, theils schlecht, theils gar nicht belohnt"*, meinte der Chronist Wendelin Thierry.[806] Die Durchsicht der vielen Protokolle diente nicht nur zur Kontrolle der verschiedenen Behörden und zur letztgültigen Entscheidung des Fürsten, sondern auch zur Überprüfung und Reduzierung einzelner Ausgabeposten. So schrieb der Schönborn an den Rand eines im Kammerprotokoll festgehaltenen Beschlusses über die Höhe zweier zu zahlender Honorare: *„Ist falsch undt habe mein Tag nicht dieses befohlen. Man gibt keinem Künstler und medico so fiel vor ein Visit"*.[807] Im Protokoll des Hof- und Küchenamtes notierte er zu einem ihm ungünstig erscheinenden Vertrag über Butterlieferung: *„Dieses ist ja ein infamer Accordt, […] undt meritiert solcher Cameral, das er Waßer undt Broth freße, der seinen Fürsten so hintergehet"*. Zu einer seiner Ansicht nach viel zu hohen Rechnung über gelieferte Oblaten merkte er an: *„Mein Gott, ist möglich, das man solche Dinge assigniren undt unterschreiben mach, wann ein ehrlicher Man dahrgleichen siehet, mus er sich ja dahrüber ärgern"*.[808] Solche Empörungen wird Lothar Franz wohl im Auge gehabt haben, als er den *„abgeschmackten Geiz"* seines Neffen Damian Hugo kritisierte,[809] von dem er selbst gleichwohl durchaus profitieren sollte.

Die Preise und Löhne für die von Hof und Fürst gekauften Waren und Dienstleistungen versuchte der Schönborn auf jede Weise zu drücken. Tatsächlich gelang es ihm auf diesem Weg, die Ausgaben seiner Kammer zu reduzieren, doch nahm er damit auch in Kauf, daß auf Beamten wie Untertanen ein ständiger Druck lag, der die Erfolge seiner sparsamen Ökonomie zumindest teilweise gefährdete. Die aus Kostengründen dünn gehaltene Personaldecke der Zentralbehörden führte zu hoher Belastung der einzelnen Beamten, da sie stets mehrere Angelegenheiten bearbeiten mußten und diese daher nicht so zügig abschließen konnten, wie Damian Hugo es erwartete. Dazu kam dessen Pedanterie und ständiges Mißtrauen. Die Folge war eine schlechte Stimmung unter seinen Beamten, die sich gelegentlich Luft machte.[810] Das Domkapitel suchte sich das zunutze zu machte, indem es der ausgesprochenen Sparneigung Damian Hugos geradezu staatsbedrohende und korrumpierende Wirkungen unterstellte. Der Fürstbischof, so behauptete der anonyme Verfasser, führe die Beamten nicht mit einem genau berechneten Verhältnis von Strenge und Belohnung, sondern er versuche sie mit *„Schärfe, Betrohungen, Strafen, Suspensionen, Incarcerationen undt Cassationen"* zu bezwingen. Die Besoldung sei so schlecht, daß die Beamten zu *„mercklicher Betrückung der heylsamen Justiz"* gezwungen seien, hieß es vielsagend. Mit Blick auf die Untertanen wird die angeblich übermäßige Fronlast und die Einschränkungen des Weiderechts kritisiert. Die Anlage der neuen Wege im rechtsrheinischen Teil des Hochstiftes, auf die Damian Hugo so stolz war, wird mit scharfen Worten bedacht. Viele Untertanen hätten dabei gutes Land verloren, ohne angemessenen Ersatz zu erhalten, von den Baufronen ganz zu schweigen.[811] Nicht unerwähnt läßt das Gutachten auch die Neigung Damian Hugos, den Handwerkern den vertraglich fixierten Lohn zu beschneiden oder ganz zu verweigern, weil sie die vereinbarte Arbeit schlecht ausgeführt hätten. In dieser Hinsicht und bei der Festsetzung von Löhnen scheint der Fürstbischof des öfteren unfürstlich streng verfahren zu sein. Dafür spricht der Umstand, daß z. B. 1721 die Steinmetzen den Bauplatz der Bruchsaler Residenz verließen, da sie die Arbeit für den vereinbarten Preis nicht fortzusetzen vermochten.[812]

6.3.2. Private und öffentliche Finanzen

Damian Hugo hat sich im Laufe der Jahre ein fundiertes Wissen über Finanzfragen erworben und dabei ein ebenso differenziertes wie effizientes Finanzsystem aufgebaut, in dem das Hochstift Speyer nur einen Knotenpunkt neben anderen bildete. Dieses Finanzsystem, man müßte eigentlich von einem Finanzierungssystem sprechen, kann wegen der bruchstückhaften Überlieferung nicht in allen Einzelheiten nachgezeichnet werden. Es bleibt daher einstweilen dunkel, wie Damian Hugo es schaffte, stets liquide zu sein und ein bedeutendes Privatvermögen anzuhäufen, und wie ihm gleichzeitig die Sanierung des Hochstifts Speyer gelang.

Die Prinzipien, nach denen er die privaten wie die öffentlichen Finanzen verwaltete, sind indessen erkennbar. Grundsätzlich hat Damian Hugo vor jeder Unternehmung und jedem Projekt die Finanzierungsfrage abgeklärt. Ein besonders gelungenes Beispiel dieses Grundsatzes sind die Überlegungen, wie das Bruchsaler Priesterseminar am besten unterhalten werden könnte (vergl. Kapitel 7.3.). Das Erschließen neuer Geldquellen war auch ein wichtiges Motiv bei der von ihm betriebenen Ämter-Akkumulation. Und er verstand es offensichtlich, die ihm zufließenden Kapitalien gewinnbringend zu verwalten. Einen Teil seines Vermögens legte er bei der Wiener Stadtbank an, er verlieh Kapitalien an den Fränkischen Kreis[813] und an die Universität

Würzburg.[814] Er besaß Anteile an Bergwerken im sächsischen Johanngeorgenstadt.[815] Da Damian Hugo über mehrere Einnahmequellen verfügte, geriet er nie in finanzielle Schwierigkeiten. Wenn an der einen Stelle flüssige Mittel fehlten, konnte er mit Geldern aus anderen Quellen ausgleichen. Wenn er z. B. in Hamburg kurzfristig Geld benötigte, befahl er dem Verwalter der Ordenskommende Altenbiesen, ihm den gewünschten Betrag zu überweisen. Umgekehrt schickte er bei Bedarf wiederum Geld aus anderen Quellen nach Altenbiesen. Das heißt aber nicht, daß er jeder Stelle so viel zurückgab, wie er ihr zuvor entzogen hatte. Aus der Ordenskommende Marburg hat er mehr Mittel abgezogen als in sie hineingesteckt, sehr zum Ärger Hessen-Kassels.

Bei seinem Amtsantritt war das Hochstift Speyer mit mindestens 80 000 fl. verschuldet. Rollingen hatte einen genauen Plan zum Abbau der Schulden ausarbeiten lassen und tatsächlich einige Posten abgelöst. An diese Vorarbeit konnte Damian Hugo anknüpfen. Bis zum Jahre 1732 zahlte er 37 verschiedene Kapitalien in einem Gesamtbetrag von 75 455 fl. zurück.[816] Zufrieden notierte er, sein Stift beginne, aus der Asche aufzusteigen. In zwölf sauren Regierungsjahren habe er es geschafft, alle Schulden zu bezahlen. Mit 1,2 Millionen Gulden habe er es gleichsam neu „*fundiert*".[817] Diese Summe läßt sich zwar im Detail nicht nachweisen, sicher ist aber, daß das Hochstift Speyer unter Damian Hugo vom Schuldner zum Gläubiger wurde, mittelbar durch verschiedene Stiftungen, unmittelbar durch die von der Speyrer Kammer verliehenen Gelder. Der Schönborn hatte für bestimmte Einrichtungen Stiftungen angelegt, deren Kapitalien gegen 5% jährlich verliehen wurden. Die Stiftungen von Seminar, Georgen-Bruderschaft, Kapelle Gernsbach, Landeshospital, Zuchthaus, Kirchenmusik und Paramentenkasse verfügten zusammen über 54 813 fl. Kapital.[818] Die Kammer hatte bedeutende, meist fünfstellige Beträge gegen Zinsen ausgegeben. So legte Damian Hugo für das Hochstift 30 000 fl. bei der Wiener Stadtbank für 5% an.[819] Ebenfalls 30 000 fl. gingen als Kredit an den Schönbornschen Besitz Wiesentheid.[820] Der Fränkische Kreis lieh sich vom Hochstift 169 000 fl.[821]

Damian Hugo mußte sich wiederholt auch mit den finanziellen Problemen seiner Familie beschäftigen. Seit etwa 1725 half er mehrmals Rudolf Franz Erwein aus finanziellen Nöten, indem er dessen Schulden übernahm. Etwas gereizt bemerkte er zu des Bruders ständigen Hilferufen, da er Land und Leute zu regieren habe, habe er keine Zeit zu Privatgeschäften.[822] Friedrich Karl und Lothar Franz gewährte er Kredite entweder aus seinem Privatvermögen oder aus Mitteln der Speyrer Kammer. Es blieb nicht bei gelegentlichen Hilfen. Die gewaltigen Schulden von 1,3 Millionen Gulden, die Lothar Franz bei seinem Tod hinterlassen hatte, gefährdeten den ganzen Familienbesitz, der sich seit 1670 verfünffacht hatte. Damian Hugo und Friedrich Karl gelang es, die drohende Katastrophe abzuwenden.[823] In seiner Sparsamkeit sah sich der Kardinal bestätigt. Er sei stolz, schrieb er Franz Georg, daß er immer bescheiden gelebt habe. Angesichts ihrer Üppigkeit und Eitelkeit sei es ja kein Wunder, daß alle Welt neidisch und mißgünstig gegenüber der Familie sei. Bitter beklagte er die Hoffart der Familie, die sich über ihren Stand erhoben habe.[824]

Damian Hugo hat natürlich nicht nur seiner Familie Geld geliehen, doch die Art und Weise, wie er deren Kapitalbedarf mit dem Wunsch verbinden konnte, sein eigenes

Abb. 24: Das Schloß in Kislau. Eine Nebenresidenz der Fürstbischöfe von Speyer.

Vermögen und das seines Stiftes sicher und gewinnbringend anzulegen, zeigt sein Geschick als Finanzmann. Dabei blieb diese Finanzbeziehung nicht auf Familie und Damian Hugo bzw. Hochstift beschränkt. Sybilla Augusta, Markgräfin von Baden-Baden, hatte für das Bruchsaler Priesterseminar 6 000 fl. gestiftet mit der Maßgabe, daß zwei Seminarplätze für Priester aus ihrem Territorium reserviert wurden. Den Betrag legte Damian Hugo zinsbringend in der Herrschaft Heusenstamm an, die der Familie gehörte.[825] So war allen geholfen. Das Seminar erhielt regelmäßige Einnahmen, Sybilla Augusta gut ausgebildete Priester und die Herrschaft Heusenstamm frisches Kapital.

6.4. Die Beamtenschaft

Über die Beamtenschaft des Hochstifts Speyer zur Zeit Damian Hugos ist bisher relativ wenig bekannt. Die Quellen über Herkunft und Ausbildung fließen nur spärlich. Daß Damian Hugo selbst von seinen Untergebenen fraglosen Gehorsam und gutes Funktionieren nach seinen Vorgaben einforderte, trug nicht gerade dazu bei, selbständiges Denken und Handeln des betreffenden Personenkreises zu befördern. So muß es weitgehend offenbleiben, wie groß ihre Eigenleistung und ihr Einfluß auf

die Regierung des Schönborn im einzelnen wie im ganzen gewesen ist. Immerhin lassen sich einige Charakteristika dingfest machen:
1. Juristische Grundausbildung. Vom Hofrat von Spangenberg ist eine Art Lebenslauf als Beilage zu seiner Bewerbung überliefert. Von Spangenberg, katholischer Konfession, wurde im ostfriesischen Emden geboren. Seine Mutter Barbara von Lüders kam aus altem lüneburgischem Adel. Sein Vater war Amtmann zu Wilhelmsburg, *„auf der Elbinsel"* (vermutlich der heutige Stadtteil Hamburgs gleichen Namens) und später *„Superintendant"* eines Amtsbezirks im königlichen Anteil Holsteins. Nach dem frühen Tod seiner Eltern wurde er in einem Lüneburger Kloster erzogen. Es folgten juristische Studien, wobei Spangenberg nicht sagt, wo und wie lange er studierte. Er stand danach in verschiedenen Diensten.[826] Johann Peter Oppenheimer erwähnte in seiner Bewerbung, daß er viele Jahre *„studium juris et praxim"* betrieben habe. Er habe beim Mainzer Hofgericht so viel gesehen und gelernt, daß er glaube *„in processen civil"* verfahren zu können.[827] Franz Philipp Streit studierte u. a. auf der Universität Heidelberg Jura[828] bis zum Grad eines Lizentiaten. Danach arbeitete er beim Kammergericht in Wetzlar und beim Reichshofrat.[829]
2. Herkunft. Die höhere Beamtenschaft des Hochstifts setzte sich aus überwiegend landfremdem Zuzug zusammen, da das Hochstift selbst seiner Struktur nach kaum geeignetes Personal hervorbrachte.[830] Immerhin kamen einige Beamte aus Philippsburg, so der Hofrat Duplessis[831] und der Kammerzahlmeister Engelhard, der dort zuvor Stadtschreiber war.[832]
3. Ansatzweise bildeten sich Beamtendynastien heraus. So empfahl Hofrat Joseph Philipp Streit erfolgreich seinen Sohn Franz Philipp für das gleiche Amt.[833] Johann Adam Nentwich war seit 1677 Zollschreiber in Philippsburg.[834] Hermann Joseph Nentwich (sein Sohn?) wurde Hofrat. Johann Heinrici und sein Sohn Johann Gottfried Heinrici waren Amtmänner von Odenheim.[835]
4. Einige Beamte konnten unter Damian Hugo schnell Karriere machen. Hartmann stieg binnen kurzer Zeit bis zum Kanzler auf (u. a. Leitung der Geheimen Kanzlei). Damian Hugo ermahnte ihn, sich dieser Ehre würdig zu erweisen, da er bekennen müsse, *„daß es nichts geringes seye, das wir ihn in so wenig Jahren nun 3 mahl promovieret haben"*.[836] Hartmann genoß nach Ausweis der Protokolle und anderer Schreiben das besondere Vertrauen seines Fürsten. Ebensoviel Vertrauen gewährte Damian Hugo dem Landschreiber Koch, der dieses Amt fast 20 Jahre innehatte.
5. Die Beamten in Regierung, Hofrat und Kammer waren überwiegend bürgerlichen Standes, allein die Ämter mit hoher repräsentativer Bedeutung wie Regierungspräsident, Hofmarschall und Oberjägermeister blieben grundsätzlich Adeligen vorbehalten.[837]

Damian Hugo hatte im allgemeinen an der Arbeit und der Qualifikation neuer Beamter viel auszusetzen. Er habe, schrieb er dem Assessor Speckmann, während seiner Regierung in seinem eigenen Land, aber auch in anderen Territorien feststellen müssen, wie unzufrieden die Fürsten allgemein und die katholischen im besonderen mit ihren Bediensteten seien. Die hätten zwar gut studiert, aber schon einen *„rechtschaffenen Brieff"* zu schreiben, sei vielen unmöglich. Letztlich bleibe alle Arbeit an ihm, dem Fürsten hängen. „*Jeder, so den Kopf kaum aus den Schuhlen gezogen, wil gleich schwimmen, wil gleich Hoff undt Regierungsrath sein undt weis von seiner Schuldigkeidt undt was er wissen solle, kein Worth*".[838] Wie schon erwähnt, hat der Schönborn seine Beamten schlecht bezahlt. Übertreibend behauptete der Anonymus aus dem Umfeld des Domkapitels, keinem Beamten bleibe für sich und die Seinigen genug zu leben. Damian Hugo dagegen scheint sie eher als notwendiges Übel denn als Hilfe seiner Regierung verstanden zu haben. Diese Meinung prägte seinen täglichen Umgang mit ihnen und machte den Dienst nicht leichter. Mit Blick auf die Affäre Driesch könnte man die Haltung des Fürstbischofs verstehen, doch diese Erfahrung allein kann sein grundsätzliches Mißtrauen nicht eigentlich erklären. Nur wenigen, wie Hartmann und Koch, vertraute er wirklich. Das hatte für die solchermaßen Geehrten zur Folge, daß sie mit Arbeit überhäuft wurden.

6.5. Fürsorge und Disziplinierung – Damian Hugos Milde Stiftungen

Neben der Reform der Verwaltung und der versuchten Intensivierung der herrschaftlichen Wirtschaft zeichnen sich unter Damian Hugos Regierung Ansätze zu einer Sozialpolitik ab. Seit seinen ersten Amtsjahren plante er die Errichtung verschiedener karitativer Einrichtungen, die teils bestehende ergänzten, teils für das Hochstift völlig neu waren oder zumindest hätten werden können.

Im Juni 1721 legte der Fürstbischof den Plan zur Errichtung eines neuen, zentralen Landeshospitals vor, in dem die schon bestehenden Hospitäler und entsprechende Stiftungen aufgehen sollten.[839] Grundstock des ab 1723 angelegten Hospitalfonds war eine Stiftung Hartard von Rollingens für die Armen des Hochstifts in Höhe von 15 345 fl.[840] Weitere Mittel flossen wie beim Seminarfonds aus Geldstrafen und der jährlichen Spende, die Damian Hugo alljährlich am 6. Januar für karitative Einrichtungen machte (Dreikönigsstiftung). Im Interesse des Fonds wurden die üblichen Strafen für schwerere Vergehen, z. B. befristete Landesverweisung und Strafarbeit in Geldbußen umgewandelt. Nach dem Vorbild des Hospitals in Mainz erwog der Schönborn sogar die Gründung einer Lotterie.[841] Erst 1734 konnten die ersten Bewohner, Pfründner genannt, aufgenommen werden. Schwierigkeiten beim Bau des Hospitals, ungelöste organisatorische Fragen und Damian Hugos Arbeitsüberlastung verzögerten die Verwirklichung des Projekts, das zudem, gemessen am ursprünglichen Konzept, bescheiden ausfiel. Statt eines Zentralhospitals für das gesamte Hochstift entstand in Bruchsal nur ein Hospital für den rechtsrheinischen Teil des kleinen Staates. Bestehende Stiftungen und Einrichtungen wie das Hospital im linksrheinischen Deidesheim blieben unangetastet.

Das Bruchsaler Hospital bestimmte der Fürstbischof für alte und gebrechliche Frauen und Männer katholischer Konfession, die ein moralisch einwandfreies und frommes Leben führten. Besitz und Vermögen waren weder nach den Statuten noch in der Praxis Aufnahmebedingungen. Neben völlig mittellosen und bedürftigen lebten auch vermögende Pfründner im Hospital; von letzteren wurde allerdings erwartet, daß sie das Hospital in ihrem Testament berücksichtigten. Nur Landfremde mußten ein „*erkleckliches Stück Geldes zur Hospital-Cassa beibringen*".[842] Die Vergabe der zwölf Plätze im Hospital behielt sich Damian Hugo vor. Er wählte dazu Personen aus, welche die Pfarrer vor Ort oder der Geistliche Rat auf Anfrage oder aus eigener Initiative zur Aufnahme empfahlen.

Das Hospital war eng mit dem Priesterseminar verbunden. Beide Einrichtungen waren nicht nur in demselben Gebäude untergebracht, sondern wurden auch von einer gemeinsamen Kommission verwaltet, die nur nach dem jeweils behandelten Gegenstand ihren Namen wechselte (Seminar- oder Hospitalkommission). Allerdings hatte das Gremium für beide Einrichtungen nur beratende und ausführende Funktion, die Leitung lag in den Händen von Damian Hugo selbst. Von den laufenden Geschäften abgesehen bedurften alle Beschlüsse seiner Zustimmung. Die Kommissionsprotokolle ließ er sich stets zur Durchsicht vorlegen. Nach einigen Enttäuschungen über die Arbeit der Kommission setzte der Kardinal 1732 seinen Kammerdiener Seyfried als Verwalter des Seminars und des Hospitals ein. Nach und nach übernahm dann der Geistliche Rat (vergl. Kapitel 7.7.) die Leitung beider Einrichtungen, wobei aber auch er nur assistierende Funktion hatte. Einen eigenen Verwalter erhielt das Hospital erst 1739, mithin zu jener Zeit, als der Schönborn versuchte, den Piaristen die Leitung seines Seminars zu übergeben. Alter und Krankheit zwangen ihn, sich stärker aus den Geschäften zurückzuziehen.[843]

Für die innere Organisation des Hauses waren die Ämter von Ober- und Untervater sowie von Ober- und Untermutter, Pförtner und Hausdiener vorgesehen. Um die kranken Hospitalbewohner sollte sich eine „*Warthfrau*" kümmern. Alle Positionen sollten mit Bewohnern des Hauses selbst besetzt werden.[844] Aber auch hier fiel die Wirklichkeit bescheidener aus als der Plan. Da die Plätze des Hospitals entgegen der ursprünglichen Absicht des Kardinals nicht von zwölf auf 24 oder gar 36 erhöht wurden, beließ man es bei einer leitenden Position. So hatte um 1734 eine Margarethe Ulsberger, zu dieser Zeit die einzige weibliche Bewohnerin, das Amt der Hausmutter inne.

Damian Hugo hatte gehofft, daß sein Werk dankbar aufgenommen werde.[845] Er wurde insofern enttäuscht, als manche Bewohner das Hospital wieder verließen, weil sie, wie der Geistliche Rat bemerkte, ihr „*liederliches Leben*" dort nicht fortsetzen konnten.[846]. Damian Hugos Nachfolger Hutten hingegen fand das Hospital schlecht eingerichtet, aber das will nicht allzuviel heißen, sind doch Nachfolger mit den Werken ihrer Vorgänger häufig nicht zufrieden. Mehr Glück als seinem Vorgänger war Hutten jedenfalls nicht beschieden. Seinen ehrgeizigen Plan, das Landeshospital mit dem Bruchsaler Stadthospital zu vereinen, konnte er nicht verwirklichen.[847]

Das Bruchsaler Hospital besaß keine spezifischen Eigenschaften, die seine Zuordnung zu einem bestimmten Vorbild erlauben. Es unterschied sich kaum von vergleichbaren Einrichtungen. Dennoch liegt es nahe, daß der Kardinal bei Stiftung und Organisation des Hospitals dem Muster seines Ordens folgte. Der Deutsche Orden verdankte sein Entstehen einem Kreuzfahrerhospital in Jerusalem. Die Hospitalität war Ordensauftrag. Damian Hugos Kommenden in Marburg und Altenbiesen besaßen von jeher ein Hospital, in Altenbiesen hatte er selbst ab 1720 einen neuen Hospitalbau ausführen lassen.[848] Altem Brauch folgend, waren diese Häuser entsprechend den zwölf Jüngern Christi stets für zwölf Personen eingerichtet, so auch in Bruchsal. Es verwundert auch nicht, daß das Bruchsaler Hospital gleichsam in einem Seitenflügel des neuen Schlosses untergebracht wurde, waren doch auch die Hospitäler des Ordens oft in die Gebäudekomplexe der Kommenden eingefügt. Nach Damian Hugo nahm der Hof freilich an dieser Nähe Anstoß. Weil der Anblick armer und hinfälliger Menschen an der Hauptstraße und neben dem prächtigen Schloß störte, wurde das Hospital unter Limburg-Styrum nach Altenburg verlegt.[849]

Damian Hugos Hospital war – wie zeitüblich – kein Krankenhaus, sondern ein Altenheim. Erst unter Limburg-Styrum errichteten die Barmherzigen Brüder Krankenspitäler in Bruchsal und Deidesheim.[850] Immerhin plante bereits der Kardinal nicht weit vom Landeshospital entfernt ein Militärlazarett für die Soldaten seiner Garde und des Speyerer Kreiskontingents.[851] Das Vorhaben ist aber weder unter ihm noch unter seinen Nachfolgern verwirklicht worden.

Während Damian Hugo mit dem Landeshospital einer traditionellen Form karitativer Fürsorge folgte, orientierte er sich bei dem Projekt eines Zucht- und Arbeitshauses an einem neueren Entwicklungstrend.[852] Trotz oder gerade wegen seines Zwangscharakters handelte es sich bei dem geplanten Institut nach Damian Hugos Überzeugung um eine wohltätige Einrichtung, sollte es doch helfen, die Züchtlinge auf den Weg der Tugend zurückzuführen. Als weitgereister Diplomat und welterfahrener Fürst hatte Damian Hugo verschiedene Zucht- und Arbeitshäuser kennengelernt. So hatte er sich in Hamburg für die katholischen Insassen des städtischen Arbeitshauses eingesetzt, denen man den Beistand eines katholischen Seelsorgers verweigern wollte. Über solche flüchtigen Eindrücke hinaus informierte er sich gezielt über die Armen- und Arbeitshäuser in Rom und Würzburg. Vom Arbeitshaus St. Michele in Rom, einer Gründung Papst Innozenz XII. für Arbeitslose, gewohnheitsmäßige Bettler und Schwererziehbare, ließ er sich die Hausordnung kommen.[853] Das Arbeits- und Zuchthaus in Würzburg besuchte er 1740 persönlich und erhielt von dessen Verwalter, dem Tuchfabrikanten Heller, ein umfangreiches Reglement.[854] Die Existenz des in der Nachbarschaft gelegenen Arbeitshauses im baden-durlachischen Pforzheim dürfte dem Fürstbischof zumindest bekannt gewesen sein.

Zur Finanzierung des Zucht- und Arbeitshauses wählte der Kardinal den schon bei Seminar und Hospital erprobten Weg des Fonds: 1728 wurde eine besondere Kasse eingerichtet, der Bußgelder und Beträge der jährlichen Dreikönigsstiftung zuflossen.[855] Die für die Ausgestaltung des gesamten Projekts wichtigen Fragen, welche Personen eingewiesen werden sollten und was ihnen als Arbeit aufzuerlegen war, blieben jedoch offen. Der Hofrat dachte an ein Spinnhaus, in dem nicht bezahlbare Geldstrafen abgearbeitet werden sollten. Er legte 1729 eine genaue Ordnung vor, die für jedes Vergehen eine bestimmte Menge zu spinnende Wolle oder Flachs festlegte. Damian Hugo kritisierte den Vorschlag als „confus" und „unpracticabel". Die armen

Gefangenen, schrieb er in einer Randbemerkung, würden damit zu sehr gequält. Wer Geldstrafen nicht bezahlen könne, solle sie mit Schanzen abarbeiten.[856] Wenn mit Schanzen nicht nur die Arbeit an Befestigungsanlagen, sondern auch an den herrschaftlichen Bauten gemeint war, dann ist verständlich, warum der Kardinal kein Spinnhaus im Sinne des Hofrates wollte. Bei den vielen herrschaftlichen Bauten, besonders aber bei der Errichtung der Bruchsaler Residenz wurden viele Sträflinge eingesetzt, auf die man nicht verzichten konnte. Damian Hugo selbst hatte zu diesen beiden Punkten keine genaueren Vorstellungen. Natürlich dachte auch er an Straftäter, besonders an solche, die sich grober Beleidigungen und übler Nachrede schuldig gemacht hatten oder durch ständigen Streit und Raufereien aufgefallen waren. Ferner sollten im Arbeitshaus Arme und Bettler ein nicht ganz freiwilliges Unterkommen finden. Vermutlich in Anlehnung an St. Michele in Rom wollte er auf Wunsch der Eltern auch schwererziehbare Jugendliche aufnehmen.[857] Erst ein konkreter Fall zeigte dem noch unentschiedenen Fürstbischof, welche Aufgaben sein Zuchthaus, an dessen grundsätzlicher Notwendigkeit er nie zweifelte, übernehmen könnte.

Der Pfarrer von Untergrombach berichtete Damian Hugo von zwei Frauen, Mutter und Tochter, die in das tiefste Elend geraten waren. Die beiden stammten aus der Schweiz und waren jahrelang auf der Suche nach einem Lebensunterhalt in den Territorien des deutschen Südwestens herumgeirrt. Dabei hatten sie im Württembergischen wegen ihres katholischen Glaubens Schikanen und üble Behandlung überstehen müssen. Im hochstiftisch-speyrischen Untergrombach gestrandet, hatte die Mutter sich und ihre Tochter mit Spinnen und anderen Heimarbeiten durchgebracht, bis sie für diesen kümmerlichen Erwerb zu alt und zu schwach geworden war. Die Tochter war wegen eines erlittenen Unfalls zu keiner schwereren Arbeit fähig. Geheiratet habe die Mutter nicht, weil sie, so der Pfarrer, nach ihrer Verführung durch einen *„lutherischen Haubtmann"* diese Sünde durch selbstauferlegtes Fernhalten von jedem Mann abbüßen wollte.[858] Zudem war sie zum katholischen Glauben konvertiert und hatte ihre Tochter im katholischen Glauben erzogen. Es muß offenbleiben, was an dieser Lebensgeschichte der Wahrheit entsprach, doch zweifellos stehen diese beiden Frauen für eine breitere Unterschicht ohne Besitz und ohne Rückhalt von Familie oder Gemeinde. Was sie aber vorweisen konnten, war ihre Wendung zum katholischen Glauben, und das dürfte den Fürstbischof beeindruckt haben. In einer Randnotiz bemerkte er, dieses Schicksal zeige, wie notwendig das geplante Zucht- und Arbeitshaus sei. Er befahl, die Errichtung des Arbeitshauses zu beschleunigen und die beiden Frauen sofort aufzunehmen.[859]

Wie in vergleichbaren Anstalten der damaligen Zeit wären auch im Bruchsaler Zucht- und Arbeitshaus über kurz oder lang Personen gelandet, die nach heutigem Verständnis nicht in ein und dieselbe Anstalt gehören: Arme, Arbeitslose, Arbeitsunfähige, Schwererziehbare, psychisch Kranke und Straftäter. Darin lag der Unterschied zwischen Hospital und Arbeitshaus: Während das Hospital für gesellschaftlich integrierte Landeskinder gedacht war, die teilweise finanziell so unabhängig waren, daß sie das Hospital gegebenenfalls wieder verlassen konnten, war das Zucht- und Arbeitshaus für Randgruppen der Gesellschaft bestimmt.

Das Bruchsaler Zucht- und Arbeitshaus wäre eines der früheren in den deutschen Territorien und eines der ersten in einem geistlichen Staat gewesen. Doch das Projekt wurde zu Lebzeiten des Schönborn nicht verwirklicht. Die verschiedenen Gremien Hofrat, Geistlicher Rat und eine eigens eingerichtete Kommission, beließen es trotz der Befehle, Ermahnungen und inständigen Bitten Damian Hugos bei wenigen Sitzungen, auf denen offenbar kaum etwas beschlossen und nichts veranlaßt wurde. Erst Limburg-Styrum hat den Zuchthausplan 1776 umgesetzt.

Das dritte Stiftungsprojekt Damian Hugos, das „Arme-Kinder-Haus", erreichte nicht einmal die Planungsphase. Wiederum war es Limburg-Styrum, der die Idee seines Onkels aufgriff und ein Waisenhaus errichtete.

Wären alle Schönbornschen Projekte in der gewünschten Weise verwirklicht worden, so wäre bis in die frühen 1740er Jahre ein System der „Fürsorge und Disziplinierung" entstanden, das für das Hochstift Speyer völlig neu gewesen wäre und auch in vergleichbaren Territorien des Reiches zu dieser Zeit nicht leicht seinesgleichen gefunden haben dürfte. Das Merkmal des System wäre die zentralisierende Zusammenfassung verschiedener sozialer Aufgaben in der Hand des Fürstbischofs gewesen. Die Sorge um die Armen und Waisen lag in der Regel bei den Gemeinden bzw. bei den bestehenden lokalen Stiftungen. Indem der Bischof sie zu einem Teil wenigstens an sich zog, erweiterte er seine Kompetenzen und damit auch das Fundament seiner Herrschaft. Von Rollingen hatte sich mit der Stiftung einer bedeutenden Summe begnügt, von der sein Nachfolger bei Bedarf Almosen hätte weitergeben können, wie es später auch Hutten tat. Solch lockere Form zufälliger Hilfe war nichts für den planenden und systematisierenden Damian Hugo. So gesehen ist nicht nur das beabsichtigte Zucht- und Arbeitshaus, sondern auch das in seiner Form traditionelle Hospital in der von Damian Hugo angestrebten Ausformung als zentrales Landeshospital ein neuer Ansatz. Dabei ging es dem Schönborn nicht um die Erweiterung der eigenen Macht. Sein karitatives Motiv war echt; genau so echt war aber auch seine Überzeugung, daß nur die von ihm entworfene Organisation richtig und nützlich sein könne – eine für ihn typische Haltung, die aber Macht bereits voraussetzt und nicht erst schafft.

6.6. Odenheim und Weißenburg

Damian Hugo war als Fürstbischof von Speyer zugleich Propst des Stiftes Odenheim und Gefürsteter Propst des Stiftes Weißenburg. Das kleine, nur aus fünf Dörfern bestehende, aber reichsunmittelbare Stift Odenheim, nordöstlich von Bruchsal gelegen, wurde 1122/23 als Benediktinerabtei gegründet und im 15. Jahrhundert in ein weltliches Chorherrenstift umgewandelt. 1525 verlegten die Chorherren ihren Sitz nach Bruchsal. Seit dem 16. Jahrhundert war der Bischof von Speyer stets auch Propst des Stiftes. Das hieß jedoch nicht, daß Damian Hugo mit seiner Wahl zum Koadjutor des Bischofs (1716) auch schon automatisch Koadjutor des Odenheimer Propstes war. Vielmehr setzten die Kapitulare erst 1718 einen eigenen Wahltermin an.[860] Damian Hugo wollte eine Wahl zunächst verhindern, weil er darin einen gefährlichen Präzedenzfall für alle nachfolgenden Bischöfe von Speyer sah. Da aber, wie er unzufrieden bemerkte, das Stift das Recht zur freien Wahl ihres Propstes besaß, sah er schließlich keine andere Möglichkeit, als auf diesem Wege die ihm gebührende Position zu erlangen.[861]

Zwischen dem Propst Damian Hugo und dem Stiftskapitel kam es bald zu Zwistigkeiten. Der Schönborn, durchaus in aufrechter Sorge, erinnerte die Kapitulare an ihre Verpflichtungen, u. a. an die Residenzpflicht.[862] Mit Hinweis auf die Armut des Stiftes befahl er dem Kapitel, auf bessere Haushaltung zu achten. Es sei nicht genug, so Damian Hugo gereizt, daß die Kapitulare sich nur dann in Bruchsal sehen ließen, wenn sie ihre Einkünfte abholten.[863] Umstritten war, ob die Seelsorge in der Bruchsaler Stiftskirche vom Prädikator des Stiftes oder von dem Pfarrer, den der Bischof einsetzte, wahrgenommen werden durfte. Das Kapitel weigerte sich zeitweise, den Pfarrer überhaupt in die Kirche zu lassen.[864] Völlig offen war aber vor allem, ob der Propst auch die Kastenvogtei, Vogteirechte einschließlich Gerichtsbarkeit, über das Stift ausüben durfte oder ob sie bei Propst, Dekan und Stift gemeinsam lag. Damian Hugo stellte sich auf den Standpunkt, die Kastenvogtei habe sei altersher beim Bischof gelegen. Ebenso behauptete er, das Votum des Stiftes auf Reichs- und Kreistagen liege nicht beim Stift *„in concreto"*, d. h. bei der Gemeinschaft von Propst, Dekan und Kapitel, sondern allein bei ihm als Propst.[865] Wie immer scheute sich Damian Hugo nicht, sein Recht, oder was er dafür hielt, durchzusetzen. Als sich eine Frau in Odenheim *„in delirio"* erhängte, gestattete das Stift ein normales Begräbnis, da in diesem Fall kein Selbstmord vorlag. Damian Hugo aber sah seine Rechte als Propst verletzt. Er ließ den Leichnam der Unglücklichen ausgraben und setzte eine erneute Untersuchung des Falles an. Schließlich wurde die Frau als Selbstmörderin verscharrt. Den Amtmann des Stifts verurteilte der Fürstbischof wegen Verletzung der Kastenvogtei-Rechte zu 100 Rtlr. Strafe. Das Stift klagte daraufhin beim Reichskammergericht. Dieses erließ 1735 die einstweilige Anordnung, für die Dauer des Prozesses habe das Hochstift auf jegliche Gewaltausübung zu verzichten; dennoch wurde der Amtmann von bischöflichen Beamten verhaftet.[866]

Seit 1717 stritten die Untertanen und das Kapitel des Stifts Odenheim um die von den Untertanen geforderten Beiträge zu den Reichs- und Kreissteuern, die bis dahin von dem Kapitel allein *„ex proprio aerario"* gezahlt worden waren.[867] Die Untertanen unterlagen 1729 vor dem Reichskammergericht, weigerten sich aber weiterhin zu zahlen und rebellierten. Die Rebellion wurde schnell und unblutig beendet, dafür entbrannte nun ein Streit zwischen Propst und Stift um die Gerichtsbarkeit über die vier verhafteten Rädelsführer. Das Stift stellte sich nach wie vor auf den Standpunkt, daß der Propst als Kastenvogt nicht allein zu richten habe. Zudem wurde dem Propst bedeutet, daß sich die Kastenvogtei nur über drei der fünf stiftisch-odenheimischen Orte erstrecke.[868] Überhaupt schien das Stift, also Dekan und Kapitel, den ganzen Vorfall weniger ernst zu nehmen als Damian Hugo. Die Rädelsführer wurden freigelassen, nachdem sie versprochen hatten, jederzeit auf Befehl wieder zu erscheinen. Viele Einzelheiten der „*Sedition*", so das Stift gegenüber dem Propst, seien nicht zu erfahren oder sehr unsicher, daher könne man auch keine Untersuchungsakten einschicken.[869] Damian Hugo war einmal mehr empört. Wenn kein Verfahren gegen die Anführer der Rebellion eingeleitet würde, gäbe es praktisch keine Justiz mehr im Hochstift.[870] Hinter der Haltung des Stiftskapitels witterte er nur den Versuch, seine Rechte als Propst zu verletzen und auf ein Minimum zu beschneiden. „*Das kaputt des Stiftes als der praepositus des Stiftes wird fordt gebißen*", klagte er.[871] Mit seinem Tod endeten auch seine vor dem Reichskammergericht gegen das Stift Odenheim angestrengten Prozesse. Der Streit um die Kastenvogtei zwischen Propst und Stift wurde 1775 unter Bischof Limburg-Styrum schließlich beigelegt.[872]

Die Gefürstete Propstei Weißenburg war seit 1545 mit dem Hochstift Speyer in Personalunion verbunden. Hier bedurfte es keiner besonderen Wahl mehr. Damian Hugo war als Bischof von Speyer auch Propst von Weißenburg. Ein großer Teil des linksrheinischen Territoriums des Hochstifts Speyer gehörte ursprünglich zu den Weißenburger Ämtern Lauterburg, Madenburg und Dahn.[873] Es gab indes keine eigene weltliche Regierung des Stifts Weißenburg. Die genannten Ämter wurden alle von der bischöflichen Residenz aus verwaltet, soweit sie nicht südlich der Queich lagen und damit praktisch zu Frankreich gehörten. Ebenso wurden Damian Hugos geistliche Rechte als Bischof und Propst in dem Gebiet südlich der Queich weitgehend beschnitten. Immerhin suchte man bei ihm noch um Bestätigung des gewählten Dekans nach. Gelegentlich konnte er auch ein Kanonikat an der Stiftskirche St. Peter und Paul zu Weißenburg vergeben. Als der König von Frankreich sich 1728 über Kardinal Rohan bei Damian Hugo wegen der schlechten Disziplin des Stiftsklerus beklagte und von ihm Gegenmaßnahmen verlangte, stellte der Fürstbischof sarkastisch fest, daß man jetzt von ihm verlange, sein Amt zu tun, was man ihm sonst immer verwehrt habe.[874] Er schickte den Geistlichen Rat Kellerman zur Visitation nach Weißenburg.

6.7. Damian Hugo, der Landesfürst

Damian Hugo nannte sich selbst einen „*rechtschaffend Landts Vatter und Haushalter, dem der Dienst seines Hochstifts sehr zu Hertzen und Gemüth gehet […], der unter die gottförchtigen Regenten zu seyner Zeit möge gestellet werden*".[875] Dem kann man nur zustimmen. Damian Hugo hat die Zentralverwaltung des Hochstifts Speyer reorganisiert und mit den Zahlkassen und den Fachämtern neue Gremien geschaffen. Sein Ziel war die Errichtung einer effizienten, schnell und überprüfbar arbeitenden Verwaltung (Regierung und Kammer). Sie sollte innerhalb des vorgeschriebenen Verfahrens genau nach den inhaltlichen Vorgaben des Fürsten arbeiten. Im Idealfall hätte sie exakt und unverzüglich umgesetzt, was Damian Hugo befahl. Die Mittel dazu waren der klare Aufbau der Gremien und die genaue Festlegung ihrer jeweiligen Kompetenzen. Das ganze System war auf den persönlich regierenden Fürsten zugeschnitten, der über alles informiert war, die letztentscheidende Instanz blieb und an jedem Punkt der Verwaltung eingreifen konnte, wenn ihm etwas nicht korrekt zu sein schien. Tatsächlich begann mit Damian Hugo überhaupt erst eine regelmäßige und kontinuierliche Verwaltung des Hochstifts Speyer. Das dünne Rinnsal der Überlieferung wurde erst seit seiner Zeit zu einem breiten Strom. Damian Hugos Nachfolger haben sein System übernommen, von kleineren Veränderungen abgesehen. Im großen und ganzen hatten Damian Hugos Reformen Erfolg. Doch manche Probleme ließen sich nicht beheben. So hat z. B. die Justiz nie so zügig gearbeitet, wie er es wünschte. Des öfteren läßt der große Organisator ein mit Ärger gepaartes ungläubiges Staunen erkennen, daß etwas nicht so problemlos lief oder so erfolgreich umgesetzt wurde, wie es den von ihm gegebenen Befehlen entsprochen hätte. Ohnehin war Damian Hugo nicht der Fürst, der sich leichten Herzens aus Geschäften zurückzog, selbst wenn er dazu guten Grund gehabt hätte. Nichts zeigt seinen Hang zur Selbstregierung so deutlich wie seine Bemerkung bei der Reorganisation der Kammer, daß er zukünftig sein eigener Kammerpräsident (Landschreiber) sein wolle.

Genau hier beginnt der problematische Zug seiner Reformen und seines Regierungsstils. Er konnte sinnvollerweise gar nicht in dem Ausmaß persönlich regieren, wie er es wollte. Den Zeitgenossen ist das bereits aufgefallen. In dem wahrscheinlich vom Domkapitel zusammengestellten Gutachten über die Lage des Hochstifts aus den späten 1720er Jahren heißt es mit Blick auf den Regenten, er könne unmöglich *„wegen der Vielheit der Affären in die Detail gehen"*.[876] Dazu hat Damian Hugo auch von seinen Beamten reichlich viel verlangt, sie außerdem durch ständige Eingriffe verunsichert. Sein Hineinregieren sorgte für Unruhe in seinem eigenen System, zumal er keineswegs immer kompetenter war als seine Beamten. Die Aufteilung der Regierung auf die Standorte Speyer und Bruchsal hatte politische Gründe, war jedoch ansonsten kaum sachgerecht und bedurfte längerfristiger Korrektur. Vielleicht sähe die Bilanz seiner Regierung noch besser aus, wenn er bisweilen etwas weniger penibel gehandelt hätte.

Ziel seiner Wirtschaftspolitik war eine gut gefüllte Staatskasse. Der Weg dahin war die Vermehrung der herrschaftlichen Einnahmen und die Reduzierung der herrschaftlichen Ausgaben – ein einfacher Leitgedanke, von Damian Hugo fast bis zur Meisterschaft umgesetzt. Der Schönborn konnte die Einnahmen vor allem durch besseres Ausnutzen der vorhandenen Ressourcen, kaum durch Erschließen neuer Einnahmequellen vermehren. Sein Umgang mit den Finanzen, den privaten wie den öffentlichen, verdient Anerkennung. Ein Finanzgenie war er jedoch nicht. Er war ein nüchterner Verwalter und eben darum erfolgreich. In seiner (modern gesprochen) Sozialpolitik gab es Ansätze, über die rein karitative Hilfe tradierter Art hinauszugehen.

Damian Hugo hat das Antlitz des Hochstifts Speyer tiefgreifend verändert. Seine Nachfolger regierten und handelten weitgehend in den Bahnen, die er abgesteckt hatte. Für das Hochstift Speyer, zumindest in seiner neueren Geschichte, gab es eine Zeit vor und eine Zeit nach Damian Hugo. Den Vergleich mit dem politischen Wirken und Handeln seiner fürstlichen Zeitgenossen brauchte er nicht zu scheuen. Seit der

Kritik der Aufklärer an den geistlichen Staaten als heruntergekommene Gemeinwesen hält sich in der Geschichtsschreibung hartnäckig das Bild der rückständigen und schlecht verwalteten Stifte und Hochstifte.[877] Der Staat Damian Hugos kann jedenfalls nicht als Beleg für diese Behauptung dienen. Es spricht sogar einiges dafür, daß der Schönborn mit seiner Regierung durchaus bewußt die Leistungsfähigkeit geistlicher Herrschaft unter Beweis stellen wollte.

7. Hirt und Herde.
Die Diözese Speyer unter Damian Hugo

7.1. Die Diözese Speyer. Bischof und Domkapitel

Er war der tridentinische Bischof, der Karl Borromäus der Diözese Speyer – mit diesem stolzen Wort würdigt Stamer das Wirken Damian Hugos.[878] Nicht nur als weltlicher Fürst, sondern auch als Bischof und Seelenhirte gilt Damian Hugo als großer Reformer, der seine Diözese entscheidend umgestaltete und ihr Bild für die Zukunft prägte. Ohne sein geistliches Wirken unangemessen herabsetzen zu wollen, bleibt jedoch festzuhalten, daß auch vor seiner Zeit bereits verantwortungsbewußte Bischöfe und Geistliche trotz widriger Umstände und vieler Rückschläge begonnen hatten, Klerus und Seelsorge im Sinne des Tridentinums zu reformieren.[879] Aus dem undifferenzierten Nebeneinander der Konfessionen entwickelte sich eine spezifische Katholizität.[880] Die Kriege an der Wende vom 17. zum 18. Jahrhundert brachten diese Reformprozesse ins Stocken, aber nicht zum Stillstand. Damian Hugos Vorgänger Rollingen setzte die Arbeit fort, nachdem sich der Sturm gelegt hatte. Er ließ seine Diözese visitieren und berief 1717/18 eine Diözesansynode ein. Die Diözese Speyer war also kein völlig verwüsteter Weinberg, als Damian Hugo sein Amt antrat.

Wie bei seiner weltlichen, so ist auch bei seiner geistlichen Regierung nicht zu erkennen, ob und wie weit Damian Hugo bereits vor Amtsantritt einen genaueren Überblick über den Zustand seiner Diözese besaß und an Reformprojekten arbeitete. Mit dem Schönborn hatte das Domkapitel weder einen Domherren aus seiner Mitte noch einen in Fragen der Seelsorge und der geistlichen Administration erfahrenen Kleriker gewählt. Über seine theologischen und kirchenrechtlichen Kenntnisse ist im Detail nichts auszumachen. Bis zur Übernahme des Bischofsamtes in Speyer hatte Damian Hugo als Diplomat und Ordensritter gewirkt, spielte kirchliches Leben als administrative Aufgabe für ihn bestenfalls eine untergeordnete Rolle. Andererseits darf man nicht vergessen, daß der Schönborn die vier niederen Weihen empfangen hatte und nie daran dachte, in den Laienstand zurückzutreten. Regelmäßige Exerzitien waren für ihn selbstverständlich. In Norddeutschland hatte er den kleinen katholischen Gemeinden gegen die Bedrückungen ihrer protestantischen Obrigkeiten geholfen. Man konnte also erwarten, daß er sich schnell mit den Notwendigkeiten und Anforderungen des Hirtenamtes vertraut machen konnte. Dennoch war er auf Rat und Orientierung angewiesen. Im Sommer 1724 legten die Geistlichen Räte Dr. Nikolaus Dahlwich und Dr. Georg Ulrich Kellerman ein Gutachten über die Lage der Diözese Speyer vor. Offenbar entstand es anläßlich der Einrichtung des geistlichen Rates als des zentralen Beratungsgremiums für den Fürstbischof in kirchlichen Angelegenheiten (vergl. Kapitel 7.2.). Das Gutachten stellte 22 Bestimmungen des Trienter Konzils den davon abweichenden Gepflogenheiten in der Diözese Speyer gegenüber. Es verwundert nicht, daß auf diese Weise eine Liste von 22 zum Teil scharf kritisierten Mängeln und Mißbräuchen entstand. So entsprachen die Geistlichen Speyers keineswegs dem Ideal des Tridentinum. Die Gutachter erinnerten ferner an die Verpflichtung des Bischofs, regelmäßig Diözesansynoden einzuberufen und Visitationen durchzuführen, mahnten eine schneller und effektiver arbeitende geistliche Gerichtsbarkeit an und verwiesen auf die Möglichkeit, Pfarreien entsprechend der Zahl der Gemeindemitglieder zu vergrößern oder zu verkleinern. Die Verpflichtungen bepfründeter Geistlicher wurden ins Gedächtnis gerufen. Das Gutachten war kein Reformprogramm, wenn man darunter eine präzise Darstellung der Lage mit Vorschlägen zu gezielten Gegenmaßnahmen versteht. Dafür war der Mängelkatalog zu allgemein und zu wenig konkret. Doch vieles, was Damian Hugo später zum Gegenstand von Reformen machte, wurde in dem Gutachten bereits genannt, wobei nicht vergessen werden darf, daß die Gutachter selbst engste Berater ihres Bischofs waren. Das Gutachten kann also als ungefährer Leitfaden für dessen geistliches Wirken verstanden werden. Es belegt, daß der Schönborn zu einer systematischen, auf dauerhafte Verbesserung abzielenden Reformarbeit entschlossen war, die sich an den Bestimmungen des Trienter Konzils orientierte. Das Gutachten trägt von unbekannter Hand den Vermerk „*Was vi Tridentini annoch zu reformiren were*".[881]

Der Fürstbischof konnte allerdings nicht frei nach eigenem Gutdünken verfahren, sondern mußte sich mit den Mitspracherechten und -ansprüchen seines Domkapitels auseinandersetzen. Diese Auseinandersetzungen bezogen sich keineswegs vornehmlich auf kirchlich-religiöse Sachverhalte, wirkten aber unvermeidlich auch auf sie zurück. In dem langwierigen Konflikt, der in einem jahrelangen Prozeß vor dem Reichshofrat in Wien gipfelte, ging es immer auch um die Frage, ob und wieweit das Kapitel an der Regierung von Diözese und Hochstift zu beteiligen war. Jeder kleinere Streit spitzte sich letztlich auf dieses Problem zu.

Die Domkapitulare aller Hoch- und Erzstifte betrachteten sich als deren Erbherren; sie forderten für sich ein bestimmtes Maß an Mitregierung und ließen es sich neben Freiheiten und Privilegien von den neugewählten Fürstbischöfen in Wahlkapitulationen garantieren.[882] Als Damian Hugo nach seiner Wahl zum Koadjutor die Kapitulation zur Unterschrift vorgelegt wurde, stieß er auf zahlreiche Punkte, die seine Rechte und Kompetenzen, wie er meinte, ungebührlich einschränkten. Es gebe hier Dinge, die weder der Papst noch der Kaiser durchgehen lassen würden, schrieb er dem Bischof von Speyer.[883] Auf dringenden Rat seines Onkels Lothar Franz unterzeichnete er dennoch die Kapitulation ohne Abänderung und vermied so vorerst jeden weiteren Streit.[884]

Nachdem der Schönborn sein Amt als Bischof angetreten hatte, schien es zunächst so, als ob das Verhältnis zwischen Bischof und Kapitel, von kleineren Reibereien abgesehen, weitgehend spannungsfrei bleiben könnte, wählte doch das Kapitel Damian Hugos Bruder Franz Georg 1722 anstandslos zum Domdekan.[885] Aber in den folgenden Jahren verschlechterte sich die Situation. Die gegenseitigen Beschwerden mit

allen sich aus ihnen ergebenden Verwicklungen könnten ganze Bücher füllen. Im wesentlichen lassen sich drei Konfliktlinien ausmachen:
1) Rechte und Privilegien des Kapitels;
2) Kirchlich-administrative Fragen;
3) Mitwirkung des Kapitels an der geistlichen und weltlichen Regierung in Diözese bzw. Hochstift.

Zu 1) Hierbei ging es um vergleichsweise geringfügige Probleme, die jedoch in einem Kampf ums Prinzip an Bedeutung gewannen. So beschwerte sich das Kapitel darüber, daß ihm das Jagdrecht in der Gemarkung von Stettfeld eingeschränkt worden sei. Entgegen dem Herkommen erhalte der domkapitularische Pfarrer in Lauterberg kein Bau- und Feuerholz mehr aus dem herrschaftlichen Wald.[886] Verärgert waren die Kapitulare, daß Damian Hugo ihnen verbot, bei ihren eigenen Gütern eine Renovation durchzuführen.[887] In einem Fall habe die fürstbischöfliche Verwaltung die Jurisdiktion des Domkapitels verletzt.[888]

Zu 2) Gewichtiger waren bereits die Streitpunkte über Probleme der kirchlichen Administration. Die Kapitulare wehrten sich gegen Damian Hugos Forderung, bei jeder Besetzung einer Pfarrei durch das Kapitel gehört zu werden und seinerseits den präsentierten Geistlichen vor dessen Amtseinführung zu approbieren.[889] Den deswegen in Mainz bzw. Rom angestrengten Prozeß gewann der Bischof allerdings.[890] Ebenso unerträglich war dem Kapitel, daß der Bischof ohne jede Rücksprache Dompräbenden an Geistliche seiner Wahl vergab. Einen in dieser Frage zu Rom angestrengten Prozeß gewann Damian Hugo ebenfalls.[891] Aber der Schönborn ging noch weiter: Jeder neue Domherr sollte von ihm die Konfirmation für sein Amt einholen. Das war zwar, wie sein Vertrauter Dahlwich fand, in der Diözese Speyer bisher nicht üblich, doch Damian Hugo meinte, daß es *„ehedessen bräuchlich gewesen"*, er mithin nur verlange, wozu er als Bischof befugt sei.[892] Er plante sogar eine Visitation des Kapitels,[893] setzte dann freilich weder das eine noch das andere wirklich in die Tat um. Besonders empörten sich die Domherren über die Errichtung des Geistlichen Rates und über die Verlegung der Residenz nach Bruchsal: Der Geistliche Rat reduzierte den Einfluß und die Kompetenzen des vom Kapitel bestimmten Vikariats, und mit dem Umzug nach Bruchsal entzog sich der Fürstbischof auch räumlich den Domherren. Sie wurden gleichsam marginalisiert.

Zu 3) Damit ist bereits das entscheidende Konfliktfeld zwischen dem Fürstbischof und seinem Domkapitel angesprochen. Mit Blick auf die Regierung des Hochstifts erinnerte das Kapitel daran, daß alle Räte und Bediente des Fürstbischofs vor dem Kapitel vereidigt werden müßten, ferner habe die Abhörung der Kammerrechnung vor Abgesandten des Kapitels zu geschehen. Schließlich wurde bemerkt, daß das Kapitel beim Einzug seiner Gefälle vom Fürstbischof weniger Rechtshilfe erhalte als von anderen weltlichen Herren. Das Kapitel forderte Damian Hugo im übrigen auf, nicht immer gleich böse Absichten zu unterstellen, wenn etwas nicht sofort so geschehe, wie er es erwarte. Der Schönborn wischte die Gravamina unwirsch beiseite, teilweise mit herbem Spott. Die Räte vor dem Kapitel zu vereidigen lehnte er ab, da sie nur der Herrschaft, also ihm verpflichtet seien. Über den

Anspruch des Kapitels, die Kammerrechnungen zu überprüfen, konnte er sich kaum beruhigen. Bei seinem Regierungsantritt habe er das ganze Rechnungswesen in Unordnung gefunden, was habe denn das Kapitel alle Jahrzehnte vor ihm getan?[894]

Der Fall des Anwalts (Dorfvorstehers) Göck zeigt, wie schnell ein Streit zwischen Bischof und Domkapitel seine eigene Dynamik entfaltete und nicht nur die streitenden Parteien betraf: Der Anwalt des domkapitularischen Dorfes Ketsch (südlich von Mannheim), Bernhard Göck, hatte dem zuständigen Landdechanten Weller im Frühjahr 1727 jede Amtshandlung in der Ketscher Kirche verboten. Die Sache selbst wurde schnell beigelegt, da das Kapitel nichts gegen Amtshandlungen des Landdechanten einzuwenden hatte. Als aber Göck nach Bruchsal zitiert wurde, um wegen seines Verhaltens einen Verweis zu erhalten, verbot ihm das Kapitel, der Ladung zu folgen, da der Bischof keinem Kapitelsbeamten ohne Rücksprache etwas zu befehlen oder zu verbieten habe.[895] Zwischen zwei Herren hin- und hergerissen, entschloß sich Göck, nicht nach Bruchsal zu gehen. Er wurde daraufhin vom Bischof exkommuniziert. Mit Hilfe des Kapitels erreichte Göck durch Klage beim Mainzer Generalvikariat, daß die Exkommunikation aufgehoben wurde. Er hatte damit nichts gewonnen, denn Damian Hugo erkannte den Rechtsspruch nicht an und appellierte sofort nach Rom. Weil Göck die Häscher des Bischofs fürchtete, fuhr er mit dem Boot auf dem Rhein nach Speyer, wenn er dort etwas zu erledigen hatte, statt den Weg durch hochstiftisches Territorium zu nehmen. Als er wieder in der Kirche erschien, brach der Pfarrer die Messe ab. Wie zuvor Göck war auch der Pfarrer ratlos, was er tun sollte. Das Kapitel drohte ihm, falls er Göck als exkommuniziert betrachtete, der Bischof, wenn er eben dies nicht tat. Solche Ungewißheit zehrte an dem armen Pfarrer. Er wurde krank und mußte sich durch einen Augustiner vertreten lassen. Ebenso waren die Bewohner von Ketsch unschlüssig, wie sie sich verhalten sollten. Eine Frau, die Göck nach wie vor als Exkommunizierten betrachtete, versteckte sich vor ihm auf der Straße, um ihn nicht grüßen zu müssen. Die Aufhebung der Exkommunikation habe bei dem „gemeinen Mann" Zweifel aufkommen lassen, berichtete der Landdechant.[896] Den Schlußpunkt setzte Rom, indem es die Aufhebung der Exkommunikation bestätigte. 1731 starb Göck und wurde ordentlich auf dem Friedhof beigesetzt. Der Fürstbischof aber, der die Waffe der Exkommunikation in höchst fragwürdiger Weise gegen einer einzelnen eingesetzt hatte, um seine Rechte gegenüber dem Domkapitel zu behaupten, sah sich gleichsam mit dem Himmel im Bunde. Es sei ein Zeichen Gottes, wenn erst Göcks Frau, dann seine beiden Kinder und dann er selbst, aber auch sein juristischer Beistand, der domkapitularische Syndikus Schommarz, starben. Er, der Fürstbischof, habe für sie zwei Messen gelesen mit der Hoffnung, daß ihnen Gott vergebe, so wie er ihnen vergeben habe. Ob er nicht seinerseits auch guten Grund gehabt hätte, Göck und dessen nächste Angehörige um Vergebung zu bitten, diese Frage hat sich der Kardinal offensichtlich sich nicht gestellt.

Damian Hugo hat die Beschwerden des Domkapitels stets als erdichtete Gravamina einer streitsüchtigen Gemeinschaft und ihres Syndikus Schommarz zurückgewiesen.[897] Das Domkapitel tue alles, um ihn zu ärgern, meinte er.[898] Das war nicht die gespielte Empörung eines durchtriebenen Machtpolitkers, sondern die echte Empörung eines sich selbst als verantwortungsvoll verstehenden Fürsten und Bischofs. Damian Hugo glaubte tatsächlich nur das zu verlangen, was das Kirchenrecht, das Tridentinum und die Gewohnheiten in anderen Diözesen als gutes Recht des Bischofs verbürgten. Freilich hat er nur in wenigen Fällen bestimmte Gesetze, Beschlüsse und Beispiele anführen können. Wo er ein Recht gebrauchte, das bisher in Speyer nicht angewendet worden war, ging er stets davon aus, daß es früher einmal bestand und nur durch den Krieg in Vergessenheit geraten war. Hier lag natürlich der Schwachpunkt seiner Argumentation. Soweit es nur um Gerechtsame ging, die auf Gewohnheit beruhten, hatte das Kapitel stets die besseren Argumente und Belege, weil es anders als Damian Hugo nicht weit in die Vergangenheit zurückgreifen mußte.

Domdekan Franz Georg hat sich in diesem Streit nicht exponiert. In Trier hat er als Domherr wesentlich dazu beigetragen, daß der Erzbischof in einem 120 Jahre währenden Streit mit dem Kapitel nachgeben mußte,[899] in Speyer unternahm er nichts gegen seinen Bruder, gab ihm zuliebe aber auch in keiner Sache nach, so daß Damian Hugo über seinen *„ansonsten lieben Bruder"* klagte.[900] Lothar Franz war über das Verhalten seines Neffen beunruhigt. Er fürchtete um das Ansehen der Schönborns bei den Domkapiteln. Damian Hugo in Speyer, aber auch Johann Philipp Franz in Würzburg verschreckten, so fand Lothar Franz, mit ihrer aggressiven Politik sämtliche Kapitel, so daß sie in Zukunft kaum noch zu bewegen sein dürften, einen Schönborn zum Bischof zu wählen. Nach seinem, Lothar Franzens, Tod werde das kunstvolle System der Familie zusammenbrechen. Bitter klagte er über die *„ohnahnständige Conduite"* seiner Neffen. Vom *„dollen Cardinal"*, der glaube, sich alles erlauben zu können, sei nichts zu hoffen.[901] Dennoch schrieb er seinem Neffen einen scharfen Brief, in dem er ihn zur Ordnung rief – *„Schnupftabak"*, wie Lothar Franz das nannte.[902] Resignierend meinte er, Damian Hugo und Johann Philipp Franz müßten so *„widerprellen"*, daß ihnen der *„Hirnkasten"* aufgehe.[903] Wer in dem Streit zwischen Bischof und Kapitel recht hatte, war für Lothar Franz zweitrangig. Er verstand nicht, wie man ohne Not das Gleichgewicht zwischen beiden Seiten stören konnte, und schickte seinen Vertrauten Erthal nach Speyer, um Damian Hugo vorzustellen, daß die Verlegung der fürstlichen Residenz nach Bruchsal das Kapitel verständlicherweise empöre; der Bischof tue sogar das, was die Reichsstadt Speyer immer verlangt habe. Auch hatte Erthal den Kardinal darauf hinzuweisen, wie gering die Aussichten der Familie Schönborn bei künftigen Bewerbungen um Bischofsstühle würden, wenn er sein Kapitel derart vor den Kopf stoße.[904] Den Getadelten ließ das alles kalt. Mainz sorgte aus seiner Sicht eher für Verschärfung als für Minderung des Konflikts, das Mainzer Generalvikariat, erzbischöfliches Gericht und höchste geistliche Verwaltungsstelle in einem, hielt er für parteiisch[905] und verlangte daher von seinem Onkel, er solle dem entgegenwirken. Empört lehnte Lothar Franz ab und gab seinerseits der geringen Bereitschaft des halsstarrigen Neffen zu Kompromiß und Verständigung die Schuld an dem Dauerkonflikt. Er, Lothar Franz, wolle die Familie nicht dem Haß der gesamten Welt aussetzen.[906]

Da das Generalvikariat nicht im Sinne Damian Hugos arbeitete und Lothar Franz jede Einflußnahme ablehnte, wartete der Kardinal die Entscheidung des Generalvikariats in einer bestimmten Sache nicht mehr ab, sondern appellierte sofort nach Rom.[907]

Einmal mehr war Lothar Franz über seinen Neffen entsetzt. Weil die Appellation keine Kirchensache betraf, verletzte Damian Hugo nach Einschätzung von Lothar Franz bestehende Konkordate, wenn er sich an die Kurie wandte.[908] Der Mainzer Erzbischof bezog sich hierbei auf die sogenannten Konkordate der deutschen Nation aus dem 15. Jahrhundert, die lange vergessen waren, aber in den Schriften des deutschen Episkopalismus des 18. Jahrhunderts eine wichtige Rolle spielten.[909] Friedrich Karl warnte seinen Bruder Damian Hugo: Ein solcher Schritt werde nicht nur die Konkordate verletzen, sondern auch seinem Ruf schaden.[910] Der Mainzer Agent in Rom bemühte sich sofort um ein Breve des Papstes, das jeden Eingriff in die erzbischöflichen Rechte in der von Damian Hugo geforderten Weise verbot.[911] Damian Hugo seinerseits scheint ebenfalls versucht zu haben, ein Breve mit einer ganz anderen Stoßrichtung zu erwirken: Es sollte den Geistlichen der Diözese Speyer verbieten, überhaupt nach Mainz zu appellieren.[912] Dem Speyrer Domkapitel warf der Schönborn vor, es suche den Kaiser gegen ihn aufzuhetzen, damit der in Rom gegen den Kardinal interveniere. Auch von Mainz aus seien an der Kurie Intrigen gegen ihn im Gange. Gegenüber Onkel Lothar Franz gab sich der Fürstbischof moderater. Er wolle nicht die Mainzer Jurisdiktion stören oder seinem Onkel die Mitra vom grauen Haupt stoßen, aber die Angelegenheiten, derentwegen er nach Rom appelliert habe, gehörten eben dorthin.[913] Über den weiteren Verlauf dieser Affäre ist nichts bekannt. Sicher ist, daß Damian Hugo weder im einen noch im anderen Fall Erfolg hatte, sei es, weil die Kurie von sich aus seine Wünsche ablehnte, sei es, weil Mainz und Wien seinen Bemühungen tatsächlich erfolgreich entgegenwirkten. Nicht nur weil der Kardinal Rechte des Erzbischofs und die Konkordate der deutschen Nation verletzte, waren Lothar Franz und Friedrich Karl verärgert über das Speyrer Familienmitglied. Ihr Groll saß tiefer. Sie hatten von jeher die zentralistischen Tendenzen der Kurie kritisiert.[914] Lothar Franz war überzeugt, daß Rom der Reichskirche nicht in dem gleichen Maße gewogen war wie der Kirche Frankreichs und daher auf deutsche Gepflogenheiten nur wenig Rücksicht nahm.[915] Später, 1741/42, hatten Franz Georg und sein Berater Nikolaus von Hontheim, der Verfasser der 1763 erschienenen papstkritischen Schrift „De statu ecclesiae", bei den Verhandlungen um die Wahlkapitulation Kaiser Karls VII. versucht, die Nuntiaturen im Reich abzuschaffen und Appellationen an den Papst zu verbieten. Die Verteidigung der Rechte der deutschen Reichskirche war für die Schönborns ebenso Teil ihrer Politik wie der Kampf um die Erhaltung des Reiches. Damian Hugo wich von diesem Ziel im Prinzip nicht ab, zeigte sich aber entschlossen, seine Position als Bischof auch mit Hilfe von Appellationen an die Kurie zu stärken, hoffte er doch, dort als Kardinal Einfluß genug zu haben, um Prozesse zu seinen Gunsten beeinflussen zu können. Aber er täuschte sich.

Im März 1731 mußte Damian Hugo eine neue Niederlage einstecken: Der Kaiser verbot ihm, die Gerichtsbarkeit des Domkapitels weiter zu verletzen.[916] Hierdurch mehr gereizt denn eingeschüchtert, holte der Bischof im gleichen Jahr zum großen Schlag aus. Jetzt ging es nicht mehr um Zehnte und Gerechtsame, sondern um die Wahlkapitulation selbst. 1695 hatte der Papst die Kapitulation des Bischofs von Würzburg aufgehoben, da sie ihm nicht zur Prüfung vorgelegt worden war, und drei Jahre

Abb. 25: Damian Hugo. Bild im Haupttreppenhaus des Bruchsaler Schlosses.

später hatte der Kaiser die Wahl des Bischofs nachträglich überprüfen lassen.[917] Damian Hugo kannte diesen Fall sicherlich. Er zeigte ihm, daß ein Bischof unter bestimmten Umständen von der lästigen Kapitulation befreit werden konnte. Das stärkte die Position des Bischofs im gleichen Maße, wie es die des Kapitels schwächte; folglich konnte der Bischof sich vielleicht auch in anderen Fällen leichter gegenüber den Domherren durchsetzen. 1729 hatte der Kaiser im Streit zwischen Kapitel und Bischof von Lüttich gegen das Kapitel entschieden. *„Dies ist ein schönes Conclusum"*, notierte Damian Hugo, als er die gedruckte Fassung des kaiserlichen Urteils in Händen hielt, und dabei scheint er es nicht belassen zu haben.[918] Als er sich im Herbst 1731 vier Wochen in seiner Ordenskommende Altenbiesen aufhielt, um sie zu visitieren, wandte er sich an den Kardinal und Erzbischof von Mecheln, Thomas Philipp de Alsatia, mit der Klage, daß sein bischöfliches Amt ganz *„ohnkräfftig"* geworden sei, und bat ihn um verschiedene Dokumente und Papiere.[919] Kurz darauf trafen sich die Kardinäle in Altenbiesen. Vermutlich waren die Streitereien in Lüttich Gesprächsthema. Am 2. November schrieb Damian Hugo an Dahlwich, daß er ein *„grosses und Hauptwerk"* in aller Stille vorbereitet habe, von dem nur er, Dahlwich und Kellerman etwas wüßten. Fünf Professoren beider Rechte und fünf Professoren der Theologie der Universität Löwen hatten die Speyrer Kapitulation begutachtet und einzelne Paragraphen als unrechtmäßig und sogar als simonistisch verworfen.[920] Vermutlich hat der Bischof von Lüttich, Georges Louis de Berghes, den Kontakt zu den Löwener Professoren vermittelt. Mit Hilfe des Gutachtens versuchte Damian Hugo, bei Kaiser und Papst die Aufhebung der Kapitulation zu erreichen. Das Kapitel antwortete mit neuen Beschwerden gegen seinen Bischof.[921]

Der Schönborn hat das Projekt dann jedoch nicht weiter verfolgt. Ein Grund dafür ist nicht zu erkennen. Möglicherweise hat ihm der Polnische Erbfolgekrieg, der ihn zu Flucht und dreijährigem Exil zwang (1734–1737), weder Zeit noch Spielraum gelassen, die notwendig gewesen wären. Er hatte nun andere Sorgen. Nach seiner Rückkehr kam es zwischen ihm und seinem Kapitel noch zu dem einen oder anderen kleineren Zwist, aber die Periode der großen Grundsatzkonflikte war Vergangenheit.

7.2. Ratgeber und Vertraute. Der Geistliche Rat

Angesichts des sich zuspitzenden Konflikts mit dem Domkapitel lag es nahe, daß der Fürstbischof nicht nur die weltlichen Zentralbehörden soweit wie möglich nach Bruchsal verlagerte und neu organisierte, sondern daß er auch sein geistliches Regiment dem Einfluß des Domkapitels zu entziehen suchte. Es störte ihn empfindlich, daß er kaum Einfluß auf die Besetzung des Vikariats bzw. Konsistoriums nehmen konnte, da dort das Domkapitel die bescheideneren Positionen vergab und die höheren Ämter (z. B. der Posten des Generalvikars) von seinen eigenen Mitgliedern eingenommen wurden.

Damian Hugo sah darin eine grundsätzliche und eigentlich nicht hinnehmbare Einschränkung seiner bischöflichen Autorität, ganz zu schweigen von der in seinen Augen unzureichenden Qualifikation der Geistlichen des Vikariats. Deshalb schuf er 1724 den Geistlichen Rat als konkurrierendes Gremium. In ihn konnte er hervorragend ausgebildete und erprobte Personen seines Vertrauens berufen. Alle konzeptionellen Aufgaben der Seelsorge und der allgemeinen Kirchenverwaltung, die besondere Kenntnisse erforderten (Gründung des Seminars, Visitationen), wurden dem Geistlichen Rat zugewiesen. Dem Vikariat verblieben allein die alltäglich-routinemäßigen Verwaltungsangelegenheiten.[922] Auf diese Weise hat Damian Hugo nicht nur den Geistlichen Rat von allen weniger wichtigen Aufgaben entlastet, sondern auch das Vikariat so weit in die neue Verwaltungsstruktur eingebunden, daß die Domherren nicht gegen die Entmachtung des von ihnen beherrschten Gremiums protestieren konnten. Dennoch war nicht zu übersehen, daß mit der Einrichtung des Geistlichen Rats das Vikariat und damit das Domkapitel an Einfluß verlor.

In ihrer Arbeitsweise unterschieden sich die beiden Gremien kaum. Das etwa sechsköpfige Vikariat (u. a. Generalvikar, Weihbischof und Offizial) und der höchstens aus zwei Geistlichen bestehende Geistliche Rat traten etwa dreimal in der Woche zusammen. Die Protokolle jeder Sitzung waren dem Bischof vorzulegen. Zunächst bestand zwischen den Gremien noch eine personelle Verbindung, da Dahlwich beiden angehörte, bis er auf Anweisung Damian Hugos nur noch beim Geistlichen Rat arbeitete. Der Geistliche Rat wurde, auch was den Aufgabenbereich betrifft, immer wichtiger und einflußreicher, das Vikariat büßte entsprechend an Bedeutung ein. Zu einer gedeihlichen Zusammenarbeit mit dem Geistlichen Rat war das an den Rand gedrückte Vikariat nur schwer zu bewegen. So klagte Dahlwich, daß ihm bestimmte Akten vom Vikariat nicht mehr ausgehändigt würden.[923] Derartige Rivalitäten haben aber die Arbeit des Geistlichen Rates nicht ernsthaft stören können. Damian Hugos Nachfolger behielten beide Gremien in der von ihm geschaffenen Form bei. Das Nebeneinander zweier geistlicher Stellen war eine Besonderheit der Diözese Speyer.[924]

Der bedeutendste Geistliche Rat war zweifellos der Dr. Georg Ulrich Kellerman. Er wurde um 1674 als Sohn eines Handwerkers im Hochstift Bamberg geboren und wirkte dort auch zunächst als Pfarrer. 1722/23 trat er in Damian Hugos Dienst – vermutlich hatte ihn Lothar Franz, Bischof von Bamberg, empfohlen, als sein Neffe nach einem fähigen Ratgeber suchte. Kellerman wurde Leiter des Seminars, Hofkaplan, Pfarrer der Bruchsaler St. Peterskirche, Beichtvater seines Herrn und zeitweise auch Landdechant des neugeschaffenen Landkapitels Bruchsal. In Anerkennung seiner Dienste machte ihn Damian Hugo 1734 zum Dekan des Stiftes St. Guido und St. Johannes in Speyer.[925] Als Zeichen besonderer Wertschätzung schenkte er ihm 100 Rtlr. Er wollte ihn sogar zum Domkapitular in Konstanz machen, scheiterte damit aber am Widerstand des dortigen Kapitels. Es gab keine wichtige Frage der geistlichen Regierung, die der Schönborn nicht mit Kellerman besprochen hätte. Visitationen wurden vorzugsweise ihm anvertraut. Projekte und Initiativen begannen meist mit einem Gutachten von seiner Hand. Kellerman war ein ernster und verschlossener Charakter, der in vielen Fragen noch strenger und genauer war als sein Herr. Von keinem anderen ließ sich Damian Hugo so deutliche Kritik gefallen wie von Kellerman. Es gab aber auch keinen, der fleißiger und rastloser im Dienste des Schönborn und seiner Diözese wirkte als er. Wenn sein Einfluß auch kaum überschätzt werden kann, so war er doch nicht die graue Eminenz, die durch einen schwachen und leicht zu beeinflussenden Bischof die Diözese regierte. Er war aber auch nicht das willenlose Werkzeug seines Herrn. 1730 kam es z. B. zwischen ihm und Damian Hugo wegen des Seminars zu einem ernsthaften Zerwürfnis. Kellermans Tod am 28. April 1742 traf Damian Hugo tief.

Nikolaus Dahlwich, Doktor beider Rechte und Kanoniker am Stift St. German in Speyer, wurde 1718 unter Rollingen Mitglied des Vikariats. Damian Hugo berief ihn 1724 in den Geistlichen Rat. Dahlwich war der einzige Geistliche Rat, der schon vor des Schönborns Zeit in herausgehobener Position wirkte und daher ein intimer Kenner der Diözese war, was sein Herr neben Dahlwichs hervorragender Qualifikation sehr wohl zu würdigen wußte. Dahlwich, meinte der Fürstbischof einmal, höre in der Diözese das Gras wachsen. 1727 machte er ihn gegen heftigen Widerstand zum Dekan des St. Germanstifts.[926]

Georg Stümper, Lizentiat beider Rechte, hatte in Erfurt studiert und wurde von Damian Hugo wegen seiner Gelehrsamkeit geschätzt. Er gehörte dem Geistlichen Rat zunächst als Assessor an, bevor er zum Geistlichen Rat mit allen Rechten und Pflichten befördert wurde. Seine guten Dienste wurden mit einer Präbende am Allerheiligenstift in Speyer belohnt.

Johann Adam Buckel holte der Fürstbischof 1730 aus Würzburg nach Bruchsal, vermutlich auf Empfehlung seines Bruders Friedrich Karl. Buckel erhielt eine einträgliche Pfarrei in Bruchsal und ein Kanonikat am St. Germanstift in Speyer. Er tat sich zunächst schwer, den Anforderungen eines Geistlichen Rates zu genügen, erledigte dann aber alle Aufgaben zur vollen Zufriedenheit seines Herrn. 1734 wurde er Regens des Seminars. 1744 erhob ihn Damian Hugos Nachfolger Christoph von Hutten zum Weihbischof.[927]

Im Unterschied zu Kellerman, Stümper und Buckel, die als gutausgebildete Geistliche für herausgehobene Positionen nach Bruchsal geholt wurden, kam der aus Westfalen stammende und am Seminar in Fulda ausgebildete Nikolaus Heinrich Holderhof als einfacher Priester in die Diözese Speyer. Er war etwa drei Jahre Kaplan, bevor er 1725 als einer der ersten einen Studienplatz am Bruchsaler Priesterseminar erhielt und hierbei Kellerman als besonders befähigt auffiel – eine gute Grundlage für seinen Aufstieg zu höheren geistlichen Würden. 1726 wurde er Pfarrer an der Kirche des Bruchsaler Ritterstifts und am Landeshospital.[928] 1731 erhielt er ein Kanonikat am St. Guidostift in Speyer. 1734 machte ihn Damian Hugo zum Pfarrer der Hofkirche und zum Leiter des Seminars. Der Fürstbischof lobte ihn als einen *„exemplarischen undt gelehrten geistlichen Mann"*.[929] 1737 wurde er Geistlicher Rat. Aus unbekannten Gründen trat er aber bereits 1738 von diesem Amt wieder zurück.[930]

Der Dekan des St. Guidostifts, Kramer, wurde in den Geistlichen Rat berufen, weil er sein Stift besonders gut führte. Ausdrücklich lobte Damian Hugo die *„Tugend, Capacität und gute Auffführung"* dieses Mannes.[931]

Die Geistlichen Räte waren also durchweg hochqualifizierte oder erprobte Geistliche, die der Schönborn zum Unterhalt wie zur Anerkennung mit vergleichsweise einträglichen Pfründen ausstattete. Seiner Neigung entsprechend, sich nur auf wenige, sorgfältig ausgesuchte Personen zu verlassen, brachte er den Geistlichen Räten großes Vertrauen entgegen und wurde in der Tat nie enttäuscht. Doch selbst für Speyrer Verhältnisse war der Geistliche Rat eine sehr kleine Institution. Bei zwei Mitgliedern – denn die oben genannten Geistlichen gehörten nicht alle zur gleichen Zeit dem Gremium an – muß man eher von einem persönlichen Beraterstab als von einem vollgültigen Regierungsorgan sprechen. Wie Kammer und Hofrat war er zu klein, um alle Angelegenheiten angemessen bearbeiten zu können. Mit Aufgaben überhäuft, konnte er zum bisweilen lautwerdenden Unwillen Damian Hugos nur langsam arbeiten und verlor gelegentlich die Übersicht. Einmal klagte der Schönborn über die geringe Hilfe, die er vom Geistlichen Rat erhalte. Wie ein armer Dorfpfarrer müsse er alles alleine machen.[932] Problematischer erscheint es jedoch, daß er sich nur noch auf diesen geradezu winzigen Personenkreis verließ und sich dadurch selbst zu isolieren drohte. Nach Kellermans Tod glaubte er, keinen fähigen Rat mehr zu finden, dem er in gleichem Maße hätte vertrauen können.

7.3. Bemühen um einen vorbildlichen Klerus

Er wolle, bemerkte der Schönborn 1730, einen *"rechdt vollkommenen, guten und frommen Clerum in unserer Diöces einführen"*.[933] Mit den Pfarrern vor Ort, ihrem Lebenswandel und ihren Fähigkeiten stand und fiel die Seelsorge und der katholische Glaube. Hier Mängel zu beheben und Mißstände abzustellen gehörte zu den ersten Aufgaben des Seelenhirten. Das Gutachten *"Was vi Tridentini annoch zu reformiren were"* erinnerte an die Pflicht des Bischofs, auf ein *"auferbauliches Leben"* der Geistlichen zu achten, ihnen unanständige, d. h. weltliche Kleidung, Tanzen, Fressen und Saufen zu verbieten.[934] Ferner betont es, daß Geistliche sich von jeder Gemeinschaft mit Frauen fernzuhalten hätten, doch gerade das werde kaum beachtet, da man *"schier allerorten die schönsten und am prechtigsten gekleideten Weibs-Personen in denen Häusern deren Geistlichen findet"*.[935] Der Kardinal befahl sofort den Erlaß scharfer Verbote mit Verweis auf die entsprechenden Bestimmungen des Tridentinums, damit die Verbote nicht für seine *"Caprice"* gehalten werden.[936] Die Verbote hatten jedoch offensichtlich nicht die gewünschte Wirkung. Die Klagen Damian Hugos über seinen niederen Klerus rissen nicht ab. Er warf ihm vor, ohne echte Berufung zu seiner Aufgabe nur sein Brot verdienen zu wollen. Er beklagte die *"Lauigkeit"* und den geringen Eifer vieler Pfarrer, wenn es um das Seelenheil der ihnen anvertrauten Menschen ging.[937] Er kritisierte die mangelhaften Kenntnisse seiner Geistlichen in Theologie und Sakramentenlehre, die doch gerade wegen der *"Religions Verwirrungen"* wichtig seien.[938] Offenbar fürchtete Damian Hugo, daß sich gerade in den gemischtkonfessionellen Gebieten seiner Diözese die Unterschiede zwischen den Konfessionen verwischten und seine Geistlichen am Ende gar keine katholischen Priester im strengen Sinne mehr waren. Damian Hugos Ideal war der gehorsame und exemplarisch lebende Priester, der sich regelmäßig seinen Exerzitien widmete und sorgsam über seine Kirche und das religiöse Leben seiner Gemeinde wachte.[939] Der Bischof ließ daher gelegentlich Pfarrer nach Bruchsal kommen, um sie über Theologie und Fragen der Sakramente und der Seelsorge zu prüfen, selbst wenn sie schon lange im Amt waren. Wahrscheinlich mußten sich die Pfarrer bei dieser Gelegenheit auch Fragen nach ihrem Lebenswandel und ihrer Amtsausübung gefallen lassen, unabhängig davon, ob tatsächlich Klagen oder Verdächtigungen vorlagen. Nach Damian Hugos Meinung bewährten sich derartige Prüfungen als Mittel der Kontrolle.[940] Was den Lebenswandel seiner Geistlichen anging, so war der Bischof auf die Berichte der Landdechanten, auf die Visitationen der Geistlichen Räte und auf Denunziationen angewiesen. Die Quellenlage läßt kaum sichere Aussagen zu, wie Damian Hugo oder sein Geistlicher Rat vom Fehlverhalten einzelner Geistlicher erfuhren und ob dieses tatsächlich jeweils vorlag. Es gab Fälle von Trunksucht.[941] Es gab Geistliche, die ihre Gemeindemitglieder beleidigten oder schlugen.[942] In einem Fall scheint ein Pfarrer sich vom katholischen Glauben abgewandt zu haben.[943] Einige fühlten sich nicht mehr zum Amt eines Geistlichen mit seinen Verpflichtungen und Zwängen berufen. Etwa fünfzehn Gemeindepfarrer wurden von Damian Hugo ihres Amtes enthoben und ohne weitere Verwendung auf die Straße gesetzt, offenbar weil sie gegen die Verpflichtungen des Zölibats verstoßen hatten. Der Geistliche Rat Kellerman wies Damian Hugo darauf hin, daß viele Pfarrer mit ihren „Menschern" (Haushälterinnen) sehr nahe beieinander lebten, sogar in demselben Zimmer schliefen, so daß die *„occasio frequentissima also dahe sei"*.[944] Damian Hugo versuchte diesem Problem u. a. mit dem Gebot zu begegnen, daß Frauen nur dann als Haushälterinnen oder Köchinnen angenommen werden dürften, wenn sie älter als 40 Jahre seien.[945] Die Vorschrift ließ sich jedoch kaum durchsetzen. Selbst wenn sie ohne Ausnahme befolgt worden wäre, ist nicht einzusehen, warum eine Frau von über 40 Jahren für das Seelenheil der Geistlichen keine Gefahr mehr sein sollte. Immerhin wäre bei einer älteren Haushälterin die Gefahr entschieden kleiner gewesen, daß ein uneheliches Kind naheliegenden Verdacht erhärtet hätte.

Die strengen Maßstäbe des Bischofs mußten keineswegs den Erwartungen entsprechen, welche die Gemeinden selbst an ihre Seelsorger stellten. Der asketische und strenge Geistliche, der sich von den kleinsten Freuden des Lebens fernhielt und so zwischen sich und den „Laien" einen tiefen Graben zog, war nicht unbedingt das, was eine Gemeinde wünschte. Ein frommer und pflichtbewußter, dabei verständnisvoller und engagierter Geistlicher, der ein Ohr für die Nöte seiner Schäfchen hatte, dabei auf Hochzeiten und Taufen einen Wein trank oder auch ein Tänzlein wagte, schien besser in eine dörfliche Gemeinde zu passen, immer vorausgesetzt, daß er tat, was seine Schuldigkeit war. Es gab gelegentlich Klagen einzelner Gemeinden, daß ihr Pfarrer am Sonntag keine Messe lese. Abgelegene Orte, die keine eigenen Seelsorger hatten, beschwerten sich, nur selten von einem Geistlichen besucht und mit Sakramenten versehen zu werden. Auf einen regelmäßigen, guten Gottesdienst und auf ordentliche seelsorgerliche Betreuung legten die Gemeinden großen Wert. Ob der Pfarrer mit einer Frau zusammenlebte oder gar Kinder hatte, spielte demgegenüber eine eher untergeordnete Rolle. Es fällt auf, daß der Bruch des Zölibats häufig dann angeschwärzt wurde, wenn es zwischen den betroffenen Pfarrern und ihrer Gemeinde oder einem Teil ihrer Gemeinde wegen anderer, nicht klar erkennbarer Probleme Spannungen gab. Hier wurden offensichtlich Verhältnisse instrumentalisiert, an denen sonst niemand Anstoß nahm. In Gernsbach beschimpfte der Schulmeister das Pfarrhaus als ein Hurenhaus und den Pfarrer als kahlköpfigen Hundsfott – Kahlköpfigkeit galt als Zeichen von Geschlechtskrankheit –; von anderer Seite lagen keine Beschwerden vor.[946] Die Gemeinde Ilbesheim bei Landau klagte über ihren Pfarrer Georg Boxheimer. Er lese zu wenig Messen, vernachlässige überhaupt seine Amtspflichten und wohne zudem mit drei jungen Frauen unter einem Dach. Ein Gottesdienst sei ausgefallen, weil er vollkommen betrunken in der Kirche niederstürzte und sich übergab. Der Gestrauchelte soll des weiteren betrunken und halbnackt durchs Dorf gelaufen sein, zum Entsetzen der Gemeinde und zum Spott der Protestanten. Der aufgebrachte Bischof befahl sofort die schärfste Untersuchung.[947] Die Angelegenheit wurde völlig unübersichtlich, als ein nicht geringer Teil der Gemeinde für Boxheimer eine Ehrenerklärung abgab. Offenbar pflegte Boxheimer einen eigenwilligen Lebensstil, doch die Gemeinde war sich nicht einig, ob er deshalb als Geistlicher untragbar war. Möglicherweise gab es in Ilbesheim Streit zwischen zwei Parteien innerhalb der Bevölkerung, in den der Pfarrer hineingeriet. Nachdem man den Bischof angerufen hatte, wurde der dörfliche Konflikt zu einer offiziellen Angelegenheit, in der die bischöflichen Stellen tätig werden mußten. Die Untersuchungen, die weit über Damian Hugos Tod im Jahre 1743 hinaus fortdauerten, führten zu keinem Ergebnis. Der umstrittene Geistliche blieb im Amt.

Es gab natürlich Fälle, in denen die Sachlage sehr viel klarer war als im Fall Boxheimer und daher der Geistliche Rat bzw. Damian Hugo einen Geistlichen nach relativ kurzer Prüfung der Sachlage bestraften. Doch blieb einem Geistlichen, der einer Verfehlung überführt und möglicherweise sogar seines Amtes enthoben worden war, immer noch der Weg offen, gegen das ergangenen Urteil vor dem Generalvikariat in Mainz zu klagen, das seinerseits keine Scheu trug, die Urteile Speyers gegebenenfalls aus formalen oder anderen Gründen zu kassieren – zum größten Unwillen Damian Hugos. Gegenüber dem Weihbischof von Mainz, Christoph Nebel, klagte er 1736 in einem langen, in dramatischem Ton gehaltenen Brief über die allzu leichte Annahme von Appellationen in Mainz. Dies mache es ihm unmöglich, sein geistliches Amt nach Erfordernis auszuüben, da er ständig gezwungen sei, teure Prozesse zu führen. Wenn ein Rad stillstehe, stehe auch die ganze Uhr still und sei zu nichts nütze. Genauso sei es, wenn man dem Bischof in den Arm falle. Denn „*gleich wie ein solche Uhr nach undt nach gahr einrostett, undt zu Grundt gehet, also verfallet auch ein Bischtumb und Dioeces in den wahre umb sich freßenden Rost der Ärgernus, der Lauigkeit, des Ohngehorsams, der Laster undt Sünden, undt gehet zu letzdt alles dahrdurch dahrunter undt dahrüber*". Wohin das alles führe, habe die Reformation gezeigt. Gott habe aus Zorn über die Mißstände innerhalb des Klerus z. B. die Erzbistümer Bremen und Magdeburg

195

untergehen lassen, das aber könne wieder passieren, denn der Klerus sei nicht besser geworden. *„Seindt die Ippigkeit, das Freßen undt Sauffen undt dahraus erfolgende Sünden undt Ärgernußen minder? Ist der Clerus durchgehentz vieleigdt frommer, treuer Gott undt sein Vorgesetzeten als dahe mahl? Ist dahero weniger zu besorgen als dahe mahl?"*[948] Gegenüber dem Offizial der Diözese Straßburg gab Damian Hugo zwar zu, daß er natürlich keinen Pfarrer ohne Prozeß einfach absetzen könne, doch zumindest dann, wenn Geistliche keine Pfarreien, sondern bischöfliche Kommenden innehätten, müsse dies möglich sein. Wenn es verwehrt werde, einen *„inhabilis"* abzusetzen, könne er sein Amt als Bischof nicht ausüben.[949] Der Schönborn betonte, daß er gerade in dieser Diözese, die sich über ein gemischtkonfessionelles Gebiet erstrecke (Kurpfalz, Baden-Durlach), auf eine tadellose Geistlichkeit achten müsse, wenn sich die katholische Kirche nicht zum Gespött der Protestanten machen oder Seelen verlieren wolle.

Die Konsequenz, mit der Damian Hugo gegen tatsächliche oder auch nur vermeintliche Verfehlungen seines Klerus vorging, fand auch bei Gutwilligen nicht immer Zustimmung. Der Umstand, daß der Bischof nur 57 der etwa 500 Pfarreien der Diözese Speyer besetzen konnte, war ein weiteres Hindernis für das Bemühen um einen exemplarischen Klerus. Der Schönborn war gezwungen, sich in bestimmten Fällen mit den jeweiligen Patronatsherren der Pfarreien ins Benehmen zu setzen, die aber legten nicht immer so strenge Maßstäbe an wie der Bischof oder kamen nach gründlichen Untersuchungen zu anderen Ergebnissen als die bischöflichen Stellen. So wurde der Pfarrer von Albersweiler von Damian Hugo abgesetzt, doch vom zuständigen Patronatsherrn, dem Fürsten von Löwenstein-Wertheim, für dieselbe Pfarrei sogleich erneut präsentiert.[950]

Komplizierter war der Fall des Pfarrers von Zeiskam (Kurpfalz), Andreas Hoffmann. Unter dem Vorwurf, das Zölibat mit einer Blutsverwandten gebrochen zu haben, ließ ihn der Bischof in Bruchsal arretieren. Hoffmann konnte aus der Haft fliehen und nach Zeiskam zurückkehren, wo er unbehelligt weiter als Pfarrer wirkte.[951] Damian Hugo enthob ihn daraufhin seines Amtes. Der Arm des Bischofs reichte aber nicht bis nach Zeiskam, zudem klagte Hoffmann erfolgreich in Mainz gegen seine Absetzung.[952] Eine Untersuchung der kurpfälzischen Behörden fand nichts, was die schweren Vorwürfe gegen Hoffmann bestätigt hätte.[953] Damian Hugo beharrte indes auf Hoffmanns Absetzung und auf seinem erneuten Erscheinen in Bruchsal. Gegen die Entscheidung des Mainzer Generalvikariats klagte Damian Hugo in Rom. Seitdem verliert sich die Spur des Falles.

In der recht dramatischen Affäre um den Speyrer Offizial und Konsistorialrat Theiss war Damian Hugo hilf-, wenn nicht gar machtlos. Im Frühjahr 1731 bildete das Domkapitel eine Kommission, um die Verfehlungen des Offizials zu untersuchen, der seit vielen Jahren mit seiner Haushälterin in eheähnlicher Gemeinschaft lebte. Theiss sei, so der Geistliche Rat Dahlwich, der größte und lasterhafteste Concubinarius.[954] Damian Hugo wollte Theiss sofort nach Bruchsal zitieren, wo er sich verantworten und gegebenenfalls festgesetzt werden sollte. Doch das Domkapitel verbat sich jede Einmischung und beanspruchte die Gerichtsbarkeit über Theiss, weil er dem vom Domkapitel gebildeten Konsistorium angehörte und eine Präbende am

Dom besaß. Der Geistliche Rat Dahlwich empfahl seinem ungeduldig nach sofortiger Bestrafung rufenden Herrn, zunächst Beweise gegen Theiss sammeln zu lassen. Indes duldete die Stadt Speyer in ihren Mauern keine Untersuchung hochstiftisch-speyrischer Beamter. An eine mögliche Auslieferung des Theiss dachte die Stadt erst recht nicht. Die von Dahlwich eingeleitete verdeckte Ermittlung gestalteten sich nicht nur wegen der nötigen Geheimhaltung äußerst schwierig. Manche der befragten Personen waren grundsätzlich nicht bereit, bischöflichen Stellen gegenüber Aussagen zu machen, andere versteckten sich hinter einer Mauer ängstlichen Schweigens. Dennoch konnte Dahlwich ermitteln, daß Theiss tatsächlich schon über viele Jahre hinweg mit seiner Magd wie mit einer Ehefrau zusammenlebte und mit ihr drei, wenn nicht sogar sieben Kinder gezeugt hatte. Ein Sohn von Theiss studierte in Heidelberg Theologie. Theiss habe die Frau in seiner ersten Pfarrei kennengelernt. Sie sei dort ein armes Bauernmädchen gewesen, trage jetzt aber kostbare Kleider.[955] Die Verbindung war in der Stadt seit langem bekannt gewesen, selbst hohe Geistliche und das Domkapitel einschließlich des Domdekans Franz Georg, Damian Hugos Bruder, hatten davon gewußt, doch keiner hatte etwas dagegen unternommen. Man hatte es bei freundlichen Ermahnungen oder anzüglichen Bemerkungen belassen.[956] Die Sache war erst unhaltbar geworden, nachdem es in aller Öffentlichkeit zu einem peinlichen Vorfall gekommen war: Als Theiss sich zu lange mit der *„ancilla secundaria"* in einem Zimmer aufgehalten hatte, war seine Lebensgefährtin eifersüchtig geworden, hatte ihn mit einem Pantoffel schlagend auf die Straße getrieben und ihn angeschrien: *„Du Hurenpfaff, du Kindermörder, du Blutsünder, du Seelenmörder"*.[957] Theiss soll auch an anderen Frauen Gefallen gefunden haben. Von einer Frau wird berichtet, daß Theiss sie *„offters geküßet, an den Brüsten betastet, ihr den Rock aufheben wollen"*.[958] Aus Angst, vor dem Domkapitel aussagen zu müssen, floh die Lebensgefährtin des Theiss. Er selbst wurde von seinem Bischof nach Bruchsal zitiert, erschien dort aber aus verständlichen Gründen nicht. Damian Hugo versuchte, über Bruder Franz Georg das Domkapitel zum Einlenken oder auch nur zur Zusammenarbeit zu bewegen. In einem Brief an Franz Georg betonte er, er tue nur das, was ihm sein bischöfliches Amt gebiete. Er lade Theiss vor, weil kein Geistlicher verurteilt werden dürfe, wenn er nicht zuvor angehört worden sei. In Speyer sei *„Sodomo und Gomorra"*.[959] Theiss hat das Amt des Offizials später verloren. Sein weiteres Schicksal ist unbekannt. Die bischöfliche Justiz wurde seiner jedenfalls nicht habhaft.

Wenn es um die Hebung der Moral und der Qualifikation des niederen Klerus ging, scheute Damian Hugo keine Mühe und keine Auseinandersetzung. Für die Anliegen der Geistlichen schien er dagegen wenig Verständnis zu haben, wenn es um ihre teilweise schwierigen materiellen Verhältnisse ging. Es gab Pfarreien, deren Einkünfte immer schon sehr gering waren und die sich daher nur schwer besetzen ließen, etwa die in der Westpfalz gelegenen Pfarreien Hauenstein und Fischbach. Manche Gemeinden waren so arm, daß man sich fragen muß, wovon ihre Geistlichen eigentlich lebten. Die in der Rheinebene gelegenen Gemeinden besaßen im allgemeinen eine bessere Ausstattung, doch konnten sich auch hier manche Pfarrer nur kümmerlich ernähren. Mit dem Rückgang der Bevölkerung als Folge der Krisen und Kriege um die Jahrhundertwende waren nicht nur die bei Amtshandlungen der Pfarrer zu zahlenden Gebühren gesunken, sondern auch die Einnahmen aus den Pfarrgütern und Zehnten. So war der Pfarrer von Büchig (südlich von Bruchsal) so arm, daß sich der Schultheiß des Dorfes freiwillig seiner annahm und ihn zu sich zum Mittagessen lud.[960] Um die materielle Lage der Geistlichen zu verbessern, übertrug man ihnen unter Damian Hugos Vorgängern gelegentlich zwei Pfarreien gleichzeitig oder verlieh ihnen bei der nächsten Gelegenheit eine bessere Pfründe. Letzteres tat auch Damian Hugo,[961] doch einem Geistlichen zwei Pfarreien zu geben, lehnte er grundsätzlich ab, weil darunter die Qualität der Seelsorge leiden mußte. Gelegentlich gewährte er kleinere Beihilfen, wies aber noch so bescheidene Bitten um eine dauerhafte Unterstützung zurück. Dem Pfarrer von Neuthard (südlich von Bruchsal) beschied er auf dessen Bitte nach *„Addition"*, er könne ja gehen, wenn ihm die Pfarrei nicht gut genug sei.[962] Dem Geistlichen Rat Kellerman klagte der Fürstbischof, daß ein ehemaliger Pfarrer nur auf den Mammon statt auf das Seelenheil seiner Gemeinde geschaut habe.[963] Als die Kapuziner in Waghäusel für die geistliche Betreuung von Neudorf eine etwas höhere Unterstützung erbaten, nahm ihnen Damian Hugo die Pfarrei sofort wieder ab und besetzte sie mit einem Weltgeistlichen.[964]

Man könnte tatsächlich annehmen, daß viele Geistliche eher an das liebe Geld als an ihre Amtspflichten dachten, wenn nicht der Geistliche Rat, Damian Hugos engster Beraterkreis, selbst gelegentlich auf die schwierige materielle Lage vieler Pfarrer hingewiesen hätte – stets mit behutsamen und leisen Worten, da er um Damian Hugos Empfindlichkeit in dieser Frage wußte. Als der Geistliche Rat seinen Bischof darauf aufmerksam machte, daß viele geeignete Geistliche lieber in das Trierische gingen, weil in der Diözese Speyer die Pfarrkompetenzen gering und die Pfarrwohnungen schlecht seien, die besseren Pfarreien aber entsprechend hohe Abgaben leisten müßten, antwortete Damian Hugo verärgert, er sei lieber ein eifriger und strenger Bischof mit wenigen als ein laxer und nachlässiger mit vielen Priestern. Er habe nie Pfarrkompetenzen verringert; früher habe das Vorhandene den Geistlichen auch genügt. Sie sollten eben darauf achten, daß die *„Köchinen oder Huren an ihnen kein*[e] *melkende Kuh haben"*.[965]

7.4. Visitationen

Eigentlich stellten Visitationen ein besonders wirksames Instrument dar, um das kirchliche und religiöse Leben einer Diözese zu erforschen, zu kontrollieren und zu beeinflussen. So hatte Hartard von Rollingen, Damian Hugos Vorgänger, in den Jahren von 1718/19 die gesamte Diözese visitieren lassen und zudem 1718 eine Generalsynode nach Speyer einberufen.[966] Die Synode war für die Diözese Speyer freilich die letzte ihrer Art im Alten Reich. Zwar erinnerten Kellerman und Dahlwich in ihrem Gutachten von 1724 an die Pflicht des Bischofs, jährlich eine Synode abzuhalten und wenigstens jedes zweite Jahr eine Generalvisitation durchzuführen.[967] Damian Hugo hat jedoch weder das eine noch das andere getan. Synoden, bemerkte er, könne man schon wegen der hohen Kosten nicht alljährlich einberufen.[968] Auf Visitationen konnte und wollte er indes nicht ganz verzichten. Aber statt eine Kommission in regelmäßigen Abständen zu Generalvisitationen durch die Diözese zu schicken, erteilte er Kellerman oder Dahlwich gelegentlich und ohne Beachtung eines bestimmten Systems, offenbar allein nach vermuteter Notwendigkeit, den Auftrag, Pfarreien, Landkapitel oder Stifte zu überprüfen. Bei der Vorbereitung ihrer Besuche griffen Dahlwich und Kellerman auf die Ergebnisse der Generalvisitation unter Rollingen zurück. Die jährliche Visitation der Pfarreien übertrug der Fürstbischof den Landdechanten, eine nicht sonderlich glückliche Entscheidung. Denn ganz abgesehen davon, daß nicht alle Landdechanten ihrer Verpflichtung gewissenhaft nachkamen, waren sie für die Aufgabe wenig geeignet: Sie, die neben der Verwaltung eines Landkapitels auch immer ihre eigene Pfarrei zu versehen hatten, standen ihren Amtsbrüdern zu nahe, als daß sie diese so streng kontrollierten, wie es der Bischof erwartete. Selbst wenn sie ihren Auftrag mit Eifer erfüllten, stießen sie bald genug an die Grenze ihrer Autorität. So klagten manche über den Ungehorsam der Pfarrer.[969] Die Initiative zu Visitationen scheint mehr und mehr von Kellerman ausgegangen zu sein. Er scheute sich nicht, seinen Herrn sehr deutlich zu ermahnen, diese Pfarrei oder jenes Stift visitieren zu lassen. 1726 klagte Kellerman, Damian Hugo habe seit seinem Regierungsantritt das Kloster Frauenalb noch nicht visitieren lassen, was wider das Tridentinum sei und auch die Rechte des Bischofs schwäche.[970] Der Schönborn hat Kellermans Hinweise stets sehr ernst genommen und in der Regel ihm selbst die angemahnte Visitation übertragen. Aus eigener Initiative bereitete Kellerman 1738/39 eine neue Generalvisitation vor. Mit bischöflicher Erlaubnis begann er im Sommer 1739 mit der Arbeit, die er, sei es wegen Krankheit, sei es wegen Schwäche, im Oktober des gleichen Jahres abbrechen mußte. Wenig später starb er.

7.5. „Monumentum pietatis et vigilantissimi pastoris".[971] Das Bruchsaler Priesterseminar

Wenn der Klerus schlecht oder zumindest mangelhaft war, dann lag nichts näher, als das Übel bei der Wurzel zu packen und das Niveau der Geistlichkeit durch strenge und anspruchsvolle Ausbildung zu heben. Aber die Gründung des Bruchsaler Priesterseminars war keine Reaktion auf das Versagen einzelner Priester, auch wenn es Damian Hugo mehrfach so darstellte. Der Entschluß zur Errichtung eines Seminars war grundsätzlicher Art. Der Fürstbischof faßte ihn kurz nach seinem Amtsantritt, als er über die Lage seiner Diözese noch nicht im Detail informiert war.

Für Damian Hugo war ein Seminar das Fundament der rechtschaffenen Seelsorge in einer wohleingerichteten Diözese und zugleich der Brunnen, aus dem das Wasser des Heils für viele Seelen geschöpft werden könne.[972] Seine Motive für die Gründung eines Seminars hielt er im Juli 1721 in einer Denkschrift an den Papst fest.[973] Für mehr als 100 Jahre sei sein Hochstift ein *„sedes belli"* gewesen, seit 30 Jahren seien keine Visitationen mehr durchgeführt worden, und beides habe katastrophale Folgen für die Speyrer Kirche gehabt. Er sei entschlossen, *„alles nach undt nach wieder in ein tugendsammes christliches Wesen zu bringen"*. Unverdrossen wolle er in diesem Weinberg des Herren arbeiten, um *„alles so viel möglich wieder in Ordtnung undt Gang zu bringen, umb dieses uhralte Bischtumb nicht allein wieder der heiligen Kirchen undt dem publico util zu machen, sonderen auch der Sehlen Heil undt Nutzen wieder so zu befordern, wie es wahrhaftig die höchste Noth erforderet"*. Seine besondere Sorge gelte dabei dem Klerus. Hier wolle er den *„eingerüßenen Übel"* hinsichtlich der Fähigkeiten wie des Lebenswandels der Geistlichen begegnen, und das Hauptübel bekämpfen, daß man nämlich wegen der langen Kriegs- und Krisenzeiten, aber auch wegen der unverändert schwierigen Lage vieler Pfarreien nur solche Pfarrgeistlichen haben gewinnen können, die sonst nirgendwo eine Anstellung gefunden hätten, *„wohr zu noch weiter kombdt, das wegen den continuierlichen Krigen undt dahrin auszustehenten harthen Pressuren von Freunden undt Feindt bis dahero gar keine rechdtschaffenden subiecta zu haben gewesen, so sich resolvieren wollen, alle dergleichen Ohnglück auszustehen, man hatt daher in den Kriechs Zeiten alles ahnnehmen müßen, was nuhr können undt von anderen Diocesen ausgeschloßen, forthgejaget und so zu sagen vor ohntauglich gehalten worden"*.

Damian Hugo war kein fahrlässiger Projektemacher. Mit seinen engen Vertrauten beriet er alle Fragen, welche Gründung, Organisation und Gestaltung des Seminars betrafen. Seine besondere Sorgfalt galt dem Problem der Finanzierung. Im September 1721 legte Dahlwich ein erstes Gutachten vor, das der Bischof noch von Rom aus angefordert hatte.[974] In 33 Punkten wurden hier Fragen zu Sinn und Zweck eines Seminars, Auswahl und Unterricht der Seminaristen sowie Leitung und Finanzierung des Instituts behandelt. Im wesentlichen war dieses Gutachten eine Zusammenstellung bzw. Paraphrasierung aller Dekrete des Trienter Konzils zum Seminar, von Zitaten verschiedener Autoritäten der römischen Kirche und von einschlägigen Passagen aus der Heiligen Schrift. Praktische, problemorientierte Ratschläge zu Errichtung, Finanzierung und Arbeitsweise eines Seminars gab Dahlwich nicht. Eine weitere Empfehlung war der knapp gehaltene Entwurf einer Seminarordnung, die den Tagesablauf in einen regelmäßigen Wechsel von Gebet und Studium einteilte.

Nach seiner Rückkehr aus Rom vergingen mehr als zwei Jahre, bis der Kardinal endlich die ersten Schritte zur Gründung des Seminars tat. 1724 klagte er rückblickend über viel Arbeit und wenig Hilfe, ferner, ohne Einzelheiten zu nennen, über Widerstände gegen seinen Plan. Doch auch ohne solche Widrigkeiten hätte er nicht sofort mit der Errichtung des Seminars beginnen können, da zunächst die Frage der Finanzierung sorgfältige Überlegung erforderte. Damian Hugo wußte auch ohne Ermahnung des Papstes, daß sein Institut eine hinreichende finanzielle Grundlage benötigte, waren doch viele Seminarprojekte des 16. und 17., aber auch noch des 18. Jahrhunderts schon im Ansatz gescheitert, weil die notwendigen Mittel nicht oder nicht dauerhaft aufgebracht werden konnten.[975] Von Anbeginn zeigte Damian Hugo den Willen, seine Planungen auf die wirtschaftlichen Möglichkeiten des Speyrer Hochstifts abzustimmen. Im

März 1724 schrieb er dem Regens des Bartholomitenseminars in Ingolstadt, er könne nicht an eine „*vollkommene Einrichtung oder großes Werck*" denken, da er nur einen geringen „*fundum*" habe.[976] Etwa zur gleichen Zeit wandte sich der Kardinal an drei seiner engsten Vertrauten mit der Bitte um Informationen und Gutachten. Kanzler Streit sollte als guter Kenner des Hochstifts eine Übersicht über Benefizien, Kaplaneien, ruinierte Kirchen und Stiftungen zusammenstellen, die sich zugunsten des Seminars einziehen ließen. Kammerrat Koch hatte zu errechnen, was für den Unterhalt von 14 Seminaristen nötig sei. Kellerman wurde um ein Gutachten gebeten, wie die Kandidaten „*in cura animarum et aliis functionibus parochialibus*" unterwiesen werden sollten.[977]

Was Streit und Koch ihrem Fürstbischof rieten, ist nicht überliefert, doch gerade Koch wurde von Damian Hugo als umsichtiger und kompetenter Berater in wirtschaftlichen und finanziellen Dingen sehr geschätzt. Man darf deshalb davon ausgehen, daß zumindest ein Teil seiner Vorschläge in den Plan eingeflossen ist, den Damian Hugo am 13. Juli 1724 dem Geistlichen Rat zur Umsetzung bzw. Stellungnahme vorlegte.[978] Kellerman entwickelte ein Seminarkonzept, das von praktischen Erfahrungen und Sinn für das Notwendige und Machbare bestimmt war. Er bestärkte seinen Bischof in der Absicht, nur Geistliche aufzunehmen, die ihre Studien abgeschlossen hätten und ordiniert seien, zumindest aber bald geweiht werden könnten. Er verwies auf die Erfahrungen des Domkapitels, das Knaben von zehn bis elf Jahren für Studien „*usque ad theologiam*" ausgewählt und finanziert habe, die sich dann körperlich oder moralisch als ungeeignet erwiesen oder kein Interesse mehr am geistlichen Stand gezeigt hätten. Kellerman schlug vor, statt dessen die Kandidaten, die Moraltheologie, spekulative Theologie und kanonisches Recht studiert haben sollten, vom bischöflichen Seminar in Mainz oder vom päpstlichen Seminar in Fulda zu übernehmen. In einer öffentlichen Defension hätten sie von ihren Kenntnissen hinreichende Proben abzulegen. Im Seminar selbst sollten die Seminaristen ein exemplarisches geistliches Leben führen und, aufbauend auf ihren anderwärts erworbenen Kenntnissen, in der Praxis der Seelsorge unterwiesen werden. Den Leitfaden für Leben und Ausbildung sollten die Konstitutionen der Bartholomiten liefern. Den Tagesablauf unterteilte Kellerman in einen strengen Wechsel von Gebet, Messe, Hochamt, Studium und Disputationen. Montags würde spekulative Theologie nach dem System des Thomas von Aquin gelehrt, Dienstags Moraltheologie, Mittwochs Sakramente „*in genere*" und Donnerstags Sakramente „*in specie*". Hier könnte z. B. die Taufe anhand einer hölzernen Puppe geübt werden, damit nicht, wie neulich in Neustadt geschehen, die Amme dem Geistlichen zeigen müsse, wie getauft werde. Am Freitag werde „*de sacramento poenitentiae*" gehandelt, am Sonnabend seien die Sterbesakramente das Thema. Abschließend schlug Kellerman vor, wiederum in Anlehnung an die Regel der Bartholomiten, daß drei der vierzehn Seminaristen die „*inferiora*", also die ersten Unterrichtsgegenstände in einer Schule lehren könnten, wie dies auch in Bingen und Duderstadt gehandhabt werde.

Ob und wie sich Damian Hugo zu dem Gutachten äußerte, ist nicht bekannt. Es läßt sich daher auch nicht entscheiden, wieweit es seine weitere Planung beeinflußte. Es ist aber sehr wahrscheinlich, daß er Kellermans Konzept guthieß und es unverändert umsetzen wollte, wenn auch das Institut zum Teil eine ganz andere Gestalt erhalten sollte. Der Geistliche Rat hatte diesem Plan kaum noch etwas hinzuzufügen. Er erinnerte Damian Hugo nur daran, daß die Seminaristen geistliche Kleidung tragen müßten und daß sich keine „*Weibspersonen*" im Seminar aufhalten dürften. Damian Hugo befahl daraufhin, die Viehwirtschaft in der Nähe des Seminars abzuschaffen, da dort in der Regel Frauen arbeiteten.[979]

Durch die Gutachten Streits, Kochs und Kellermans bestärkt und unterstützt, konnte der Fürstbischof den entscheidenden Schritt tun. Am 13. Juli 1724 legte er dem Geistlichen Rat ein Finanzierungskonzept für das Institut vor mit der Bitte um Stellungnahme. Der angelegte Seminarfonds werde zwar von Jahr zu Jahr wachsen, doch ohne zusätzliche Alimentierung dauere es zu lange, bis er groß genug sein werde, um ein Seminar zu unterhalten. Er, Damian Hugo, habe daher nach anderen Wegen gesucht und beschlossen, zum Unterhalt des Seminars neun Kaplaneien und die Pfarreien Büchenau, Neuthard, Ubstadt, Weyher und die Pfarreien in der Stadt Bruchsal für eine gewisse Zeit zum Seminar zu ziehen. Die Seminaristen sollten Seelsorge und Gottesdienst in den genannten Pfarreien und Kaplaneien versehen, dafür fielen deren Einnahmen an das Seminar.

Der Geistliche Rat sah keine Hindernisse für die beabsichtigte Inkorporation der Pfarreien und Kaplaneien auf Zeit, da der Bischof dazu „*de jure communi*" und nach den Bestimmungen des Trienter Konzils berechtigt sei, zumal die Pfarreien als solche mit ihren Rechten und Gütern erhalten bleiben sollten. Ergänzend bemerkte der Rat, der Bischof könne nach den Trienter Beschlüssen eine zweiköpfige Kommission für die Beratung der Seminarangelegenheiten berufen, wobei ein Mitglied vom Domkapitel, das andere vom Bischof zu ernennen sei. Damian Hugo meinte dazu freilich, daß es damit nicht eile, beschäftige man sich ja vorerst nur mit der Planung und sei noch vieles nicht endgültig beschlossen. In Wahrheit wird er nie ernsthaft daran gedacht haben, das Domkapitel in irgendeiner Weise, und sei es auch nur in marginalen Fragen, an dem Projekt zu beteiligen. Abgesehen davon, daß sich die Beziehungen zwischen Bischof und Kapitel gerade 1724 verschlechterten, lag es Damian Hugo nach seinem Amtsverständnis grundsätzlich fern, das Kapitel des Domstiftes zu Angelegenheiten heranzuziehen, die für ihn einzig und allein Sache des Bischofs waren. Tatsächlich ist das Kapitel nie mit dem Seminar befaßt worden. Erst nach Damian Hugos Tod nutzte es die Gelegenheit, vom Geistlichen Rat einen genauen Bericht über das Institut anzufordern.[980]

Auf ein Gremium, das ihn bei der Leitung des Seminars entlasten sollte, wollte der Kardinal allerdings nicht verzichten. Er berief eine Kommission von vier Mitgliedern, um ihn beim Aufbau des Seminars und des parallel dazu geplanten Landeshospitals zu beraten. 1725 gehörten dieser Kommission der Geistliche Rat Kellerman, Damian Hugos Leibarzt und Hofrat Dünnwald, Amtskeller Schlüssel und der Kammerzahlmeister Engelhardt an.[981] Nachdem letzte Schwierigkeiten behoben waren, wurden im Frühjahr 1725 die ersten Seminaristen aufgenommen.

Das Seminar mußte zunächst ohne eigenes Gebäude auskommen. Übergangsweise diente das Pfarrhaus der St. Peterskirche in Bruchsal als Unterkunft für Regens, Ökonom und drei bis vier Seminaristen.[982] Von hier aus wurden die Pfarreien der

St. Peterskirche und der Liebfrauenkirche (Kirche des Stiftes Odenheim) sowie die Kapelle in Altenburg und das Hospital versehen. Nach der Errichtung der Hofkirche St. Damian und Hugo und des Landeshospitals übernahmen auch dort Seminaristen Predigt, Messe, Seelsorge und das Spenden der Sakramente. Erster Regens wurde der Geistliche Rat Kellerman,[983] der zugleich Pfarrverweser an der Liebfrauenkirche war. Als Ökonom fungierte Johann Bosch. Er war Priester in der Diözese Freising gewesen und auf Vermittlung des Regens des Bartholomitenseminars in Ingolstadt und des Freundes von Damian Hugo, Peter Artinger, nach Bruchsal gekommen. Bosch wurde zugleich Pfarrverweser an der Bruchsaler St. Peterskirche.[984]

Am Aschermittwoch 1730 konnten die Seminaristen endlich das neue Seminargebäude beziehen.[985] Es war über die Hofkirche St. Damian und Hugo so eng mit der Residenz verbunden, daß es praktisch einen ihrer Seitenflügel bildete. Dennoch hatte Damian Hugo keinen Grund zu voller Zufriedenheit. Eine Überprüfung des Wirtschafts- und Rechnungswesens hatte gezeigt, daß zwar nichts veruntreut, aber doch viel verschwendet worden war, so daß er sich gezwungen sah, mehr als zuvor die Angelegenheiten des Seminars in die eigene Hand zu nehmen. Hatte sich das Institut zunächst gleichsam selbst verwaltet, da der Ökonom selbst Geistlicher und Mitglied des Seminars war, so erhielt es nun mit dem Wirtschafter einen externen Beamten, der dem Bischof direkt unterstellt war. Die Seminarkommission wurde aufgelöst. Die ihr übertragenen Aufgaben hat sie nie zu Damian Hugos Zufriedenheit regeln können. Sie war entscheidungsschwach und fragte selbst bei Kleinigkeiten beim Bischof an, was zu tun sei, statt selbständig und eigenverantwortlich zu handeln. Bis zu einem gewissen Grad ist dies sogar verständlich. Die Arbeit aller Gremien und Kommissionen wurde durch des Schönborns Unberechenbarkeit immer wieder gestört. Einerseits wollte er nicht mit Details belästigt werden, andererseits konnten ihn Nichtigkeiten zu einem Zornesausbruch verleiten. Es blieb den verunsicherten Räten also kaum etwas anderes übrig, als lieber einmal zuviel als einmal zuwenig nachzufragen. In den meisten Fällen aber zeigte sich die Kommission von einer schwerverständlichen Nachlässigkeit. So mußten die Seminaristen eine Zeitlang im Wirtshaus essen, weil kein Feuerholz vorhanden war. Damian Hugo war empört, denn abgesehen davon, daß seiner Meinung nach genügend Geld und Holz vorhanden war, hätte ihm die Kommission diesen Mangel anzeigen müssen. Er wolle nicht in den Mündern der Leute herumgetragen werden, *„wir leyden ja so genug an unserem guthen Nahmen [...], weillen wir alles rechdt und in Ordnung haben, und nicht mit den größten Welthauffen lauffen wollen".*[986] Bei anderen Fragen wie Abrechnungen und Regelungen von Verlassenschaften klagte er, daß die Angelegenheiten lau, konfus und unordentlich bearbeitet würden. Über Jahre hinweg erhielt er keine Protokolle zur Durchsicht. Zu ständigen Spannungen führte die Frage der Besoldung der Seminaristen, weil Damian Hugo jede derartige Anfrage der Kommission nur mit einem Verweis auf eine bereits früher gegebene Richtlinie beantwortete,[987] die sich aber in den Akten der Kommission nicht finden ließ. Es dauerte fast zwei Jahre, bis dieser Punkt geregelt war.

Kellerman trat im Frühjahr 1730 vom Amt des Regens zurück. Es ist zwar nicht auszuschließen, daß er seiner Entlassung wegen der auch von ihm zu verantwortenden

Mißwirtschaft zuvorkommen wollte, wahrscheinlicher aber ist, daß er mit dem Seminar in seiner bestehenden Form unzufrieden war. Kellerman hatte 1724 und 1728 sehr genaue Seminarordnungen verfaßt, doch wurden sie in der Praxis kaum beachtet. Verärgert und enttäuscht kritisierte er 1732 scharf die Mißstände am Seminar und verurteilte u. a. die Beschäftigung weiblicher Dienstboten. Für mehrere Jahre blieb das Seminar nun ohne direkte Leitung durch einen Regens; die anfallenden Geschäfte erledigte der Geistliche Rat. 1732 dachte Damian Hugo vorübergehend daran, Jesuiten zu berufen, wobei es ihm freilich nicht allein um die Leitung seines Instituts ging. Er dachte zu dieser Zeit ernsthaft an einen Ausbau des Seminars: Es sollte kein vollständiges Studium durchführen, aber doch für die nur in Grundzügen ausgebildeten Seminaristen eine bessere Unterweisung gewährleisten.[988] Derartige Überlegungen gediehen aber nicht über das Stadium von Planspielen hinaus, denn bereits 1733 trug der Fürstbischof einem Geistlichen aus der Reihe des Diözesanklerus die Würde des Regens an. Dieser lehnte dankend ab mit der Erklärung, die Verhältnisse im Seminar seien derart beschaffen, daß er lieber auf seiner armen Pfarrei bleiben wolle.[989] Nikolaus Holderhoff hingegen, selbst zehn Jahre zuvor Seminarist, inzwischen Pfarrer in Kronau und Kanoniker am Stift St. Guido und St. Johannes in Speyer, zeigte sich 1734 bereit, das schwierige Amt zu übernehmen. Von Damian Hugo sehr geschätzt,[990] wurde er zugleich Assessor im Geistlichen Rat. Später ernannte der Bischof ihn zum Geistlichen Rat und betraute ihn mit anderen Aufgaben, so daß das Amt wieder vakant war. Ein Geistlicher aus der Diözese Bamberg, den Damian Hugo nach Bruchsal holte, bewährte sich nicht.[991] Der Bischof versuchte schließlich, die Piaristen für die Leitung des Seminars zu gewinnen. Einige Jahre zuvor waren sie von der Markgräfin von Baden-Baden nach Rastatt gerufen worden. Am 29. Oktober 1737 wandte sich der Kardinal in einem längeren Schreiben, in dem er die Organisation seines Seminars beschrieb, an den Orden. Die Piaristen zeigten Interesse. Im Juli 1738 beriet das Generalkapitel in Rom über die Anfrage, wollte aber nichts beschließen, bis der Bischof weitere Einzelheiten seines Projekts mitteilen würde.[992] Damian Hugo reichte sein Projekt ein. Als er längere Zeit keine Antwort erhielt, fühlte er im Dezember 1738 erneut beim Orden vor: Auch für die Piaristen wäre es von Vorteil, nach Bruchsal zu kommen, da sie bisher in Deutschland doch noch kaum Fuß gefaßt hätten.[993] Nach genauer Prüfung des Projekts kritisierte der Orden, daß ihm das Seminar nicht *„ad perpetuum"* übergeben werden sollte und dem Bischof auch darüber Rechnungen vorgelegt werden müßten, *„was vor einen jeglichen von unseren Geistlichen zu seiner eygenen Unterhaltung angewiesen wird"*. Man teilte ihm mit, dies seien für die Piaristen unannehmbare Bedingungen. Wäre der Kardinal aber bereit, in den angesprochenen Punkten nachzugeben, dann könnten sie die Leitung des Seminars übernehmen.[994] Damian Hugo lehnte ab. Sein Institut den Piaristen ohne zeitliche Einschränkung zu übergeben und auf die Rechnungsprüfung zu verzichten, das konnte er vermutlich nur als Enteignung verstehen. Das Seminar blieb daher weiterhin ohne direkte Leitung. Erst Schönborns Nachfolger Christoph von Hutten setzte im Januar 1744 den Pfarrer von Mingolsheim, Weinrich, als Regens ein.[995]

Die ersten Seminaristen, die Damian Hugo nach Bruchsal berief, hatten bereits als Kapläne auf Kaplaneien und Benefizien sowie als Assistenten eines Pfarrers in der Diözese Speyer Dienst getan, nur einer kam nicht aus der Diözese selbst. Gänzlich unbekannte Geistliche wollte Damian Hugo auch später nicht aufnehmen. 1726 legte er ausdrücklich fest, es solle kein Geistlicher an das Seminar berufen werden, der nicht zuvor in der Speyrer Diözese Kaplan gewesen sei. Seit 1724 hatten die Landdekane vierteljährlich an den Bischof bzw. den Geistlichen Rat eine Aufstellung über die Kapläne in ihrem Amtsbezirk einzureichen, in der neben Herkunft, Alter und Ausbildung auch Angaben zu Lebenswandel und seelsorgerlicher Befähigung vermerkt waren („*cujus vitae et capacitatis*").[996] Mit ihrer Personalkenntnis konnten Dahlwich und Kellerman solche Angaben gelegentlich ergänzen. So merkte Kellerman zu einem Kaplan an: „*dieser Kaplan soll nit viel verstehen undt ein liderlicher Bursche sein*".[997] Wer in solchem Ruf stand, dem war der Weg nach Bruchsal verschlossen. Damian Hugo wählte aus den Listen der Landdekane in der Regel die jeweils ältesten und bestausgebildeten Kandidaten aus. Wer seit zwei oder drei Jahren in der Diözese wirkte, 29 oder 30 Jahre zählte und am päpstlichem Seminar in Fulda ausgebildet worden war, durfte mit seiner Berufung rechnen. Nicht alle Kapläne aber wollten der ehrenvollen Berufung folgen. Zum Teil hofften sie auf gute Pfarreien oder Benefizien, die nicht vom Bischof vergeben wurden, oder auf Berufungen in andere Diözesen, zum Teil mußten sie versuchen, in ihrer Heimat eine Stelle zu erhalten, weil sie dort ihre alten Eltern zu versorgen hatten, oder sie wollten aus dem gleichen Grund auf ihrer Kaplanstelle bleiben. Je länger das Seminar bestand, desto größer wurde die Zahl der Seminaristen, die direkt von auswärtigen Instituten nach Bruchsal kamen. So erkundigte sich Damian Hugo bei den Seminaren der Bartholomiten in Dillingen und Ingolstadt nach geeigneten Kandidaten. Das Seminar in Bamberg bot einmal von sich aus Absolventen an. Das Seminar in Mainz mochte der Kardinal nicht, wegen der „*schlechte*[n] *Haushaltung, Education, Disziplin und vitae clericalis darinne*".[998] Wenn aber sonst kein Geistlicher zu gewinnen war, wandte er sich auch an dieses Institut.

Größtes Vertrauen setzte der Schönborn in das 1584 errichtete, von den Jesuiten geleitete päpstliche Seminar in Fulda. Dessen Regens gestand er einmal, dieses Seminar sei bei seinem schweren bischöflichen Amt seine einzige Hoffnung.[999] Zeitweise dachte er daran, einige Alumnen auf seine Kosten in Fulda ausbilden zu lassen und sie danach an sein Seminar zu ziehen.[1000] Dann beschränkte er sich jedoch darauf, die Propagandakongregation in Rom um eine Vermehrung der Seminaristen in Fulda zu bitten, damit man nicht genötigt sei, zu junge Priester in die Seelsorge zu schicken, der sie noch nicht genügen könnten, zum Schaden der katholischen Kirche und zum Gelächter der Protestanten.[1001] 1730, als sich das Bruchsaler Seminar zu Damian Hugos Verzweiflung nicht in der gewünschten Weise entwickelte, dachte er sogar daran, sein Seminar ganz aufzulösen und statt dessen für seine Diözese sechs Alumnen in Fulda zu finanzieren – es blieb bei der Absicht. Die derzeitige Lösung war für ihn günstiger: Er erhielt aus Fulda gutausgebildete Priester, für deren Ausbildung er keinen Kreuzer hatte zahlen müssen. Fulda kam seinen Bitten immer gerne nach, vorausgesetzt, man verfügte dort tatsächlich über die Priester, wie sie Damian Hugo sich wünschte. Doch gerade die Fuldaer waren sehr leicht bereit, Speyer wieder zu verlassen, wenn es irgendwo eine bessere Stelle und günstigere Bedingungen gab. Ihre hervorragende Ausbildung erlaubte es ihnen, wählerisch zu sein und aus seinem Seminar einen „*Daubenschlag*" zu machen, wie der Fürstbischof klagte. Doch trotz solcher Widrigkeiten wollte der auf den mobilen Zuzug aus dem hochgeschätzten Priesterseminar nicht verzichten.

Tatsächlich hat Speyer wie kein anderes Bistum vom päpstlichen Institut in Fulda profitiert, und das nicht erst seit Damian Hugo. In den rund 200 Jahren seines Bestehens schickte das Seminar 159 Priester nach Speyer.[1002] Die Jesuiten in Fulda ihrerseits sahen in dem Kardinal einen Protektor und Gönner. Sie widmeten ihm als Mitglied der Propagandakongregation 1728 eine Schrift über die Entstehung und Geschichte des Fuldaer Seminars.[1003] Um so härter traf den Schönborn 1740 die Entscheidung Papst Benedikts XIV., die Zahlungen an die päpstlichen Seminare in Deutschland einzustellen. Nicht nur auf Bitten der Jesuiten, sondern auch aus eigener brennender Sorge wandte er sich sofort an die Kurie und warnte vor den schlimmen Folgen, die dieser Beschluß für die Diözesen Speyer, Worms und Trier haben müsse.[1004] Aber weder seine Intervention noch die des Kaisers und der katholischen Kurfürsten konnten Rom bewegen, seine Meinung zu ändern.[1005] Das Fuldaer Seminar wurde zwar nicht formal aufgelöst, es bestand noch bis 1782, aber es konnte nicht mehr im gewohnten Umfang und sicherlich auch nicht mehr in der gewohnten Qualität Priester ausbilden.

Enttäuschend muß für Damian Hugo die Visitation des Nuntius Emaldi in Fulda 1742 ausgefallen sein, wiewohl er die Visitation selbst für nötig hielt, da alles nur „*lau tractiret*" werde, wo keine Kontrolle stattfinde.[1006] Dabei geriet der Schönborn in die Rolle eines Vermittlers, denn Emaldi wie die Fuldaer hatten ihn unabhängig voneinander um Hilfe in dieser Angelegenheit gebeten.[1007] Er wolle alles tun, schrieb er nach Fulda, was er zur Erhaltung des Seminars beitragen könne. Wahrscheinlich hoffte er, ein gutes Ergebnis der Visitation werde doch noch einen Sinneswandel in Rom herbeiführen. Indes wurden in einem Gutachten, das damals entstand, schwere Vorwürfe gegen die Jesuiten erhoben: Sie hätten päpstliche Gelder veruntreut, die Seminaristen als Dienstboten mißbraucht und sie nachlässig ausgebildet, um sie „*in ignorantia*" zu halten, damit sie selbst und nicht die Seminaristen von den Fürsten berufen würden. Zudem sei bekannt, daß die Kleriker aus Fulda im allgemeinen schlecht ausgebildet seien, wie Damian Hugo bestätigen könne.[1008] Tatsächlich waren die Ergebnisse der Visitation wenig erfreulich. Das Seminar werde wohl bestehen bleiben, schrieb der Regens an den Kardinal, aber „*nicht das Mindeste von 1584, als der Anfang hiesigen Seminarii, bis auf diese Stund wird unverändert verbleiben*".[1009]

Angesichts dieser Entwicklung muß es für Damian Hugo fraglich geworden sein, ob Fulda den Platz behaupten konnte, den er ihm in seinem System der Rekrutierung und Ausbildung von Seelsorgern für die Speyrer Diözese zugedacht hatte. Die durch die Streichung der päpstlichen Gelder stark reduzierte Zahl der Alumnen und die herbe Kritik an der Qualität der Ausbildung, für die er, der sie immer gelobt hatte, sogar noch als Zeuge angerufen wurde, stürzten auch sein Seminar in eine ernste Krise. Es sei dahingestellt, wie er auf die neue Situation reagiert hätte; da er bereits im Herbst 1743 starb, fehlte ihm die Zeit, weiterreichende Veränderungen einzuleiten.

Neben der überwiegenden Zahl von Kaplänen oder Absolventen auswärtiger Institute gab es auch einige Geistliche, die von sich aus um Aufnahme in das Seminar nachsuchten. Zu ihnen gehörte 1725 einer der ersten Seminaristen, Johann Anton Kaufholz. 1697 in Duderstadt/Eichsfeld als Sohn eines Metzgers geboren, hatte er zwei Jahre in Mainz studiert und war dann weitere zwei Jahre in Eichsfeld bei einem Landdekan als Kaplan tätig gewesen, verließ diese Stelle nun aber, weil er dort kein Fortkommen erwarten konnte.[1010] Damian Hugo nahm ihn nach bestandener Eingangsprüfung auf. Gelegentlich bewarben sich Kandidaten, die ihre an anderen Instituten begonnenen Studien noch nicht hatten abschließen können oder nach deren Abschluß, wenn überhaupt, erst die Weihe zum Diakon empfangen hatten. Damian Hugo war grundsätzlich bereit, solche Anwärter aufzunehmen, wenn sie den Eindruck vermittelten, daß sie aus innerer Berufung und nicht nur um ihres Auskommens willen Geistliche werden wollten.

Andere Kandidaten kamen als Alumnen der Markgrafen von Baden-Baden nach Bruchsal. Die Stellen, die Markgräfin Sybilla Augusta mit 6 000 fl. gestiftet hatte, konnte sie an Kandidaten ihrer Wahl vergeben mit der guten Aussicht, nach Abschluß der Ausbildung auch eine Pfarrstelle zu erhalten. Die Stiftung war allein der tiefen Frömmigkeit der Markgräfin und ihrer engen Freundschaft mit dem Kardinal zu danken. Kein anderer Patronatsherr in der Diözese Speyer hat eine derartige Stiftung gemacht. Es gibt andererseits keine Hinweise darauf, daß Damian Hugo versucht hätte, Stifte, Klöster oder weltliche Herrschaften für sein Institut in der Weise zu interessieren, daß sie die Seelsorger ihrer Pfarreien in Bruchsal ausbilden ließen; auch hat nie ein Patronatsherr um Bruchsaler Seminaristen nachgesucht.

Wenngleich die Gestaltung des Tagesablaufes und die Inhalte des Unterrichts im Bruchsaler Seminar von Anbeginn an Gegenstand ausführlicher Überlegungen waren, so scheinen das dortige Leben und der Unterricht doch keinen starren Regelungen unterworfen gewesen zu sein. Kellermans Seminarordnung, die Studienplan und Hausordnung in einem war, wurde offensichtlich nicht streng befolgt. So blieb das vom Geistlichen Rat empfohlene und von Damian Hugo selbst aufgestellte Gebot unbeachtet, es dürfe sich im Seminar wie im Hospiz keine „*Weibsperson*" aufhalten. Das Seminar hatte eine Magd bzw. eine Köchin (Wirtschafterin). Der Kardinal selbst nahm an weiblichen Dienstboten keinen Anstoß. Entsprechende Kritik Kellermans wies er mit der Bemerkung zurück, daß das „*Küchelmensch*" (die Köchin) nicht störe, denn was hätten die Seminaristen schon in der Küche zu suchen; zudem würden die Geistlichen ja auch später Frauen um sich haben, sei es als Haushälterin oder als Pfarrkinder.[1011] Im Februar 1728 legte Kellerman eine umfangreiche Seminarordnung vor, die sowohl die Grundsätze seiner Organisation als auch Hausordnung und Unterrichtsplan enthielt.[1012] Doch auch diese Ordnung ist offenbar wiederum nicht mit der erwünschten Sorgfalt beachtet worden, denn 1732 klagte Dahlwich, daß im Seminar nicht die geringste Ordnung herrsche, und legte seinem Fürstbischof ein neues Regelwerk vor. 1737 erinnerte sich der Geistliche Rat aus gegebenem Anlaß, daß Kellerman vor Jahren „*für das hisige seminarium sehr nützliche Statuten und regulas projektiret und Eminentissimo überschicket*" habe. Tatsächlich erinnerte sich auch Damian Hugo in seinem fränkischen Exil dieser Seminarordnung, er wisse aber nicht, teilte er dem Geistlichen Rat mit, wo er sie in seinen mitgenommenen Akten eingepackt habe.[1013]

Für den Unterricht in Theologie und Kirchenrecht bedurfte es keiner weiteren Vorschriften, weil die Seminaristen ihre einschlägigen Studien vor Eintritt in das Seminar bereits abgeschlossen haben mußten. Vor ihrer Aufnahme hatten sie vor dem Geistlichen Rat eine Prüfung abzulegen „*so wohl ratione der Sitten undt Gelehrtheit, und übrige Qualitäten in Singen etc.*", denn Damian Hugo wollte „*einmal anfangen, selectionem personarum zu suchen undt nicht auf geradewohl aufzunehmen*".[1014] Die Prüfung haben die Kandidaten in aller Regel bestanden. Wie den Seminaristen dann die praktischen Dinge der Seelsorge (Predigt, Spenden der Sakramente usw.) vermittelt wurden, ist unbekannt, z. B., ob das Taufritual tatsächlich an einer Holzpuppe geübt wurde, wie Kellerman 1724 in seinem Gutachten vorschlug. Vermutlich bildete die tägliche Praxis die entscheidende, wenn nicht sogar die alleinige Form der Unterweisung. Die verschiedenen Pfarreien und Benefizien waren ja nicht nur zusammengezogen worden, um das Seminar mit ihren Gütern und Kompetenzen zu unterhalten, sondern sie dienten den Alumnen auch als Übungsfeld. Die neue Hofpfarrei, die Pfarrei der St. Peterskirche, die Liebfrauenkirche, die Kapelle in Altenburg und die Seelsorge im Landeshospital wurden ständig von den Seminaristen unter der Leitung des Regens versehen. Die Hofkirche bzw. Hofpfarrei war sogar, wie Damian Hugo betonte, „*absolute zum immerwährenden exercitio vor die Seminaristen gemagdt*" worden.[1015] Ein gemeinsamer Unterricht aller Seminaristen war kaum möglich, wenn er denn jemals ernsthaft geplant gewesen ist, da jeder der sechs bis acht Seminaristen an einer anderen Kirche beschäftigt war.

Von solchen praktischen Einübungen in das Amt eines Seelsorgers abgesehen war der Aufenthalt im Seminar auch eine Zeit der Prüfung unter den Augen des Geistlichen Rates und des Bischofs selbst. So mußte der Seminarist Herzog das Seminar und den Speyrischen Dienst quittieren, nachdem er mehrmals spätabends betrunken in das Hospiz zurückgekehrt oder im Vollrausch dort abgeliefert worden war.[1016] Gelegentlich wurden Pfarrer an das Seminar zurückgerufen, wenn ihr Lebenswandel nicht den Normen entsprach, denen sich Geistliche zu unterwerfen hatten. Das Seminar trug also auch den Charakter einer Disziplinierungsanstalt. Andere Seminaristen hinterließen wegen ihrer Gelehrtheit und ihres exemplarischen Lebenswandels einen so guten Eindruck, daß der Bischof sie später zu Leitungsaufgaben heranzog, sei es als Regens, Geistlicher Rat oder Landdekan. Der Aufenthalt im Seminar betrug durchschnittlich 15 Monate; eine minimale oder maximale Verweildauer hat es nicht gegeben. Je nach Bedarf wurden die Seminaristen auf Pfarreien gesetzt, auch wenn sie erst zwei Monate im Institut gewesen waren. Feste Regeln für die Vergabe vakanter Pfarreien gab es nicht. Offenbar hat man je nach Einschätzung der Kandidaten den einen länger, den anderen kürzer am Seminar behalten.

Für die wenigen nichtordinierten Seminaristen wurde je nach Bedarf ein Unterricht organisiert. So unterrichtete Kellerman einen Diakon vom Kollegiatstift in Baden-

Baden speziell „*in parochialibus*".[1017] Für andere ordnete Damian Hugo Unterricht an drei Tagen in der Woche an „*sowohl ex theologia morali als auch jure canonico so viel die materias ecclesiasticas betrifft*".[1018] Regens Holderhoff berichtete im Juni 1734, er habe den Alumnen der Markgräfin werktags das „*jus canonicum explizieret*" und die Dinge, „*worüber in künftiger Conferenz oder privat-collegio das Examen anzustellen ist*", im Seminar durch Aushang bekannt gemacht, „*damit sich alle wohl darauf praeparieren und gefaßt halten mögen, auf die vorkommenden Fragen antworten zu können*".[1019]

Seit den ersten Überlegungen zur Errichtung eines Seminars verlor Damian Hugo die ökonomische Seite des Projekts nie aus den Augen. Für die Einrichtung von Studiengängen in Theologie und Kirchenrecht fehlten die Mittel, sie reichten aber, um bereits ausgebildete und ordinierte Geistliche mit der pastoralen Praxis vertraut zu machen. Gegenüber dem Geistlichen Rat Dahlwich bemerkte der Kardinal einmal, daß sein Institut eigentlich kein Seminar im Sinne des Tridentinum sei. Die Mittel des Seminars kamen aus drei Quellen: 1) Seminarfonds, 2) Straf- und Dispensationsgelder, 3) Gefälle, Güter und Kompetenzen von Pfarreien, Kaplaneien und kleineren Benefizien sowie Verlassenschaften verstorbener Geistlicher.

Der Seminarfonds bestand zum größten Teil aus Stiftungen Damian Hugos. So stiftete der Schönborn jährlich am Dreikönigstag einen Teil seiner Einkünfte als Fürstbischof („*ex privatis*") verschiedenen schon bestehenden oder noch zu gründenden Einrichtungen und Kassen wie Zuchthaus, Paramentenkasse, Landeshospital und Seminar (Dreikönigsstiftung).[1020] Der Seminarfonds erhielt auf diese Weise jährlich zwischen 500 und 1 000 fl. Ferner kamen ihm die gestifteten 6 000 fl. der Markgräfin von Baden-Baden und weitere 1 500 fl., zugute, welche die Herzogin von Orléans, eine Tochter der Markgräfin, Damian Hugo verehrt hatte. Kleinere Beiträge zwischen 10 und 300 fl. spendeten verschiedene Geistliche der Diözese. Bis zum Jahre 1743 war der Seminarfonds auf 38 172 fl. 22 kr. angewachsen.[1021] Diese Mittel wurden ganz oder in Teilen auf Zins verliehen. Bemerkenswert war, daß der Bruchsaler Seminarfonds im wesentlichen parallel zur Errichtung und Arbeit des Instituts angesammelt wurde. Damian Hugo hatte 1724 dem Geistlichen Rat zu verstehen gegeben, daß er mit der Gründung des so wichtigen Seminars nicht warten wolle, bis ein hinreichender Fonds entstanden sei.

Eine allgemeine Steuer auf die Einkünfte der Stifte, Klöster und Kleriker erhob Damian Hugo nicht. Dafür wurden Dispense und Strafgelder zu einem großen Teil der Seminarkasse zugewiesen. So erhielt das Seminar 1726 ein Strafgeld von 100 Rtlr., das wegen Hinterziehung des Zehnten verhängt worden war.[1022] Auch 400 fl., die der Oberjägermeister von Langenbrücken wegen Ehebruchs zahlen mußte, kamen dem Seminar zugute.[1023] Im allgemeinen aber lag die Höhe der eingenommenen Strafgelder nur zwischen 5 und 30 fl. Über die Gesamteinnahmen und -ausgaben des Seminars liegt keine zuverlässige Information vor. Die Zinsen aus dem Seminarfonds bildeten die solide Basis. Die sonstigen Einnahmen schwankten je nach Eingang von Strafgeldern und von Erträgen aus den inkorporierten Pfarreien und Kaplaneien. Soweit es die Kosten betrifft, mußte man erst Erfahrungen sammeln, um realistische Tagessätze zu ermitteln.[1024] Später scheint sich Damian Hugo an den Kosten des Fuldaer

Seminars orientiert zu haben, wo ein *„studiosus"* jährlich 117 fl. kostete.[1025] Tatsächlich wurde das wöchentliche Kostgeld dann auf 3 fl. 30 kr. festgelegt, was auf das Jahr gerechnet 182 fl. ergab. Bruchsal war also vergleichsweise teuer. Vermutlich spielten daher wirtschaftliche Überlegungen eine Rolle, als Damian Hugo 1730 ernsthaft überlegte, sein Seminar zu schließen und statt dessen in Fulda sechs Alumnen zu unterhalten.

Insgesamt kann man davon ausgehen, daß das Seminar ausreichend finanziert war und keine zusätzliche Belastung für das Hochstift darstellte. Bei der Regelung finanzieller Angelegenheiten wurden jedoch oft Probleme berührt, die nicht eigentlich das Seminar, sondern das Verhältnis zwischen Bischof und Klerus in grundsätzlicher Weise betrafen. Wo um jeden Kreuzer gerungen wurde, zeigten sich sehr schnell die Spannungen zwischen dem Bischof, der überall Verschwendung und Veruntreuung zu entdecken glaubte, und seinen Priestern, die in bescheidenen, ja oft genug in dürftigen Verhältnissen leben mußten. Der Seminarist Kaufholz, der in Neudorf an Sonn- und Feiertagen den Gottesdienst und die Christenlehre hielt, bat um Erstattung von 9 fl. 4 kr., die er im vergangen Vierteljahr für seine Zehrung im Neudorfer Gasthaus ausgegeben hatte. Für Damian Hugo war das eine Unverschämtheit: *„Man schaffe diesen Raisoneur gleich fort, wir wollen ihn nicht, wir haben ihm seine ehrliche Kost im hospitio gegeben und seindt ihm mehreres nicht schuldig"*.[1026] Es stand für den Fürstbischof außer Frage, daß der Seminarist sich grundsätzlich mit der soliden Seminarkost zu begnügen hatte, auch wenn er auswärts Verpflichtungen wahrnahm. Sparsamkeit, die an Knausrigkeit grenzte, bestimmte auch seine Entscheidung, auswärtigen Geistlichen, die eine Pfarrstelle in der Speyrer Diözese übernehmen wollten, keine Reisekosten zu erstatten, wie es der Geistliche Rat empfohlen hatte.

Besonders scharf wurde der Ton des Kardinals, wenn der Geistliche Rat die Gründe nannte, die viele Kandidaten davon abhielten, das Bruchsaler Seminar zu beziehen oder in der Diözese Speyer eine Stelle anzunehmen. Dabei ging es dem Rat nicht oder doch nicht in erster Linie um die jungen Seminaristen, sondern um die Pfarrgeistlichen, die bereits in speyrischen Diensten standen. Er wählte diesen Umweg, um den Kardinal auf die meist recht mageren Lebensumstände des niederen Klerus aufmerksam zu machen; diese direkt zu benennen scheuten sich die Räte, da sie die Empfindlichkeit ihres Herrn in finanziellen Dingen kannten. Damian Hugo hat sich von derartigen Andeutungen und Bitten niemals berühren lassen; auf diesem Ohr war er taub.

Die sorgfältige Ausbildung und die strenge Aufsicht über Fähigkeiten und Lebenswandel der Seminaristen hat sich aber offensichtlich bewährt; zumindest für die Regierungszeit Damian Hugos liegen keine Beschwerden über Geistliche vor, die das Seminar durchliefen. Nie hat Damian Hugo geklagt, daß der eine oder andere ehemalige Seminarist trotz aller auf seine Ausbildung verwendeten Mühen in der Praxis enttäuschte. Wenn aber der Bischof ganz gegen seine Gewohnheit keinen Grund zur Klage sah, dann müssen die Resultate überzeugend gewesen sein. Die Nachfolger des Schönborn haben das Seminar bestehen lassen und sogar ausgebaut.[1027] Hutten gliederte dem Seminar ein Gymnasium an, das er den Jesuiten übergab.[1028] So war das Bruchsaler Seminar das vielleicht erfolgreichste Unternehmen, das Damian Hugo als Bischof und Seelenhirte verwirklicht hat.

7.6. Pfarreien und Landkapitel

Wie Damian Hugo bei den Pfarrern auf Lebenswandel und Befähigung achtete, so gedachte er auch, die Pfarreien nach den Erfordernissen und Satzungen der römischen Kirche einzurichten. Das Gutachten *„Was vi Tridentini"* machte hinsichtlich der Pfarreien auf zwei Probleme aufmerksam: 1) Die Kirchengefälle würden nicht ordnungsgemäß entrichtet. 2) Wenn die Zahl der Eingepfarrten zu groß sei, solle der Pfarrer einen Kaplan annehmen oder solle eine neue Pfarrei eingerichtet werden; wo aber die Einkünfte für einen Geistlichen zu gering seien, könnte man Pfarreien zusammenlegen.[1029]

Bei verschiedenen Untersuchungen in den Jahren 1722/26 mußte Damian Hugo feststellen, daß die Zehnten und andere Abgaben oft nicht ordentlich entrichtet und auch die Kirchenrechnungen, wenn überhaupt, vielfach nachlässig geführt wurden. Bei Pfarreien und Stiftungen fehlten oft Inventare und Urkunden. In derartigen Unregelmäßigkeiten sah der Fürstbischof einen wesentlichen Grund dafür, daß kaum noch jemand etwas stiften wolle. Die Pfarrer verdächtigte er der Untreue.[1030] Um so nachdrücklicher suchte er den tatsächlichen oder vermutetem Übelständen für die Zukunft vorzubeugen: Er befahl den Gemeinden, innerhalb bestimmter Fristen die Rechnungen anzulegen und die ausstehenden Gefälle, Zinsen und Abgaben einzuziehen. Die vorhandenen Gelder aus den Kirchenvermögen hatten sie gegen Zins zu verleihen. Jährlich sollten die Kirchenrechnungen eingerichtet, revidiert und nach Bruchsal geschickt werden. Verlehnungen von Kirchenland und -geld waren in Urkunden zu fixieren und diese ebenfalls nach Bruchsal einzuschicken. Den Kirchenjuraten wurde verboten, sich die Überprüfung der Kirchenrechnungen in irgendeiner Form bezahlen zu lassen.

Beliebt waren solche Vorschriften nicht. Es gab Widerstände von seiten der Nutznießer, wenn auch nur verdeckt in Form von Verschleppung oder stillschweigender Nichtbeachtung. Die Kirchenjuraten in Hambach klagten, man habe ihnen *„zu viele jura"* genommen, z.B. durch die Beschränkung der Zehrungskosten.[1031] Der Pfarrer von Hambach berichtete, daß nur wenige Schuldner zu dem angesetzten Termin erschienen, um ihre Abgaben an Geld, Öl oder Wachs zu entrichten. Das *„Zahlen kombdt allemahl schwehr undt es mus doch bezahlet werden"*, meinte Damian Hugo daraufhin knapp und befahl dem Oberamt Hambach, die ausstehenden Abgaben einzuziehen, was es auch umgehend tat.[1032] In gleicher Weise zog das Oberamt Kirrweiler auf Befehl des Bischofs Kirchengefälle ein. Wo also geistlicher und weltlicher Arm zusammenarbeiteten, ging es, wie von Damian Hugo gewünscht. Alles in allem brachten seine Bemühungen teilweisen Erfolg. 1753 wurde zwar aus der Pfarrei Hambach gemeldet, seit 100 Jahren habe keine Rechnungsprüfung stattgefunden, so daß viele Kapitalien und Gefälle *„ungibig und verlohren"* seien;[1033] in Gernsbach hatte sich dagegen alles nach Wunsch entwickelt: Klagte der zuständige Dechant noch 1723 über die unerledigten Kirchenrechnungen und nicht gezahlten Abgaben, so konnte der Vogt 1735 berichten, daß die Kirchenrechnungen regelmäßig vorlägen und die Gefälle nicht nur ordnungsgemäß eingingen, sondern sogar vermehrt werden konnten.[1034]

Im Interesse der Seelsorge richtete der Fürstbischof zehn neue Pfarreien ein, indem er sie aus der Verbindung mit anderen löste und mit eigenen Seelsorgern besetzte. Es handelte sich dabei durchweg um Pfarreien, die ehedem aus nicht immer bekannten Gründen mit anderen zusammen verliehen worden waren. Neudorf (zwischen Bruchsal und Speyer), das unter Damian Hugo aus einer kleinen Siedlung zu einem richtigen Dorf angewachsen war, erhielt im August 1742 eine eigene Pfarrei.[1035] Eine weitere Neugründung des Schönborn war die Hofpfarrei in Bruchsal. Ihr gehörten nicht nur alle Personen des Hofes von der Wäscherin bis zum Hofmarschall an, sondern auch die Soldaten der Leibgarde. Politisch nicht unproblematisch war die Gründung einer katholischen Pfarrei in dem ehedem rein protestantischen Ort Fußgönheim (Kurpfalz) durch einen katholischen Adligen.[1036] Im allgemeinen haben es die Gemeinden begrüßt, einen eigenen Pfarrer zu erhalten. Weniger erfreut waren die Geistlichen, die mit einem Dorf die dazugehörigen Einkünfte verloren. Das galt auch für die Fälle, in denen Pfarrer von Damian Hugo gezwungen wurden, Kapläne anzunehmen. Natürlich war es sinnvoll, in weitläufigen Pfarrbezirken einen Helfer zu haben, doch gerade diese Pfarreien rechneten meist auch zu den ärmsten, die schon einen Geistlichen nur kümmerlich ernährten.

Der Bischof scheute sich auch nicht, die verschiedenen Patronatsherren anzuhalten, Pfarreien tatsächlich mit Pfarrern zu besetzen und sie nicht nur durch Kapläne oder Vikare versehen zu lassen. So wurde das St. Guidostift in Speyer mehrfach ermahnt, in Otterstadt (nördlich von Speyer) einen Pfarrer einzustellen.[1037] Damian Hugo war allerdings nicht der einzige verantwortungsbewußte Pfarrgründer in der Diözese. In Rastatt errichtete Markgräfin Sybilla Augusta eine neue Hofpfarrei. Das Speyrer Domkapitel gründete in seinem Ort Ketsch (südlich von Mannheim) eine Pfarrei.

Die sorgfältige Führung der Kirchenrechnungen und die gewinnbringende Verlehnung von Kirchengut war Damian Hugo nicht zuletzt wegen der Erhaltung der Kirchen wichtig. Mehrmals betonte er, daß *„die Gottes Häuser als das gröste Kleynod unseres christkatholischen Wesens in solchen ohnnachlässigen guten Stand gehalten werden sollen, wie es die Ehre und Dienst des grosen Gottes erfordere"*. Unter Androhung hoher Geldstrafen befahl er den Landdechanten, jährlichen Bericht über den baulichen Zustand und möglichen Renovationsbedarf einzuschicken.[1038] Dem bischöflichen Eifer standen aber auch hier verschiedene Hürden im Weg. Die Verpflichtung zum Erhalt von Kirchenschiff, Dach, Chor und Turm hatten oft mehrere Körperschaften oder Personen zu tragen – die Gemeinde, der Bischof, ein Stift oder ein weltlicher Patronatsherr. Damit waren Konflikte über Dringlichkeit und Umfang des jeweiligen Erfordernisses fast zwangsläufig. Nur dort, wo Damian Hugo allein bauen mußte bzw. durfte oder andere Verantwortliche dazu zu bewegen wußte, ihre Verpflichtungen auch zu erfüllen, konnte renoviert oder gebaut werden, wie es der Zustand der Kirche gebot. In diesem Zusammenhang ist der Neubau der Kirche in Wiesenthal (westlich von Bruchsal) im Jahre 1736 bemerkenswert.[1039] Seine übliche Sparsamkeit hintanstellend, tat Damian Hugo hier mehr, als seine Verpflichtungen verlangten. Beweggrund war vermutlich nicht nur die für ihn typische Lust am Planen und Ausführen von Bauprojekten, sondern zuallererst seine katholisch inspirierte Frömmigkeit, die es ihm zur freudig erfüllten Pflicht machte, ein würdiges Monument zur Ehre Gottes zu errichten. Er hat die neue Kirche selbst geweiht.

In der Diözese Speyer waren mehrere Pfarreien zu Landkapiteln (Dekanaten) zusammengefaßt. Sie waren die mittlere Verwaltungsebene zwischen Geistlichem Rat bzw. Vikariat und Pfarreien. Archidiakonate, die wiederum mehrere Landkapitel hätte umfassen können, gab es im 18. Jahrhundert praktisch nicht mehr. Den Landkapiteln standen die Landdechanten (Dekane) vor. Die Pfarrer des Landkapitels wählten aus ihrer Mitte drei Kollegen, von denen dann der Bischof einen zum Landdechanten ernannte. An diesem Verfahren änderte sich unter Damian Hugos nichts. Der Schönborn hat aber im Interesse der Seelsorge wie zur besseren Kontrolle der Pfarrer drei neue Landkapitel geschaffen, wodurch sich die Zahl der Landkapitel in der Diözese Speyer von acht auf elf erhöhte. Auch hier wurden Klagen laut, daß die Pfarreien, welche die Landkapitel durch Umlagen finanzieren mußten, unbillig belastet würden.[1040]

7.7. Förderung von Frömmigkeit und religiösem Leben

Qualität der Pfarrer und Organisation der Gemeinden waren gewissermaßen nur die äußere Gestalt des religiösen Lebens, eine Form, die mit Leben gefüllt werden mußte. Wie „fromm" die „Laien" in der Diözese tatsächlich waren und was Damian Hugo tat, um die Frömmigkeit des Volkes zu fördern, wenn sie nicht so lebendig war, wie er das erwartete, das läßt sich anhand der vorliegenden Quellen nur ansatzweise klären. Aller Erfahrung nach könnte aber auch eine dichtere Überlieferung keine exakten Ergebnisse darüber liefern, wieweit die amtskirchlichen Vorgaben von dem einfachen Mann und der einfachen Frau erfaßt und umgesetzt oder auch nicht umgesetzt wurden.[1041]

Der Kirchenbesuch war im allgemeinen nicht so, wie es sich der Bischof und der gestrenge Geistliche Rat wünschten. Selbst in der Bruchsaler Hofkirche wurde der Gottesdienst, wie er meinte, nur nachlässig und ohne die von ihm gewünschte Andacht besucht. Damian Hugo gab daher den Offizieren und Soldaten seiner Leibgarde genaue Anweisungen, wie sie sich an Sonn- und Feiertagen in der Kirche einzufinden hatten. Er verwies dabei auf das Beispiel der protestantischen Fürsten: *„zumahlen wir mit Freyden und unseren grosen Exempel in denen Nieder- und Obersächsischen Creysen, auch denen nordischen Höffen gesehen, wie exact die Herren protestantes auch in dieser Sache seynd"*.[1042] Selbst die Mitglieder seiner obersten Regierungsgremien glaubte er zur Teilnahme an den Gottesdiensten auffordern zu müssen. Besonders die Kammerräte gerieten ihm ins Visier. Er habe zum Ruhme Gottes die Hofkirche wunderbar ausgestattet und hergerichtet, aber der Besuch sei gering. Die Kammerräte, die er schon öfters habe ermahnen müssen, gäben ein böses Exempel.[1043] Wie Damian Hugo, so klagte auch Sybilla Augusta, Markgräfin von Baden-Baden, über das wenig andächtige Verhalten ihrer Räte in der Hofkirche zu Rastatt.[1044] Die Kirchen auf den Dörfern scheinen kaum eifriger besucht worden zu sein. Entsprechende Berichte und

Klagen reihten sich lückenlos aneinander, genauso wie die Ermahnungen und Befehle des Bischofs. Sogar die Schultheißen und Amtmänner wurden angewiesen, auf den Besuch der Gottesdienste durch die Untertanen zu achten.[1045] Der Erfolg derartiger Befehle hielt sich in Grenzen. Der Bischof konnte nicht einmal verhindern, daß im September und Oktober, während der Erntezeit, oft überhaupt kein Gottesdienst stattfand.[1046] Nicht nur am Gottesdienst, sondern auch an den Sakramenten scheint das Interesse begrenzt gewesen zu sein. Da nur wenige Untertanen zur Beichte kämen, befahl Damian Hugo den Priestern, ihre Gemeinden besser über Sinn und Zweck der Beichte zu unterrichten.[1047] Solche Fragen des Glaubens sollten den anbefohlenen Seelen eigentlich bereits in der Christenlehre (Katechese) vermittelt werden, die vornehmlich, aber nicht ausschließlich, für Kinder und Jugendliche gedacht war. Doch auch hier ließ der Eifer aus bischöflicher Sicht zu wünschen übrig, auch hier folgten auf viele Berichte ebenso viele Anweisungen, und auch hier war der Erfolg eher bescheiden. Zu einem wiederholten allgemeinen Befehl über den Besuch der Christenlehre bemerkte die Markgräfin Sybilla Augusta etwas spöttisch, *„daß Euer Eminenz und Liebden nicht anderst glauben können, als daß alles das jenige geschehe, gleich es dieselben befehlen"*.[1048] Sie selbst ließ die Anzahl aller Kinder und Jugendlicher in der Gemeinde ihrer Hofkirche ermitteln, um den Besuch der Christenlehre überwachen zu können. Die Christenlehre scheint indes nicht nur für viele junge Leute eine lästige Pflicht gewesen zu sein. So mancher Pfarrer erteilte den Unterricht offenbar nur nachlässig oder war mit dieser Aufgabe überfordert. So berichtete der Geistliche Rat Kellerman über eine Christenlehre in Rastatt: Nur wenige Kinder erschienen und waren dann noch so unruhig, daß ein geordneter Unterricht kaum stattfinden konnte. Der Pfarrer selbst war unvorbereitet.[1049]

Das Volk kannte andere Arten der Frömmigkeit als den Besuch von Gottesdienst und Christenlehre. Regelmäßig erreichten Damian Hugo Berichte über verschiedene Formen von *„abergläubischen Sachen"*, z. B. im Amt Dahn.[1050] Sogenannte Himmelsbriefe, die vom Erzengel Michael oder gar von Christus selbst auf die Erde gebracht worden sein sollten, waren sehr beliebt und wurden als Schutz vor Unglücksfällen aller Art verwahrt. Damian Hugo befahl den Pfarrern, solche Briefe einzuziehen[1051] wie andere abergläubische Schriften auch.[1052] Die Taufe ungetauft verstorbener Kinder wurde ebenfalls als *„abergläubischer Abusus"* verboten.[1053] Selbst innerhalb der Kirche gab es Bräuche, die Damian Hugo unter keinen Umständen hinzunehmen bereit war. Als dem Volke ärgerlich und dem Priester unanständig verbot er die sogenannten Primizbräute, Frauen, die festlich hergerichtet den Priestern als geistliche Bräute bei der Primiz zur Seite gestellt wurden.[1054] Mit der Gegenüberstellung von Gottesdienst und Christenlehre einerseits und abergläubischen Praktiken andererseits soll nicht behauptet werden, daß sich die „Laien" der Diözese Speyer absichtlich und systematisch der amtskirchlich erwünschten Religionsausübung entzogen und eine magisch-mystische Volksfrömmigkeit pflegten. Eher ist davon auszugehen, daß die Religiosität des Volkes beide Elemente miteinander verband. Doch gerade das entsprach nicht den Vorstellungen und Zielen des strengen Bischofs. Die Kirchen waren zwar nicht leer, aber auch nicht so gut besucht, wie es der Seelenhirte für nötig und geboten hielt.

Es gab natürlich auch Bereiche, wo sich die Frömmigkeit des Volkes und die Erwartungen der Kirche trafen. In der Zeit zwischen 1700 und 1760 wurden in der Diözese Speyer viele Bruderschaften gegründet, die ein reiches religiöses Leben entfalteten und hierbei von Damian Hugo protegiert wurden, etwa durch bestimmte Privilegien oder durch finanzielle Unterstützung. Besonders begünstigte er die „Bruderschaft zur Todesangst Christi", deren Mitglied er war.[1055] Wallfahrten hat Damian Hugo ebenfalls gefördert; zumal die Wallfahrt nach Waghäusel (westlich von Bruchsal) war sehr beliebt. Der alljährliche Andrang war kaum zu bewältigen. Der Geistliche Rat Dahlwich empfahl dem Bischof, für die Dauer der Wallfahrt in Waghäusel vierzehn zusätzliche Beichtstühle aufzustellen.[1056] Damian Hugo führte in seiner Diözese die Verehrung des Heiligen Nepomuk ein.[1057] Das Jubiläum von 1725 wurde von ihm sorgfältig vorbereitet und von den Untertanen mit der vom Bischof erwarteten Hingabe begangen.[1058] Zur Förderung des Kultus in armen Gemeinden stiftete er Ewige Lichter, besorgte Abendmahlskelche und richtete eine Paramentenkasse ein.[1059]

Bei seinem Bemühen um Hebung von Frömmigkeit und Religiosität fand Damian Hugo Hilfe bei den Straßburger Jesuiten, die ihm anboten, in den Gebieten der Diözese Speyer südlich der Queich zu missionieren, ohne daß ihm oder den Gemeinden dabei Kosten entstanden. Der Bischof hielt zunächst nichts von dem Angebot, gab ihrem Drängen dann aber doch nach, weil er Druck von Seiten Frankreichs fürchtete und sein Arm ohnehin nicht über die Queich hinausreichte.[1060] Später missionierte der Orden mit Damian Hugos Erlaubnis und mit bemerkenswertem Erfolg im ganzen linksrheinischen Gebiet der Diözese Speyer. So meldete der Amtmann von Kirrweiler, daß die *„heylsame Mission von sehr guten Effect ist, gestalten die Leuth so wohl von hier, als viel mehr auch von der Nachbarschaft in sehr großer Menge der selben mit [...] ordentlichem Eyffer und Andacht beiwohnen"*.[1061] Von großer Bedeutung für die Diözese Speyer waren die Kapuziner, die Damian Hugo sehr schätzte.[1062] Der Bischof, der eigentlich keine Ordensgeistlichen auf Pfarrstellen sehen wollte und sie im allgemeinen aus den Pfarreien konsequent verdrängte,[1063] ließ vakante Stellen vorzugsweise von Kapuzinern versehen. Von der Volkstümlichkeit des Ordens erhoffte er sich eine wirkungsvolle Beförderung des religiösen Lebens. Ungetrübt war Damian Hugos Freude über das Wirken der Mönche allerdings nicht, weil sie sich nicht ohne weiteres seinen Weisungen und Verboten fügten und dadurch seine bischöfliche Autorität in Frage zu stellen drohten. Immer wieder haben Kapuziner Sakramente gespendet oder andere Aufgaben der Seelsorge übernommen, als ob kein Pfarrer vor Ort sei. Bei einer Beerdigung in Waghäusel kam es zwischen Kapuzinern und Weltgeistlichen sogar zu einem Handgemenge, in dessen Verlauf sich die Kontrahenten büschelweise Haare ausrissen.[1064] Der Streitigkeiten und der Klagen müde, erließ Damian Hugo Verbote, machte Auflagen und wandte sich mit Beschwerden an die Ordensoberen, *„dann ich mus disen Männern den Kitzel vertreiben, sonst habe mein Tag kein Ruhe"*.[1065] Dabei waren die wiederholten Eingriffe in die Rechte der Ortspfarrer nicht einmal die größte Sorge, welche die Kapuziner dem Bischof bereiteten. Als Ordensleute fühlten sie sich den Regeln und Satzungen der eigenen Gemeinschaft mehr verpflichtet als den Verordnungen des örtlichen Bischofs. Damian Hugo klagte wiederholt, daß die

Kapuziner seine strengen, aber heilsamen Verordnungen und Gebote unterliefen. Wo bestimmte Auflagen oder Bußen den Empfang eines Sakraments durch den Bischof oder den Pfarrer erschwerten, ging das einfache Volk stracks zu den Kapuzinern, die weniger streng verfuhren. 1728 scheuten sich die Kapuziner nicht, das von Damian Hugo verhängte Todesurteil gegen einen Deserteur öffentlich zu kritisieren. Damian Hugo verbot ihnen daraufhin jeden geistlichen Beistand für zum Tode Verurteilte. Es sei bekannt, notierte der Schönborn, daß *„in vil casibus sich diese Leuthe schon gegen die Justiz haben gebrauchen lassen"*, wo sie doch nur für die Seele, nicht aber für den Leib der Verurteilten sorgen sollten. Ihr Argument, daß der Verurteilte im vorliegenden Fall zum Militärdienst gezwungen worden sei, wischte der Fürstbischof beiseite: Die Dorfschaften stellten nach seinen Anordnungen die Mannschaften; wenn die Dorfschaften sich nicht daran hielten, sei das nicht seine Schuld. Der Verurteilte habe wegen der Kriegsartikel und der vielen Kriege in diesem Land wissen müssen, wie er sich im Militärdienst zu verhalten habe. Als *„Comödiant wie aus den Jesuiten Spielen"* habe sich der Verurteilte vor den Kapuzinern aufgeführt und sie mißbraucht.[1066] Sehr überzeugend klingt Damian Hugos Kritik nicht. Sie trägt eher den Charakter einer Verteidigung des eigenen Handelns. Das brüderliche Eintreten für arme Delinquenten, das die Kapuziner beim Volk beliebt machte, berührte bei Damian Hugo einen wunden Punkt. Das Spannungsverhältnis zwischen der Forderung christlicher Caritas und der Strenge des weltlichen Gesetzes, die der Fürstbischof in seinem Amt miteinander verbinden mußte, ließ sich kaum harmonisch auflösen.

Neben dem breiten Katalog von Maßnahmen zur Förderung der Frömmigkeit und der Religiosität erließ der Schönborn eine ganze Reihe von Geboten und Verboten, die im strengen Sinne nicht das Religionswesen, sondern den Bereich sozialer Normen betrafen. Zwischen beiden Bereichen ist kaum eine scharfe Grenze zu ziehen, auch nicht im Bewußtsein der Zeitgenossen, galt es doch hier wie dort, eine bestimmte Moral als kollektiv verbindliche Richtschnur durchzusetzen. Mit scharfen Worten kritisierte Damian Hugo z. B., daß viele Kinder ihre alten Eltern schlügen und mißhandelten; solchen bösen Töchtern und Söhnen die Beichte abzunehmen, behalte er sich persönlich vor.[1067] Die Sorge um kindliche ‚Unschuld' bestimmte das Verbot, daß Kinder verschiedenen Geschlechts im Alter von mehr als fünf Jahren zusammen in einem Bett schliefen.[1068] Anstoß nahm der Bischof an dem *„Mißbrauch des Aschermittwoch"*, an dem die Frauen den Männern die Hüte von den Köpfen stahlen, sogar den Geistlichen, bei denen sie sich an diesem Tag auch andere Frechheiten erlaubten. Er untersagte derartigen Unfug bei zwei Reichstalern Strafe für die Männer, die ihren Frauen solches erlaubten.[1069]

Mit besonderer Sorgfalt scheint sich Damian Hugo der Fragen von Ehe und Familie angenommen zu haben; jedenfalls ist hier die Überlieferung dicht genug, um seine Politik genauer erkennen zu können. Nicht sonderlich überrascht es, daß der Fürstbischof vorehelichen Verkehr und Ehebruch streng verfolgen, Ehen zwischen Katholiken und Protestanten verhindern und schließlich die von der katholischen Kirche gesetzten Formen der Eheschließung als allgemeine Norm durchsetzen wollte. Zur Eindämmung unsittlicher Verhaltensweise forderte er regelmäßig von Landdechanten und Amtmännern entsprechende Berichte. Dieses Vorgehen glich allerdings eher einem Stochern im Nebel. Denn selbst wenn dem Priester vor Ort einschlägige Fälle bekannt waren, bedeutete dies noch keineswegs, daß er sie auch meldete. Man darf annehmen, daß vorehelicher und sogar außerehelicher Verkehr bis zu einem gewissen Grade gesellschaftlich akzeptiert war, auch von den Geistlichen. Wann immer dem Fürstbischof oder dem Geistlichen Rat ein Fall bekannt wurde, entrüsteten sie sich regelmäßig nicht nur über das Vergehen selbst, sondern auch über die Tatsache, daß alle Welt über solche Verbindungen Bescheid wußte, ohne daß jemand daran Anstoß nahm, geschweige denn bei den zuständigen Stellen Anzeige erstattete. Dem Hofrat warf der Schönborn vor, Ehebruch zu milde zu bestrafen. Dem einreißenden Übel des Ehebruchs und der Hurerei müsse begegnet werden, betonte er immer wieder, wobei er mit Bitternis bemerkte, daß von ihm abgesehen niemand in diesen Dingen ein Übel sehe.[1070] Wenn ein Fall vor- oder außerehelicher Kontakte bei den Regierungsstellen ruchbar wurde, begannen sorgfältige Untersuchungen, um u. a. zu prüfen, ob ein Kind aus dieser illegitimen Verbindung hervorgegangen und wo es gegebenenfalls geblieben sei, um etwaigen Kindsmord aufzudecken. Teil des Verfahrens war ein scharfes und demütigendes Verhör der Beschuldigten vor dem Geistlichen Rat oder einem anderen Gremium. Im Fall des Kammersekretärs Kronacher bemerkte Damian Hugo, es *„kombdt, unter uns gesagdt, das Examen mehr auf eine Submission ahn als in der Sache selbsten".*[1071] Gegen die überführten Sünder wurden empfindliche Geldstrafen verhängt zugunsten des Priesterseminars oder des Landeshospitals. In der Regel durfte das Paar danach seine Verbindung durch Eheschließung legitimieren. Damian Hugos Mißtrauen in Ehefragen ging so weit, daß er Verwitweten eine zweite Ehe nur nach persönlicher Prüfung der Sachlage gestatten wollte, statt es, wie es die kurpfälzische Regierung vorschlug, bei einer Trauerzeit von einem Jahr bewenden zu lassen, nach der man wieder heiraten durfte.[1072] Allerdings ist kein Fall bekannt, den der Fürstbischof in der angekündigten Weise tatsächlich selbst überprüfte. Damian Hugo achtete im übrigen sorgsam darauf, daß den Ehen keine Hindernisse im Weg standen, die nach dem kanonischen Recht eine Ehe verboten oder eines Dispenses bedurften. Ein Haupthindernis war die zu nahe Verwandtschaft zwischen den Heiratswilligen. Damian Hugo fürchtete, daß in solchen Fällen die Bereitschaft der Untertanen zunehme, sich einen Partner anderer Konfession zu suchen. Er sah darin ein Gefahr für die innere Festigkeit der katholischen Religion, die er ohnehin für bedroht hielt, weil seine Diözese bzw. sein Hochstift von protestantischen Territorien umgeben war. Er bemühte sich daher um eine Fakultät, die ihm das Dispensieren vom zweiten und dritten Verwandtschaftsgrad als Ehehindernis erlaubte. Da der Nuntius in Köln für das Dispensrecht eine seiner Meinung nach zu hohe Taxe verlangte, wandte er sich zunächst an die Propagandakongregation und später auch an den Papst.[1073] Seine Bemühungen hatten jedoch keinen Erfolg, denn vom zweiten Grad durfte Damian Hugo nie dispensieren.[1074] Dem Problem gemischtkonfessioneller Ehen konnte er so nicht begegnen. In den verschiedensten Quellen findet man genügend Hinweise, daß gerade in den Grenzgebieten zu den protestantischen Territorien Ehen zwischen Katholiken und Protestanten häufiger vorkamen. Der besorgte Bischof fragte deshalb in der

Diözese Würzburg an, wie man dort mit dem Problem umgehe. Man könne sie nicht verhindern, daher würden derartige Ehen zwar nicht dispensiert, aber toleriert, lautete die Antwort.[1075] Doch selbst dort, wo keine kanonischen Ehehindernisse einer Heirat im Weg standen, ging deren Abschluß oft genug nicht mit den Satzungen der römischen Kirche konform. Die vorgeschriebene Ausrufung einer beabsichtigten Heirat in der Kirche war in der Diözese Speyer weitgehend aus der Übung gekommen.[1076] Viele Untertanen ließen sich ohne jeden Dispens nicht in der Kirche, sondern zu Hause trauen.[1077] Die Ausrufung einer bevorstehenden Heirat war vielen unangenehm, wenn die Eheschließung eine voreheliche Beziehung legitimieren sollte. Die volksnahen Kapuziner umschifften die Klippe geschickt, indem sie die Namen der Heiratswilligen leise vor sich hin murmelten. Damian Hugo wußte davon. Er befahl dem Geistlichen Rat Dahlwich in einem bestimmten Fall, auf korrekte Ausrufung durch die Kapuziner zu achten. Es sei doch wunderlich, bemerkte der strenge Kirchenfürst, daß die Kapuziner bei jeder Gelegenheit gegen sein Gebot handelten. Sie dürften sich also nicht wundern, daß er sich ihnen gegenüber nicht so verhalte, wie sie es gerne hätten.[1078]

Voreheliche sexuelle Beziehungen und gemischtkonfessionelle Ehen konnte Damian Hugo nicht verhindern, doch bei der Durchsetzung von Eheschließungen gemäß kanonischem Recht trugen seine Bemühungen Früchte. Je länger er regierte, desto mehr Untertanen bemühten sich um nachträglichen Dispens von Ehehindernissen. Selbst Eheleute, die seit 25 Jahren oder länger zusammenlebten und Kinder hatten, obwohl sie wegen zu naher Verwandtschaft eigentlich nicht hätten heiraten dürfen, baten plötzlich um Behebung dieses Mangels[1079] – meist mit Erfolg, nicht zuletzt wegen der engagierten Fürsprache des Geistlichen Rates Dahlwich. Ehen wurden mehr und mehr in der Kirche ausgerufen und auch in der Kirche geschlossen. Damian Hugo führte solch erfreuliche Entwicklung auf das gute Exempel der Prinzessin von Baden-Baden zurück, die ihre Hochzeit vorher verkünden und sich in der Rastatter Hofkirche mit dem Herzog von Orléans trauen ließ.[1080]

Bei all diesen Bemühungen um ein blühendes religiöses Leben und um die Frömmigkeit seiner Untertanen, verlangte Damian Hugo nichts von anderen, was er selbst nicht befolgte; war er doch selbst außerordentlich fromm. Natürlich erlaubten sein weltliches Amt als Fürst und sein geistliches Amt als Seelenhirte einer Diözese kein Leben in Zurückgezogenheit, aber die erhaltenen Betrachtungen und Gewissenserforschungen, von eigener Hand niedergeschrieben, die regelmäßigen Exerzitien, zu denen er sich in die Kirche der Kapuziner zu Bruchsal oder in die Eremitage zu Waghäusel zurückzog, zeigen ihn als einen frommen, um seine eigene Vergänglichkeit und Sündhaftigkeit wissenden Menschen. Den Anweisungen seines Beichtvaters Kellerman unterwarf er sich gewissenhaft, so wie er es von jedem Katholiken gegenüber seinem Beichtvater verlangte.[1081] Hubensteiner zählt Damian Hugo mit den Bischöfen Eckher (Freising) und Kunigl (Brixen) zu den echten Seelsorgern unter den geistlichen Fürsten seiner Zeit.[1082] Der Schönborn hatte nie Zweifel an seiner Berufung zum geistlichen Amt, auch wenn er sich erst am 15. August 1720, also über ein halbes Jahr nach seinem Amtsantritt als Bischof, zum Priester weihen ließ. Als

Bischof hat er in verschiedenen Orten seiner Diözese persönlich die Firmung vorgenommen. 1 000 Personen habe Damian Hugo gefirmt, schrieb Lothar Franz 1722 anerkennend an Friedrich Karl.[1083] Vermutlich hat auch sein jahrelanges Engagement für die kleinen katholischen Gemeinden in Norddeutschland den besonderen Eifer Damian Hugos als Seelenhirte geprägt. Wer, wo immer er konnte, den im Norden versprengten, fast rechtlosen Katholiken beistand, damit sie ihren Glauben praktizieren durften, konnte nicht verstehen, daß die Katholiken der eigenen Diözese, deren religiösem Leben keine derartigen Hindernisse im Weg standen, weniger eifrig sein sollten.

7.8. Das Verhältnis des Fürstbischofs zu Klöstern und Stiften

Die Frage der Disziplin des Klerus wurde leicht zur Frage nach der Jurisdiktion und der Autorität des Bischofs. Die versuchte Disziplinierung eines Pfarrers konnte leicht größere Kreise ziehen und zur Haupt- und Staatsaktion werden. Ordensleute fürchteten eher ihre Oberen als den Bischof. Auch bei den Klöstern und Stiften stieß Damian Hugo leicht auf Schwierigkeiten, wenn er seine geistlichen Befugnisse geltend machte. In solchen Fällen wollte er nie Kompromisse eingehen. Es sei reichskundig, daß der Schönborn genau auf die Beachtung seiner bischöflichen Rechte schaue, hieß es 1743 aus dem Kloster Frauenalb.[1084] Die Beziehungen des Fürstbischofs zu Klöstern und Stiften in der Diözese Speyer wurden daher einerseits durch Schönborns hohe seelsorgerliche Ansprüche, andererseits durch die jeweilige Rechtslage sowie durch deren Einschätzung und Wahrnehmung bestimmt. In den Akten geraten dabei insgesamt mehr die Konfliktsituationen als das normale Miteinander in den Blick. Das ist für eine angemessene Bewertung der folgenden Angaben zu berücksichtigen.

Bei den Frauenklöstern drängte der Fürstbischof auf strenge Einhaltung der Klausur. So verbot er der Priorin des St. Magdalenaklosters in Speyer, ihren alten, im Sterben liegenden Vater zu besuchen, von dem sie etwas für ihren Konvent zu erben hoffte. Damian Hugo bedeutete ihr, daß sie ja als Nonne der Welt einschließlich Vater und Mutter abgesagt habe.[1085] Sehr streng ist die Klausur aber auch nach dieser Ermahnung nicht beachtet worden. Kühner als die Priorin war die Äbtissin von Frauenalb. Als Damian Hugo das *„Herauslauffen"* der Klosterfrauen kritisierte und strenge Klausur anbefahl, wies die Äbtissin, Gertrud von Ichtersheim, darauf hin, daß bei ihrem Kloster nie eine strenge Klausur bestanden habe.[1086] Der Schönborn konnte sich über ein derartiges Ausmaß an Widersetzlichkeit kaum beruhigen. Auf einen erneuten Befehl zur Klausur antwortete Ichtersheim ausweichend. Der Befehl sei schwer durchzusetzen, da bisher nur eine gemäßigte Klausur üblich gewesen sei, die Klosterfrauen aber zur Zeit dieser Observanz Profeß abgelegt hätten.[1087] Ichtersheim war eine streitbare und tatkräftige Äbtissin. Sie sanierte den verschuldeten Konvent und ließ eine neue Klosterkirche errichten. In dem inzwischen fast anderthalb Jahrhunderte währenden Konflikt zwischen Frauenalb und Baden-Baden um die von Baden-Baden ausgeübte Schirmherrschaft[1088] beanspruchte sie hartnäckig für ihr Kloster die Reichsunmittelbarkeit.[1089] Damian Hugo griff nicht ein. Anders als sein Vorgänger, der Ichtersheim einen seiner Hofräte als Rechtsbeistand vermittelte hatte,[1090] gewährte er keine Hilfe, unterstützte aber auch nicht die Politik Baden-Badens, da sie die Rechte des Bischof tangierte.[1091] 1739 warnte Kellerman, Frauenalb werde die Exemtion von der bischöflichen Gewalt durchzusetzen suchen, wenn Damian Hugo seine Jurisdiktion nicht durch eine Visitation des Klosters gleichsam erneuere. Damian Hugo, nach 20 Jahren Amtszeit mehr und mehr resignierend, zuckte die Schultern. Was solle er tun, wenn er noch keiner Wahl einer Äbtissin in Frauenalb habe vorstehen können? Es wundere ihn nicht, wenn das Kloster solches versuche, da doch selbst die Kollegiatstifte danach trachteten, sich seiner Jurisdiktion zu entziehen. Wenn so etwas beginne, lasse man ihn ohne Hilfe, er müsse es also Gott überlassen, da er es nicht zu erzwingen vermöge.[1092] Für das Lebenswerk der Äbtissin Ichtersheim, die 40 Jahre dem Kloster vorstand, scheint er kein Wort der Anerkennung übrig gehabt zu haben. Vielleicht erinnerte sie ihn zu sehr an die Stiftsdamen in Quedlinburg, die ihm einst die Stirn geboten hatten. Die gehorsamen Nonnen im Kloster Heilig Grab zu Baden-Baden waren dagegen ganz nach dem Herzen des Kardinals. Als Kellerman berichtete, wie ergeben die Nonnen dem Willen des Bischofs folgten und wie mühelos die Visitation des Klosters verlief, stellte Damian Hugo fest, bei diesen Nonnen wohne die göttliche Gnade.[1093] Kellerman selbst war von dem Gehorsam und der Frömmigkeit der Nonnen so berührt, daß er ihnen sein Vermögen vermachte.[1094]

Was die Nonnen von Heilig Grab im Übermaß hatten, fehlte den Klerikern des Kollegiatstiftes in Baden-Baden. Sie konnten ihre Rechte und Privilegien gegen die Ansprüche des Bischofs verteidigen. Schon unter Damian Hugos Vorgänger war das Verhältnis zwischen Bischof und Stift nicht frei von Spannungen gewesen. Das Stift hatte sich geweigert, der Zitation des Bischofs zur Teilnahme an der Synode von 1718 zu folgen, weil diese Aufforderung ihre Privilegien verletze. Rückhalt fand das Stift damals beim Markgrafen von Baden-Baden, seinem Stifter.[1095] Unter dem Schönborn blieb das Verhältnis zunächst ohne Probleme. Der neue Propst, Anton Wolfgang von Rottenberg, von Baden-Baden präsentiert, erhielt ohne weiteres die Investitur in sein Amt. Damian Hugo nutzte das gute Einvernehmen, um über das Stift nähere Informationen einzuziehen, die u. a. klären sollten, ob eine Visitation geboten sei. Rottenberg nahm die Frageliste des Bischofs mit Verwunderung, aber ohne Einspruch entgegen.[1096] Erst 1735 brach ein neuer, ernsthafter Konflikt aus: Da Rottenberg ohne Erlaubnis das Stift verlassen hatte und für längere Zeit nach Wien gereist war, entzog ihm Damian Hugo seine Einkünfte als Propst. Er ließ Rottenberg nach Bruchsal zitieren, wobei der Befehl in ehrenrühriger Weise an das Tor des Stiftes geschlagen wurde.[1097] Das Stift protestierte gegen den Eingriff mit Verweis auf seine Privilegien und Statuten. Nur der Stifter, der Markgraf von Baden-Baden, könne Urlaub gewähren. Ferner verbat man sich die Anrede „unser Stift".[1098] Damian Hugo reagierte gereizt. Das Stift verhalte sich „impertinent und respektlos".[1099] Der Konflikt steigerte sich schnell zu einem grundsätzlichen Streit über die Stellung des Stiftes im Verband der Diözese Speyer, und da sich der Markgraf vor das Stift stellte, drohte die Auseinandersetzung auch die ansonsten guten Beziehungen zu Baden-Baden zu belasten. Diesen Aspekt hatte der Schönborn wohl nicht bedacht, auch wenn der kaiserliche Gesandte in Rom, Graf Harrach, behauptete, der Fürstbischof wolle mit den Rechten des Stiftes auch die des Markgrafen beschneiden.[1100] Der Streit nahm in Mainz und Rom den üblichen Verlauf von Klage und Appellation. Ein Ausgleich wurde erst nach Damian Hugos Ableben gefunden. Schon im November 1743 begannen Verhandlungen zwischen Domkapitel und Stift. Ein 1745 geschlossener Vertrag, der die Rechte und Pflichten des Kollegiatstiftes fixierte, beendete den Streit.[1101]

Damian Hugo konnte sich bei der versuchten Disziplinierung des Propstes auf das Tridentinum berufen, wonach kein Kanoniker länger als drei Monate sein Kollegiatstift verlassen sollte. Wie wenig diese Bestimmung in der Diözese beachtet wurde, hatten Kellerman und Dahlwich bereits in ihrem Gutachten aus dem Jahre 1724 erwähnt.[1102] Der Bischof tat nach seinem eigenen Verständnis nichts, was unbillig oder ungerecht gewesen wäre. Das Stift konnte sich dagegen darauf berufen, das Konzil von Trient habe seine älteren Statuten nicht abändern können.[1103] So war es nur ein kleiner Schritt zum grundsätzlichen Streit um die Stellung des Stiftes. Es ist symptomatisch, daß der Konflikt sich zu Lebzeiten Damian Hugos nicht mehr beilegen ließ: Der strenge Kirchenfürst war auch mit Blick auf die bestehende Rechtslage nicht bereit, Abstriche von den kirchlichen Normen hinzunehmen, wie sie das Tridentinum vorgab.

Das vergleichsweise junge und am Rande der Diözese liegende Stift in Baden-Baden hatte indes für den Bischof nicht die Bedeutung wie das Domstift und die drei sogenannten Nebenstifte St. German und St. Moritz, St. Trinitatis und Allerheiligen sowie St. Guido und St. Johannes zu Speyer. Ihre Pröpste, stets Mitglieder des Domkapitels, waren zugleich Archidiakone der vier Archidiakonatsbezirke der Diözese Speyer. Die Archidiakone hatten im 18. Jahrhundert allerdings praktisch keine Befugnisse mehr, selbst ihr Titel taucht in den Quellen nur selten auf. Wenigstens in dieser Hinsicht wurden die Rechte des Bischofs nicht beschränkt. Die Situation spitzte sich zu, sobald der Bischof beabsichtigte, Männer seines Vertrauens in den Stiften zu versorgen. Der Streit mit dem Stift St. German und St. Moritz begann, als Damian Hugo den Geistlichen Rat Dahlwich zum Dekan des Stiftes ernannte, das Stift aber für sich das Wahlrecht reklamierte und Vomelius de Stapert in dieses Amt wählte. Da Vomelius auf seiner Wahl beharrte und Dahlwich nicht als Dekan anerkannte, antwortete der Schönborn mit der ihm eigenen Härte und exkommunizierte den widerspenstigen Konkurrenten. Davon unbeeindruckt weigerte sich das Stift, die Vergabe eines Kanonikats an den Geistlichen Rat und Pfarrer der Bruchsaler St. Peterskirche, Adam Buckel, anzuerkennen.[1104] Buckel wurde gar nicht erst in das Stift eingelassen, als er sein Kanonikat in Empfang nehmen wollte. Der Fürstbischof, über diesen Ungehorsam grenzenlos empört, befahl den Kanonikern, sich eines Besseren zu besinnen, sonst *„würde ich sie gewisse so hin am Ohr gefasset haben, daß sie gefühlet haben würden, wen sie daran haben"*.[1105] Im Fall Buckels lenkte das Stift kleinlaut ein, und soweit es Dahlwich betraf, bestätigte eine päpstliche Bulle die Ernennung durch den Kardinal.[1106] Bei den Stiften St. Trinitatis und Allerheiligen sowie St. Guido und St. Johannes gab es unter den Kanonikern hin und wieder Verstimmungen, wenn der Bischof sie an ihre geistlichen Pflichten und an die ordnungsgemäße Verwaltung von Gütern und Finanzen erinnerte oder auch ohne Rücksprache ein Kanonikat oder eine Präbende vergab. Damian Hugo hat seine Ratgeber und überhaupt alle Geistlichen, die in unterschiedlichen Rängen und Funktionen dem Geistlichen Rat angehörten, systematisch mit Kanonikaten oder Präbenden an den drei genannten Stiften versorgt. Auch Geistliche, die sich verdient gemacht hatten, konnten hier auf ein Benefizium hoffen. Dahlwich wurde Dekan von St. German und St. Mauritius, Kellerman Dekan von St. Guido und St. Johannes. Die Geistlichen Räte Buckel, Weinrich und Holderhoff, der Assessor beim Geistlichen Rat Stümper und der Sekretär Günter erhielten an den Stiften Kanonikate. Bereits 1720 hatte Damian Hugo seinem Kaplan Frankenstein ein Kanonikat am Stift St. German und St. Mauritius übertragen, als Belohnung dafür, daß er trotz der Drohungen Hessen-Kassels in der Ordenskommende Marburg Messen gelesen hatte und dafür sogar verhaftet worden war. Bei den anderen Ernennungen stand offensichtlich die Frage einer angemessenen Versorgung im Mittelpunkt. Der Geistliche Rat war eine neue Institution, für deren Mitglieder erst die erforderlichen Einkünfte geschaffen werden mußten. Als preiswerteste Lösung bot es sich an, Räte, Beamte und Sekretäre mit Kanonikaten zu versehen. Reich wurde ein Kanoniker durch derartige Pfründen freilich nicht.

7.9. Der Bischof Damian Hugo

Wie im Weltlichen, so gilt Damian Hugo auch im Geistlichen als bedeutender Reformer. Als weltlicher Fürst fühlte er sich verpflichtet, alles zu tun, um vor sich selbst wie vor der Allgemeinheit als „rechtschaffener Landesfürst" gelten zu können. Er reformierte sein Hochstift mit der festen Überzeugung, daß ein wohladministrierter Staat auch den Untertanen nütze, z. B. wenn die Justiz gut arbeite. Ein vergleichbares Motiv lag seinem Wirken als Bischof zugrunde, doch weit stärker und bestimmender noch war hier seine Überzeugung, sich eines Tages vor Gott verantworten zu müssen. Seine Sorge um die ihm anvertrauten Seelen war zugleich die Sorge um sein eigenes Seelenheil. Daher kämpfte er um einen exemplarischen Klerus, ein blühendes religiöses Leben und eine gefestigte katholische Religion. Leitstern war für ihn das Tridentinum.

Das Priesterseminar sollte Lebenswandel und Qualifikation des niederen Klerus verbessern. Seine Gründung stellte eine von Damian Hugos erfolgreichsten Reformmaßnahmen überhaupt dar, und mit ihm war der stets kritische Kirchenfürst trotz mancher Klagen insgesamt zufrieden. Auch sonst blieb des Schönborns Bemühen um die Hebung des religiösen Lebens nicht ohne Wirkung. Allein die Tatsache, daß nach Jahrzehnten der Kriege, Krisen und Nebenregierungen wieder ein von hohem Amtsethos erfüllter Bischof in der Diözese vor Ort wirkte, steigerte den kirchlichen

Einfluß im Alltag der Untertanen. Die Errichtung neuer Pfarreien bildete eine wichtige Voraussetzung für die erstrebte intensivere Seelsorge. Freilich war für Damian Hugo die Frömmigkeit des Volkes nie so lebendig, wie er das wünschte, zumindest nicht in den Formen, die er erwartete und vorschrieb.

Mit großem Nachdruck war der Schönborn darauf bedacht, seine bischöfliche Autorität gegenüber niederem Klerus, Kollegiatstiften, Orden und Domkapitel durchzusetzen und zu behaupten. Es ging ihm dabei nicht einfach um Macht, sondern darum, einen möglichst großen Entscheidungs- und Handlungsspielraum zu gewinnen, den er benötigte, wenn er sein Amt so ausfüllen wollte, wie es das Heil der ihm anvertrauten Seelen seiner Meinung nach erforderte. Daher beharrte er besonders starr und unflexibel auf dem, was er für sein gutes Recht als Bischof hielt. Wie weit er dabei zu gehen bereit war, zeigt der Streit mit dem Domkapitel. Dieser Konflikt läßt auch Damian Hugos Standort im Vergleich mit den anderen Bischöfen aus dem Hause Schönborn recht gut erkennen. Lothar Franz konnte das Verhalten seines Neffen nicht verstehen. Natürlich waren auch ihm Reibereien mit dem Domkapitel nicht fremd, er konnte aber mit dem einmal gefundenen Gleichgewicht leben. Dem Kardinal ging es dagegen um das Prinzipielle, deshalb wollte er den Streit ausfechten bis zur erhofften endgültigen Niederlage des Kapitels. Lothar Franz hatte vor allem das Interesse der Familie im Auge. Er fürchtete um die Wahlaussichten der Schönborns bei allen künftigen Bewerbungen, wenn ein Familienmitglied derart unnachgiebig gegen ein Domkapitel vorging. Das Motiv Damian Hugos, sich als Seelenhirte amtsgemäßen Freiraum schaffen zu müssen, haben weder Lothar Franz noch Friedrich Karl verstanden. Sein Seeleneifer blieb ihnen fremd.

Damian Hugo hat das religiöse Leben in der Diözese Speyer entscheidend geprägt. Wie bei dem Hochstift Speyer, so kann man auch bei der Diözese Speyer mit Recht feststellen, daß es zumindest in der neueren Geschichte eine Zeit vor und eine Zeit nach dem Schönborn gab.

8. Fürstbischof von Konstanz

Die Diözese Konstanz war eine der größten im Reich. Sie umfaßte nach heutigen geographischen Gesichtspunkten große Teile Südwestdeutschlands und der Schweiz. Bischof Johann Franz Schenk von Stauffenberg (regierend 1705–1740) nannte sie stolz „*in Alemannien das älteste monumentum christianae religionis*".[1107] Das von Meersburg aus regierte Hochstift Konstanz war dagegen nur ein Flecken Land mit äußerst bescheidenen Einkünften. So gesehen war Konstanz das genaue Gegenteil von Speyer, das zwar nur eine kleine Diözese hatte, dessen weltlicher Herrschaftsbereich aber aus einem mittleren, gut arrondierten Gebiet bestand. Der Bischof von Konstanz fungierte zugleich als Abt der Reichenau und als Richter der Universität Freiburg im Breisgau. Wie der Herzog von Württemberg hatte er das Amt eines Kreisdirektors des Schwäbischen Kreises inne.

Trotz seiner relativen Schwäche bildete das Hochstift Konstanz eine wichtige Stütze der habsburgischen Politik im deutschen Südwesten. Wien stand in einem guten Verhältnis zum Bischof, über den es auf den Schwäbischen Kreis Einfluß auszuüben vermochte. Aber auch Konstanz profitierte von den Wiener Konnexionen. Als Habsburg begann, seine Beziehungen zu anderen Ständen einschließlich des protestantischen Württemberg zu verbessern, fürchtete Stauffenberg um seine Position im politischen Gefüge Schwabens. Die Wahl eines Reichsfürsten aus einem kaisernahen Geschlecht wie demjenigen der Schönborns sollte die Stellung des Hochstifts Konstanz festigen.[1108] Stauffenberg erhoffte sich von Damian Hugo und dessen guten Verbindungen zu Kaiser und Papst zudem Hilfe bei der Inkorporation der Dompropstei und des größeren Teils ihrer Einkünfte in die „mensa episcopalis", also in die bischöfliche Wirtschaft – nur so war der Fürstbischof angesichts der Ärmlichkeit seines Hochstifts in der Lage, Regierungs- und Verwaltungsapparat zu finanzieren. Damian Hugo war sofort bereit, die ihm gebotene Gelegenheit zu nutzen. Spätestens seit Ende 1721 verhandelten er und Stauffenberg über die Wahl. Weder Kaiser noch Papst oder Kapitel hatten Bedenken gegen den Speyrer Bischof. Am 18. Mai 1722 wurde er einstimmig zum Koadjutor postuliert.

Damian Hugo rechnete damit, schon bald nach seiner Postulierung Bischof von Konstanz zu werden, doch wider Erwarten starb Stauffenberg erst am 20. Juni 1740. Während der kurzen Jahre, die ihm als Bischof von Konstanz verblieben, herrschte Damian Hugo nach den Grundsätzen und Prinzipien, die er schon seiner Regierung von Diözese und Hochstift Speyer zugrunde gelegt hatte. Er begann damit, sich einen Überblick über die administrativen und wirtschaftlichen Verhältnisse des Stiftes zu verschaffen. Ohne die Ergebnisse abzuwarten, führte er ein straffes Verwaltungssystem ein, das auf ihn als letztentscheidende Instanz ausgerichtet war. Im Bereich der Wirtschaft reduzierte er die Ausgaben nach strenger Durchsicht aller Posten und ergriff Maßnahmen zur Steigerung der Einkünfte bzw. Minderung des Ausgaben. Erstaunt stellte er fest, daß Hochstift und Diözese Speyer mit geringeren Kosten regiert wurden als Konstanz. Deshalb entließ er hier zwei Drittel der Dienerschaft und setzte die Besoldung der Beamten auf die Hälfte ihres bisherigen Bestandes herab.[1109]

Es ist nach allem, was über den Verwalter Damian Hugo gesagt worden ist, fast überflüssig zu erwähnen, daß der neue Fürstbischof die Arbeit der Kammer und die Verwaltung der Gelder und Güter heftig kritisierte. Schon allein die Tatsache, daß die Kammer nicht in der Lage war, einen genauen Status über Einnahmen und Ausgaben vorzulegen, tadelte Damian Hugo auf das schärfste. Es sei so, stellte er fest, als ob man das Hochstift mit aller Gewalt in den Abgrund habe stürzen wollen.[1110] „*Wir können die Haushaltung nicht beloben, undt muß gantz anderst eingeführt werden, doch können wir nicht rechdt darüber raisoniren, bis wir das ganze sehn*".[1111] Nach Speyrer Vorbild führte er das System der Anweisungen, Quittungen und der Wochen- bzw. Monatsschlüsse ein. Und wie in Speyer dauerte es eine gewisse Zeit, bis die Räte das neuverordnete System wirklich einhielten. Im Mai 1741 schickte der Schönborn den hochstiftisch-speyrischen Kammerrat Johann Jakob Durras nach Meersburg, damit in der Konstanzer Kammer alles so geschehe, wie er, Damian Hugo, es anordnete.[1112] Die Inkorporation der Dompropstei zu zwei Dritteln in die „mensa episcopalis" behielt er bei, sehr zum Ärger des Kapitels, das gehofft hatte, diese Einkünfte nach Stauffenbergs Tod zurückzuerhalten. Wie sein Vorgänger sah auch Damian Hugo keine andere Möglichkeit, seine Regierung zu finanzieren. Das Hochstift sei in der Tat arm und werde von allen Seiten bedrängt, die Diözese sei aber mit 1 600 Pfarreien so groß, daß sie einen hinreichend großen Regierungsapparat brauche, erläuterte der Kardinal seinem Agenten in Rom die schwierige Lage.[1113]

Als Bischof von Konstanz war Damian Hugo vom ersten Tag an darauf bedacht, alles beiseite zu schieben, was seiner bischöflichen Jurisdiktion im Wege stand. Das Verhältnis zwischen Bischof und Kapitel war auch ohne den Streit um die Dompropstei gespannt. Schon als Koadjutor hatte Damian Hugo 1730 gegen den Willen des Kapitels vergeblich versucht, seinem Vertrauten Kellerman ein Kanonikat im Domkapitel zu verschaffen. 1740 ernannte er ohne Rücksprache mit dem Domkapitel Jakob Adam von Liebenfels zu seinem Statthalter. In Fragen der weltlichen wie geistlichen Regierung lehnte der Schönborn jede Beteiligung des Kapitels nach wie vor ab – an dieser Grundeinstellung änderte der Ortswechsel von Speyer nach Konstanz nicht das mindeste.

Damian Hugo merkte bald, wie eng sein Handlungsspielraum als Bischof von Konstanz war. Die in der Eidgenossenschaft liegenden Gebiete der Diözese versuchten schon lange, sich der bischöflichen Jurisdiktion zu entziehen. Der konsequente Gegner des Bischofs war hier der Abt von St. Gallen. Dennoch plante der Schönborn eine Visitation in der Schweiz.[1114] Aber auch Habsburg suchte für seinen vorderösterreichischen Territorialbesitz die Kompetenzen des Bischofs auf ein Minimum zu reduzieren. Die Regierung in Innsbruck verbot ihm in ihrem Herrschaftsbereich sogar die Publikation einer bischöflichen Verordnung.[1115]

Damian Hugo, der sich selbst während seiner nur dreijährigen Regierungszeit als Konstanzer Fürstbischof immerhin rund ein Jahr im Hochstift Konstanz aufhielt, hat dieses Territorium natürlich weder in geistlicher noch in weltlicher Hinsicht so intensiv prägen können wie das Hochstift Speyer. In der Geschichte des Hochstifts Konstanz bildete seine Regierung von 1740 bis 1743 nur ein Zwischenspiel. Der Schönbornsche „*Bauwurmb*" hinterließ allerdings auch am Ufer des Bodensees mit Balthasar Neumanns Unterstützung im Neuen Schloß (Treppenhaus, Schloßkapelle) seine Spuren.

Abb. 26: Markgräfin Sybilla Augusta von Baden-Baden. Ihr war Damian Hugo Ratgeber und Freund.

9. Reichs- und Kreisfürst

Damian Hugo hat nie das beschauliche Dasein eines wohlbepfründeten Domherren geführt. Als er im Alter von 44 Jahren Bischof wurde, hatte er bereits ein bewegtes Leben als Ordensritter und kaiserlicher Gesandter hinter sich. Mit den Problemen der europäischen Politik und den schwierigen Verhältnissen im Reich wie auch mit den Gepflogenheiten der Diplomatie war er vertraut. Er hatte mithin eine Fülle von Erfahrungen und Kenntnissen gesammelt, die ihm als Fürsten des Reiches und des Oberrheinischen wie des Schwäbischen Kreises zustatten kamen, zumal er, wie alle Schönborns im Fürstenrang, nicht nur auf das Wohl seiner Territorien bedacht war, sondern – auch im Interesse seiner Familie – ein großes politisches Ziel hatte: Erhaltung und Festigung des Reiches, der geistlichen Staaten und der katholischen Religion in kritischer, aber loyaler Zusammenarbeit mit dem Kaiser bzw. dem Haus Österreich. Was seine Fähigkeiten und seine reichspolitischen Ziele anging, war Damian Hugo im eigentlichen Sinne ein politischer Fürstbischof.

Bevor der Schönborn reichspolitische Ziele verfolgen konnte, mußte er sich derjenigen Probleme annehmen, welche die Beziehungen zwischen dem Hochstift Speyer und dessen Nachbarn belasteten. Das Verhältnis zur Kurpfalz war 1709, also schon vor seiner Zeit, durch vertragliche Abmachungen auf eine neue Grundlage gestellt worden. Dennoch meinte Damian Hugo, Grund zur Klage zu haben. Er warf Kurpfalz vor, seine Rechte als Bischof zu verletzen. Die kurpfälzischen Beamten verfuhren seiner Ansicht nach trotz katholischer Konfession ihres Fürstenhauses gegen ihn und seine Geistlichkeit ärger als die Protestanten.[1116]

Ausgezeichnet war das Verhältnis zur Markgrafschaft Baden-Baden dank der Freundschaft zwischen Damian Hugo und der Markgräfin Sybilla Augusta, die nach dem Tod ihres Gemahls im Jahre 1707 die Markgrafschaft regierte. Um 1723 lernte der Fürstbischof und Kardinal die Markgräfin persönlich kennen, als Sybilla Augusta seine Hilfe bei der Verehelichung ihrer Tochter Augusta Maria Johanna mit dem Herzog von Orléans erbat. Die Ehe mußte dergestalt vertraglich abgesichert werden, daß Frankreich keinerlei territoriale oder sonstige Ansprüche gegen Baden-Baden erheben konnte. Letztlich ging es einmal mehr um die Sicherheit des Reiches vor französischer Aggression. Der in Politik und Diplomatie erfahrene Damian Hugo konnte tatsächlich helfen, betonte aber selbst, daß Sybilla Augusta bei den Verhandlungen mit dem französischen Gesandten die starke Partei gewesen sei.[1117] Der Schönborn traute das junge Paar am 18. Juni 1724 in Rastatt. Er förderte die Karriere von Sybilla Augustas Sohn August Georg, der nach dem Willen seiner frommen Mutter die geistliche Laufbahn eingeschlagen hatte, ohne dazu wirklich berufen zu sein. Nach Sybilla Augustas Tod im Jahre 1734 bat Damian Hugo den Papst, August Georg vom geistlichen Stand zu dispensieren, wobei er auf das drohende Erlöschen des katholischen Hauses Baden-Baden verwies.[1118] Doch auch August Georg blieb wie sein regierender Bruder Ludwig Georg ohne Nachkommen. Baden-Baden fiel 1771 an das protestantische Baden-Durlach.

Damian Hugo und Sybilla Augusta besuchten sich oft für Tage und Wochen, ob nun in Waghäusel, in Rastatt oder in Ettlingen, Sibylla Augustas Witwensitz, auf dem sie ein zurückgezogenes und kontemplatives Leben führte, nachdem ihr Sohn Ludwig Georg 1727 die Regierung übernommen hatte.[1119] Die beiden Fürstlichkeiten waren sich in tiefer Freundschaft zugetan. Sibylla Augusta vertraute dem Schönborn als ihrem Beichtvater Angelegenheiten *„der Seele und des Leibes"* an,[1120] und der Kardinal bewährte sich als Berater und Helfer in allen Lebensfragen, ob es sich nun um die Zukunft der markgräflichen Kinder oder um die Besorgung von Reliquien christlicher Märtyrer aus Rom für die Rastatter Schloßkirche handelte. Eine prägende Gemeinsamkeit war ihre tiefe katholische Religiosität und das gemeinsame Bemühen, das religiöse Leben in ihrem Einflußbereich zu heben Dabei blieb Sibylla Augusta stets selbstbewußte Frau und Reichsfürstin, die auch Damian Hugo zuliebe nicht auf die Ansprüche und Rechte ihres Hauses verzichtete. Beide waren jedoch bemüht, Rechtsstreitigkeiten auf kleiner Flamme zu halten, wenn sie schon nicht zu schlichten waren. Als das bischöfliche Vikariat wegen des Streites um die Jurisdiktion über das Kloster Frauenalb vor dem Reichskammergericht gegen Baden-Baden klagen wollte, befahl Damian Hugo, gegenüber der Markgräfin *„alle menschenmögliche Consideration"* aufzubringen und einen gütlichen Vergleich zu suchen.[1121] Gegenüber ihrem Sohn und Nachfolger war er weit weniger rücksichtsvoll.

Schwierig gestaltete sich das Verhältnis zum mächtigen Nachbarn Frankreich, das seine Grenze bis zur Queich vorgeschoben hatte und die südlich dieses Flüßchens liegenden Gebiete des Hochstifts Speyer bzw. der Gefürsteten Propstei Weißenburg dem Zugriff des Bischofs in geistlichen wie weltlichen Angelegenheiten mehr und mehr entzog. Untertanen und Beamte nutzten die Schwäche des Bischofs. Die Untreue der oberqueichischen Beamten sei ihm bekannt, klagte Damian Hugo einmal.[1122] Es blieb ihm bei Streitfragen um Abgaben der Untertanen oder bei Unterschlagungen einzelner Beamter nichts anderes übrig, als vor dem Conseil in Colmar Prozesse anzustrengen, von denen er einige verlor.[1123] Er konnte auch nicht verhindern, daß Frankreich Agostino Steffani, mit dem er seinerzeit als kaiserlicher Gesandter für die Belange der norddeutschen Katholiken eingetreten war, die Propstei Selz entzog – der Papst hatte sie dem Apostolischen Vikar zur Finanzierung seiner Aufgaben verliehen.[1124] Mit dieser unbefriedigenden Lage allgemein und mit manchen französischen Schikanen im besonderen wollte sich Damian Hugo nicht abfinden. Über den Kardinal Rohan versuchte er, seine Stellung in den oberqueichischen Gebieten zu verbessern.[1125] Er erreichte letztlich nichts. Erst sein Nachfolger Hutten erkannte mit den *„Lettres patentes"* von 1756 die französische Oberhoheit über die hochstiftischen Gebiete südlich der Queich an.[1126]

Das Verhältnis des Hochstifts Speyer zu seinen Nachbarn war für gewöhnlich natürlich nur eine Angelegenheit von regionalem Interesse. Lediglich die Probleme, die sich aus der Nachbarschaft zur Großmacht Frankreich ergaben, griffen über diesen Rahmen hinaus, weil sie das ganze Reich und dessen schwache Westgrenze betrafen. Anders der sogenannte Pfälzer oder *„deutsche Religionsstreit"* der Jahre 1719–1724. Er stürzte das Reich in eine ernstliche Krise und drohte zeitweise bis an den Rand von kriegerischen Verwicklungen zu führen. Hierbei stand die Familie Schönborn und mit ihr Damian Hugo für alle sichtbar in der ersten Reihe der streitbaren katholischen Partei. Den unmittelbaren Auslöser der Krise bildete die Religionspolitik des Kurfürsten Karl Philipp von der Pfalz, der den einseitigen katholischen und zugleich absolutistischen Kurs seines Vorgängers und Bruders Johann Wilhelm fortsetzte, indem er die Heidelberger Heiliggeistkirche, die Hauptkirche des Landes, als Hofkirche allein für den katholischen Kultus beanspruchte und gegen den Heidelberger Katechismus wegen seiner scharfen Angriffe auf die katholische Messe vorging. Heftige Reaktionen von protestantischer Seite, die auch mit Blick auf die Rijswijker Religionsklausel von 1697 reichsweit weiterausgreifende Rekatholisierungsabsicht befürchtete, waren die Folge. Vor allem Hannover und Brandenburg-Preußen bemühten sich mit einigem Erfolg, eine gemeinsame protestantische Front am Reichstag aufzubauen. Reichsvizekanzler Friedrich Karl von Schönborn betrieb demgegenüber von Wien aus eine Politik der Deeskalation, die sich im Interesse kaiserlicher Reichspolitik streng am bestehenden Reichsrecht orientierte. Zur Entspannung der Situation forderte er, daß der Pfälzer Kurfürst seine überzogenen Maßnahmen zurücknahm und daß sich auch seine Anverwandten Lothar Franz in Mainz und Damian Hugo in Speyer, denen man protestantischerseits ebenfalls eine schikanöse Religionspolitik vorwarf, in dieser Hinsicht zurückhielten. Auf solch reichsrechtkonformer Grundlage ließen sich dann die Aktivitäten von Brandenburg-Preußen und Hannover wiederum als Verstöße gegen die Reichsverfassung darstellen und abwehren. Mit dieser Politik der Krisenbewältigung war Friedrich Karl erfolgreich.

Bei aller Souveränität, mit welcher der Reichsvizekanzler die Krise schließlich meisterte, darf man nicht übersehen, daß er und Lothar Franz zeitweise mit Krieg rechneten und die Bildung einer katholischen Liga planten. Lothar Franz fühlte sich von den protestantischen Ständen bedroht, insbesondere von Hessen-Kassel und den fränkischen Markgrafschaften. Auf katholischer Seite fand er kein Territorium, das ähnlich gut gerüstet war wie sie. So klagte er z. B. über die Schwäche Bayerns, wo man *„mehr auf die Plaisier als auff rechtschafene Armirung und Ökonomie"* achte.[1127] Johann Philipp Franz in Würzburg beurteilte die Lage weniger ernst, zumindest lehnte er eine katholische Liga ab. Soweit es Damian Hugo betrifft, dürfte er zu den Befürwortern einer eher harten Linie und, als deren Konsequenz, eines katholischen Bündnisses gezählt haben – um so eher, als sich der Haß der Protestanten auch gegen ihn persönlich richtete und er daher auf Gegenwehr bedacht sein mußte. Er wurde beschuldigt, nicht nur die Protestanten in den hochstiftisch-speyrischen Orten zu bedrängen, sondern auch die protestantische Reichsstadt Speyer zu bedrohen. Zeitweise mußte Damian Hugo mit der Exekution durch Württemberg und Hessen-Darmstadt im Auftrag der protestantischen Stände rechnen. Doch nicht erst seit der Regierung des Schönborn war das Verhältnis zwischen Stadt und Bischof gespannt. Es habe zwischen ihnen seit *„den ältesten Zeiten viele und große, auch immerfort anhaltende Irrungen"* gegeben, stellte der Staatsrechtler Sartori fest.[1128] Was sonst als etwas Übliches hingenommen wurde, war in der gespannten Atmosphäre des Religionsstreites Anlaß für heftige Reaktionen. Doch statt sich zumindest zeitweise zurückzuhalten und den Streit zunächst ruhen zu lassen, zumal er seine Residenz ohnehin nach Bruchsal verlegte, trat der Fürstbischof gegenüber der Stadt hart und kompromißlos auf. Lothar Franz war über Damian Hugos Verhalten verärgert. Für einen hochmütigen Brief seines Neffen an den Magistrat der Stadt schämte er sich, wie er Friedrich Karl gestand.[1129]

Wie bei anderen Gelegenheiten zeigte sich auch beim Religionsstreit, daß Lothar Franz und Friedrich Karl an ihren Zielen und Grundsätzen festhielten, aber anders als Damian Hugo flexibel genug waren, sie aus gegebenen Anlaß zurückzustellen und notfalls politische ratsame Kompromisse einzugehen. Demgegenüber neigte Damian Hugo zu einer strikten Prinzipienpolitik zugunsten der katholischen Sache. Während des Religionsstreites meinte er bei den Katholiken nur Verzagtheit und Uneinigkeit zu erblicken, die sie daran hindere, den Protestanten wirkungsvoll entgegenzutreten. Den Kaiser kritisierte er wegen seiner vermittelnden Haltung. Die Klagen der Protestanten wies er zurück, da sie nichts anderes seien, als *„lauter zusammen gesuchte [...] schlechte [...] Sachen"*, aus denen man Gravamina machen wolle.[1130]

Wenn Damian Hugo auch gerne eine schärfere Gangart gegen die Protestanten eingeschlagen hätte, so mußte er doch einsehen, daß er damit innerhalb der Familie alleine stand und letztlich keine Möglichkeit hatte, seine jede Verständigung ablehnenden Grundsätze in praktische Politik umzusetzen. Er hatte im Reich nicht so viel Einfluß wie Lothar Franz und Friedrich Karl. Als Bischof von Speyer war er politisch zu schwach. Etwas kleinlaut gestand er 1727, als der Streit längst eingeschlafen war, daß sein Stift von Protestanten umgeben sei und er daher gar nicht so gegen sie auftreten könne, wie ihm unterstellt werde.[1131]

Wenn Damian Hugo als Reichsfürst auch nur über geringen Einfluß verfügte, so hatte sein Wort als Kreisfürst doch einiges Gewicht. Als Bischof von Speyer, Gefürsteter Propst von Weißenburg und Propst des Stiftes Odenheim führte er drei Stimmen auf den Konferenzen des Oberrheinischen Kreises. Dem Oberrheinischen Kreis fiel in der Verteidigung des Reiches gegen Angriffe von französischer Seite naturgemäß besondere Verantwortung zu. Die Bildung von Assoziationen der vorderen Reichskreise verteilte diese Aufgabe zwar auf mehr Schultern, schmälerte damit aber nicht die Bedeutung gerade dieses Kreises. Anläßlich der Einladung zum Kreistag von 1722 formulierte Damian Hugo erstmals Kritik. Abgesehen davon, daß in der Einladung die zu beratenden Gegenstände zu allgemein gefaßt seien, nahm er Anstoß am Rechnungs- und Finanzgebaren des Kreises. Bevor dieser weitere Abgaben anfordere, sollten zunächst diejenigen Mitglieder ermahnt werden, die ihren Verpflichtungen nicht nachgekommen seien. Er, der Fürstbischof, habe sich in dieser Sache bisher nur deshalb zurückgehalten, weil der Kreisdirektor, der Bischof von Worms, auch Hochmeister seines Ordens sei. Zudem besorgte Damian Hugo, daß die Kreisdirektoren Worms und Kurpfalz ihre Kompetenzen überzogen, wenn sie z. B. mit der Begründung, Mängel beheben zu wollen, die Truppenkontingente der Kreisstände kontrollierten. Militär für die Festung Mainz zu stellen, lehnte Damian Hugo ab.[1132] Kreisbeiträge, Kreiskontingent und die befürchteten Ansprüche der Kreisdirektoren waren die Punkte, die sein Verhältnis zum Oberrheinischen Kreis bestimmen und zeitweise schwer belasten sollten.

Damian Hugo wurde nicht müde, die übermäßige Belastung seiner Territorien durch die Kreisbeiträge zu kritisieren: Da die Gebiete seines Territoriums südlich der Queich praktisch von Frankreich kontrolliert würden und die letzten Kriege in seinem Herrschaftsgebiet schwer gewütet hätten, entspreche der Kreisanschlag nicht mehr der tatsächlichen Leistungskraft Speyers, Weißenburgs und Odenheims. Des weiteren kritisierte der Fürstbischof die zu nachlässige und unübersichtliche Verwaltung der Gelder. Die Geldnot des Kreises war seiner Ansicht nach nicht auf mangelnde Zahlungsmoral der Stände, sondern auf die mangelhafte Organisation der Kreiskasse zurückzuführen. Der Schönborn hat die Klage über die schlechte Finanzverwaltung indes nie zum Vorwand genommen, sich seinen Verpflichtungen zu entziehen. Er sei stets bereit zu zahlen, ließ er den Kreis wissen, erwarte aber jährlich eine detaillierte Übersicht über den Kassenstand.[1133] Mit der wiederholten Bitte, die Beiträge seiner Territorien zu reduzieren, konnte er sich freilich nicht durchsetzen.

Wie die Finanzsituation, so waren auch die vermeintlichen Eigenmächtigkeiten der Kreisdirektoren für den Fürstbischof eine Quelle ständigen Ärgers. Er warf dem Kreisdirektorium vor, den Ständen nie die nötige Zeit zu lassen, ihre Gesandten hinreichend zu instruieren, so daß die Angelegenheiten nicht angemessen beraten werden könnten und letztlich alles nach den Vorstellungen des Direktoriums entschieden werde. Ebenso kritisierte er, daß die mit den Vollmachten mehrerer Kreisstände ausgestatteten Gesandten ungebührlich großen Einfluß auf den Kreistagen ausübten. Er übersah dabei, daß auch sein Gesandter allein drei Stimmen führte. Dem Hochstift Worms warf er vor, sich gegenüber den anderen Kreisständen rücksichtslos zu verhalten. Worms werde die katholischen Stände vor den Kopf stoßen und sie auf die Seite der mächtigen protestantischen Territorien treiben. Er fürchtete eine Entzweiung und damit eine Schwächung der katholischen Kreisstände, die ihn angesichts des dominanten Verhaltens der protestantischen Landgrafschaft Hessen-Kassel beunruhigte.[1134] Zwar entzog sich Hessen-Kassel mehr und mehr der Kreisorganisation und allen daraus entstehenden Verpflichtungen, aber Damian Hugo, der als Landkomtur von Hessen keine guten Erfahrungen mit diesem Fürstentum gemacht hatte, war stets bereit, den Landgrafen finstere Absichten zu unterstellen.

Die Kreisbeiträge rührten an des Schönborns Sinn für Sparsamkeit, die Eigenmächtigkeiten der Kreisdirektoren an seinen Stolz. In der Frage des Speyrer Truppenkontingents kam es zwischen ihm und dem Kreis zu einem ernsten Konflikt. Auf Beschluß der Assoziation der vorderen Kreise und des Oberrheinischen Kreises hatte das Hochstift Speyer vier Regimenter mit zusammen 240 Mann für die Festung Mainz zu stellen. Die im Gebiet des Hochstifts liegende Festung Philippsburg wurde dagegen von Truppen des Fränkischen Kreises besetzt. 1722 weigerte sich Damian Hugo, sein Kontingent nach Mainz zu schicken, da er, wie er versicherte, sein Land nicht von Truppen entblößen könne. Das weitentfernte Mainz, immerhin Residenz seines Onkels Lothar Franz, biete seinen Territorien keinen Schutz. Da Mainz weder eine Reichs- noch eine Kreisfestung sei, könne man ihn zu nichts verpflichten.[1135] Nach einigem Hin und Her sowie einem dringenden Appell des Kreisdirektoriums entsandte er dann doch zunächst seine Regimenter, weigerte sich aber 1726 erneut, dies zu tun. Die inständige Bitte des Wormser Kreisdirektors, die Truppen zu stellen, weil alle Stände ihre Kontingente zurückziehen würden, wenn einer damit beginne, vermochte ihn nicht umzustimmen. Wie das Finanzwesen beurteilte er auch das Militärwesen des Kreises als chaotisch und seine eigenen Verpflichtungen als zu groß.[1136] Seine Untertanen müsse er jetzt schon sehr hoch belasten, mehr könne er ihnen mit gutem Gewissen nicht zumuten.[1137] Des Verhandelns müde schickte der Kreis im August 1728 Exekutionstruppen in das Hochstift Speyer. Nach wenigen Wochen lenkte der Fürstbischof ein. Er ließ sein Kontingent gegen Ablöse durch mainzisches, später durch hessen-kasselsches Militär vertreten. Ein Kompromiß war damit gefunden, der politische Schaden aber ließ sich kaum mehr beheben. Lothar Franz war über den Starrsinn seines Neffen einmal mehr empört. *„Es ist ein Elendt mit diesem ehrlosen Mann, das er sich widerwertig in solchen Dingen, undt gegen alle Menschen aufführet undt in allem Recht haben will, welches ihm dann die gantze Weldt zu wieder machet".*[1138] Nach dieser Affäre hat Damian Hugo nicht mehr versucht, seinen Willen gegen den Kreis mit ähnlichen Mitteln durchzusetzen. Es lag wohl nicht daran, daß sein Bruder Franz Georg 1732 Bischof von Worms und damit Kreisdirektor geworden war. Die Exekution hatte seine Position entscheidend geschwächt. 1733 dachte der Schönborn daran, wieder eigene Regimenter aufzustellen, statt eine Ablöse zu zahlen. Er fragte beim Kreis an, ob er die von ihm zu stellende Truppe nicht in seinem Territorium einsetzen könne, um sich zu verteidigen und um die Festung Philippsburg zu verstärken.[1139] Der Kreis lehnte ab. Damian Hugo aber klagte weiter über hohe Abgaben, Militärverpflichtungen und Kreisdirektorium.

In einem bestimmten Umfang versuchte jeder Reichsstand, seine Verpflichtungen gegenüber Reich und Kreis klein zu halten. Wenn sich der Speyrer Fürstbischof nach Bedarf arm und elend rechnete, so verhielt er sich nicht anders als seine Mitstände. Kennzeichnend ist freilich, daß er dem Kreis finanzielle Mißwirtschaft vorwarf. Hatte er dazu wirklich Grund? Es ist schon bemerkenswert, daß er überall Unordnung und Chaos vorfand. Er hielt es zudem für sinnvoller, sein Truppenkontingent im eigenen Territorium einzusetzen, als es nach Mainz zu schicken, wiewohl Mainz eine Schlüsselfestung des Reiches war.

Im Oberrheinischen Kreis zeigte sich Damian Hugo zumindest zeitweise als eigenwilliger Störenfried. Im Schwäbischen Kreis hatte er als Bischof von Konstanz neben dem Herzog von Württemberg das Amt des Kreisdirektors inne und befand sich somit in einer ebenso einflußreichen wie verantwortungsvollen Position. Vielleicht war in keiner Region des Reiches die Kreisverfassung so wichtig wie im territorial zersplitterten Südwesten. Hierin lag aber auch eines der Probleme des Kreises. Das Mißverhältnis zwischen dem größeren protestantischen Württemberg und den winzigen Prälaten-Herrschaften belastete die Kreisorganisation. Konstanz, das nur über einen minimalen weltlichen Herrschaftsbereich verfügte, fürchtete, von Württemberg aus dem gemeinsamen Kreisdirektorium verdrängt zu werden. 1718 kam es zu einem ernsten Konflikt, der mit der genauen Aufteilung der Geschäfte und Befugnisse zwischen Württemberg und Konstanz beigelegt wurde. Schon von Speyer aus hatte der Schönborn – stets sensibel, wenn es um die Stellung katholischer Stände ging –

das Übergewicht Württembergs mit großer Sorge beobachtet. Vielleicht hätte er sich als Bischof von Konstanz vor allem diesem Problem gewidmet, wenn nicht mit dem Tode Kaiser Karls VI. die Probleme des Heiligen Römischen Reiches Deutscher Nation zwangsläufig in das Zentrum seines ‚außenpolitischen' Interesses gerückt wären.

Mit dem Tod Karls VI. erlosch 1740 das Haus Habsburg im Mannesstamm. Die Absicht des Kaisers, die bunte habsburgische Ländermasse mittels eines Hausgesetzes, der sogenannten Pragmatischen Sanktion von 1713, geschlossen auf seine Tochter Maria Theresia zu übertragen und diese Erbregelung durch internationale Zustimmung abzusichern, scheiterte nun sehr rasch an den Begehrlichkeiten derjenigen, die sich mit umstrittenen Rechtstiteln und militärischer Macht wenigstens einen Teil des Habsburger Erbes anzueignen suchten. Karl Albrecht, Kurfürst von Bayern, nutzte die Stunde, um mit Hilfe Frankreichs den Kaisertitel und einen Teil Österreichs an sich zu bringen. Der König von Preußen streckte seine Hand nach Schlesien aus. Maria Theresia verteidigte ihr Erbe. Ihr Gemahl Franz Stephan von Lothringen sollte Kaiser werden. Der nun beginnende Österreichische Erbfolgekrieg brachte die kleineren Reichsstände und die Kreise in eine äußerst schwierige Lage. Sie mußten befürchten, zwischen den streitenden Parteien zerrieben zu werden. Der Ausweg aus dem Dilemma war allein die konsequente, bewaffnete Neutralität. Damian Hugo vertrat von Anfang an eine strikte Neutralitätspolitik, nicht zuletzt weil er nur zu gut wußte, wie leicht das Hochstift Speyer Ziel französischer Angriffe werden konnte. Sein politischer Kurs läßt sich am besten anhand seines Handelns als Direktor des Schwäbischen Kreises nachvollziehen.

Um die Jahreswende 1740/41 drängte der Herzog bzw. Administrator von Württemberg auf schnellstmögliche Einberufung des Kreistages, da angesichts der gefährlichen „*Conjuncturen*" über die „*höchstbenötigte* [...] *Tranquilitaet*" beraten werden müsse.[1140] Damian Hugo, auf äußerste Zurückhaltung bedacht, erinnerte demgegenüber daran, daß die anderen Kreise noch keine Kreistage ausgeschrieben hätten. Es dürfe nichts getan werden, womit sich der Schwäbische Kreis „*Unglimpf*" zuziehen könne. Nur wenn alle Kreise tagten, könne es auch der Schwäbische Kreis tun.[1141] Immerhin wurde ein Kongreß der Assoziation der vorderen Reichskreise in Frankfurt am Main anberaumt. Österreich versuchte, Damian Hugo für die eigenen Interessen zu gewinnen. Graf Colloredo schrieb ihm, daß Wien auf seine Hilfe für ein gedeihliches, will heißen österreichfreundliches Gelingen des bevorstehenden Kongresses hoffe.[1142] Der Schönborn hat sich aber weder gegen, noch für das Erzhaus engagiert. Er ließ die Sache in der Schwebe und hütete sich, irgend etwas zu tun, was einem offenen Bruch gleichgekommen wäre. Der Frankfurter Kongreß verharrte in Zaudern und Zagen. Man beschloß nichts, was als Antwort auf die krisenhafte Lage im Reich hätte gelten können, von Verhandlungen mit Österreich ganz zu schweigen. Wiens Gesandten, dem Grafen Cobenzl, erschienen das Hochstift Konstanz (Damian Hugo), die Propstei Ellwangen (Franz Georg) sowie die Hochstifte Bamberg und Würzburg (Friedrich Karl) als besonders zögernd und zurückhaltend.[1143] Tatsächlich bemühte sich Damian Hugo weiterhin, den Schwäbischen Kreis aus dem drohenden Krieg um die Österreichische Erbfolge herauszuhalten: Weil auch Vorderösterreich zum Kreis gehörte, dieser daher

Abb. 27: Kaiser Karl VI.

bei unklarem politischem Kurs nur zu leicht die Feinde des Erzhauses zum Angriff reizen könne, müsse er auf strikte Neutralität bedacht sein.[1144] Der Schönborn ging davon aus, daß Frankreich eine Defensivallianz der Kreise als solche anerkennen und nicht zu einem Kriegsgrund machen werde. Wenn sich keine Union der Kreise bilden lasse, müsse jeder Kreis für sich selbst sehen, wie er zurechtkomme.[1145] Als der Kurfürst von Mainz, Philipp Karl von Eltz, als Haupt der Assoziation zu einer weiteren Konferenz rief, verwies der Schwäbische Kreis auf den Oberrheinischen, Kurrheinischen und Fränkischen Kreis: Er wollte in Sachen Assoziationskonvent so lange nichts tun, bis sichergestellt war, daß auch andere Kreise erschienen und genaue Vorschläge unterbreiteten, wie sich die Assoziation in dieser Krise verhalten könnte.[1146] Unterdessen bemühte sich Österreich weiter um die Schwaben. Es versuche, so der baden-durlachische Gesandte, den Kreis *„in die österreichischen Händel mit ein zu mischen"*.[1147]

Was Damian Hugo und die anderen katholischen Stände betraf, die traditionell Habsburg zuneigten, so haben sie sich nicht leichten Herzens dem habsburgischen Werben verschlossen. Der Schönborn betonte, daß er alles menschenmögliche für das Haus Österreich und das Gemeinwohl getan habe, doch könne der Schwäbische Kreis nicht mehr tun als die anderen, schon gar nicht könne er als treibende Kraft auftreten.[1148] Wiederholt klagte er über die in seinen Augen ungeschickte Politik Wiens und die schlechten Ratgeber Maria Theresias.[1149] Aufgestaute Enttäuschung über die anhaltende Instrumentalisierung des Reiches für die habsburgische Machtinteressen auf europäischer Ebene brach sich in solchen Beschwerden Bahn. Aus der Sicht selbst eines kaisertreuen katholischen Reichsstandes war gegenüber der Wiener Diplomatie Vorsicht geboten, und zumal die geistlichen Fürstentümer hatten einigen Grund zu Sorge. Während des Österreichischen Erbfolgekrieges kursierten immer wieder Säkularisierungsprojekte, nach denen die territorialen Ansprüche der streitenden Parteien durch Mediatisierung von Reichsstädten und Hochstiften befriedigt werden sollten. Mit derartigen Gedankenspielen entfremdete sich der wittelsbachische Kaiser Karl VII. gerade die geistlichen Staaten; aber auch Wien schien solchen Ideen nicht grundsätzlich abgeneigt zu sein.[1150] Die Familie Schönborn verfolgte den Wiener Kurs seit langem mit Skepsis. Friedrich Karl hatte das Amt des Reichsvizekanzlers niedergelegt, als er erkannte, daß Wien seine Politik mehr an den Interessen des eigenen Hauses als an den Erfordernissen des Reiches ausrichtete. Die Säkularisierungspläne mußten gerade die Schönborns an einer empfindlichen Stelle treffen, denn was sie waren, verdankten sie den geistlichen Staaten.

Am 18. September 1741 entschied sich der Schwäbische Kreis für die Neutralität und zeigte dies Bayern und seinen Verbündeten sofort an. Die vorderösterreichischen Gebiete wurden in die Neutralität eingeschlossen.[1151] *„Was hat sich der Crais in die Sache zwischen Österreich und Bayern zu legen"* meinte Damian Hugo trotzig.[1152] Wohl war ihm dabei nicht. Er betonte, daß im Kreis die Protestanten die Übermacht hätten, die Kriegsparteien Österreich, Bayern und Frankreich dagegen katholisch seien, sprach dunkel von *„lauter protestantische[n] Concepten"* und besorgte, daß die Kreisstände Baden-Durlach und mehr noch Württemberg aus der Neutralität ausbrechen könnten.[1153] Die Neutralität erfüllte für ihn auch den Zweck, die protestantischen Stände zu binden, denn wäre der Kreis in das Kriegsgeschehen verwickelt worden, dann hätte das die protestantischen Fürsten, die die militärische Organisation des Kreises fast vollständig beherrschten, zum Schaden der katholischen Stände entscheidend gestärkt.

Die Politik Damian Hugos unterschied sich nicht von der seiner Brüder Franz Georg (Trier, Worms, Ellwangen) und Friedrich Karl (Bamberg, Würzburg), auch wenn die beiden letztgenannten in dieser Krise eine aktivere Rolle spielten als der Speyrer Bischof. Über die grundsätzlichen Fragen herrschte unter den Schönborn-Fürsten Konsens. Das Erzstift Trier war der französischen Bedrohung noch unmittelbarer ausgesetzt als das Hochstift Speyer. Die Neutralität aller Stände des Reiches war daher auch für Franz Georg letztlich die einzig mögliche Strategie. Die Art und Weise, wie Damian Hugo im Schwäbischen Kreis die Neutralität bewahrte, bewunderte er.[1154] Er selbst, der als Bischof von Worms Kreisdirektor war, vermochte dem Oberrheinischen Kreis, der gänzlich in Agonie versunken war, keine Impulse zu geben, die zu einer ähnlichen Politik geführt hätten. Als Kurfürst wich Franz Georg dem starken Druck und gab seine Stimme Karl Albrecht bei dessen Wahl zum Kaiser am 25. Januar 1742, obwohl er immer betonte, daß es ohne die Habsburger schlecht um die katholische Sache in Deutschland stehe.[1155] Indes blieb ihm nichts anderes übrig, nachdem sich auch Mainz und Hannover von Franz Stephan, dem Kandidaten Habsburgs, abgewandt hatten, da sich dessen Kandidatur als aussichtslos erwies.[1156]

Auch Friedrich Karl, der gleichermaßen von Maria Theresia wie Karl VII. umworben wurde, alle ihm gemachten Angebote jedoch ablehnte, sah keine Alternative zu einem Nautralitätskurs ohne Wenn und Aber. Tatsächlich gelang es dem Schönborn, durch die Neutralisierung des Fränkischen Kreises weitausgreifenden Plänen Friedrichs des Großen zur Aufstellung einer „Neutralitätsarmee" einen Riegel vorzuschieben – Plänen, die aus der Sicht der Schönborn-Fürsten zu Lasten der Reichsverfassung sowie der *„schwächeren und zumal geistlichen Stände"*[1157] gehen mußten.

Die Neutralitätspolitik der drei Schönborn-Bischöfe während des Österreichischen Erbfolgekrieges ist in der Literatur teilweise sehr kritisch beurteilt worden.[1158] Wenn die drei Brüder dem Habsburger Gesandten Cobenzl als besonders zögerlich auffielen, so erklärt sich das zu einem Teil aus der politisch-militärischen Zwangssituation, in der sie sich mit ihren Territorien befanden, zu einem guten Teil aber auch aus ihrem politischem Leitbild: Ihre grundsätzliche Bereitschaft, das Haus Österreich zu unterstützen, verfolgte vor allem das Ziel, das Reich in seiner überkommenen Form zu erhalten. Wo dies nicht möglich war, lohnte sich kein Engagement. Zu oft hatten die Schönborns sehen müssen, daß Wien die Interessen der kleineren Reichsstände nicht berücksichtigte oder schnell hintanstellte. So gesehen waren nicht die Schönborns, sondern war Habsburg der unsichere Partner.

Damian Hugo hat das Schönbornsche Prinzip, Erhaltung des Reiches, der „forma imperii" mit Hilfe des Hauses Österreich, ohne Abstriche verfolgt. Allerdings neigte er als Reichsfürst gelegentlich zu Maßnahmen, die dieses Prinzip verletzten. Statt seinen Teil zur Beruhigung des das Reich gefährdenden Religionsstreites beizutragen, hätte er gerne eine harte Linie gegen die Protestanten verfolgt. In der Krise des Österreichischen Erbfolgekrieges waren sich die Schönborns allerdings in ihrer Neutralitätspolitik einig.

Ob Damian Hugo glaubte, daß der Bestand der geistlichen Staaten langfristig gesichert werden könnte, ist zweifelhaft. Er hat immer vor den mächtigen protestantischen Ständen gewarnt und wußte nur zu gut um die Schwäche der Stifte und Hochstifte. Er handelte nicht immer politisch klug, war aber politisch erfahren genug, um das Gewicht von Tatsachen hinreichend einschätzen zu können. Diese Haltung spiegelt sich in einem anekdotenhaften Ausspruch wieder, der, auch wenn er nicht wirklich gefallen sein sollte, dennoch gut zu Damian Hugo paßt, so daß er als „wahr" gelten kann: Als Damian Hugo in der Bruchsaler Peterskirche eine Grablege für die Speyrer Bischöfe einrichten ließ, wies man ihn darauf hin, daß sie so, wie geplant, nur für drei Bischöfe Platz biete. Mehr, soll Damian Hugo sinngemäß gesagt haben, werden es auch nicht mehr werden.[1159]

10. Persönlichkeit und Werk – ein Würdigungsversuch

Damian Hugo entstammte einem ursprünglich reichsritterschaftlichen Geschlecht. Diese Abkunft prägte maßgeblich sein politisches Denken und Handeln: Im Zentrum stand die Erhaltung des „Reiches" als des entscheidenden Rückhaltes der Reichsritterschaft wie der kleineren, zumal auch der kleineren katholischen Reichsstände. Daraus ergab sich selbstbewußt-kritische Loyalität gegenüber dem Kaiser und dem Haus Habsburg. Die Familie Schönborn hatte vom Reich und seinem komplizierten Institutionen- und Normengefüge profitiert. Ihnen verdankte sie ihren kometenhaften Aufstieg während der ersten Hälfte des 18. Jahrhunderts. Damian Hugo wiederum verdankte seine bemerkenswerte Karriere nicht allein der eigenen Tüchtigkeit, sondern ganz entscheidend der Familie. Sorgfältige Erziehung und Ausbildung allein hätten kaum gereicht, ihm die vielen Ämter und Würden zu verschaffen, die ihm im Lauf seines Lebens gleichsam zufielen. Hier half allein das meisterhaft aufgebaute und genutzte Beziehungs- und Patronagesystem der Familie. Deren Stellung auszubauen und zu sichern gehörte zu den vornehmsten Aufgaben eines jeden Schönborn. Ohne sich von Neidern einschüchtern zu lassen, waren die Schönborns stolz auf das Erreichte. Ihr vielzitierter *„Bauwurmb"* war zugleich Ausdruck familiären Stolzes und Selbstbewußtseins. Indes verstanden die Schönborns ihre Position stets als Verpflichtung, die ihnen anvertraute Herrschaftsmacht verantwortungsvoll zu handhaben. Ihre besondere Sorge galt dabei der katholischen Religion.

Die Ausgangsbedingungen waren für die Söhne Melchior Friedrichs im wesentlichen die gleichen, aber die Brüder waren in Charakter und Begabung sehr verschieden. Mit Damian Hugo ist kein Unwürdiger gefördert und protegiert worden. Seiner Zeit war der Leistungsgedanke der bürgerlichen Epoche fremd. Niemand hätte es ihm übelgenommen, wenn er als Gesandter oder Bischof die Hände in den Schoß gelegt hätte. Tatsächlich entfaltete Damian Hugo in fast allen Positionen ein Amtsethos, dessen hervorstechendes Merkmal rastlose, intensive und von keinem Rückschlag aufzuhaltende Arbeit war. Das war keine typische Eigenschaft der Schönborn-Brüder. Was Fleiß und Engagement für das Amt betraf, so waren sich die geistlichen Familienmitglieder Damian Hugo, Friedrich Karl und Franz Georg sehr ähnlich. Johann Philipp Franz und Rudolf Franz Erwein dagegen neigten stärker dazu, die angenehmen Seiten adliger Lebensform zu genießen. In anderer Hinsicht hat sich gerade Damian Hugo weit von der Familie entfernt: als sparsamer, fast geiziger Haushälter. Die Verschwendung und das Schuldenmachen von Onkel und Brüdern kritisierte er scharf. Dank seiner gern belächelten Sparsamkeit vermochte er aber auch zusammen mit Karl Friedrich die Familie vor dem drohenden Bankrott zu retten. Sein Amtsverständnis konnte zu schmerzlichen Reibungen mit den Familieninteressen führen, so wenn er als Bischof von Speyer gegenüber dem Domkapitel eine Politik verfolgte, die nach Einschätzung seines Onkels Lothar Franz das Wohl der Familie gefährdete. Der

Mainzer Erzbischof, der die glanzvolle Stellung der Familie als sein Lebenswerk betrachtete, fürchtete nicht ganz ohne Grund, kein Domkapitel werde mehr einen Schönborn zum Bischof wählen, wenn sein Neffe allzu unnachgiebig mit dem Speyrer Kapitel umsprang. Doch Damian Hugo dachte in diesem Fall nicht an die Bedürfnisse der Familie, sondern an die Erfordernisse seines Amtes, wie er es verstand. Amt und Familie stellten jeweils Forderungen an ihn, die er nicht immer miteinander zu verbinden vermochte.

Die Berufung zum kaiserlichen Gesandten in Norddeutschland war die erste entscheidende Bewährungsprobe in Damian Hugos Lebensgang. Vorausgegangene Missionen im Dienste von Kurmainz waren zwar durchaus anspruchsvoll gewesen – doch hatte der junge Mann hierbei eigentlich nur als ausführendes Organ auf einem sicheren, genau abgesteckten Terrain operiert. Wirkliche Risiken hatte er erst in Hamburg bei der Schlichtung der innerstädtischen Streitigkeiten zu bestehen. Fast völlig auf sich gestellt, mußte er in kurzer Zeit lernen, sich im diplomatischen Ränkespiel seiner Zeit durchzusetzen. Geistesgegenwart und Wachsamkeit waren gefordert, aber auch die Fähigkeit, Ziele zu formulieren und die passende Strategie zu finden, um sie erfolgreich zu verwirklichen. Bemerkenswert bleibt, daß Damian Hugo selbst die diplomatischen Lehrjahre im deutschen Norden nicht angestrebt hatte. Es waren der Onkel Lothar Franz und der Bruder Friedrich Karl, die Mitbewerber aus dem Feld schlugen und den eigenen Neffen und Bruder in die günstigste Startposition brachten. Dessen damals bereits bestehende persönliche Bekanntschaft mit dem Kaiser dürfte seine Chancen zusätzlich verbessert haben.

Falls es ihm gelang, die Interessen von Kaiser und Reich im Norden Deutschlands erfolgreich wahrzunehmen, konnte der Schönborn mit weiterem Aufstieg auf der Karriereleiter rechnen. Zunächst mußte er davon ausgehen, daß er nur als Vertreter eines eher schwachen Herren aufzutreten vermochte, während die Machtpolitik der Ostsee-Anrainerstaaten den „Norden" in eine lange Kriegs- und Krisenperiode stürzte. Kurz bevor Damian Hugo nach Hamburg aufbrach, verschärften sich dort zudem die innerstädtischen Konflikte. Der Gesandte saß vor den Toren der Hansestadt als ungebetener Gast und wurde von den Vertretern der kleinen wie der großen Mächte behandelt wie jemand, der sich in den umstrittenen Verhältnissen nicht auskannte und ohnehin unwillkommen war. Nachdem bereits einige Vorgänger an der schwierigen Aufgabe der Friedensstiftung gescheitert waren, hätte die Hamburger Kommission eigentlich einen routinierten, mit allen Tricks und Kniffen seines Geschäfts vertrauten Diplomaten gefordert; Damian Hugo vermochte demgegenüber anfangs nur seine Beharrlichkeit und Entschlossenheit ins Spiel zu bringen. Den ersten entscheidenden Schritt zum Erfolg bildete der Einzug der Kommission in die Stadt Hamburg, ohne daß Gewalt angewendet werden mußte. Der zweite Schritt war die Anerkennung Damian Hugos als Leiter der Kommission. Der dritte, entscheidende Schritt war getan, als die Kommission nach einem Jahr endlich mit der Arbeit beginnen konnte. Bei den mühseligen Verhandlungen gab es immer wieder Rückschläge, aber an der positiven Grundrichtung änderte sich nichts. Bedrohliche Querschüsse, die letztlich sogar von Wien selbst ausgingen, wußte der Schönborn in den Griff zu bekommen, so daß sie das Geschäft zwar verzögerten, aber nicht mehr aufhielten oder gar scheitern ließen. Will man seine Leistung richtig bewerten, so darf man nicht vergessen, daß er mit der von ihm geleiteten Kommission nicht nur einen über 40 Jahre dauernden Konflikt löste, sondern Hamburg eine Art neuer Verfassung schuf, die etwa 150 Jahre gültig blieb. Das war von ihm gar nicht verlangt worden, denn Damian Hugos Auftrag war eher vage, und man wäre in Wien schon mit einer irgendwie gearteten Beruhigung der Stadt zufrieden gewesen. Der Schönborn aber ging so gründlich und systematisch vor, daß er die politische und administrative Ordnung der Stadt umgestaltete. Er riß das Übel der bisherigen Zwistigkeiten mit der Wurzel aus und errang einen beachtlichen und beachteten Erfolg, wo es zunächst so schien, als sei kein Ruhmesblatt zu gewinnen.

In Hamburg entwickelte Damian Hugo erstmals einige für ihn typische Charakterzüge, die auch sein weiteres öffentliches und privates Leben, Handeln und Verhalten bestimmen sollten. Trotz Rückschlägen verfolgte er beharrlich und fest seine Ziele. Er analysierte sorgfältig die bestehenden Probleme und suchte nach geeigneten Lösungen. Von dem, was er einmal als richtig und sinnvoll erkannte, wich er nicht mehr ab.

Andernorts blieb Damian Hugo im Norden ein ähnlicher Triumph wie in Hamburg verwehrt. Der Braunschweiger Kongreß verlief im Sande. Das lag nicht am fehlenden Eifer des kaiserlichen Gesandten, sondern am unklaren politischen Konzept und der eher zögerlichen Haltung Wiens, soweit es Norddeutschland und den Ostseeraum betraf. Spätestens hier mußte Damian Hugo die beschränkten Handlungsspielräume seiner Gesandtentätigkeit erkennen, selbst wenn er alles tat, was in seiner Macht stand. Der fehlgeschlagene Versuch, den Herzog von Mecklenburg in den Schoß der katholischen Kirche zu führen und ihn politisch zu beeinflussen, ist allerdings von Damian Hugo und der Familie Schönborn voll zu verantworten. Sie haben sich in diesem Fall täuschen lassen, geblendet vom Eifer, für die katholische Sache zu wirken, und kühn geworden durch den gut ins Werk gesetzten Glaubenswechsel des Herzogs Anton Ulrich von Braunschweig-Wolfenbüttel. Die anderen Missionen Damian Hugos waren, so möchte man sagen, Gesandten-Alltag. Sein Wirken in der Grafschaft Rantzau und im Stift Quedlinburg trug ohnehin nur den Charakter wenig bedeutsamer Episoden.

Verdienste hat sich der Schönborn als Fürsprecher der kleinen katholischen Gemeinden in Norddeutschland erworben. Eine systematische Missionspolitik verfolgte er nicht – dafür hätte er weder die Mittel noch die Macht gehabt, und derartige Aktivitäten wären von den protestantischen Territorien auch kaum geduldet worden. Damian Hugo beschränkte sich auf gelegentliche Fürsprache und kleinere Unterstützungen. Der Glaubenswechsel Herzog Anton Ulrichs, ein Werk der gesamten Familie Schönborn, war zweifellos ein beachtlicher Erfolg, ebenso die Errichtung der katholischen Kirche in Braunschweig. Anderes wurde wieder zunichte gemacht; die katholische Kapelle im Haus des kaiserlichen Gesandten zu Hamburg fiel wenige Jahre nach ihrer Fertigstellung der Verwüstung anheim.

In Norddeutschland hat sich Damian Hugo bewährt; die Hamburger Kommission war sein Meisterstück. Er durfte damit rechnen, daß Wien ihn in Anerkennung seiner Verdienste unterstützen werde, wenn er Fürsprache und Protektion bei der Bewerbung um ein neues Amt brauchte. Wäre es Damian Hugo nur um ein standesgemäßes Auskommen gegangen, dann hätte er sich mit seiner raschen Karriere im Deutschen Orden zufriedengeben können, denn hier erreichte er in vergleichsweise kurzer Zeit mehr als mancher Ordensritter in einem ganzen Leben. Seine Aufnahme in den Orden hatten Onkel und Vater arrangiert, als Damian Hugo selbst erst elf Jahre alt war. Die ausgezeichneten Kontakte der Familie Schönborn zum Hochmeister verkürzten seinen Aufstieg. Die ebenso langwierigen wie aufwendigen Qualifizierungs- und Aufnahmeprozeduren blieben ihm erspart; er wurde rasch Komtur und schließlich Landkomtur gleich von zwei Ordensballeien, Hessen und Altenbiesen. Ämterhäufung war auch im Deutschen Orden nicht selten, dennoch hatte bisher kaum ein Ritter derartige Erfolge verzeichnen können. Die Familie Schönborn mit Lothar Franz an der Spitze scheute sich nicht, ihren Sproß auf Kosten anderer Bewerber auch unter Verletzung älterer Rechte und Ansprüche in Amt und Würden zu bringen. Freunde erwarb sich der solchermaßen Bevorzugte dadurch sicher nicht. Spannungen mit dem Hochmeister sowie die in Intrigen gipfelnde Ablehnung seiner Person durch andere Ordensritter erschwerten Damian Hugo in den folgenden Jahren und Jahrzehnten seine Arbeit. Daß der Schönborn sich nur selten in seinen Balleien aufhielt, machte ihn angreifbar. Dabei hat er alles in allem die mit den Würden verbundenen Pflichten ernsthafter wahrgenommen, als es dem zeitüblichen Standard entsprach. Wenn er sich 1724 unter Druck des Ordens genötigt sah, in der Ballei Hessen einen mit weitgehenden Kompetenzen ausgestatteten Stellvertreter einzusetzen, so war dies wohl mehr noch das Ergebnis einer Intrige gegen den Landkomtur als einer objektiven Bewertung des von diesem Geleisteten (oder auch nicht Geleisteten).

Ohnehin war Damian Hugo mit der Ballei Hessen eine besonders schwierige Aufgabe zugefallen. Die Kassen waren leer, und das Verhältnis zu den benachbarten Landgrafen von Hessen-Kassel und Hessen-Darmstadt ließ zu wünschen übrig. Der Landkomtur vermochte die materiellen Grundlagen der Ballei zu verbessern. Im Verhältnis zu den Nachbarterritorien fand er jedoch keinen gangbaren Weg der Verständigung und des Interessenausgleichs. Aber auch seinem Stellvertreter, der Mergentheimer Ordensregierung und seinen Nachfolgern gelang es nicht, die einander widerstreitenden Rechtsansprüche in einem akzeptablen Kompromiß aufeinander abzustimmen.

Die Lage der Landkommende Altenbiesen gestaltete sich in jeder Hinsicht wesentlich günstiger: Die ökonomische Basis war solide, das Verhältnis zu den Nachbarterritorien entspannt. Es verwundert nicht, daß Damian Hugo sich hier wohl fühlte. Er hat das Ordensschloß Altenbiesen eindrucksvoll renoviert und seine Ballei auch noch längere Zeit besucht, als er bereits Bischof von Speyer war. Die von ihm gestiftete Kommende in Aschaffenburg unterstellte er der Landkommende Altenbiesen und nicht der näher gelegenen Landkommende Hessen.

Schon während seiner Tätigkeit als kaiserlicher Gesandter unternahm der Ordensritter mit Hilfe seiner Familie mehrere Versuche, Regent eines geistlichen Territoriums zu werden. Derartige Aktivitäten fügten sich in das System der Schönbornschen Familienpolitik: Wo sich Aussichten auf eine lohnende Position eröffneten, setzte die Familiengemeinschaft alle ihr verfügbaren Mittel und Beziehungen ein. Voraussetzung für den Erfolg war neben Patronage und Klientelbildung die angemessene Qualifikation und auch ein guter Schuß Ehrgeiz der Bewerber. Damian Hugo rechnete zweifellos zu den besonders befähigten und zugleich ehrgeizigen Familienmitgliedern. Fürstbischof zu werden, so viel läßt sich erkennen, war sein eigener Wunsch, und die Familie wollte und konnte ihm helfen.

Speyer war keine schlechte Wahl. Das Hochstift konnte nicht mit Münster oder Köln konkurrieren, bot aber allemal mehr Substanz als die kleinen und armen Territorien von Worms oder Konstanz. Will man Damian Hugos Leistung als Fürstbischof bewerten, so bietet sich eine griffige Formel an: In der neueren Geschichte des Hochstifts und der Diözese Speyer gab es eine Zeit vor und eine Zeit seit Damian Hugo. Man kann über Einzelheiten geteilter Meinung sein, aber unbestreitbar gab der Schönborn seinem kleinen Staat ein neues Antlitz. Zudem hatte sein Werk Bestand bis zur Auflösung des Heiligen Römischen Reiches Deutscher Nation. Seine Nachfolger bewegten sich in dem Rahmen, den er abgesteckt hatte. Sein Reformwerk, so soll die Summe seiner Maßnahmen genannt werden, begann in weltlichen Dingen bei der Verwaltung, erfaßte das Kammerwesen und die gesamte herrschaftliche Ökonomie und gipfelte – auch das ist im eigentlichen Sinne eine Reform – in der Errichtung einer neuen Bruchsaler Residenz: Damit wurde auch nach außen hin demonstriert, daß im Hochstift Speyer eine neue Zeit angebrochen war. Damian Hugo ging hierbei offensichtlich nicht langfristig vorausplanend und systematisch, sondern eher pragmatisch zu Werke. Erst als er Bischof geworden war, begann er, sich über die Verhältnisse vor Ort zu informieren, und ergriff die entsprechenden Maßnahmen meist erst nach sorgfältigem Registrieren des Ist-Zustandes. Nur in wenigen Fällen reorganisierte er oder führte er Neuerungen ein unabhängig von der bestehenden Situation, allein mit Blick auf bestimmte Vorbilder oder auf die eigenen Verwaltungserfahrungen, die er bei seinen Tätigkeiten als Diplomat und Ordensritter gesammelt hatte. So ließ er z. B. die Zahlkassen von Altenbiesen aus einrichten, noch bevor er die Reise zu seiner neuen Wirkungsstätte antrat.

Die Institution der Zahlkassen, für die es in Speyer keine Vorbilder oder Vorläufer gab, ist in mancher Hinsicht typisch für Damian Hugos Reformwerk. Die neuartige Transparenz der Geldflüsse durch ein System wechselseitiger Kontrollen erschwerte Veruntreuung und Verschwendung entscheidend. Zum andern sorgte die Herauslösung des Geldverkehrs aus der Kammerorganisation für größere Klarheit über die Zuständigkeiten der einzelnen Gremien und erleichterte damit die Übersicht über die Wirtschaftsverwaltung. Welche Bedeutung der Schönborn dem Kammerwesen und seiner Kontrolle beimaß, erkennt man auch daran, daß er sich selbst zum Kammerdirektor machte, also zwischen sich und der Kammer keine Zwischeninstanz sehen wollte.

Die Kammer richtete Damian Hugo dergestalt ein, daß jeder Kammerrat ein bestimmtes Aufgabengebiet (Departement) erhielt. Der Grundsatz, bestimmte Angelegenheiten an eigens dafür eingerichtete Ämter bzw. Beamte zu übergeben, sicherte sachkundige und zügige – und zugleich leichter zu kontrollierende – Bearbeitung. Im Grunde tat der Fürstbischof hier einen ersten Schritt in Richtung auf eine moderne Regierungsorganisation nach dem Sachprinzip.

Damian Hugos großes Engagement für die Organisation der Kammer und des gesamten Kammerwesens darf nicht so verstanden werden, als ob ihm die Institution der „Regierung" weniger wichtig gewesen wäre. Freilich lagen die Dinge hier etwas anders, denn es war nicht so sehr die Arbeit der Regierung selbst, sondern ihr Standort, der ihm problematisch erschien. Die Regierung hatte ihren Sitz in Speyer, der Fürstbischof aber residierte in Bruchsal. Da Damian Hugo die Arbeit der Regierung genauer zu steuern und zu kontrollieren wünschte, wollte er sie nach Bruchsal holen. Der Ausweg, den er schließlich vor allem mit Rücksicht auf das Domkapitel wählte, die Regierung zu teilen und die Verwaltung nach Bruchsal zu ziehen, die Justiz dagegen wenigstens teilweise in Speyer zu belassen, erwies sich allerdings als ein mäßig funktionierendes und dementsprechend vielkritisiertes Dauerprovisorium.

Alle bisher genannten Reformen betrafen die zentralen Regierungsstellen. Damian Hugo hat sich jedoch auch um die Organisation und Arbeitsweise der ihnen unterstellten Oberämter und Ämter gekümmert. Eine Vielzahl von entsprechenden Verordnungen belegt, daß ihm hierbei ebenso an der besseren Information der zentralen Landesbehörden und des Landesherrn gelegen war wie an rascher Umsetzung des fürstlichen Willens bis hinunter auf die unterste Ebene der Gemeinden.

Der Fürstbischof hat die Grundsätze seiner Reformen und die Leitlinien seiner Regierung an keiner Stelle zusammenhängend formuliert. Seine Maßnahmen selbst wie auch zahlreiche, eher beiläufige Äußerungen lassen indes bestimmte Prinzipien erkennen. Damian Hugos Ziel war eine zügig, effizient und sparsam arbeitende Verwaltung. Das Mittel dazu war ein klarer Verwaltungsaufbau, eine genaue Aufgabenverteilung und eine in jeder Phase des Geschäftsgangs überprüfbare Regierungstätigkeit. Das ließ sich alles in Verordnungen formulieren, mußte aber ständig überwacht werden, sollte es nicht bei der bloßen Forderung bleiben. Hier nun lag das entscheidende Moment des Schönbornschen Regierungssystems: Alles war auf den Fürsten als zentrale Steuerungs- und Entscheidungsinstanz im Staat ausgerichtet, und der Fürst hatte entsprechend verantwortungsvoll zu handeln.

Tatsächlich konnte Damian Hugo als Reformer beachtliche Erfolge verzeichnen. Die Tatsache, daß seine Nachfolger seine Regierungsorganisation problemlos übernahmen, spricht für deren Effizienz. Natürlich sind auch Defizite zu vermelden, so die politisch motivierte Teilung der Regierung. Mehr noch sorgte Damian Hugos persönliches Regiment, eine maßgebliche Voraussetzung seiner Reformerfolge, zugleich für Schwierigkeiten und Reibungsverluste. Selbstregierung in dem Maße, wie sie der Schönborn anstrebte, war selbst in seinem bescheidenen Staatswesen kaum realisierbar. Da nichts umgesetzt werden durfte, was nicht die ausdrückliche Zustimmung des Landesherrn erhalten hatte, verzögerten sich manche Dinge um Wochen, ja Monate. Damian Hugos Unfähigkeit zu delegieren und sein ständiges, wenig berechenbares Eingreifen in die Verwaltungsgeschäfte verunsicherte zudem die Beamten und dürfte manche Initiative abgewürgt haben; seine sparsame Personalpolitik, was die Zahl der Beamten und deren Bezahlung betrifft, tat ein übriges, den Druck zu erhöhen. Angesichts seines ausgeprägten Herrschaftsanspruchs gestaltete sich das Verhältnis zwischen Bischof und Domkapitel außerordentlich schwierig und konfliktträchtig.

Die jahrelangen Auseinandersetzungen drehten sich vornehmlich um das Problem, ob und in welchem Ausmaß das Domkapitel noch politische Mitspracherechte gegenüber dem von ihm gewählten Kirchenfürsten geltend machen könnte, der seinerseits die volle Machtfülle eines absolutistisch regierenden Herrschers für sich einforderte.

Wenn die Regierungsleistung des Schönborn beschrieben werden soll, dann wird gerne erwähnt, daß Damian Hugo nicht nur die Schulden seines Staates völlig abbaute, sondern auch noch Geld für neue und teure Projekte aufbrachte, z. B. für den Bau der Residenz in Bruchsal. Tatsächlich war Damian Hugo ein fähiger und für gewöhnlich äußerst sparsamer Ökonom. Seine Leitlinie war es, die Ausgaben zu senken und die Einnahmen zu steigern, und der Fürstbischof folgte ihr mit unbeirrbarer Konsequenz, ob er nun Handwerkerrechnungen zusammenkürzte, den Bedarf der Hofhaltung durch die bessere Einrichtung der herrschaftlichen Ökonomie zu decken bemüht war oder gar hoffnungsfroh den großräumigen Absatz von Holz, Wein und Getreide zwecks höherer Kammereinnahmen plante. Noch ein zweiter Grundsatz durchzog die Schönbornsche Wirtschafts- und Finanzpolitik als Leitfaden: Es wurde nichts geplant, geschweige denn durchgeführt, was nicht zuvor auf seine Finanzierbarkeit hin überprüft worden wäre. Jedes Projekt stand unter dem Vorbehalt, daß zu seiner Durchführung einschließlich der Folgekosten die nötigen Mittel bereitgestellt werden könnten. Selbst bei Vorhaben, die Damian Hugo besonders am Herzen lagen wie die Gründung des Priesterseminars, wurde dieses Prinzip strengstens beachtet.

Damian Hugo kann zweifellos als bedeutender Reformer des Hochstifts Speyer gelten, als der „zweite Fundator", wie ihn seine nachlebenden Zeitgenossen nannten. Bei seinen administrativen Reformen bewegte er sich freilich fast durchweg im Rahmen des damals Zeitüblichen; insofern stand er auf der Höhe seiner Zeit, ohne ihr vorauszueilen. Nur in einem Fall griff er zumindest in der Theorie ein Stück weit darüber hinaus: als er die Gründung eines zentralen Landeshospitals ins Auge faßte. Im Laufe der Planungen verlor es seinen ursprünglich rein karitativen Charakter und wurde mehr und mehr zu einer Zwangsanstalt, auch wenn Damian Hugo sie durchaus als mildtätige Einrichtung verstanden wissen wollte. Das Zucht- und Arbeitshaus wäre, wenn es tatsächlich eingerichtet worden wäre, eines der frühesten im Reich und vermutlich das erste in einem geistlichen Territorium gewesen.

Trotz gewisser Abstriche – denn kaum eine Leistungsbilanz weist nur Erfolge auf – kommt Damian Hugo der Ruhm zu, im Hochstift Speyer einen wohlgeordneten Staat geschaffen zu haben. Krönung seines Reformwerkes war der Bau der neuen Bruchsaler Residenz. Ob Damian Hugo selbst dies so verstand, muß offen bleiben. Alle Fürsten aus dem Hause Schönborn haben gerne, viel und großartig gebaut, selbst wenn, wie in Würzburg, ihre Territorien die benötigten Mittel nicht aufbringen konnten. Zu einem Teil entsprach der Schönbornsche „*Bauwurmb*" sicher dem Stolz und Selbstbewußtsein einer Familie, die in erstaunlich kurzer Zeit von einem eher unbedeutenden Geschlecht zu einer der ersten Familien des Reiches aufgestiegen war. Hinzu kam das katholisch geprägte Kunstverständnis, das sich vor allem an der bildenden Kunst und damit auch an der Architektur orientierte. Bei Damian Hugo und bei seinem Werk in Bruchsal könnte zudem ein politischer Grund wichtig gewesen sein:

Verschiedene, eher beiläufige Äußerungen zeigen, daß der Schönborn sehr wohl um die prekäre Lage der geistlichen Territorien wußte. Es ist daher nicht auszuschließen, daß die Residenz auch die Existenzfähigkeit und Bedeutung geistlicher Herrschaft eindrucksvoll vor Augen führen sollte. Jedenfalls liefert das Hochstift Speyer unter Damian Hugos Regiment keinen Beleg für die Behauptung, das stiftische Deutschland habe nur aus rückständigen und schlecht verwalteten Staaten bestanden.

Neben der Aufgabenfülle, die er als weltliches Oberhaupt eines kleinen Reichsstandes zu erledigen hatte, hatte Damian Hugo als Bischof der Diözese Speyer den Obliegenheiten eines Seelenhirten nachzukommen. Er hat auch dieses Amt mit größtem Pflichtbewußtsein ausgefüllt. Seine geistlichen Amtshandlungen orientierten sich maßgeblich an den Beschlüssen des Trienter Konzils. Es ging ihm hauptsächlich um die Reform des Klerus sowie um die Förderung der Frömmigkeit und des religiösen Lebens.

Die Berichte über die Lage der Diözese Speyer, die Damian Hugo zu Beginn seines Hirtenamtes anfertigen ließ, zeichneten kein günstiges Bild von der niederen Geistlichkeit. Immer wieder wurden Nachlässigkeit in der Amtsführung, Verstoß gegen das Zölibat, mangelhafte Kenntnisse in der katholischen Theologie und in der Sakramentenlehre beklagt. Die Gründe für derartige Mißstände sahen der Fürstbischof und seine Berater in der ungenügenden Ausbildung der Geistlichen, in der bis dahin nachlässig ausgeübten Kontrolle und in den Krisen und Kriegen, die das Land heimgesucht hatten, so daß der Diözese Speyer nur die Pfarrgeistlichen verblieben, die sonst niemand haben wollte, während die besserqualifizierten andernorts ihr bequemeres Auskommen fanden. Damian Hugo aber forderte nicht nur einen guten, sondern einen vorbildlichen Klerus, schon mit Blick auf die protestantischen Konkurrenz: Gerade in einem gemischtkonfessionellen Gebiet sah er den Bestand der katholischen Religion gefährdet, wenn die Geistlichen ihrem Amt nicht genügten. Vom geistlichen Amt hatte der Fürstbischof ein ebenso lebendiges wie tiefes Verständnis; er sah in ihm nicht einen Beruf, sondern eine innere Berufung. Für ihn war es keine leere Formel, daß jeder Geistliche für das Seelenheil der ihm anvertrauten Menschen verantwortlich war.

Damian Hugo ließ regelmäßig Pfarrgeistliche nach Bruchsal kommen, um sie über ihre Amtsführung und ihren Lebenswandel befragen zu lassen oder selbst zu befragen. Bei schweren Verfehlungen scheute sich der Schönborn nicht, einen Geistlichen abzusetzen. Seine strengen Maßstäbe stießen allerdings nicht überall auf Verständnis, wie der Fürstbischof zu seinem Leidwesen erfahren mußte: Patronatsherren wehrten sich gegen den Übergriff in ihre Rechte, und das einfache Volk folgte vielfach anderen Moralvorstellungen als der bischöfliche Seelenhirte. Um das Übel einer pflichtvergessenen Geistlichkeit an der Wurzel zu packen und um den Bestimmungen des Trienter Konzils Genüge zu tun, gründete Damian Hugo das Bruchsaler Priesterseminar. Es nahm Geistliche auf, die an anderen Seminaren studiert hatten, zum Priester geweiht worden waren und bereits als Kapläne in der Diözese Speyer wirkten. Das Bruchsaler Seminar diente also, so würde man heute formulieren, der – vor allem praxisorientierten – Weiterbildung der Speyrer Geistlichkeit; es konnte die persönliche und fachliche Qualität des Klerus zweifellos heben und kann als größte Leistung des Bischofs Damian

Hugo gelten. Der Schönborn suchte darüber hinaus mit einer Vielzahl größerer und kleinerer Maßnahmen das religiöse Leben in der Speyrer Diözese zu beleben, durch verbesserte Christenlehre ebenso wie durch die Förderung von Wallfahrtsstätten, während er andererseits ihm fragwürdig erscheinende Formen der Volksfrömmigkeit bekämpfte. Zufrieden mit den Ergebnissen konnte er angesichts seiner hochgesteckten Ansprüche freilich nie sein. Dabei verlor der Seelenhirte die ökonomischen Aspekte auch in geistlichen Dingen nie aus den Augen. Alle einschlägigen Vorhaben wurden zunächst auf ihre Finanzierbarkeit und ihre Folgelasten hin überprüft. Die offensichtlich eher kümmerliche materielle Lage der Pfarrgeistlichen zu verbessern, dazu sah der Fürstbischof allerdings keinen Grund. Er meinte, daß die Pfarrer und Kapläne grundsätzlich genug zum Leben hätten, und war über die Pflichtvergessenheit und die offenbar ungenügende Berufung zum geistlichen Amt empört, wenn ein Geistlicher seine dürftige Stelle verließ, um in einer anderen Diözese eine besser dotierte Pfarrei zu übernehmen.

Hirtenamt ist nicht nur Seelsorge, sondern auch Verwaltung. Wie der weltlichen, so gab Damian Hugo der geistlichen Administration eine neue Form. In seiner Bruchsaler Residenz errichtete er den Geistlichen Rat, den er auf Kosten des in Speyer ansässigen und vom Domkapitel beeinflußten Vikariats (Konsistoriums) mit allen wichtigen Aufgaben der geistlichen Regierung betraute. Der Geistliche Rat übernahm alle konzeptionellen Aufgaben der Seelsorge und der Kirchenverwaltung, die besondere Kenntnisse erforderten (Visitationen, Seminar). Selbstverständlich besetzte Damian Hugo ihn mit Personen seines Vertrauens, und wie bei der weltlichen, so galt auch bei der geistlichen Regierung sein Anspruch, daß er persönlich alles in eigener Regie zu tun oder zumindest zu überwachen habe. Freilich zeigt der Gang der Geschäfte, daß der Schönborn keinem Gremium so viel Spielraum ließ wie dem Geistlichen Rat. Dessen Mitglieder waren wirkliche Berater des Fürstbischofs. Georg Ulrich Kellerman, der zeitweise auch als Beichtvater Damian Hugos fungierte, genoß dessen Vertrauen wie kein anderer. Er konnte es sich sogar leisten, den Bischof zu kritisieren.

Das Bedürfnis des Schönborn, in geistlichen wie in weltlichen Angelegenheiten stets das erste und letzte Wort zu haben, führte zumindest dann leicht zu Konflikten, wenn er dabei Rechte von Personen oder Institutionen verletzte oder zu verletzen schien, die nicht oder nicht in vollem Umfang seiner Weisungsgewalt unterstanden: fremde Landesherren, Patronatsherren, Stiftskapitel und nicht zuletzt wiederum das Speyrer Domkapitel, aber auch das Mainzer Generalvikariat als einflußreiche Appellations- und Revisionsinstanz. Meist enthielt dabei die zeittypische Gemengelage von kirchlichen und weltlichen Gegebenheiten und Interessen den zündenden Funken. Daß Damian Hugo als Bischof bei der Behauptung seiner Rechtsansprüche mindestens die gleiche Hartnäckigkeit bewies wie in rein weltlichen Rechtsstreitigkeiten, ergab sich aus seinem Verständnis von der besonderen Dignität und Verpflichtung seines Amtes als Seelenhirte. Auch sein Wunsch, den Kardinalspurpur zu gewinnen, mag zu einem Teil mit diesem Amtsverständnis zusammenhängen. Zweifellos erhöhte die neue Würde Damian Hugos Ansehen in der Hierarchie geistlicher wie weltlicher Herrschaft entscheidend, steigerte seine eigenen Einflußmöglichkeiten in Rom zugunsten seiner Diözese, des Deutschen Ordens und des Reiches und stärkte damit auch seine Stellung in der Reichspolitik. Als Parteigänger der Habsburger nominiert und ernannt, wirkte er, freilich wenig erfolgreich und dementsprechend mißgestimmt, an zwei der vier Papstwahlen mit, die während seiner Zeit als Kardinal stattfanden.

Im politischem Alltag trat der Kardinalsrang naturgemäß hinter die Machtstellung, die das Amt eines Fürstbischofs von Speyer verlieh, an Bedeutung zurück. Aber so sehr der Schönborn auch auf seine umfassende Machtfülle als Landesherr bedacht sein mochte, so vergleichsweise bescheiden blieb sein Einfluß auf Kreis- und Reichsebene. Die ihm zur zweiten Natur gewordene Sparsamkeit veranlaßte ihn dazu, die militärischen und finanziellen Anforderungen des Oberrheinischen Kreises an das Hochstift so klein wie möglich zu halten, und ließ ihn dafür die Gefahr eines massiven Konflikts mit dem Oberrheinischen Kreis in Kauf nehmen. Ansonsten folgte Damian Hugo denselben persönlichen Leitlinien wie die anderen Fürsten aus dem Hause Schönborn: Erhaltung und Festigung des Heiligen Römischen Reiches und hierbei besonders auch der geistlichen Staaten und der katholischen Religion als tragender Säule der „forma imperii", all dies in ebenso kritischer wie loyaler Zusammenarbeit mit dem Haus Habsburg. Daß der Fürstbischof und Kardinal die Belange der katholischen Kirche besonders nachdrücklich vertrat, machte ihn im Religionsstreit von 1719/24 zur Zielscheibe heftiger Angriffe von protestantischer Seite, während sein Bruder, der Reichsvizekanzler, bei strikter Wahrung des Reichsrechts einen eher ausgleichenden Kurs steuerte. Völlig einig war sich Damian Hugo mit Friedrich Karl, damals Fürstbischof zu Würzburg und Bamberg, und Bruder Franz Georg, Kurfürst von Trier, trotz ihrer Sympathien für das Haus Habsburg über die Notwendigkeit eines strikten Neutralitätskurses während des Österreichischen Erbfolgekrieges, um möglichst große Teile des Reiches aus dem europaweiten militärischen Konflikt herauszuhalten und vor Zerstörung zu bewahren, damit zugleich aber auch die Existenz der mindermächtigen Reichsstände in der und mit der noch bestehenden „forma imperii" so gut wie möglich abzusichern, die sonst nur zu leicht dem Poker der Großmächte um die Vorherrschaft in Mitteleuropa hätte zum Opfer fallen können. Längerfristig, das zeigte die weitere Entwicklung, hatte die Schönbornsche Reichspolitik gegenüber den Kräften und Ideen einer neuen Zeit wenig Chancen.

Die Vielseitigkeit von Damian Hugos Aktivitäten und die eindrucksvolle Bilanz seiner Leistungen lassen eine kraftvolle Persönlichkeit mit Ecken und Kanten erkennen. Sein Tatendrang und sein Arbeitsethos ließen ihn nicht leicht zur Ruhe kommen. Seine Neigung, sich in Briefen, Notizen und Randbemerkungen grundsätzlich und ausführlich über die verschiedensten Dingen zu äußern, sind auch Ausdruck dieser Unrast. Dem Historiker bietet ihr schriftlicher Niederschlag wertvolle Anhaltspunkte, seiner Persönlichkeit noch etwas näher zu kommen.

Das Bild des jungen Damian Hugos während seiner Ausbildung an Schulen und Universitäten und auf seinen ersten diplomatischen Missionen bleibt noch recht unscharf. Erst während der Gesandtschaft in Norddeutschland, insbesondere bei seinem Wirken in Hamburg tritt das persönliche Profil des Schönborn deutlicher hervor. Durch rege Korrespondenz mit dem Vater suchte der junge Mann seine anfängliche

Unsicherheit auf dem politisch glatten Parkett zu überwinden; schon bald aber handelte er selbständig und souverän. Schließlich, nach überraschend kurzer Zeit, stand er den erfahrenen Diplomaten der norddeutschen Mächte in keiner Hinsicht mehr nach. Amtsethos und Pflichtgefühl verbanden sich mit katholisch eingefärbter reichspatriotischer Gesinnung. Durch Familie und Herkunft sensibel für die Belange der kleineren und mindermächtigen Reichsstände, wollte Damian Hugo die gefährdete Reichsstadt nicht allein ihrem Schicksal überlassen.

Vielleicht war Hamburg die wichtigste Schule seines Lebens. Sein konsequentes, ja starres Festhalten an dem, was er einmal als Ziel ins Auge gefaßt hatte, sowie seine Neigung, sich nur auf sich selbst zu verlassen, bewährten sich in Hamburg, waren geradezu die Voraussetzungen seines beachtlichen Erfolgs. Beide Eigenschaften sollten seinen gesamten Lebensweg prägen und sich oft als hilfreich bei der Bewältigung der gestellten Aufgaben erweisen; sie konnten aber auch, wenn es um das Delegieren von Verantwortung oder um das Suchen nach Interessenausgleich ging, zu einem Hemmschuh werden. Die norddeutschen Jahre und die damals gesammelten Erfahrungen haben zweifellos ihre Spuren in Damian Hugos politischem Weltbild hinterlassen. Sein engagiertes Eintreten für die kleinen, stets bedrängten katholischen Gemeinden zwischen Hannover und Hamburg weist voraus auf das nimmermüde Wirken des Seelenhirten, der in seinem Bistum die Frömmigkeit stärken und die unverfälschte katholische Religion festigen wollte. Offenbar hat sich der Schönborn über die Administration und den inneren Aufbau der protestantischen norddeutschen Stände genauer informiert, und auf Grund der eigenen Erfahrungen meinte er zu wissen, daß die protestantischen Fürsten sehr „exacte" seien. War sein Reformbemühen im Hochstift Speyer vielleicht auch von dem Wunsch mitbestimmt, die Konkurrenzfähigkeit der geistlichen Territorien mit der protestantischen Staatenwelt zu beweisen?

Damian Hugos Neigung, die feste Hand zu einer harten Hand werden zu lassen, zeigte sich oft genug in der Art und Weise, wie er seine Reformpläne zu verwirklichen suchte. Hier geriet er in die Gefahr, seinen Untergebenen gegenüber ungerecht zu werden. Es waren nicht immer pflichtvergessene Räte oder Amtleute für das Scheitern von Projekten verantwortlich. Manches war im Ansatz zu ehrgeizig oder wegen anderer, meist nicht zu beeinflussender Faktoren kaum zu erreichen. Manches hätte Damian Hugo möglicherweise durchsetzen können, wenn er flexibler vorgegangen und konzilianter im Umgang und im Ton gewesen wäre.

Herausragendes Merkmal von Damian Hugos Persönlichkeit war aber gerade die Kompromißlosigkeit seiner Handlungsweise. Kompromisse waren für ihn gleichbedeutend mit Kleinmut, Nachgeben und Verrat. Zu einer derartigen Sicht der Dinge trug sicher sein ausgeprägtes Selbstgefühl bei. Diese Haltung ist nicht mit Selbstüberschätzung zu verwechseln. Damian Hugo wußte im Grunde meist sehr genau, wo er an seine Grenzen stieß und anstehende Arbeiten eigentlich besser kompetenteren Ratgebern überließ. Mit solcher Einsicht aber stand seine schwach entwickelte Fähigkeit im Widerstreit, Aufgaben vertrauensvoll zu delegieren. Sein unverkennbarer Hang zur Misanthropie konnte ihn zu Mißtrauen und Ungerechtigkeit, ja Härte verleiten. Gelassenheit war ihm fremd. Ein freudlos-melancholischer Grundzug überschattete sein ganzes Lebensgefühl, so sehr der „*Bauwurmb*" und der Kunstsinn in andere Richtung weisen mochten. Offenbar trug Krankheit hierzu einen guten Teil bei. Es sei dahingestellt, ob es sich dabei um Malaria handelte, die Damian Hugo sich leicht während seines Romaufenthalts hätte zuziehen können. Nachrichten über Schmerzen, ja Lähmungserscheinungen an Armen und Beinen sind damit eigentlich kaum vereinbar, und die Mitteilung des Jesuiten Jäger in seiner Leichenrede, der Fürstbischof habe kein Fleisch, ja nicht einmal eine Fleischbrühe ohne die „*größte Incommodität*" zu sich nehmen können und seine ganze Nahrung habe in einer „*Wassersupp sambt dem Dotter eines Eies*" bestanden,[1160] spricht eher für ein Magenleiden. Es ist auch durchaus denkbar, daß sich mehrere Krankheiten überlagert haben. Der asketische Grundzug, der dem Barockmenschen Damian Hugo eigen ist, dürfte durch Krankheit verstärkt worden sein. Um so bewundernswerter ist es, daß der Schönborn nicht an Engagement und Spannkraft verlor, obwohl er selbst gerade in den letzten Lebensjahren seine Regierungsleistung in Speyer und Konstanz und ihre Einbindung in die größeren Zusammenhänge der Reichspolitik zunehmend kritischer beurteilte. Von Erfolgen sprach er gar nicht mehr. Die Mühen und Rückschläge nahm er als Prüfungen hin, die jeden Guten und Frommen notwendig treffen müßten. Natürlich läßt sich nicht präzise bestimmen, welche seiner Maßnahmen für wen und für welchen Zeitraum oder Zeitpunkt als erfolgreich bezeichnet werden können. Angesichts solcher Unsicherheit und eingedenk der Problematik des Begriffs „Erfolg" könnte man sich damit begnügen, ganz allgemein nach Veränderungen zu fragen, die unter Damian Hugos Regierung eingetreten sind. Tatsächlich hat der Schönborn mit seiner Tatkraft das Erscheinungsbild von Hochstift und Diözese Speyer tiefgreifend verändert. Kein anderer Fürstbischof zumindest der neueren Zeit hat den kleinen Staat so sehr geprägt wie er. Bereits den Zeitgenossen und der unmittelbaren Nachwelt galt das Hochstift Speyer als vorbildliches geistliches Territoriums. Dennoch blieb bei Damian Hugo selbst ein starkes Gefühl der Ungenügens. In den schwärzesten Stunden war ihm, als ob die Kammer immer noch so nachlässig und die Geistlichkeit immer noch so lau sei wie vor seinem Regierungsantritt. Aber selbst wenn sich alles so entwickelt hätte, wie es sich der Fürst und Bischof nur immer wünschen konnte, so hätte er doch weder Zufriedenheit noch Ruhe gefunden – das erlaubte sein Charakter nicht.

Soweit es das Reich in seiner alten Form betraf, hat Damian Hugo nichts tun können, was dem im Rückblick als zwingend erscheinenden Lauf der Dinge eine andere Richtung hätte geben können. Als Reichspolitiker stießen die Schönborns allen Bemühungen zum Trotz ziemlich bald an die Grenzen der real existierenden Machtverhältnisse. Die kleindeutsch-borussische Geschichtsschreibung mit ihrer Begeisterung für den nationalen Machtstaat hatte für das Alte Reich und speziell für die geistlichen Staaten als eine seiner tragenden Säulen nur Verachtung übrig. Am Ende der Nationalstaaten alter Prägung und vor der Frage stehend, wie auf europäischer Ebene ein friedliches Miteinander souveräner Staaten gestaltet werden kann, zollt man hingegen dem Alten Reich, ohne es als Vorbild verstehen zu müssen, wieder den ihm gebührenden Respekt. Das sollte auch für diejenigen gelten, die wie die Fürsten aus dem Hause Schönborn das Alte Reich zu bewahren versuchten.

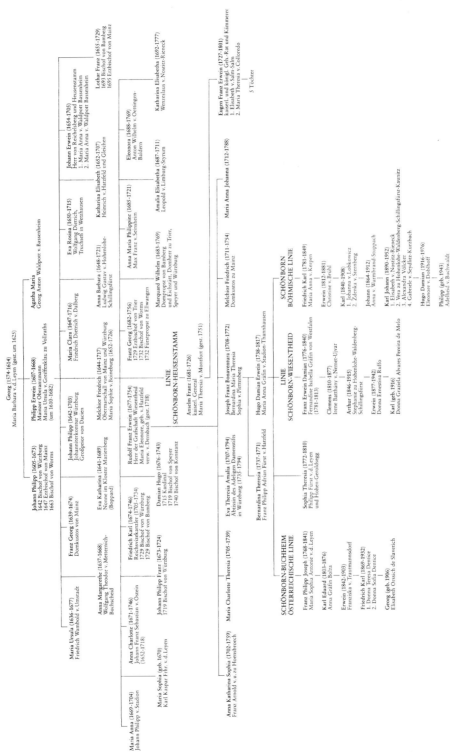

Anmerkungen

1. ANDREAS (1909), S. 522. Siehe dazu auch REICH (1933), S. 1–3.
2. BOTT (1991).
3. Vgl. als jüngstes Beispiel v. ARETIN (1997).
4. HANTSCH (1929).
5. Besonders genannt seien SCHRÖCKER (1991) und JÜRGENSMEIER (1991).
6. REMLING (1854).
7. STRNAD (1972).
8. ROEGELE (1994).
9. AUGNER (1983).
10. STANISZEWSKI (1962).
11. ROEGELE (1955a).
12. WILLE (1900).
13. HASSLER (1985).
14. HAUSRATH (1898).
15. SAMMLUNG (1786), SAMMLUNG (1790).
16. ROEGELE (1984), S. 3.
17. JEDIN (1956), S. 202.
18. Zum Folgenden im Überblick JÜRGENSMEIER (1991), S. 3.
19. WILD (1896).
20. ARETIN (1975), S. 32–67.
21. JÜRGENSMEIER (1991), S. 7.
22. Ebd., S. 8.
23. Ebd., S. 11.
24. SCHRÖCKER (1973), S. 230.
25. Ebd., S. 13.
26. Zu ihm bes. HANTSCH (1929).
27. ENDRES (1986), S. 72.
28. DOMARUS (1961), S. 13.
29. SA, Korrespondenz Damian Hugo Nr. 350.
30. STRNAD (1972), S. 108f.
31. ABERT (1914), S. 10f.
32. Eigenhändiger Lebenslauf Damian Hugos, 03.09.1718. SA, Korrespondenz Damian Hugo Nr. 322c.
33. SA, Korrespondenz Damian Hugo Nr. 350.
34. STRNAD (1972), S. 110.
35. SA, Gebundene Korrespondenz Lothar Franz Nr. 17.
36. Vgl. Kapitel 4.1.
37. SCHRÖCKER (1991), S. 178.
38. REMLING (1854), S. 627.
39. STEINHUBER (1906), S. 56.
40. SCHMIDT (1964), S. 151ff.
41. Eigenhändiger Lebenslauf Damian Hugos, 03.09.1718. SA, Korrespondenz Damian Hugo Nr. 322c.
42. STEINHUBER (1906), S. 57.
43. WALTER (1981), S. 376.
44. Damian Hugo an Kammer, 20.09.1727. GLA 78/78.
45. WALTER (1981), S. 363.
46. WEIGLE (1962), S. 366.
47. Damian Hugo an seine Mutter Maria Sophia, 02.10.1695. SA, Korrespondenz Melchior Friedrich Nr. 837.
48. Eigenhändiger Lebenslauf Damian Hugos, 03.09.1718. SA, Korrespondenz Damian Hugo Nr. 322c.
49. STANISZEWSKI (1962), S. 9.
50. Eigenhändiger Lebenslauf Damian Hugos, 03.09.1718. SA, Korrespondenz Damian Hugo Nr. 322c.
51. Ebd.
52. Vgl. Kapitel 4.1.
53. Damian Hugo an Melchior Friedrich, 14.08.1699. SA, Korrespondenz Damian Hugo Nr. 1389.
54. HOLLAND (1867), S. 308.
55. STRNAD (1972), S. 114.
56. Brief, 04.09.1699. SA, Korrespondenz Melchior Friedrich Nr. 1389.
57. Zitiert nach WETTERER (1915), S. 164.
58. Vgl. Kapitel 4.1.
59. SCHRÖCKER (1973), S. 213.
60. Vgl. Kapitel 3.2. gegen Ende.
61. Brief an Damian Hugo, 26.06.1713. SA, Korrespondenz Damian Hugo Nr. 296.
62. SCHRÖCKER (1978), S. 44.
63. ARETIN (1972), S. 588.
64. WILD (1904), S. 106.
65. SÜSS (1955), S. 313f.
66. DOTZAUER (1989), S. 95f.
67. WILD (1904), S. 108.
68. DOTZAUER (1989), S. 97.
69. ARETIN (1975). S. 57f.
70. PHILIPPI (1976), S. 323f.
71. Provinzialkapitel in Bruchsal, 02.08.1722. HSM, 106a/5, Nr. 110.

72 Loch (1951), S. 95.
73 Lothar Franz an Damian Hugo, 07.10.1704. HSM, 106a/3, Nr. 133.
74 Eigenhändiger Lebenslauf Damian Hugos, 03.09.1718. SA, Korrespondenz Damian Hugo 332c.
75 Provinzialkapitel in Bruchsal, 02.08.1722. HSM, 106a/5, Nr. 110.
76 Damian Hugo an Lothar Franz, 28.01.1705. MEA, Korrespondenz Nr. 59.
77 Lothar Franz an Friedrich Karl, 03.03.1706. SA, Gebundene Korrespondenz Lothar Franz Nr. 45.
78 Landau (1885), S. 245ff.
79 Aretin (1997), S. 179.
80 MEA, Reichstagsakten Nr. 312.
81 Lothar Franz an Friedrich Karl, 07.04.1706. SA, Gebundene Korrespondenz Lothar Franz Band 45.
82 Marigold (1981b), S. 93.
83 Diarium Damian Hugos von Schönborn. MEA, Reichstagsakten Nr. 312.
84 Brief, 24.04.1706. SA, Korrespondenz Melchior Friedrich, Nr. 1394.
85 Diarium Damian Hugos von Schönborn. MEA, Reichstagsakten, Nr. 312.
86 Lothar Franz an Friedrich Karl, 19.07.1706. SA, Gebundene Korrespondenz Lothar Franz Band 46.
87 Damian Hugo an Melchior Friedrich, 26.03.1707. SA, Korrespondenz Melchior Friedrich Nr. 1394.
88 Brief, 14.09.1706. SA, Gebundene Korrespondenz Lothar Franz Band 46.
89 Brief, 25.09.1706. SA, Gebundene Korrespondenz Lothar Franz Band 46.
90 Brief, 17.10.1706. SA, Gebundene Korrespondenz Lothar Franz Band 46.
91 Friedrich Karl an Lothar Franz, 05.11.1707. SA, Gebundene Korrespondenz Lothar Franz Band 48.
92 Reventlow an Görtz, 16.11.1707. SHLA, Abt. 7, Nr. 6656.
93 Schröcker (1991), S. 159.
94 Eigenhändiger Lebenslauf Damian Hugos, 03.09.1718. SA, Korrespondenz Damian Hugo 332c.
95 Rau an Damian Hugo, 04.12.1707. HSM, 106a/6, Nr. 50.
96 Matz (1997), S. 167f.
97 Bilderbeck (1715), S. 54.
98 Müller (1976), S. 200.
99 Friedrich Karl an Lothar Franz, 15.09.1707. SA, Gebundene Korrespondenz Lothar Franz Band 48.
100 Müller (1976), S. 193.
101 Augner (1983), S. 12f.
102 Rückleben (1970), S. 306f.
103 Electa juris publici (1710).
104 Ramcke (1969), S. 29.
105 Verschiedene Relationen. HHSW, Reichskanzlei, Berichte aus Hamburg Nr. 6a.
106 Gutachten, 1718. SHLA, Abt.65.1, Nr. 1132.
107 28.04.1707. SHLA, Abt. 65.1, Nr. 1132.
108 Baasch (1905), S. 121.
109 Ramcke (1969), S. 16ff.
110 Ebd., S. 30f.
111 Ebd., S. 31.
112 Augner (1983), S. 16f.
113 Ebd., S. 19f.
114 Ebd., S. 19.
115 Ramcke (1969), S. 31.
116 SHLA, Abt. 65.1, 1880a.
117 Ramcke (1969), S. 31f.
118 Damian Hugo an Kaiser, 01.05.08. HHSW, Reichskanzlei, Berichte aus Hamburg Nr. 6a.
119 Relation Kurtzrocks, 06.05.1708. HHSW, Reichskanzlei, Berichte aus Hamburg Nr. 6a.
120 Damian Hugo an Melchior Friedrich. 07.05.1708. SA, Korrespondenz Melchior Friedrich, Nr. 1396.
121 Damian Hugo an Kaiser, 10.03.1708. HHSW, Reichskanzlei, Berichte aus Hamburg Nr. 6a.
122 SA, Korrespondenz Melchior Friedrich Nr. 1396.
123 Wolfenbüttel an Bremen, 12.05.1708. SHLA, Abt. 65.1, Nr. 1880a.
124 Damian Hugo an Kaiser, 19.05.1708. HHSW, Reichskanzlei, Berichte aus Hamburg Nr. 6a.
125 Güldenstern an Bremische Regierung, 14.05.1708. SHLA, Abt.65.1., Nr. 1880a.
126 Damian Hugo an Kaiser, 23.05.1708. HHSW, Reichskanzlei, Berichte aus Hamburg Nr. 6a.
127 SHLA, Abt.65.1, Nr. 1880a.
128 HHSW, Reichskanzlei, Berichte aus Hamburg Nr. 6a. Siehe auch Augner (1983), S. 31.
129 Brief, 29.05.1708. SA, Korrespondenz Melchior Friedrich Nr. 1396.
130 Brief, 17.05.1708. HHSW, Reichskanzlei, Berichte aus Hamburg Nr. 6a.
131 SA, Korrespondenz Melchior Friedrich Nr. 1396.

132 Damian Hugo an Melchior Friedrich, 02.06.1708. SA, Korrespondenz Melchior Friedrich Nr. 1396.
133 Ebd.
134 Ebd.
135 Ebd.
136 Ebd.
137 Damian Hugo an Melchior Friedrich, 23.06.1708. SA, Korrespondenz Melchior Friedrich Nr. 1396.
138 Herzog Anton Ulrich an herzöglich-bremische Regierung, 15.08.1708. SHLA, Abt. 65.1, Nr. 1880a.
139 Du Cros an Herzog Anton Ulrich, 14.12.1708. NSW, 2 Alt 2080.
140 MARIGOLD (1981a), S. 353.
141 Damian Hugo an Melchior Friedrich, 23.09.1708. SA, Korrespondenz Melchior Friedrich Nr. 1396.
142 KLEIN (1980), S. 24f.
143 Damian Hugo an Melchior Friedrich, 05.12.1708. SA, Korrespondenz Melchior Friedrich Nr. 1396.
144 Franz Georg an Franz Albrecht von Öttingen-Spielberg, 27.11.1709. SA, Korrespondenz Franz Georg Nr. 215.
145 Franz Georg an Melchior Friedrich, 16.11.1709. SA, Korrespondenz Franz Georg Nr. 65.
146 Damian Hugo an Melchior Friedrich, 07.07.1708. SA, Korrespondenz Melchior Friedrich Nr. 1396.
147 Ebd.
148 Brief, 13.12.1708. SHLA, Abt. 65.1, Nr. 1880a.
149 Graf Salm an Anton Ulrich, 16.03.1709. NSW, 1 Alt 15, Nr. 484.
150 AUGNER (1983), S. 38.
151 HÜBBE (1856), S. 116f.
152 Relation vom 29.11.1709. HHSW, Reichskanzlei, Berichte aus Hamburg Nr. 7a.
153 Franz Georg an Melchior Friedrich, 12.04.1710. SA, Korrespondenz Melchior Friedrich Nr. 1441.
154 Relation an Gottorfer Regierung, 19.08.1710. SHLA, Abt.7, Nr. 6663.
155 Damian Hugo an Melchior Friedrich, 06.03.1712. SA, Korrespondenz Damian Hugo Nr 6670.
156 RAMCKE (1969), S. 38f.
157 Ebd., S. 35.
158 Damian Hugo an Melchior Friedrich, 19.04.1710. SA, Korrespondenz Melchior Friedrich Nr. 1398.
159 Damian Hugo an Melchior Friedrich, 29.06.1712. SA, Korrespondenz Melchior Friedrich Nr. 1400.
160 Denkschrift, 06.12.1712. SA, Korrespondenz Damian Hugo Nr. 359.
161 RAMCKE (1969), S. 40.
162 Damian Hugo an Melchior Friedrich, 14.06.1714. SA, Korrespondenz Melchior Friedrich Nr. 1398.
163 VITENSE (1920) S. 228f.
164 BALLSCHMIETER (1962), S. 55.
165 Ebd., S. 97.
166 Ebd., S. 97.
167 Damian Hugo an Kaiser, 26.01.1709. HHSW, Reichskanzlei, Berichte aus Hamburg Nr. 7a.
168 Brief, 06.02.1709. HSM, 4f Mecklenburg, Nr. 107.
169 Brief, 12.02.1709. SA, Korrespondenz Melchior Friedrich Nr. 1039.
170 Protokoll „ad Caesarem", 28.02.1709. SA, Korrespondenz Melchior Friedrich Nr. 1039.
171 Damian Hugo an Kaiser, 03.06.1709. HHSW, Reichskanzlei, Berichte aus Hamburg Nr. 7.
172 Brief, 09.09.1709. HSM, 4f Mecklenburg Nr. 107.
173 Franz Georg an Melchior Friedrich, 23.04.1710. SA, Korrespondenz Melchior Friedrich Nr. 1441.
174 BALLSCHMIETER (1962), S. 97.
175 Relation, 18.08.1710. SHLA, Abt. 7, Nr. 6661.
176 Damian Hugo an Melchior Friedrich, 26.08.1711. SA, Korrespondenz Melchior Friedrich Nr. 139.
177 Brief, 26.12.1712. SA, Korrespondenz Damian Hugo Nr. 357.
178 MEDIGER (1967), S. 113.
179 Ebd., S. 116f.
180 JÜRGENSMEIER (1972), S. 60.
181 BALLSCHMIETER (1962), S. 120.
182 JÜRGENSMEIER (1972), S. 60f.
183 VITENSE (1920), S 253.
184 MEDIGER (1967), S. 118.
185 FRITSCH (1828), S. 47.
186 Mandat vom 30.05.1708. SHLA, Abt. 7, Nr. 1380.
187 Schrift „Deductio summaria", um 1708. SHLA, Abt. 7, Nr. 1380.
188 Brief Schulenburgs an Elisabeth Ernestine, 24.04.1710. NSW, 2 Alt, Nr. 3539.

189 Brief Schulenburgs an Elisabeth Ernestine, 10.05.1710. NSW, 2 Alt, Nr. 2539.
190 Relation Reventlows, 15.05.1710. SHLA, Abt. 7, Nr. 6661.
191 Brief Schulenburgs an Elisabeth Ernestine, 27.06.1710. NSW, 2 Alt, Nr. 2539.
192 Relation Reventlows vom 06.08.1710. SHLA, Alt 7, Nr. 6663.
193 Brief an Grafen Seinsheim, 26.09.1710. SA, Korrespondenz Franz Georg Nr. 237.
194 Relation, 25.08.1708. SHLA, Abt. 7, Nr. 6683.
195 RAUERT (1983), S. 7.
196 Brief an die schwedische Regierung, 14.04.1706. SHLA, Alt 7, Nr. 1046.
197 „Wahrhaftige und Rechtsgültige Vorstellung", Druckschrift 1706. SHLA, Abt. 126.13, Nr. 785.
198 Brief an Regierung in Gottorf, 21.05.1706. SHLA, Abt. 7, Nr. 1046.
199 Relation, 15.06.1709. NSW, 1 Alt 5, 615-Band 7.
200 Relation, 04.03.1709. NSW, 1 Alt 15, Nr. 484.
201 Relation, 12.06.1709. HHSW, Reichskanzlei, Berichte aus Hamburg, Nr. 7a.
202 Relation, 29.11.1709. NSW, 1 Alt 5, 615-Band 9.
203 Böttcher an Damian Hugo, 07.12.1709, NSW, 1 Alt 5, 615-Band 8.
204 Damian Hugo an Melchior Friedrich, 19.04.1710. SA, Korrespondenz Melchior Friedrich Nr. 1398.
205 Undatierter Brief Christian Detlevs. SHLA, Abt. 127.27, G.34.
206 Administrator Christian August an Reventlow, 03.12.1710. SHLA, Abt. 7, Nr. 6662.
207 Damian Hugo an Christian Detlev, 23.11.1710. SHLA, Abt. 127.21, G.34.
208 Brief Damian Hugos, 02.08.1715. SHLA, Abt. 390, Nr. 409.
209 Brief, 25.09.1715. SHLA, Abt. 390, Nr. 409.
210 Brief an Kaiser Karl VI., ohne Datum. SHLA, Abt. 390, Nr. 409.
211 Kaiserliches Mandat an die Landstände Hadelns, 02.01.1711. HHSW, Kleinere Reichsstände Nr. 139.
212 SA, Korrespondenz Damian Hugo Nr. 351a.
213 CHRONIK DES LANDES HADELN (1843), S. 417.
214 Brief, 28.01.1705. MEA, Korrespondenz Nr. 59.
215 NAUMANN (1936), S. 48.
216 FINDEISEN (1992), S. 156.
217 April 1711. SA, Korrespondenz Melchior Friedrich Nr. 1399.
218 Brief, 13.08.1712. SA, Korrespondenz Damian Hugo Nr. 351.
219 Lothar Franz an Damian Hugo, 11.11.1712. SA, Gebundene Korrespondenz Lothar Franz Nr. 296. Siehe auch ROEGELE (1955a), S. 429f.
220 Rundschreiben, 03.02.1713. HHSW, Reichskanzlei, Friedensakten Nr. 164.
221 Relation Damian Hugos, 13.01.1713. HHSW, Reichskanzlei, Friedensakten Nr. 164.
222 Ebd.
223 STANISZEWSKI (1962), S. 67.
224 Lothar Franz an Damian Hugo, 27.04.1713. SA, Gebundenen Korrespondenz Lothar Franz Nr. 296.
225 ROEGELE (1955a), S. 438.
226 Ebd., S. 456f.
227 GENZEL (1951), S. 31.
228 Ebd., S. 31.
229 Damian Hugo an Melchior Friedrich, 25.11.1713. SA, Korrespondenz Melchior Friedrich Nr. 1398.
230 Brief, 11.11.1713. RH, Alden Biesen Nr. 757.
231 Relation Kurtzrocks, 02.12.1713. HHSW, Reichskanzlei, Berichte aus Hamburg Nr. 8b.
232 PHILIPPI (1976), S. 410.
233 Diarium Damian Hugos, 03.02.1714. HHSW, Reichskanzlei, Friedensakten Nr. 165.
234 Franz Georg an Melchior Friedrich, 07.05.1714. SA, Korrespondenz Franz Georg Nr. 337.
235 Relation, 29.08.1714. SA, unverzeichneter Bestand.
236 Relation Paulsens, 06.11.1714. SHLA, Abt. 8.1, Nr. 2062.
237 STANISZEWSKI (1962), S. 102.
238 GENZEL (1951), S. 60.
239 Relation Imhoffs nach Braunschweig, 19.07.1715, NSW, 1 Alt 6, 117.
240 HANTSCH (1929), S. 209.
241 ARETIN (1997), S. 411.
242 STANISZEWSKI (1962), S. 110.
243 Relation, 28.01.1686. SA, Korrespondenz Damian Hugo Nr. 359.
244 SA, unverzeichneter Bestand.
245 Brief, 31.09.1710, SHLA, 1 Alt, Nr. 391.
246 HIRSCHFELD (1936), S. 177-196.
247 Dernath an Administrator Christian August, 07.06.1710. SHLA, Abt.7, Nr. 714.

248 Der Brief an Dernath ist nicht erhalten. Sein Inhalt läßt sich aus einem Brief Damian Hugos an Friedrich Karl vom 28.05.1710 erschließen. SHLA, Abt.7, Nr. 714.
249 Relation Reventlows, 12.07.1710. SHLA, Abt. 7, Nr. 6661.
250 Relation Reventlows, 17.05.1710. SHLA, Abt. 7, Nr. 714.
251 Relation Reventlows, 02.06.1710. SHLA, Abt. 7, Nr. 6661.
252 Relation Reventlows, 19.07.1710. SHLA, Abt. 7, Nr. 6661.
253 Relation Reventlows, 04.06.1710. SHLA, Abt. 7, Nr. 6661.
254 Relation Reventlows, 22.07.1710. SHLA, Abt. 7, Nr. 6663.
255 Ohne Datum, etwa August oder September 1710. SHLA, Abt.7, Nr. 714.
256 Ohne Datum. HHSW, Kleinere Reichsstände Nr. 209.
257 Melchior Friedrich an Damian Hugo, 20.12.1710. SA, Korrespondenz Melchior Friedrich Nr. 1399.
258 Görtz an Adminstrator Christian August, 18.12.1711. SHLA, Abt.7, Nr. 351.
259 Relation Reventlows, 23.04.1712. SHLA, Abt. 7, Nr. 6670.
260 Relation Reventlows, 02.06.1712. SHLA, Abt. 7, Nr. 6670.
261 LANGE (1996), S. 254.
262 ALMQUIST (1918), S. 117f.
263 Kaiser an Graf Metsch, 20.05.1714. HHSW, Kleinere Reichsstände Nr. 209.
264 Brief, 15.09.1714. SHLA, Abt. 8.1, Nr. 2496.
265 Herzog Karl Friedrich an Friedrich Karl, 29.07.1722. SA, Korrespondenz Friedrich Karl Nr. 24.
266 MEJER (1853), S. 276.
267 MÜLLER (1976), S. 89.
268 ASCHOFF (1983a), S. 82.
269 WOKER (1886), S. 9.
270 BESTE (1899), S. 334.
271 Friedrich Karl an Lothar Franz, 18.12.1709. SA, Gebundene Korrespondenz Damian Hugo, Band 50.
272 BESTE (1899), S. 350.
273 Damian Hugo an Melchior Friedrich, 08.03.1710. SA, Korrespondenz Melchior Friedrich, Nr. 1398.
274 Lothar Franz an Friedrich Karl, 16.01.1713. SA, Gebundene Korrespondenz Lothar Franz, Nr. 296.
275 Brief vom 19.05.1710. SA, unverzeichneter Bestand.
276 Damian Hugo an Ordenskanzlei in Altenbiesen, 14.01.1710. RH, Landecommenderij Alden Biesen Nr. 1750.
277 MEJER (1853), S. 280.
278 WOKER (1886), S. 44.
279 ASCHOFF (1983b), S. 33.
280 PIEPER (1886), S. 48f.
281 WOCKER (1886), S. 53.
282 Ebd., S. 286.
283 Ebd., S. 19.
284 Ebd., S. 11.
285 Pater Settorf an Damian Hugo, 02.07.1715. SA, Korrespondenz, Damian Hugo, Nr. 428.
286 Damian Hugo an Steffan, 28.11.1716. MEA, Geistliche- und Kirchensachen, Nr. 30.
287 Damian Hugo an Melchior Friedrich, 03.03.1713. HHSW, Reichskanzlei, Berichte aus Hamburg Nr. 8b.
288 ASCHOFF (1983b), S. 33.
289 Memorandum Damian Hugos, 1713. SA, unverzeichneter Bestand.
290 WHABEY (1985), S. 45ff.
291 Bericht Damian Hugos, 06.07.1709. SA, unverzeichneter Bestand.
292 DREVES (1866), S. 126.
293 WHABEY (1985), S. 56.
294 Memorandum Damian Hugos, 1713. SA, unverzeichneter Bestand.
295 Brief Damian Hugos an den Kaiser, 03.03.1712. SA, unverzeichneter Bestand.
296 Brief Damian Hugos vom 08.04.1712. SA, unverzeichneter Bestand.
297 Brief Damian Hugos vom 08.09.1714. SA, unverzeichneter Bestand.
298 Bericht Damian Hugos, ohne Datum. SA, unverzeichneter Bestand.
299 WHABEY (1985), S. 45f.
300 HÄFNER (1938), S. 24.
301 Damian Hugo an Kaiser, 20.02.1714. SA, unverzeichneter Bestand.
302 DREVES (1866), S. 126.
303 Memorandum Damian Hugos, um 1713. SA, unverzeichneter Bestand.
304 Brief Damian Hugos, 08.04.1711. SA, Korrespondenz Damian Hugo Nr. 257.
305 Lothar Franz an Damian Hugo, 11.01.1714. SA, Gebundene Korrespondenz Lothar Franz, Nr. 296.

306 SA, unverzeichneter Bestand.
307 Bericht an Kaiser, um 1713, SA, unverzeichneter Bestand.
308 HOLZAPFEL (1955), S. 80f.
309 Brief, 28.07.1733, GLA 78/1008.
310 Brief, 10.10.1733, GLA 78/1008.
311 MEJER (1853), S. 291.
312 Brief, 16.05.1740. SA, unverzeichneter Bestand.
313 DREVES (1866), S. 161.
314 LINKEMEYER (1931), S. 308f.
315 DREVES (1866), S. 144.
316 Damian Hugo an Melchior Friedrich, 08.01.1716. SA, Korrespondenz Friedrich Karl Nr. 18.
317 Damian Hugo an Melchior Friedrich, 22.01.1716. SA, Korrespondenz Friedrich Karl Nr. 18.
318 HARTMANN (1992), S. 104.
319 Melchior Friedrich an Lothar Franz, ohne Datum. SA, Korrespondenz Lothar Franz Nr. 887.
320 Liste, um 1687. SA, Korrespondenz Melchior Friedrich Nr. 884.
321 WEIGLE (1962), S. 30.
322 Brief, 24.01.1699. SA, Korrespondenz Melchior Friedrich Nr. 884.
323 KAHLENBERG (1963), S. 72.
324 Brief, 26.12.1712. SA, Korrespondenz Damian Hugo Nr. 257.
325 Eigenhändiger Lebenslauf Damian Hugos, 03.09.1718. SA, Korrespondenz Damian Hugo 332c.
326 DOZA, Ri 349/III.
327 Eigenhändiger Lebenslauf Damian Hugos, 03.09.1718. SA, Korrespondenz Damian Hugo 332c.
328 Korrespondenz 1686. SA, Korrespondenz Melchior Friedrich Nr. 275.
329 HERMANN (1988), S. 106f.
330 Forstmeister an Melchior Friedrich, 18.10.1707. SA, Korrespondenz Melchior Friedrich, Nr. 2154.
331 Brief, 28.05.1710. SA, Korrespondenz Melchior Friedrich Nr. 1398.
332 HERMANN (1988), S. 106.
333 DOZA, Ri 349/III.
334 Eigenhändiger Lebenslauf Damian Hugos, 03.09.1718. SA, Korrespondenz Damian Hugo 332c.
335 Landkomtur von Wassenar an Hochmeister, 22.09.1698. DOZA, Ri 349/III.
336 DOZA, Ri 348/I.
337 Wassenar an Melchior Friedrich, 18.12.1699. SA, Korrespondenz Melchior Friedrich Nr. 3060.
338 DOZA, Ri 349/III.
339 DEMEL (1983), S. 275f.
340 Brief, 20.06.1700. HSM,106/6,55.
341 Brief, 22.06.1700. HSM,106/6,55.
342 Hochmeister an von der Lippe, 12.07.1700. HSM,106/6,55.
343 Ernennung vom 17.10.1701. DOZA, Ri 349/III.
344 Brief, 25.01.1701. SA, Korrespondenz Melchior Friedrich Nr. 983.
345 Brief, 21.05.1702. SA, Korrespondenz Damian Hugo Nr. 2153.
346 DOZA, Ri 348/I.
347 DOZA, Ri 349/III.
348 Provinzialkapitel, 14.-17.09.1707. DOZA, BK 16/2.
349 Damian Hugo an Melchior Friedrich, 08.08.1708. SA, Korrespondenz Damian Hugo Nr. 360.
350 Ebd.
351 HSM,106a/4,4 Altenbiesen, Nr. 11.
352 Brief, 26.03.1709. SA, Korrespondenz Melchior Friedrich Nr. 2009.
353 Brief, 05.03.1709. DOZA, Ri 349.
354 Kolf an Friedrich Karl, 10.03.1709. SA, Korrespondenz Friedrich Karl Nr. 1041.
355 Brief, 15.03.1709. DOZA, Ri 349/III.
356 Damian Hugo an Forstmeister, 09.04.1709. DOZA, Ri 349.
357 DOZA, BK 16/2.
358 Brief, 15.04.1709. DOZA, Ri 349.
359 SA, Gebundene Korrespondenz Lothar Franz Nr. 16.
360 DOZA, Ri 349.
361 DOZA, Ri 348.
362 Brief, 28.05.1710. SA, Korrespondenz Melchior Friedrich Nr. 1398.
363 Cox an Damian Hugo, 11.08.1714. RH, Alden Biesen Nr. 757.
364 Damian Hugo an Melchior Friedrich, 27.11.1715. SA, Korrespondenz Melchior Friedrich Nr. 1415.
365 Brief, 02.08.1717. DOZA, Ri 500.
366 Damian Hugo an Franz Georg, 31.05.1732. SA, Korrespondenz Franz Georg Nr. 81.
367 Damian Hugo an Franz Georg, 24.05.32. SA, Korrespondenz Franz Georg Nr. 81.

368 Damian Hugo an den Landkomtur von Tirol, 09.06.1732. SA, Korrespondenz Franz Georg Nr. 82.
369 HARTMANN (1992), S. 102.
370 Eigenhändiger Lebenslauf Damian Hugos, 03.09.1718. SA. Korrespondenz Damian Hugo 332c.
371 Brief, 23.06.1706. HSM 106a/6, Nr. 57.
372 Hochmeister an Damian Hugo, 17.04.1708. HSM, 106a/3, Nr. 89.
373 NIEDERQUELL (1953), S. 132ff.
374 Hochmeister an Damian Hugo, 28.03.1710. HSM, 106a/3, Nr. 89.
375 Damian Hugo an Hochmeister, 03.06.1718. HSM, 106a/3, Nr. 18.
376 Lothar Franz an Damian Hugo, 05.03.1714. SA, Gebundene Korrespondenz Lothar Franz Nr. 296.
377 Hochmeister an Damian Hugo, 27.05.1711. HSM, 106a/3, Nr. 46.
378 ANDERSON (1866), S. 261.
379 Brief, 19.12.1716. HSM, 106a/3, Nr. 49.
380 Brief, 22.06.1716. HSM, 106a/3, Nr. 49.
381 JESTÄDT (1924), S. 29.
382 Damian Hugo an Hochmeister, 07.11.1718. HSM, 106a/6, Nr. 213.
383 Brief, 19.12.1721. SA, Korrespondenz Friedrich Karl, Nr. 23.
384 „Puncta" des Hochmeisters zum Provinzialkapitel, 11.08.1722. HSM, 106a/5, Nr. 8.
385 „Puncta" des Hochmeisters zum Provinzialkapitel, 11.08.1722. HSM, 106a/5, Nr. 8.
386 Damian Hugo an Hochmeister, 20.01.1723. HSM, 106a/3, Nr. 130.
387 HSM, 106a/3, Nr. 83.
388 Damian Hugo an Hochmeister, 26.03.1724. HSM, 106a/3, Nr. 130.
389 Bericht des Zinsmeisters Försch, 1723. HSM, 106a/5, Nr. 71.
390 MEESE (1958), S. 3ff.
391 Damian Hugo an Stein, 05.11.1725. HSM, 106a/3, Nr. 91.
392 Stein an Damian Hugo, 24.03.1727. HSM, 106a/6, Nr. 48.
393 Hochmeister an Stein, 15.01.1733. HSM, 106a/5, Nr. 92.
394 Damian Hugo an Hochmeister, 29.05.1735. HSM, 106a/3, Nr. 21.
395 Hochmeister an Damian Hugo, 30.03.1722. HSM, 106a/3, Nr. 96.
396 Hochmeister an Damian Hugo, 10.01.1708. HSM, 106a/3, Nr. 89.
397 Protokoll des Kapitels, 19.08.1722. HSM, 106a/5, Nr. 8.
398 Hochmeister an Damian Hugo, 1734. HSM, 106a/3, Nr. 21.
399 NIEDERQUELL (1953), S. 41.
400 Siehe etwa DORN (1978), S. 121f.
401 Brief, 17.02.1728. HSM, 106a/6, Nr. 48.
402 NIEDERQUELL (1953), S. 120.
403 HSM, 106a/3, Nr. 133.
404 Unterredung, 30.05.1702. HSM, 4f Deutschorden 4, Nr. 24.
405 Damian Hugo an Rau, 27.02.1702. HSM, 106a/6, Nr. 50.
406 DEMEL (1983), S. 276.
407 Rau an Damian Hugo, 11.04.1707. HSM, 106a/6, Nr. 50.
408 Landgraf Karl an Melchior Friedrich, 25.05.1709. SA, Korrespondenz Melchior Friedrich Nr. 1038.
409 Damian Hugo an Melchior Friedrich, 26.08.1711. SA, Korrespondenz Melchior Friedrich Nr. 1399.
410 HSM, 4f Deutschorden, Nr. 135.
411 Vizekanzler Vultée an Damian Hugo, 18.04.1703. HSM, 4f Deutschorden 4, Nr. 714.
412 Marburger Regierung, 26.10.1706. HSM, 4f Deutschorden 4, Nr. 714.
413 Siehe dazu auch VOIGT (1859), S. 475f.
414 HSM, 4f Deutschorden 4, Nr. 714.
415 Marburger Regierung an Landgrafen, 23.02.1720. HSM, 4f Deutschorden, Nr 434.
416 Hochmeister an Damian Hugo, 10.12.23. HSM, 106a/3, Nr. 90.
417 HSM, 106a/3, Nr. 90.
418 Hochmeister an Landgraf, 17.01.1721. HSM, 4f Deutschorden, Nr. 738.
419 Brief, 22.08.1722. HSM, 4f Deutschorden, Nr. 434.
420 Brief, 29.11.1722. HSM, 4f Deutschorden, Nr. 434.
421 Protokoll. HSM, 4f Deutschorden, Nr. 46.
422 Stein an Hochmeister, 04.01.1726. HSM, 106a/6, Nr. 48.
423 Damian Hugo an Stein, 16.12.1724. HSM, 106a/6, Nr. 48.
424 HSM, 4f Deutschorden, Nr. 47.
425 Stein an Hochmeister, 04.05.1725. HSM, 106a/6, Nr. 48.
426 Brief, 04.12.1728. HSM, 106a/6, Nr. 49.
427 Damian Hugo an Hochmeister Clemens August, 25.09.1736. HSM, 106a/3, Nr. 164.

428 Marburger Regierung, 13.11.1731. HSM, 4f Deutschorden, Nr. 879.
429 Hochmeister an Damian Hugo, 12.02.1733. HSM, 106a/3, Nr. 132.
430 Kopp an Landgraf, 15.06.1738. HSM, 4f Deutschorden, Nr. 770.
431 Brief, 11.01.1739. HSM, 4f Deutschorden, Nr. 885.
432 Landgraf von Hessen-Kassel an Markgrafen von Baden-Durlach, 30.07.1752. GLA 50/1120.
433 Bericht an die Mergentheimer Regierung, 21.07.1752. HSM, 106a/3, Nr. 128.
434 Hochmeister an Damian Hugo, 28.09.1723. HSM, 106a/3, Nr. 90.
435 Landgraf von Hessen-Kassel an Großfürstliche Regierung in Kiel, 09.06.1755. SHLA, Abt 8.1, Nr. 1379.
436 HSM, 106a/3, Nr. 33.
437 Siehe dazu besonders LAMBERG (1989).
438 HSM, 106a/6, Nr. 213.
439 Landgraf Karl an Damian Hugo, 29.04.1702. HSM, 4f Deutschorden 5, Nr. 24.
440 Protokoll der Marburger Regierung, September 1722. HSM 4f Deutschorden, Nr. 14.
441 Memorandum der Marburger Regierung, 17.01.1709. HSM, 4f Deutschorden, Nr. 165.
442 16.11.1715, HSM, 4f Deutschorden, Nr. 165.
443 LAMBERG (1995), S. 303f.
444 Brief, 08.06.1718. HSM, 106a/3, Nr. 51.
445 Brief, 12.06.1719. HSM, 106a/3, Nr. 142.
446 Hofrat Speckmann an Damian Hugo. SA, Korrespondenz Damian Hugo Nr. 283.
447 Damian Hugo an Hartmann, 30.08.1721. HSM, 106a/6, Nr. 213.
448 Damian Hugo an Landgraf Karl, 18.07.1719. HSM, 4f Deutschorden, Nr. 165.
449 Damian Hugo an Hochmeister, 11.08.1733. HSM, 106a/3, Nr. 123. Erst 1787 erhielt der zweite katholische Landkomtur der Ballei Hessen, Freiherr Reuttner von Weyl, vom Landgrafen die Erlaubnis, einen katholischen Geistlichen anzustellen, der für den Landkomtur und die Katholiken der Stadt Marburg den Gottesdienst in einem Zimmer des Ordenshauses feiern durfte. DEMEL (1983), S. 277.
450 Brief an Damian Hugo, 01.04.1709. HSM, 106a/3, Nr. 89.
451 Damian Hugo an Cox, 11.11.1713. RH, Alden Biesen, Nr. 757.
452 Damian Hugo an Cox, 25.05.1710. RH, Alden Biesen, Nr. 1750.
453 Damian Hugo an Cox, 19.08.1712. RH, Alden Biesen, Nr. 751.
454 Damian Hugo an Cox, 05.06.1713. RH, Alden Biesen, Nr. 753.
455 Damian Hugo an Cox, 25.05.1710. RH, Alden Biesen, Nr. 1750.
456 Brief Damian Hugos, 04.11.1710. RH, Alden Biesen, Nr. 86.
457 Brief Damian Hugos, 28.01.1713. RH, Alden Biesen, Nr. 753.
458 Damian Hugo an Cox, 19.03.1714. RH, Alden Biesen, Nr. 751.
459 Damian Hugo an der Pfarrer von Gruitrode, 02.09.1712. RH, Alden Biesen, Nr. 752.
460 Protokoll, 22.08.1736. DOZA, BK, Nr. 21.
461 Hochmeister an Damian Hugo, 30.12.1737. DOZA, BK, Nr. 21.
462 EG zahlt mehr Nahost-Hilfe. Mannheimer Morgen, 13.09.1993.
463 Fundationsbrief, 18.04.1740. HSM, 106a/4 Altenbiesen 4. Der Orden hätte allerdings die eben erst gegründete Kommende fast wieder verloren, als das gesamte Stiftungskapital an den hochverschuldeten Grafen von Stolberg-Wernigerode verliehen wurde, der weder Zinsen noch Tilgung zahlen konnte.
464 Rundschreiben des Hochmeisters, 25.04.1720. DOZA, Wel 141.
465 Eigenhändiger Lebenslauf Damian Hugos, 03.09.1718. SA, Korrespondenz Damian Hugo 332c.
466 Ebd.
467 26.01.07, HSM, 106a/6, Nr. 50.
468 Damian Hugo an Hochmeister, 11.07.1707. HSM, 106a/3, 133.
469 Melchior Friedrich an Forstmeister, 02.07.1706. SA, Korrespondenz Melchior Friedrich Nr. 2154.
470 Damian Hugo an Regierung in Mergentheim, 28.06.1721. DOZA, Wel 153/1.
471 Damian Hugo an Hochmeister, 19.07.1721. DOZA, Wel 153/1.
472 Damian Hugo an Hochmeister, 28.06.1721. DOZA, Wel 153/1.
473 Friedrich Karl an Lothar Franz, 10.07.1715. SA, Gebundene Korrespondenz Nr. 56.
474 Damian Hugo an Hochmeister, 26.06.1721. DOZA, Wel 153/1.
475 Brief vom 22.10.1721. SA, Gebundene Korrespondenz Lothar Franz Nr. 21.

476 SCHRÖCKER (1991), S. 128.
477 Damian Hugo an Hochmeister, 28.06.1721. DOZA, Wel 153/1.
478 Damian Hugo an Hochmeister, 26.10.1720. HSM, 106a/3, Nr. 19.
479 Hochmeister an Damian Hugo, 17.01.1716. HSM, 106a/3, Nr. 17.
480 VOIGT (1859), S. 476f.
481 PRESCHER (1790), S. 30f. Siehe auch ENDRES (1986), S. 60.
482 Brief, 16.12.1712. MEA, Korrespondenz 102c.
483 Brief, 23.12.1712. MEA, Korrespondenz 102c.
484 Lothar Franz an Damian Hugo, 09.02.1713. SA, Korrespondenz Lothar Franz Nr. 296.
485 Lothar Franz an Friedrich Karl, 20.03.1706. SA, Gebundene Korrespondenz Lothar Franz Band 45.
486 Brief, 17.09.1712. RH, Alden Biesen Nr. 757.
487 Lothar Franz an Friedrich Karl, 20.04.1715. SA, Korrespondenz Friedrich Karl Nr. 18.
488 Damian Hugo an Cox, 24.12.1712. RH, Alden Biesen Nr. 757.
489 STRNAD (1972), S. 118.
490 Lothar Franz an Friedrich Karl, 03.06.1714. SA, Korrespondenz Friedrich Karl, Nr. 17.
491 Friedrich Karl an Lothar Franz, 10.10.1714. SA, Korrespondenz Friedrich Karl, Nr. 184.
492 Damian Hugo an Hochmeister, 15.03.1715. DOZA, Ri 348/II.
493 Damian Hugo an Lothar Franz, 20.05.1715. SA, Gebundene Korrespondenz Lothar Franz Nr. 17.
494 Gallas an Friedrich Karl, 16.03.1715. SA, Korrespondenz Melchior Friedrich Nr. 1405.
495 Damian Hugo an Lothar Franz, 08.03.1715. SA, Gebundene Korrespondenz Lothar Franz Nr. 17.
496 STRNAD (1972), S. 120.
497 STAMER (1959), S. 106ff.
498 Lothar Franz an Friedrich Karl, 31.03.1724. SA, Korrespondenz Friedrich Karl Nr. 26.
499 SCHÖNBORN (1931), S. 70.
500 Brief, 17.10.1739. SA, Korrespondenz Damian Hugo Nr. 242.
501 SA, Korrespondenzarchiv, Gebundene Korrespondenz, Briefwechsel Lothar Franz mit Damian Hugo 1715.
502 BREAN (1715). GLA 78/1661.
503 Brief Lothar Franz an Friedrich Karl, 21.04.1722, SA, Korrespondenz Friedrich Karl Nr. 24.
504 Damian Hugo an Konstanzer Hofmarschall von Reichenstein, 28.01.1722. SA, Gebundene Korrespondenz Lothar Franz Nr. 22.
505 HANTSCH (1929), S. 77.
506 Damian Hugo an Forstmeister, 20.05.1710. SA, Korrespondenz Melchior Friedrich Nr. 1398.
507 Brief an Damian Hugo, 17.02.1714. SA, Korrespondenz Franz Georg Nr. 70.
508 Lothar Franz an Friedrich Karl, 17.03.1714. SA, Korrespondenz Friedrich Karl Nr. 77.
509 NSM, Corvey, Akten Nr. 1457.
510 Brief, 13.03.1715. SA, Korrespondenz Melchior Friedrich Nr. 1404.
511 Instruktion für den Rat Cox, 17.08.1715. SA, Korrespondenz Melchior Friedrich Nr. 1041.
512 Kanzler Karg an Lothar Franz, 09.09.1715. SA, Gebundene Korrespondenz Lothar Franz Nr. 17.
513 Brief, 22.09.1715. SA, Korrespondenz Melchior Friedrich Nr. 1049.
514 Damian Hugo an Lothar Franz, 28.12.1715. SA, Gebundene Korrespondenz Lothar Franz Nr. 17.
515 ROTTENKOLBER (1933), S. 162ff.
516 JÜRGENSMEIER (1972), S. 25ff.
517 ROTTENKOLBER (1927), S. 154.
518 Als Bodman zwischen 1704 und 1708 die Visitation des Reichskammergerichts leitete, hatte er den Gesandten Damian Hugo mehrfach um Hilfe bei der Bearbeitung der norddeutschen Fälle gebeten. 1708 war Bodman als Präsident des Reichshofrates im Gespräch und wäre in diesem Amt auch den Schönborns willkommen gewesen.
519 Bessel an Damian Hugo, 30.05.1722. SA, Korrespondenz Damian Hugo Nr. 217.
520 Bessel an Damian Hugo, 16.06.1722. SA, Gebundene Korrespondenz Lothar Franz Nr. 22.
521 Bessel an Damian Hugo, 18.07.1722. SA, Gebundene Korrespondenz Lothar Franz Nr. 22.
522 Lothar Franz an Friedrich Karl, 07.10.1722. SA, Korrespondenz Friedrich Karl Nr. 24.
523 Brief, 14.12.1715. SA, Korrespondenz Damian Hugo Nr. 16.
524 Lothar Franz an Friedrich Karl, 21.09.1718. SA, Korrespondenz Friedrich Karl Nr. 20.
525 Damian Hugo an Lothar Franz, 12.03.1715. SA, Gebundene Korrespondenz Lothar Franz Nr. 17.

526 Damian Hugo an Lothar Franz, 08.02.1716. SA, Gebundene Korrespondenz Lothar Franz Nr. 18.
527 Brief, 20.07.1723. SA, Korrespondenz Damian Hugo Nr. 217.
528 Lothar Franz an Friedrich Karl, 10.04.1724. SA, Korrespondenz Friedrich Karl Nr. 26.
529 Damian Hugo an Lothar Franz, 10.04.1724. SA, Korrespondenz Friedrich Karl Nr. 26.
530 Friedrich Karl an Melchior Friedrich, 31.08.1715. SA, Korrespondenz Damian Hugo Nr. 16.
531 Damian Hugo an Friedrich Karl, 20.11.1715. SA, Korrespondenz Friedrich Karl Nr. 18.
532 Brief, 13.08.1715. SA, Korrespondenz Damian Hugo Nr. 16.
533 Lothar Franz an Friedrich Karl, 11.12.1715. SA, Korrespondenz Friedrich Karl Nr. 18.
534 Brief Forstmeisters, 29.12.1715. SA, Korrespondenz Damian Hugo Nr. 16.
535 Damian Hugo an Lothar Franz, 04.01.1716. SA, Gebundene Korrespondenz Lothar Franz Band 18.
536 Damian Hugo an Lothar Franz, 08.02.1716. SA, Gebundene Korrespondenz Lothar Franz Band 18.
537 Brief, 14.12.1715. SA, Korrespondenz Damian Hugo Nr. 16.
538 Lothar Franz an Rollingen, 17.05.1716. SA, Korrespondenz Damian Hugo Nr. 20.
539 Kopie. SA, Korrespondenz Friedrich Karl Nr. 18.
540 Brief, 08.04.1716. MEA, Reichshofrat Nr. 8b.
541 Diarium Reichersbergs. SA, Korrespondenz Damian Hugo Nr. 18.
542 Äußerung Damian Hugos gegenüber Vizekanzler Streit, 24.11.1722. GLA 78/267.
543 Damian Hugo an Hofrat Gaukert, 03.06.1726. GLA 78/266.
544 STRNAD (1972), S. 113.
545 GLA 78/143.
546 Brief, 08.12.1719. GLA 78/143.
547 Protokoll, 14.12.1719. GLA 61/12160.
548 Briefe an Kammer, 16. und 19.01.1720. GLA 78/74.
549 GLA 78/266.
550 10.1.1720; Ebd.
551 GLA 78/266.
552 GLA 78/266.
553 GLA 78/255.
554 GLA 78/266.
555 Brief Damian Hugos, 10.01.1720. GLA 78/266.
556 Brief Damian Hugos, 30.01.1720. GLA 78/74.
557 Besoldungsliste, 22.04.1722. GLA 78/145.
558 Kammerprotokoll, 14.02.1728. GLA 61/12223.
559 Auszug des Hofzahlamtes, 20.10.1727. GLA 78/144.
560 Kammerprotokoll, 18. und 23.02.1728. GLA 61/12223.
561 Brief, 09.04.1722. GLA 76/143.
562 Kammerprotokoll, 03.02.1728. GLA 61/12223.
563 Kammerprotokoll, 29.04.1722. GLA 61/12170.
564 Hugo Damian an Kammer, 13.07.1720. GLA 78/78.
565 Spezifikation, 07.12.1721. GLA 78/76.
566 Reskript, 07.12.1721. GLA 78/76.
567 Kammerprotokoll, 22.06.1732. GLA 61/12230.
568 Kammerprotokoll, 19.10.1732. GLA 61/12230.
569 Kammerprotokoll, 28.02.1728. GLA 61/12223.
570 Damian Hugo an Kammer, Dezember 1721. GLA 78/332.
571 KREBS (1948), S. 80.
572 Damain Hugo an Kaiser, 21.04.1721. GLA 78/143.
573 Auszug Kammerprotokoll, 22.04.1720. GLA 78/694.
574 Auszug Kammerprotokoll, 22.11.1720. GLA 78/694.
575 Auszug Kammerprotokoll, 1720. GLA 78/694.
576 Auszug Kammerprotokoll, 14.10.1720. GLA 78/694.
577 Auszug Kammerprotokoll, 19.12.1721. GLA 78/694.
578 Auszug Kammerprotokoll, 29.04.1720. GLA 78/694.
579 Driesch an Damian Hugo, 22.10.1720. GLA 78/694.
580 Claudia Therese Driesch an Damian Hugo, 06.04.1720 und März 1721. GLA 78/694.
581 Kammerprotokoll, 15. Juli 1724. GLA 61/694.
582 GLA 78/261.
583 Kammerprotokoll, 22.05.1720. GLA 61/12162.

584 Kammerprotokoll, 24.04.1722. GLA 61/12170.
585 Kammerprotokoll, 04.01.1730. GLA 61/12230.
586 Kammerprotokoll, 06.06.1722. GLA 61/12170.
587 Damian Hugo an Hofrat Gerhard, 03.06.1726. GLA 78/266.
588 Dekret Damian Hugos, Dezember 1721. GLA 78/261.
589 Dekret Damian Hugos, Dezember 1721. GLA 78/261.
590 WACKERNAGEL (1919), S. 299ff. Siehe auch Kammerprotokoll, 26.07.1724, GLA 61/1280.
591 Regierungsprotokoll, 25.06.1737. GLA 61/11800.
592 Kammerprotokoll, 18.08.1724. GLA 61/12180.
593 Damian Hugo an Dona, 07.12.1721. GLA 78/782.
594 Damian Hugo an Kammer, 20.09.1727. GLA 78/79.
595 ROEGELE (1955b), S. 133.
596 Damian Hugo an Dona, 20.12.1721 und 18.09.1722. GLA 78/782.
597 Dona an Damian Hugo, 17.08.1722. GLA 78/74.
598 Damian Hugo an Dona, 18.07.1722. GLA 78/138.
599 Kammerprotokoll, 04.07.1724. GLA 61/11610.
600 Damian Hugo an Koch, vermutlich 1724. GLA 78/231.
601 Instruktion, 1721. GLA 78/78.
602 Kammerprotokoll, August 1739. GLA 61/12223.
603 REMLING (1847), S. 22.
604 SEEL (1880), S. 226.
605 Kammerprotokoll, 20.06.1722. GLA 61/12170.
606 Kammerprotokoll, 29.06.1722. GLA 61/12170.
607 Kammer an Damian Hugo, 11.03.1725. GLA 78/107.
608 WILLE (1900), S. 24.
609 Damian Hugo an Streit, 24.11.1722. GLA 78/267.
610 Gutachten Nentwichs, 28.12.1723. GLA 78/267.
611 Ebd.
612 KLOE (1928), S. 65.
613 Siehe dazu die Regierungsprotokolle seit 1724. GLA 61/11625.
614 Gutachten Nentwichs, 28.12.1723. GLA 78/267.
615 Ebd.
616 Ebd.
617 Ebd.
618 Ebd.
619 Damian Hugo an Regierung, Februar 1726. GLA 78/266.
620 Gutachten Nentwichs, 28.12.1723. GLA 78/267.
621 Ebd.
622 Brief Damian Hugos, 09.03.1723. GLA 78/266.
623 Entwurf Damian Hugos, 30.12.23. GLA 78/266, ebd. das Folgende.
624 Siehe Regierungsprotokolle. GLA 61/11625ff.
625 Damian Hugo an Gaukert, 13.06.1726. GLA 78/266.
626 Damian Hugo an Hofrat, 28.08.1725. GLA 78/268.
627 Damian Hugo an Hofrat, 16.04.1725. GLA 78/268.
628 Damian Hugo an Hofrat, 03.01.1726. GLA 61/11650.
629 Damian Hugo an Hofrat, 29.08.1725. GLA 78/267.
630 Gutachten zwischen 1725 und 1730. GLA 78/1642.
631 Damian Hugo an Hofrat, 28.08.1725. GLA 78/267.
632 Protokoll des Hofrates, 05.07.1724. GLA 61/11610.
633 Damian Hugo an Hofrat, Juni 1725. GLA 78/269.
634 Damian Hugo an Gaukert, 03.01.1726. GLA 78/266.
635 Damian Hugo an Regierung, 07.01.1726. GLA 78/266.
636 Damian Hugo an Gaukert, 03.01.1726. GLA 78/266.
637 Damian Hugo an Hofrat, 25.02.1726. GLA 78/267.
638 Damian Hugo an Hofrat, 06.05.1727. GLA 78/267.
639 Bericht Hartmanns, 27.11.1727. GLA 78/267.
640 Damian Hugo an Hofrat, 26.11.1727. GLA 78/267.
641 Auszug Hofratsprotokoll, 31.12.1735. GLA 78/267.

642 Brief, 20.05.1741. GLA 78/266.
643 PRESS (1985), S. 282.
644 Protokoll des Geheimen Rates, 08.08.1729. GLA 61/11485.
645 Damian Hugo an Hofrat, 23.11.1729. GLA 78/267.
646 Damian Hugo an Hofrat, 24.07.1730. GLA 78/267.
647 Verordnung Damian Hugos, 02.01.1727. GLA 78/262.
648 MAAS (1931), S. 131.
649 Protokoll des Geheimen Rates, 04. und 21.05.1729. GLA 61/11485.
650 Damian Hugo an Kammer, 10.09.1722. GLA 78/74.
651 Ebd. 05.01.1733. GLA 78/77.
652 Damian Hugo an Kammer, 28.07.1725. GLA 61/12230.
653 WETTERER (1922), S. 6.
654 HASSLER (1985), S. 38.
655 WETTERER (1922), S. 28f.; HASSLER (1985).
656 Kammerprotokoll, 27.05.1722. GLA 61/12170.
657 WETTERER (1922), S. 12.
658 Ebd. S. 13.
659 WALTER (1922), S. 20f.
660 Kammerprotokoll, 29.04.1722. GLA 61/12170.
661 Kammerprotokoll, 19.10.1732. GLA 61/12230.
662 Dekret Damian Hugos, 21.12.1721. GLA 78/261.
663 Instruktion Damian Hugos, 22.12.1728. GLA 78/75.
664 Instruktion Damian Hugos, 24.12.1721. GLA 78/75.
665 Instruktion Damian Hugos, 12.05.1722. GLA 61/12170.
666 Kammerprotokoll, 12.05.1722. GLA 61/12170.
667 Regierungsprotokoll, 03.07.1725. GLA 61/625.
668 WETTERER (1922), S. 34.
669 Ebd., S. 14.
670 Ebd., S. 28f.
671 RENNER (1936), S. 30.
672 Brief an Bauamt, Juni 1725. GLA 78/144.
673 RENNER (1936), S. 30.
674 WETTERER (1922), S. 30.
675 HAUSRATH (1898), S. 27.
676 Ebd., S. 27.
677 Ebd., S. 29.
678 Ebd., S. 28.
679 Ebd., S. 27.
680 MAAS (1931), S. 12.
681 Ebd., S. 13.
682 Ebd., S. 13.
683 Ebd., S. 3.
684 Ebd., S. 15.
685 Ebd., S. 23.
686 SIEPMANN (1977), S. 81.
687 HASSLER (1985), S. 5ff.
688 Brief an Mainzer Regierung 1726. GLA 78/278.
689 GOLDSCHMIDT (1908), S. 119ff.
690 Ebd., S. 119.
691 DÜLFER (1956), S. 237ff.
692 HAUSSHERR (1953), S. 33.
693 DÜLFER (1956), S. 249.
694 PRIES (1955), S. 29
695 HAUSSHERR (1953), S. 42.
696 HUBATSCH (1983), S. 899ff.
697 HAUSSHERR (1953), S. 32.
698 POLITISCHES TESTAMENT (1987), S. 171.
699 SCHNABEL (1978), S. 7ff. Siehe dazu auch SCHAAB (1971), S. 764ff.
700 SAMMLUNG (1790), Verordnung vom 16. Dezember 1721.
701 Verordnung vom 16.12.1721.
702 Verordnung vom 05.04.1720.
703 Verordnung vom 10.01.1720.
704 Verordnung vom 15.10.1725.
705 Verordnung vom 05.04.1720.
706 Verordnung vom 05.04.1720.
707 Verordnung vom 02.12.1724.
708 Verordnung vom 30.05.1724.
709 Verordnung vom 04.04.1720.
710 Verordnung vom 14.09.1722.
711 MAAS (1931), S. 15.
712 Damian Hugo an Hofrat, 01.08.1726, GLA 78/286.
713 Verordnung vom 04.04.1720.
714 Hofratsprotokoll, April 1737. GLA 61/11800.
715 Verordnung vom 22.08.1724.
716 Verordnung vom 08.02.1731.
717 Verordnung Damian Hugos zur Kameralvisitation, 02.04.1720. GLA 78/782.
718 Instruktion Damian Hugos, 1721. GLA 78/86.
719 Instruktion Damian Hugos, 1721. GLA 78/68.
720 Verordnung Damian Hugos, 29.05.1720. GLA 78/261.

721	Verordnung Damian Hugos, 29.05.1720. GLA 78/261.	754	Brief Damian Hugos, 19.02.1720. GLA 78/75.
722	Instruktion Damian Hugos, 1721. GLA 78/86.	755	Brief der Kammer, 08.07.1724. GLA 61/12180.
723	Hassler (1985), S. 193.	756	Hassler (1985), S. 135.
724	GLA 61/12136.	757	Damian Hugo an Kammer, 16.09.1722. GLA 78/74.
725	Instruktion Damian Hugos, 06.02.1722. GLA 78/75.	758	Ebd.
726	Damian Hugo an Kammer, 17.11.1724. GLA 78/107.	759	Damian Hugo an Kammer, Februar 1722. GLA 78/75.
727	Instruktion Damian Hugos, 1721. GLA 78/86.	760	Kammer an Damian Hugo, 10.02.1728. GLA 61/12223.
728	Brief Damian Hugos, 26.02.1722. GLA 78/143.	761	Damian Hugo an Kammer, 07.01.1722. GLA 78/74.
729	Verordnung Damian Hugos, 16.11.1724. GLA 78/107.	762	Kammerprotokoll, 02.04.1722. GLA 61/12170.
730	Verschiedene Dekrete Damian Hugos, 1724. GLA 78/107.	763	Kammerprotokoll, 24.02.1722. GLA 61/12170.
731	Relation, Dezember 1724. GLA 78/75.	764	Riffel (1930), S. 11.
732	Instruktion Damian Hugos, 21.02.1721. GLA 78/75.	765	Instruktion, 02.09.1721. GLA 78/75.
733	Brief Damian Hugos, 14.02.1722. GLA 78/75.	766	Landschreiber an Damian Hugo, 27.05.1722. GLA 78/75.
734	Instruktion für Kammerrat Koch, 14.02.1722. GLA 78/75	767	Kammerprotokoll, 24.07.1724. GLA 61/12180.
735	Banholzer (1926), S. 63.	768	Kammerprotokoll, 17.07.1724. GLA 61/12180.
736	Dekret Damian Hugos, 18.11.1724. GLA 78/107.	769	Zitiert bei Ehrenfried (1966), S. 49.
737	GLA 78/521.	770	Kammerprotokoll, 21.08.1724. GLA 61/12180.
738	Damian Hugo an Kammer, 18.02.1722. GLA 78/75.	771	Gutachten aus dem Umfeld des Domkapitels, um 1730. GLA 78/1642.
739	Hassler (1985), S. 379ff.	772	Bittschrift der Pächter in Freimersheim, 07.01.1739. LAS, D 2, Fasz. 31/1.
740	Ebd., S. 382.	773	Instruktion für Kammerrat Koch, 14.02.1722. GLA 78/74.
741	Brief, 1736. GLA 78/61.	774	Kammerprotokoll, 08.08.1724. GLA 61/12180.
742	Brief an Damian Hugo, 05.07.1734. GLA 78/145.	775	Instruktion, Sommer 1721. GLA 78/86.
743	Hassler (1985), S. 382.	776	Kammerprotokoll, 22.05.1722. GLA 61/12170.
744	Ebd., S. 382.	777	Kammerprotokoll, 01.07.1737. GLA 61/12241.
745	Damian Hugo an Kammerrat Duras, 16.01.1736. GLA 78/146.	778	Kammerprotokoll, 10.05.1722. GLA 61/12170.
746	Ehrenfried (1966), S. 35.	779	Ebd.
747	Hassler (1985), S. 72.	780	Notiz Damian Hugos, 30.03.1720. GLA 61/12161.
748	Zollschreiber Lump an Damian Hugo, um 1736. GLA 78/137.	781	Notiz Damian Hugos, 10.01.1721, GLA 78/182.
749	Kammerinstruktion, 06.06.1722. GLA 78/75.	782	Brief an Kammer, 20.03.1720. GLA 78/80.
750	Hassler (1985), S. 182.	783	Hausrath (1898), S. 27.
751	Kammerinstruktion, 19.02.1722. GLA 78/75.		
752	Kammerprotokoll, 07.10.1730. GLA 61/12223.		
753	Brief Damian Hugos, ohne Datum. GLA 78/1004.		

784　Kammerprotokoll, 05.07.1724. GLA 61/12180.
785　Verordnung in Brennholzsachen,1733. GLA 78/77. Siehe dazu auch HAUSRATH (1898), S. 34.
786　Kammerprotokoll, 08.01.1737. GLA 61/12239.
787　HAUSRATH (1898), S. 14.
788　Kammerprotokoll, 27.03.1730. GLA 61/12161.
789　EBELING (1992), S. 192.
790　Damian Hugo an Gemeinde Obergrombach, 07.08.1722. GLA 78/143.
791　BÜHLER (1924), S. 7.
792　BÜHLER (1923), S. 150.
793　LUTWITZI (1928), S. 2.
794　BÜHLER (1923), S. 142ff.
795　Vergleiche hierzu das Gutachten des Kammerrat Kubas vom 26.06.1720. GLA 78/1578.
796　Kammerprotokolle ab 1720. GLA 61/12162ff.
797　Gutachten, um 1730. GLA 78/1642.
798　BÜHLER (1923), S. 133.
799　Verordnungen, 18.12.1725.
800　Verordnungen, 05.04.1720.
801　Verordnungen, 23.03.1723 ff.
802　POTH (1970), S. 4.
803　Ebd., S. 5.
804　HASSLER (1985), S. 291.
805　Brief Damian Hugos an seinen Gesandten in Regensburg, 31.05.1721. GLA 78/1258.
806　ROEGELE (1948), S. 362.
807　Kammerprotokoll, 24.02.1726. GLA 61/12223.
808　Hof- und Küchenamtsprotokoll, 19.08. und 02.09.1720. GLA 61/12163.
809　Lothar Franz an Damian Hugo, 04.04.1722. SA, Korrespondenz Friedrich Karl Nr. 24.
810　Bericht Hartmanns, 27.11.1727. GLA 78/267.
811　Gutachten, um 1730. GLA 78/1642.
812　Bericht, 20.09.1721. GLA 78/137.
813　Notiz Damian Hugos, um 1730. SA, Korrespondenz Damian Hugo Nr. 366.
814　Notiz Damian Hugos, um 1730. SA, Korrespondenz Damian Hugo Nr. 387.
815　Anteilsscheine. SA, Korrespondenz Damian Hugo Nr. 388.
816　Aufstellung, 1732. SA, Korrespondenz Damian Hugo Nr. 380.
817　Damian Hugo an Kuffstein, 28.11.1731. GLA 78/144.
818　Aufstellung, 1732, SA, Korrespondenz Damian Hugo Nr. 380.
819　Damian Hugo an Kammerrat Koberlein, 03.01.1733. SA, Korrespondenz Damian Hugo Nr. 378.
820　Notiz Damian Hugos, 1727. SA, Korrespondenz Damian Hugo Nr. 387.
821　Notiz Damian Hugos, um 1736. SA, Korrespondenz Damian Hugo Nr. 377.
822　Damian Hugo an Rudolf Franz Erwein, 05.09.1724. SA, Korrespondenz Damian Hugo Nr. 387.
823　SCHRÖCKER (1973), S. 227f.
824　Damian Hugo an Franz Georg, 1729. SA, unverzeichneter Bestand.
825　Sybilla Augusta an Damian Hugo, 16.03.1730. GLA 195/1602.
826　Brief Spangenbergs, 12.02.1730. GLA 78/332.
827　Brief Oppenheimers, um November 1729. GLA 78/332.
828　Er immatrikulierte sich in Heidelberg am 24.12.1717. TOEPKE (1903), S. 36.
829　Brief Streits, 08.10.1729. GLA 78/332.
830　MAAS (1931), S. 18.
831　Brief Damian Hugos, 04.11.1743. GLA 78/332.
832　NOPP (1881), S. 348.
833　Brief Streits, 08.10.1729. GLA 78/332.
834　KREBS (1948), S. 130.
835　HODECKER (1962), S. 167.
836　Brief Damian Hugos, 31.12.1729. GLA 78/332.
837　MAAS (1931), S. 18f.
838　Brief, 22.11.1736. GLA 78/61.
839　Brief, 29.08.1721. GLA 133/789.
840　Aufstellung vom 24.09.1770. EAF, A 31/380.
841　GLA 133/786.
842　Hospitalordnung, 27.10.1731. GLA 229/51604.
843　EAF, A 31/381.
844　Protokoll des Geistlichen Rates, 07.03.1734. GLA 133/786.
845　Protokoll des Geistlichen Rates, 22.04.1734. EAF, A 31/381.
846　Protokoll des Geistlichen Rates, 03.03.1734. EAF, A 31/381.
847　Brief von Huttens, 14.08.1744. GLA 133/786.
848　ARNOLD (1988), S. 63.
849　FROMME STIFTUNGEN (1785), S. 2.

850 FROMME STIFTUNGEN (1785), S. 25.
851 Damian Hugo an Hofrat von Spangenberg und Leibarzt von Sailern, 08.10.1732. GLA 133/887.
852 STIER (1988), S. 16.
853 Gutachten, ohne Datum. GLA 133/982.
854 Brief an Geistlichen Rat, 22.04.1740. GLA 78/1697.
855 Dreikönigsopfer vom 06.01.1734. GLA 67/437. FROMME STIFTUNGEN (1785), S. 56f.
856 Protokoll des Hofrates, 26.02.1729. GLA 133/982.
857 Brief an Geistlichen Rat., 22.04.1740. GLA 78/1697.
858 GLA 78/140.
859 Ebd.
860 Damian Hugo an Lothar Franz, 03.05.1718. SA, Gebundene Korrespondenz Lothar Franz Band 20.
861 Damian Hugo an Lothar Franz, 18.10.1718. SA, Gebundene Korrespondenz Lothar Franz Band 20.
862 Stift an Damian Hugo, 12.05.1723. GLA 195/1420.
863 Damian Hugo an Stift, 10.05.1723. GLA 195/1420.
864 Dahlwich an Damian Hugo, 18.04.1730. GLA 78/90.
865 Damian Hugo an das Reichskammergericht, 10.07.1730, wiedergegeben in einem Gutachten von 1794. GLA 65/11584.
866 Druckschrift, ohne Datum. GLA 94/335.
867 Protokoll, 30.05.1729. GLA 94/321.
868 Stift an Damian Hugo, 10.02.1731. GLA 94/322.
869 Ebd.
870 Damian Hugo, 16.05.1731. GLA 94/322.
871 Damian Hugo an Stift, 15.06.1731. GLA 94/322.
872 GLA 94/381.
873 SARTORI (1788), S. 648f.
874 Damian Hugo an Lothar Franz, 18.09.28. SA, Korrespondenz Friedrich Karl Nr. 218.
875 Instruktion, 1721. GLA 78/86.
876 Gutachten, zwischen 1725 und 1730. GLA 78/1642.
877 HERSCHE (1989), S. 133.
878 STAMER (1959), S. 107.
879 AMMERICH (1989), S. 101.
880 FORSTER (1992).
881 Gutachten, GLA 78/906.
882 STIMMING (1909), S. 17ff.
883 Damian Hugo an Rollingen, vermutlich Sommer 1716. SA, Gebundene Korrespondenz Lothar Franz Nr. 18.
884 Damian Hugo an Lothar Franz, 10.07.1716. SA, Gebundene Korrespondenz Lothar Franz Nr. 18.
885 Damian Hugo an Franz Georg, 09.02.1722. GLA 78/1490.
886 Puncta, worüber von ihrer Hochfürstlichen Eminenz dero Speyrer Domb Capitul die gnädigste Remedur sich unterthänigst ausgebeten haben will. Ohne Datum (um 1728). SA, Korrespondenz Damian Hugo Nr. 93.
887 Kapitel an Damian Hugo, 27.08.1729. GLA 78/1577.
888 Damian Hugo an Dahlwich, 28.10.1731. GLA 78/790.
889 Protokoll des Geistlichen Rates, 28.08.1726. GLA 78/841.
890 STAMER (1959), S. 111.
891 Dahlwich an Damian Hugo, 28.07.1731. GLA 78/90.
892 Damian Hugo an Dahlwich, 12.08.1730. GLA 78/90.
893 Dahlwich an Damian Hugo, 30.05.1730. GLA 78/90.
894 Puncta, worüber von ihrer Hochfürstlichen Eminenz dero Speyrer Domb Capitul die gnädigste Remedur sich unterthänigst ausgebeten haben will. Ohne Datum (um 1728). SA, Korrespondenz Damian Hugo Nr. 93.
895 Domkapitel an Geistlichen Rat, 22.01.1727. GLA 78/90.
896 Bericht, 20.08.1727. GLA 78/90.
897 Damian Hugo an Kaiser, 18.06.1729. GLA 78/1577.
898 Damian Hugo an Geistlichen Rat, 16.08.1727. GLA 78/1516.
899 KREMER (1911), S. 117.
900 Damian Hugo an Felice, 27.01.1728. SA, Korrespondenz Damian Hugo Nr. 150.
901 Lothar Franz an Friedrich Karl, 03. und 17.03.1723. SA, Korrespondenz Friedrich Karl Nr. 25.
902 Lothar Franz an Friedrich Karl, 23.03.1723. SA, Korrespondenz Friedrich Karl Nr. 25.
903 Lothar Franz an Friedrich Karl, 28.04.1723. SA, Korrespondenz Friedrich Karl Nr. 25.
904 Instruktion, ohne Datum. MEA, Geistliche- und Kirchensachen Nr. 47.

905 Damian Hugo an Lothar Franz, 05.09.1726. MEA, Geistliche- und Kirchensachen Nr. 47.
906 Lothar Franz an Friedrich Karl, 10.11.1726. SA, Korrespondenz Friedrich Karl Nr. 27.
907 Lothar Franz an Friedrich Karl, 13.08.1727. SA, Korrespondenz Friedrich Karl Nr. 92.
908 Lothar Franz an den Kaiser, 13.08.1727. SA, Korrespondenz Friedrich Karl Nr. 92.
909 RAAB (1989), S. 123.
910 Friedrich Karl an Damian Hugo, 24.09.1727. MEA, Geistliche- und Kirchensachen Nr. 47.
911 Agent Degen an Lothar Franz, 22.11.1728. MEA, Geistliche- und Kirchensachen Nr. 47.
912 Franz Georg an Lothar Franz, ohne Datum. MEA, Geistliche- und Kirchensachen Nr. 47.
913 Damian Hugo an Lothar Franz, 14.08.1728. MEA, Geistliche- und Kirchensachen Nr. 47.
914 HANTSCH (1929), S. 198.
915 WILD (1904), S. 153.
916 REMLING (1854), S. 656.
917 STIMMING (1909), S. 70.
918 13.12.1729. GLA 67/435.
919 Damian Hugo an Dahlwich, 24.10.1731. GLA 78/90.
920 Damian Hugo an Dahlwich, 02.11.1731. GLA 78/90. Gutachten. GLA 78/2487.
921 REMLING (1854), S. 656.
922 Anweisung Damian Hugos, 13.08.1724. GLA 78/679.
923 Dahlwich an Damian Hugo, 20.06.1729. GLA 78/90.
924 SARTORI (1788), S. 466.
925 Aufstellung Kellermans zur Arbeit des Seminars, Dezember 1738. GLA 78/2018.
926 GLA 67/432.
927 GLA 78/1310.
928 Aufstellung Kellermans zur Arbeit des Seminars, um 1730. GLA 78/2017.
929 Damian Hugo an Holderhoff, 22.06.1734. GLA 78/90.
930 DEBUS (1984), S. 104.
931 Damian Hugos an Kramer, 20.12.1728. GLA 67/433.
932 Damian Hugo an Geistlichen Rat, 10.10.1727. GLA 78/144.
933 Damian Hugo an Landdechanten von Rothenfels, 21.03.1730. GLA 203/868.
934 Gutachten, GLA 78/906.
935 Ebd.
936 Ebd.
937 Rundschreiben Damian Hugos, 04.10.1723. GLA 67/429.
938 Rundschreiben Damian Hugos, 14.08.1725. GLA 67/433.
939 Rundschreiben Damian Hugos, Ende 1725. GLA 67/430.
940 Notiz Damian Hugos, 1739. GLA 78/1059.
941 Damian Hugo an den Landdechanten von Rothenfels, 21.03.1730. GLA 203/868.
942 Bericht an Damian Hugo, 05.07.1740. GLA 203/861.
943 Dahlwich an Damian Hugo. 18.04.1730. GLA 78/91.
944 Kellerman an Damian Hugo, 06.07.1732. GLA 78/1838.
945 Rundschreiben Damian Hugo, 17.04.1728. GLA 67/433. SAMMLUNG HIRTENBRIEFE (1786), S. 96
946 Protokoll Kellermans, 12.08.1733. GLA 203/891.
947 Gemeinde Ilbesheim an Damian Hugo, 18.08.1739. LAS, D2, Nr. 310b.
948 Brief, 06.05.1736. GLA 78/1008.
949 Brief, 14.05.1732. GLA 78/90.
950 Dahlwich an Damian Hugo, 20.10.1731. GLA 78/90.
951 Rundschreiben Damian Hugos, 01.07.1727. GLA 67/432.
952 Protokoll des Generalvikariats 1728–1733. DDAM.
953 Notiz ohne Datum. MEA, Geistliche und Kirchensachen Nr. 47.
954 Dahlwich an Damian Hugo, 04.07.1731. GLA 78/90.
955 Dahlwich an Damian Hugo, 22.09.1731. GLA 78/90.
956 Dahlwich an Damian Hugo, 09.10.1731. GLA 78/90.
957 Dahlwich an Damian Hugo, 25.09.1731. GLA 78/90.
958 Dahlwich an Damian Hugo, 30.10.1731. GLA 78/90.
959 Damian Hugo an Franz Georg, 06.11.1731. SA, Korrespondenz Franz Georg Nr. 80.
960 Bericht, 19.05.1725. GLA 78/2017.
961 Brief an Pfarrer von Hauenstein, Februar 1725. GLA 78/2017.
962 Brief, 11.09.1732. GLA 229/72589.
963 Brief, 21.08.1734. GLA 229/75289.
964 Notiz, 11.04.1737. GLA 229/72580.
965 Protokoll des Geistlichen Rates, 01.07.1730. GLA 78/2024.

966 Theiss an Rollingen, 29.10.1718. GLA 78/703. Siehe auch SARTORI (1790), S. 128.
967 Gutachten. GLA 78/906.
968 Randbemerkung Damian Hugos zum Gutachten. GLA 78/906.
969 Damian Hugo an Kellerman, 20.08.1739. GLA 78/703.
970 Um 1726. GLA 78/703.
971 Urteil über Damian Hugos Seminar in dem anonymen und undatierten Gutachten „ob die Vermehrung der Jesuiten und Errichtung eines Collegii in der Stadt Bruchsal dem publico nützlich sei" (um 1750). GLA 133/805.
972 Brief an Geistlichen Rat, 13.07.1724. GLA 78/90.
973 Memoriale ad pontificem in puncto seminarii nacher Bruchsal, Juli 1721. GLA 78/1838.
974 „Unterthäniges Gutachten betreffend die Einrichtung eines Seminarii". September 1721. GLA 78/2006.
975 Siehe etwa für Köln RECKERS (1929) und für Eichstätt SAX (1857) sowie ARNETH (1970).
976 GLA 78/2006.
977 GLA 78/1949. Undatiert, zeitliche Einordnung ergibt sich aus anderen Hinweisen.
978 GLA 78/1946.
979 Protokoll des Geistlichen Rates, 20.07.17.24. GLA 78/1940.
980 Brief an Geistlichen Rat, 18.10.1743. GLA 74/2014.
981 Protokolle der Seminar- und Hospitalkommission vom September 1725. GLA 78/2014.
982 Brief Damian Hugos, 24.12.1724. GLA 78/1828.
983 Protokoll Geistlicher Rat, 20.07.1724. GLA 78/1948.
984 Brief Damian Hugos, 24.12.1724. GLA 78/1948.
985 Protokoll des Geistlichen Rats, 01.02.1730. GLA 78/2024.
986 Brief an Geistlichen Rat, 05.09.1726. GLA 78/2024.
987 So am 11.01.1726. GLA 78/2014.
988 Brief, 06.07.1732. GLA 78/1838.
989 Brief, 24.051733. GLA 78/1828.
990 So Damian Hugo, 22.03.1733. GLA 78/1828.
991 Brief, 27.02.1737. GLA 78/1828.
992 Brief Damian Hugos, 21.07.1738. GLA 78/1828.
993 Brief, 09.12.1738. GLA 78/1828.
994 Brief, 20.12.1730. GLA 78/1828.
995 Mandat, 21.10.1744. GLA 78/1828.
996 Verordnung, 24.12.1723. GLA 61/130.
997 Protokoll des Geistlichen Rates, 01.02.1730. GLA 78/2024.
998 Schönborn an Kellerman, 06.07.32. GLA 78/1838.
999 Brief Damian Hugos, 30.09.1727. GLA 78/2006.
1000 Brief, 21.12.1728. GLA 78/2006.
1001 Brief, 01.01.1730. GLA 78/2006.
1002 LEINWEBER (1984), S. 16.
1003 Brief, 22.12.1728. GLA 78/2006. Näheres zu dieser Schrift ist nicht bekannt.
1004 Brief Damian Hugos an den Bischof von Konstanz, 26.02.1741. SA, Korrespondenz Damian Hugo 43.
1005 LEINWEBER (1984), S. 16.
1006 Damian Hugo an Friedrich Karl, 17.07.1742. SA, Korrespondenz Damian Hugo 43.
1007 Brief an den Regens vom 10.07.1742. GLA 78/2006.
1008 „Monita" eines Unbekannten an Damian Hugo, um den 28.07.1742. SA, Korrespondenz Damian Hugo 43.
1009 Brief, 08.8.1742. GLA 78/2006.
1010 Bittschrift Kaufholz, 20.06.1725. GLA 78/2014.
1011 Notiz Damian Hugos, 01.07.1730. GLA 78/1838.
1012 ROEGELE (1951), S. 30 ff. Brief, 06.02.1728. GLA 78/1948.
1013 Brief an Geistlichen Rat, 03.03.1737. GLA 78/1948.
1014 Protokoll der Seminarkommission, 06.05.1726. GLA 78/1946.
1015 Damian Hugo an Holderhoff, 13.12.1734. GLA 78/1828.
1016 Bericht an Damian Hugo, 23.12.1726. GLA 78/2017.
1017 Kellerman an Damian Hugo, 04.01.1731. GLA 78/2018.
1018 Brief an Geistlichen Rat, 27.11.1731. GLA 78/1948.
1019 Brief, 05.06.1724. GLA 78/1838.
1020 Dieses Stiftungen wurden jeweils in das Liber spiritualium eingetragen. GLA 78/425ff.
1021 ROEGELE (1951), S. 15.
1022 Protokoll Seminarkommission, 31.01.1726. GLA 78/1014.

1023 Protokoll Seminarkommission, 25.10.1725. GLA 78/1846.
1024 Abrechnung für die Jahre 1725/26. GLA 229/14026.
1025 Brief aus Fulda, 10.01.1729. GLA 78/2006.
1026 Brief, 20.02.1726. GLA 78/2017.
1027 FROMME STIFTUNGEN (1785), S. 12.
1028 STAMER (1959), S. 54.
1029 Gutachten. GLA 78/906.
1030 Damian Hugo zur Visitation in Ketsch, 05.09.1729. GLA 229/51970.
1031 Brief vom 24.12.1724. LAS, D2, Nr. 311a-neu.
1032 Notiz, 21.01.1730. LAS, D2, Nr. 372, II-neu.
1033 Status, 1753. LAS, D2, Nr. 372, II-neu.
1034 Bericht, 30.03.1735. GLA 203/943.
1035 Bulle Papst Benedikts VII. GLA 229/72576.
1036 LAS, D2, Nr. 357.
1037 Damian Hugo an Dahlwich, 04.09.1731. GLA 78/90.
1038 Rundbrief Damian Hugos, 21.04.1726. GLA 229/113945.
1039 GLA 229/113974.
1040 Protokoll Geistlicher Rat, 20.12.1730. LAS, D2, Nr. 312a.
1041 SMOLINSKY (1993), S. 124.
1042 Damian Hugo an Oberst Vogelsang, 02.01.1726. GLA 67/431.
1043 Brief, 31.12.1738. GLA 78/184.
1044 Sybilla Augusta an Damian Hugo, 01.01.1736. GLA 203/939.
1045 Rundschreiben Damian Hugos, 20.01.1723. GLA 67/429.
1046 Bericht an Damian Hugo, 04.10.1725. GLA 67/431.
1047 Rundschreiben Damian Hugos, Mitte 1725. GLA 67/430.
1048 Sybilla Augusta an Damian Hugo, 06.01.1727. GLA 220/736.
1049 Bericht an Damian Hugo, 03.03.1736. GLA 220/736.
1050 Bericht, ohne Datum. LAS, D2, Nr. 312a.
1051 Rundschreiben Damian Hugos, 28.12.1728. GLA 67/433. SAMMLUNG HIRTENBRIEFE (1786), S. 85.
1052 Rundschreiben Damian Hugos, 05.09.1730. GLA 67/435. SAMMLUNG HIRTENBRIEFE (1786), S. 99f.
1053 SAMMLUNG HIRTENBRIEFE (1786), S. 98.
1054 SAMMLUNG HIRTENBRIEFE (1786), S. 100.
1055 WETTERER (1915), S. 166.
1056 Brief Dahlwichs, 25.08.1731. GLA 78/90.
1057 Dahlwich an Damian Hugo, 04.07.1730. GLA 78/90. Siehe auch STAMER (1959), S. 89.
1058 Rundschreiben Damian Hugos, 22.10.1726. GLA 78/677.
1059 Rundschreiben Damian Hugos, 18.06.1731. GLA 67/435.
1060 Damian Hugo an Geistlichen Rat, 23.11.1736. GLA 78/1008.
1061 Bericht, 30.03.1743. GLA 78/1008.
1062 MANZ (1975), S. 152f. ROEGELE (1950).
1063 STAMER (1959), S. 74f.
1064 Dahlwich an Damian Hugo, 30.05.1730. GLA 78/90.
1065 Damian Hugo an Dahlwich, 08.07.1730. GLA 78/90.
1066 Reskript Damian Hugos, 03.07.1728. GLA 133/803.
1067 Notiz, 28.12.1728. GLA 67/433.
1068 Verordnung, 05.09.1730. GLA 67/435.
1069 Rundschreiben Damian Hugos, 22.06.1731. GLA 67/435. SAMMLUNG HIRTENBRIEFE (1786), S. 102f.
1070 Damian Hugo an Hofrat, 1738. GLA 61/11141.
1071 Damian Hugo an Dahlwich, 27.07.1731. GLA 78/90.
1072 Damian Hugo an Dahlwich, 24.08.1731. GLA 78/90.
1073 Damian Hugo an Johann Philipp Franz, 18.04.1722. GLA 78/696.
1074 Damian Hugo an Dahlwich, 03.06.1730. GLA 78/90.
1075 Brief, 30.04.1732. GLA 67/435.
1076 Rundschreiben, 30.06.1724. GLA 67/430.
1077 Monita ad relationem, 1739. GLA 78/1054.
1078 Damian Hugo an Dahlwich, 11.09.1731. GLA 78/90.
1079 Dahlwich an Damian Hugo, 27.05.1730. GLA 78/90.
1080 Monita ad relationem, 1739. GLA 78/1054. Siehe auch STAMER (1959), S. 110.
1081 WETTERER (1915), S. 153ff.
1082 HUBENSTEINER (1954), S. 208.
1083 Brief, 24.01.1722. SA, Korrespondenz Friedrich Karl Nr. 24.
1084 Bericht, 24.04.1743. GLA 88/627.
1085 Damian Hugo, 01.08.1725. GLA 67/429.
1086 Ichtersheim an Damian Hugo, 30.12.1728. GLA 89/409.
1087 Ichtersheim an Damian Hugo, 02.11.1737. GLA 88/409.

1088 THOMA (1895), S. 50.
1089 Markgraf von Baden-Baden an Damian Hugo, 07.10.1729. GLA 88/287.
1090 Ichtersheim an Rollingen, März 1715. GLA 88/77.
1091 Damian Hugo an Dahlwich, 09.06.1723. GLA 88/285.
1092 Damian Hugo an Kellerman, 17.06.1739. GLA 88/408.
1093 Damian Hugo an Kellerman, 21.04.1740. GLA 195/1570.
1094 Priorin von Heilig Grab an Damian Hugo, 10.05.1742. GLA 195/1574.
1095 Regierung in Rastatt an Stift, 13.08.1719. GLA 195/1396.
1096 Rottenberg an Damian Hugo, 08.07.1723. GLA 196/1407.
1097 Damian Hugo an Dekan des Stiftes Baden, 27.09.1735. GLA 195/1413.
1098 Stift an Markgraf, 22.11.1735. GLA 195/1413.
1099 Damian Hugo an Stift, 06.01.1736. GLA 195/1413.
1100 Graf Harrach, 21.05.1737. GLA 195/1415.
1101 Copia compositionis anno 1745. GLA 195/1417.
1102 Gutachten, 1724. GLA 78/906.
1103 Stift an Markgraf, 22.11.1735. GLA 195/1413.
1104 Dahlwich an Damian Hugo, 27.06.1730. GLA 78/90.
1105 Damian Hugo an Dahlwich, 15.07.1730. GLA 78/90.
1106 Bulle, 09.09.1731. GLA 67/435.
1107 Brief Stauffenbergs, 29.01.1740. GLA 82/520.
1108 REINHARDT (1966), S. 118.
1109 ACKERMANN (1983), S. 214.
1110 Brief Damian Hugos, 14.12.1740. GLA 61/7368.
1111 Damian Hugo zu einem Bericht der Kammer, 03.10.1740. GLA 61/7368.
1112 Brief Damian Hugos, 25.05.1741. GLA 61/7370.
1113 Damian Hugo an Grilloni, 17.05.1740. GLA 82/1068.
1114 Brief Damian Hugos, 23.06.1741. GLA 61/7336.
1115 Mitteilung der Regierung, 22.08.1742. GLA 82/594.
1116 Damian Hugo an Karg von Bebenburg, 21.06.1725. GLA 78/1418.
1117 WEILAND (1922), S. 24.
1118 Markgraf Ludwig Georg an Damian Hugo, 13.03.1734. GLA 67/437.
1119 WEILAND (1922), S. 29.
1120 Lothar Franz an Friedrich Karl, 14.04.1723. SA, Korrespondenz Friedrich Karl Nr. 25.
1121 Schreiben Damian Hugos, 10.03.1723. GLA 67/429.
1122 Notiz, 08.012.1734. GLA 78/944.
1123 RHEINWALD (1863), S. 505f.
1124 MEA, Geistliche- und Kirchensache Nr. 39.
1125 Lothar Franz an Friedrich Karl, 06.01.1723. SA, Korrespondenz Friedrich Karl Nr. 25.
1126 KUNZER (1915), S. 28.
1127 Lothar Franz an Friedrich Karl, 01.02.21. SA, Korrespondenz Friedrich Karl Nr. 23.
1128 SARTORI (1790), S. 838.
1129 Brief, 15.01.1721. SA, Korrespondenz Friedrich Karl Nr. 23.
1130 Damian Hugo an Karg von Bebenburg, 27.01.1725. GLA 78/1285.
1131 Damian Hugo an Friedrich Karl, 15.03.1727. SA, Korrespondenz Damian Hugo Nr. 92.
1132 Notiz Damian Hugos, 02.03.1722. GLA 78/1111.
1133 Brief, 27.09.1725. GLA 78/2593.
1134 Notiz Damian Hugos, 23.09.1726. GLA 78/2593.
1135 Damian Hugo an Oberst Kohnenberg, 12.09.1722. GLA 78/2594.
1136 Notiz Damian Hugos, 16.05.1727. GLA 78/2581.
1137 Damian Hugo an Graf Stadion, 30.06.1727. GLA 78/1727.
1138 Lothar Franz an Friedrich Karl, 04.09.1728. SA, Korrespondenz Friedrich Karl Nr. 28.
1139 Damian Hugo an den Landgrafen von Hessen-Darmstadt, 10.01.1733. GLA 78/2993.
1140 Administrator von Württemberg an Damian Hugo, 10.01.1741. GLA 83/1392.
1141 Damian Hugo an Administrator, 29.01.1741. GLA 61/7334.
1142 Brief, 31.01.1741. GLA 61/7334.
1143 REINHARDT (1966), S. 121.
1144 Instruktion Damian Hugos, 15.05.1741. GLA 83/1465.
1145 Beratungen in Meersburg, 20.04.1741. GLA 83/1415.
1146 Schreiben des Kreises, 28.04.1741. GLA 51/408.
1147 Relation, 14.05.1741. GLA 51/408.

1148 Beratungen in Meersburg, 08.09.1741. GLA 83/1415.
1149 Beratungen in Meersburg, 25.08.1741. GLA 83/1443.
1150 BAUMGART (1984), S. 64.
1151 FIMPEL (1992), S. 106.
1152 Notiz Damian Hugos, September 1741. GLA 83/1447.
1153 Notiz Damian Hugos, 18.09.1741. GLA 83/1439.
1154 Franz Georg an Damian Hugo, 24.06.1743. GLA 78/2330.
1155 KAINRATH (1950), S. 54.
1156 SCHLÖSSER (1997), S. 126f.
1157 Zitiert nach KÜHLING (1914), S. 58.
1158 So etwa HOFMANN (1941), S. 106.
1159 REMLING (1854), S. 661f.
1160 JAEGER (1743), S. 10.

Quellen und Literatur

Archivalische Quellen

I. Freiburg:
Erzbischöfliches Archiv Freiburg
A 31

II. Hasselt:
Rijksarchiv Hasselt:
Landcommenderij Alden Biesen
Landcommenderij Alden Biesen, Charters

III. Karlsruhe:
Generallandesarchiv Karlsruhe:
Abt. 46 Haus-und Staatsarchiv, Personalia
Abt. 50 Haus- und Staatsarchiv, Reichssachen
Abt. 51 Haus-und Staatsarchiv, Kreissachen
Abt. 61 Amtsbücher, Protokolle
Abt. 65 Handschriften
Abt. 67 Kopialbücher
Abt. 77 Pfalz Generalia
Abt. 78 Bruchsal Generalia
Abt. 82 Konstanz Generalia
Abt. 83 Konstanz Reichskreise
Abt. 88 Frauenalb
Abt. 94 Odenheim
Abt. 133 Bruchsal, Amt und Stadt
Abt. 195 Baden-Baden
Abt. 203 Gernsbach, Stadt und Landkapitel
Abt. 220 Rastatt
Abt. 230 Neuere Urkunden
Abt. 299 Amtsgericht Triberg

IV. Marburg:
Hessisches Staatsarchiv Marburg:
Bestand 4f
Bestand 106a

V. Mainz:
Dom- und Diözesanarchiv Mainz:
Alter Kasten
Sig. 1/601 Protocolla Judicii Metropolitani 1728–1733, 1734–56

VI. Münster:
Nordrheinwestfälisches Staatsarchiv Münster:
Corvey, Akten Nr. 1467

VII. Schleswig:
Schleswig-Holsteinisches Landesarchiv, Schleswig:
Abt. 7, 8.1, 113, 127.21, 360

VIII. Speyer:
Landesarchiv Speyer:
D 2, F 2, E 3, U 140
U 140/56

IX. Wien:
1. Deutschordenszentralarchiv, Wien:
Abteilung Balleikapitel (BK)
Abteilung Ritter (Ri)
Abteilung Welschland (Wel)
2. Haus-, Hof- und Staatsarchiv, Wien:
Reichskanzlei
Friedensakten
Berichte aus Hamburg
Kleinere Reichsstände
3. Haus-, Hof- und Staatsarchiv, Wien – Mainzer Erzkanzler Archiv:
Reichstagsakten Nr. 312
Reichshofrat 8b
Korrespondenz 59, 103c, 102c, 101, 124a
Geistliche- und Kirchensachen 27, 30, 47

X. Wolfenbüttel:
Niedersächsisches Staatsarchiv Wolfenbüttel:
1 Alt 5, 1 Alt 6, 1 Alt 15, 1 Alt 22, 2 Alt

XI. Würzburg:
1. Bayrisches Staatsarchiv Würzburg – Mainzer Regierungsarchiv:
Militär
Hochstift Speyer
Deutschorden
2. Bayrisches Staatsarchiv Würzburg – Schönbornarchiv:
Korrespondenz Melchior Friedrich
Gebundene Korrespondenz Lothar Franz
Korrespondenz Friedrich Karl
Korrespondenz Damian Hugo
Korrespondenz Rudolf Franz Erwein
Korrespondenz Franz Georg

Gedruckte Quellen und Literatur

ABERT, Josef Friedrich (1914): Die Jugend- und Studienzeit der beiden Würzburger Bischöfe Johann Philipp Franz und Friedrich Karl von Schönborn, in: Frankenland 1–4. Illustrierte Monatsschrift für Geschichte und Volkskunde in Franken 1 (1914), S. 6–11, 2 (1914), S. 49–65.

ACKERMANN, Herbert (1983): Das Hofleben. Ein Beitrag zur Geschichte des fürstbischöflichen Hofes zu Meersburg, in: Die Bischöfe von Konstanz. Band 1: Geschichte. Herausgegeben im Auftrag der Erzdiözese Freiburg von Elmar Kuhn, Friedrichshafen, S. 209–229.

ALMQUIST, Helge (1918): Holstein-Gottorp, Sverige och den nordiska ligan i den politiska krisen 1713–1714 (Humanistika Vetenskampssamfundet Skrifter 21,1), Leipzig.

AMMERICH, Hans (1989): Das Fürstbistum Speyer im Zeichen der tridentinischen Erneuerung, in: AMK 41 (1989), S. 81–106.

ANDERSON, J. G. L. (1866): Geschichte der Deutschordens-Commende Griefstedt, Erfurt.

ANDREAS, Willy (1909): Ein Bericht des Geheimen Referänders Herzog über die Regierung Wilderichs von Speyer beim Übergang der rechtsrheinisch-speyrischen Lande an Baden 1802, in: ZGO 24 (1909), S. 519–526.

ARETIN, Karl Ottmar von (1972): Kaiser Joseph I. zwischen Kaisertradition und österreichischer Großmachtpolitik, in: HZ 215 (1972), S. 529–606.

ARETIN, Karl Ottmar von (1975): Die Kreisassoziationen in der Politik des Mainzer Kurfürsten Johann Philipp und Lothar Franz von Schönborn 1648–1711, in: DERS. (Hg.): Der Kurfürst von Mainz und die Kreisassoziationen 1648–1746 (Veröffentlichungen des Instituts für Europäische Geschichte Mainz 2), Wiesbaden, S. 32–67.

ARETIN, Karl Ottmar von (1997): Das Alte Reich 1648–1806, Band 2: Kaisertradition und österreichische Großmachtpolitik (1684–1745), Stuttgart.

ARNETH, Michael (1970): Das Ringen um Geist und Form der Priesterbildung im Säkularklerus des 17. Jahrhunderts (Schriften zur Religionspädagogik und Kerygmatik 7), Würzburg.

ARNOLD, Udo/FLEERACKERS, Johann (1988): Alden Biesen. Acht Jahrhunderte einer Deutschordens-Landkommende im Rhein-Maas-Gebiet (Quellen und Studien zur Geschichte des Deutschen Ordens 42), Marburg.

Aschoff, Hans Georg (1983a): Das Bistum Hildesheim und das Apostolische Vikariat des Nordens, in: Die Diözese Hildesheim in Vergangenheit und Gegenwart 51 (1983), S. 78–94.

Aschoff, Hans Georg (1983b): Um des Menschen willen. Die Entwicklung der katholischen Kirche in der Region Hannover, Hildesheim.

Augner, Gerd (1983): Die kaiserliche Kommission der Jahre 1708–1712. Hamburgs Beziehung zu Kaiser und Reich zu Anfang des 18. Jahrhunderts (Beiträge zur Geschichte Hamburgs 23), Hamburg.

Baasch, Ernst (1905): Der Kampf des Hauses Braunschweig-Lüneburg mit Hamburg um die Elbe vom 16.–18. Jahrhundert (Quellen und Darstellungen zur Geschichte Niedersachsens 21), Hannover.

Ballschmieter, Hans-Joachim (1962): Andreas Gottlieb von Bernstorff und der Mecklenburgische Ständekampf (1680–1720) (Mitteldeutsche Forschungen 26), Köln.

Banholzer, Gustav (1926): Die Wirtschaftspolitik des Grafen August von Limburg-Stirum, zweitletzten Fürstbischofs von Speier (1770–1797), Freiburg i. Br.

Baumgart, Peter (1984): Säkularisationspläne König Friedrich II. von Preußen. Zu einem kontroversen Thema der Preußenhistoriographie, in: Joachim Köhler (Hg.): Säkularisation in Ostmitteleuropa. Zur Klärung des Verhältnisses von geistlicher und weltlicher Macht im Mittelalter, von Kirche und Staat in der Neuzeit (Forschungen und Quellen zur Kirchen- und Kulturgeschichte Ostdeutschlands 19), Köln, S. 59–69.

Beste, Johannes (1899): Geschichte der Braunschweigischen Landeskirche von der Reformation bis auf unsere Tage, Wolffenbüttel.

Bilderbeck, Christoph Laurentius (1715): Teutscher Reichs-Staat oder ausführliche Beschreibung des Heiligen Römischen Reiches Teutscher Nation, Frankfurt am Main, Leipzig.

Bott, Katharina (1991): Bibliographie zur Geschichte des Hauses Schönborn. Neustadt/Aisch.

Brean, Franz Xaver (1715): Hohe Verdiensten umb die Heylige Römische Kirche und das Heylige Römische Reich von diesem und jener mit neuen Ehren Bezeugungen bestrahlet […], Wien.

Bühler, Emil (1923): Die Landes- und Gerichtsherrschaft im rechtsrheinischen Teil des Fürstbistums Speyer vornehmlich im 18. Jahrhundert, in: ZGO 77 (1923), S. 124–165.

Bühler, Emil (1924): Die Leibeigenschaft im rechtsrheinischen Teil des Fürstbistums Speyer vornehmlich im 18. Jahrhundert, in: ZGO 78 (1924), S. 1–24.

Chronik des Landes Hadeln (1843): Otterndorf.

Debus, Karl Heinz (1984): Studien zur Personalstruktur des Stiftes St. Guido in Speyer 1693–1758 (Quellen und Abhandlungen zur mittelrheinischen Kirchengeschichte 51), Mainz.

Demel, Bernhard (1983): Von der katholischen zur trikonfessionellen Ordensprovinz. Entwicklungslinien in der Personalstruktur der hessischen Deutschordensballei in den Jahren 1526–1680/81, in: Udo Arnold/Heinz Liebing (Hg.): Elisabeth, der Deutsche Orden und ihre Kirche. Festschrift zur siebenhundertjährigen Wiederkehr der Weihe der Elisabethkirche (Quellen und Studien zur Geschichte des Deutschen Ordens 18), Marburg, S. 186–281.

DOMARUS, Max (1961): Marquard Wilhelm von Schönborn. Dompropst zu Bamberg und Eichstätt 1683–1770, Eichstätt.

DORN, Hans Jürgen (1978): Die Deutschordensballei Westfalen von der Reformation bis zu ihrer Auflösung im Jahre 1809 (Quellen und Studien zur Geschichte des Deutschen Ordens 26), Marburg.

DOTZAUER, Winfried (1989): Die deutschen Reichskreise in der Verfassung des alten Reiches und ihr Eigenleben (1500–1803), Darmstadt.

DREVES, Lebrecht (1866): Geschichte der katholischen Gemeinden zu Hamburg und Altona. Ein Beitrag zur Geschichte der nordischen Mission, Schaffhausen.

DÜLFER, Kurt (1956): Studien zur Organisation des fürstlichen Regierungssystems in der obersten Zentralsphäre im 17. und 18. Jahrhundert, in: Archivar und Historiker. Studien zur Archiv- und Geschichtswissenschaft. Zum 65. Geburtstag von Heinrich Otto Meisner (Schriftenreihe der Staatlichen Archivverwaltung 7), Berlin, S. 237–253.

EBELING, Dietrich (1992): Der Holländerholzhandel in den Rheinlanden. Zu den Handelsbeziehungen zwischen den Niederlanden und dem westlichen Deutschland im 17. und 18. Jahrhundert (Vierteljahrsschrift für Sozial- und Wirtschaftsgeschichte, Beihefte 101), Stuttgart.

EHRENFRIED, Adalbert (1966): Waghäusel. Die Wallfahrt und die Kapuziner, Ulm.

ELECTA JURIS PUBLICI, worinnen die vornehmsten Staats-Affairen von Europa aus bewährtesten actis publicis theils in forma, theils durch accuraten Extract recensiret werden. 2. Band, 10. Stück, Abschnitt XLV, ohne Ort 1710.

ENDRES, Rudolf (1986): Preußens Griff nach Franken, in: Heinz DUCHHARDT (Hg.): Friedrich der Große, Franken und das Reich (Bayreuther Historische Kolloquien 1), Köln, S. 57–79.

FIMPEL, Martin (1992): Neutralität im Krieg. Die Beziehungen zwischen dem Schwäbischen Kreis und Habsburg 1740–1745 im Spiegel der Reutlinger Kreistagsakten, in: Reutlinger Geschichtsblätter NF 31, S. 89–126.

FINDEISEN, Jörg-Peter (1992): Karl XII. von Schweden. Ein König, der zum Mythos wurde, Berlin.

FORSTER, Marc R. (1992): The Counterreformation in the villages. Religion and Reform in the Bishopric of Speyer 1560–1720, Ithaca.

FRITSCH, Johannes Heinrich (1828): Geschichte des vormaligen Reichsstifts und der Stadt Quedlinburg. 2. Teil, Quedlinburg.

FROMME STIFTUNGEN im Hochstift Speyer (1785), Bruchsal.

GENZEL, Fritz (1951): Studien zur Geschichte des Nordischen Krieges (1714–1720) unter besonderer Berücksichtigung der Personalunion zwischen Großbritannien und Hannover, Diss. phil. Bonn.

GÖRING, Helmut (1922): Die auswärtige Politik des Kurfürstentums Trier im 18. Jahrhundert vornehmlich unter Franz Georg von Schönborn (Heidelberger Abhandlungen zur mittleren und neueren Geschichte 54), Heidelberg.

GOLDSCHMIDT, Hans (1908): Zentralbehörden und Beamtentum im Kurfürstentum Mainz vom 16. bis zum

18. Jahrhundert (Abhandlungen zur mittleren und neueren Geschichte 7), Berlin.

HÄFNER, Karl Theodor (1938): Die Geschichte des Katholizismus in Schleswig-Holstein von 1592–1863. Ein Beitrag zur Kirchengeschichte, Osnabrück.

HANTSCH, Hugo (1929): Reichsvizekanzler Friedrich Karl Graf von Schönborn (1674–1746). Einige Kapitel zur politischen Geschichte Kaiser Josephs I. und Karl VI. (Salzburger Abhandlungen und Texte aus Wissenschaft und Kunst 2), Augsburg.

HARTMANN, H. (1992): Der Deutsche Ritterorden 1600–1809, In: Udo ARNOLD u. a.: Ritter und Priester. Acht Jahrhunderte Deutscher Orden in Nordwesteuropa, Alden Biezen, S. 101–106.

HASSLER, Uta (1985): Die Baupolitik des Kardinals Damian Hugo von Schönborn. Landesplanung und profane Baumaßnahmen in den Jahren 1719–1743, Mainz.

HAUSRATH, Hans (1898): Forstgeschichte der rechtsrheinischen Theile des ehemaligen Bisthums Speyer, Berlin.

HAUSSHERR, Hans (1953): Verwaltungseinheit und Ressorttrennung vom Ende des 17. bis zum Beginn des 19. Jahrhunderts, Berlin.

HERMANN, Kurt (1988): Philipp Benedikt Freiherr Forstmeister von Gelnhausen (1649–1716). Ein Statthalter aus Deutschen Ordens, in: Heimatstelle Main-Kinzig. Mitteilungsblatt 13 (1988), S. 106–107.

HERSCHE, Peter (1989): Intendierte Rückständigkeit. Zur Charakteristik des geistlichen Staates im Alten Reich, in: Georg SCHMIDT: Stände und Gesellschaft im Alten Reich (Veröffentlichungen des Instituts für Europäische Geschichte Mainz 29), Stuttgart, S. 133–149.

HIRSCH, Fritz (1922): Kardinal Schönborn auf Reisen, in: Badische Heimat 9 (1922), S. 48–62.

HIRSCHFELD, Peter (1936): Otto Blomes große Tour 1701–1702. Ein Reisetagebuch, in: Nordelbingen 12 (1936), S. 177–196.

HODECKER, Friedrich (1962): Odenheim. Eine Wanderung durch 2000 Jahre Odenheimer Geschichte, Östringen.

HOFMANN, Michael (1941): Die Reichspolitik des Grafen Friedrich Karl von Schönborn als Fürstbischof von Bamberg und Würzburg (1729–1746), Bamberg.

HOLLAND, Ludwig Wilhelm (Hg.) (1867): Briefe der Herzogin Elisabeth Charlotte von der Pfalz aus den Jahren 1674 bis 1706, ohne Ort.

HOLZAPFEL, Helmut (1955): Unter nordischen Fahnen. Die Militärseelsorge der Jesuiten in den nordischen Ländern im XVII. und XVIII. Jahrhundert (Studien zur Geschichte der deutschen Diaspora), Paderborn.

HÜBBE, Heinrich Wilhelm Clemens (1856): Die kaiserlichen Kommissionen in Hamburg, Hamburg.

HUBATSCH, Walther (1983): Verwaltungsentwicklung von 1713 bis 1803, in: Kurt G. A. JESERICH u. a. (Hg.): Deutsche Verwaltungsgeschichte, Band 1: Vom Spätmittelalter bis zum Ende des Reiches, Stuttgart, S. 892–910.

HUBENSTEINER, Benno (1954): Die geistliche Stadt. Welt und Leben des Johann Franz Eckher von Kapfing und Lichteneck, Fürstbischof von Freising, München.

JAEGER, Jacob (1743): Wahrhafftes Eben-Bild eines christlichen Ritters und treueyffrigen Cardinals und Bischoffs […] vorgestellt an dem […] Damiano Hugone […] Bischoffen zu Speyer […], Bruchsal.

JEDIN, Hubert (1956): Die Reichskirche der Schönbornzeit, in: Trierer Theologische Zeitschrift 65 (1956), S. 202–216.

JESTÄDT, Wilhelm (1924): Geschichte der Stadt Fritzlar. Festschrift zum 1200jährigen Bestehen, Fritzlar.

JÜRGENSMEIER, Friedhelm (1972): Abt Gottfried Bessel und die Reichsgrafen von Schönborn, in: Franz Rudolf REICHERT: Gottfried Bessel (1672–1749). Diplomat in Kurmainz, Abt von Göttweig, Wissenschaftler und Kunstmäzen (Quellen und Abhandlungen zur mittelrheinischen Kirchengeschichte 16), Mainz, S. 53–65.

JÜRGENSMEIER, Friedhelm (1991): Die Schönborn. Ihr Aufstieg von Nassauischen Edelleuten zu Reichs- und Kreisfürsten, in: Rudolf ENDRES (Hg.): Adel in der Frühneuzeit. Ein regionaler Vergleich (Bayreuther Historische Kolloquien 5), Köln, S. 1–16.

KAHLENBERG, Friedrich Peter (1962): Kurmainzische Militärpolitik im 17. und 18. Jahrhundert. Studien zur Geschichte der Verteidigungseinrichtungen von Kurmainz unter Berücksichtigung der Baugeschichte der Festung Mainz, Mainz.

KAINRATH, Maria (1950): Die geistlichen Reichsfürsten im Österreichischen Erbfolgekrieg (1740–1746), Diss. phil. Wien.

KLEIN, Jürgen (1980): Barthold Heinrich Brockes als Politiker, in: Heinz-Dieter LOOSE: Barthold Heinrich Brockes (1680–1747). Dichter und Ratsherr in Hamburg (Beiträge zur Geschichte Hamburgs 16), Hamburg, S. 11–36.

KLOE, Karl (1928): Die Wahlkapitulationen der Bischöfe zu Speyer (1272–1802), Speyer.

KOFLER, Thaddäus (1744): Neu aufgerichtetes Ehrengrab, zu ewig verdienten Lob, Dank- und Denkmahl des in Erbauung der Kirchen Gottes höchst beflissenen hohen Kirchen Fürstens Hugonis Damiani … Den 19. 20. und 21. August-Monath 1744 gehalten … von Thaddäus Kofler. Ellwangen 1744.

KREBS, Manfred (1948): Die Dienerbücher des Bistums Speyer 1464–1768, in: ZGO 96 (1948), S. 55–195.

KREMER, Johannes (1911): Studien zur Geschichte der Trierer Wahlkapitulationen 1286 bis 1768. Ein Beitrag zur Verfassungsgeschichte des Erzstifts Trier, Trier.

KRETSCHMAYR, Heinrich (1897): Das deutsche Reichsvizekanzleramt, Wien.

KÜHLING, Theodor (1914): Der Assoziationsplan 1743/44 mit besonderer Berücksichtigung der Stellungnahme Friedrichs des Großen, Bonn.

KUNZER, Georg Eugen (1915): Die Beziehungen des Speierer Fürstbischofs Damian August Philipp Karl, Grafen von Limburg-Styrum, zu Frankreich (Veröffentlichungen des Historischen Vereins der Pfalz), Speyer.

LAMBERG, Margret (1989): Barock im Marburger Raum, Marburg.

LAMBERG, Margret (1995): „Von gesuchter Wiedereinführung deß catholischen Ecerciti in Marburg", in: Jörg Jochen BERNS (Hg.): Marburg-Bilder. Eine Ansichtssache. Zeugnisse aus fünf Jahrhundert, München, S. 293–311.

LANDAU, Marcus (1885): Rom, Wien, Neapel während des spanischen Erbfolgekrieges. Ein Beitrag zur Geschichte des Kampfes zwischen Papstthum und Kaiserthum, Leipzig.

LANGE, Ulrich (1996): Stände, Landesherr und große Politik – Vom Konsens des 16. zu den Konflikten des 17. Jahrhunderts, in: DERS. (Hg.): Geschichte Schleswig-Holsteins. Von den Anfängen bis zur Gegenwart, Neumünster, S. 153–266.

LEINWEBER, Josef (1984): Historische Rückschau zum Jubiläum, in: Magistrat der Stadt Fulda (Hg.): 400 Jahre Päpstliches Seminar, 250 Jahre Universität Fulda, Fulda, S. 5–17.

LINKEMEYER, Carl (1931): Das katholische Hamburg in Vergangenheit und Gegenwart, Hamburg.

LOCH, Günther (1951): Der kurrheinische Kreis von Rijswijk bis zum Frieden von Rastatt und Baden (1679–1714), Diss. phil. Bonn.

LUTWITZI, Johannes (1928): Aus dem ehemaligen Hochstift Speyer (1719–43). Nach archivalischen Quellen zusammengestellt. 6. Vom Wirtschaftsbetrieb, Ohm- und Lagergeld, in: Pfälzer Heimat. Beilage zum Pfälzer Kurier vom 10.09.1928.

MAAS, Heinrich (1931): Verwaltungs- und Wirtschaftsgeschichte des Bistums Speyer während der Regierung des Fürstbischofs Franz Christoph von Hutten (1743–1770), Heidelberg.

MANZ, Georg (1975): Die Kapuziner im rechtsrheinischen Gebiet des Bistums Speyer im 17. und 18. Jahrhundert, Bruchsal.

MARIGOLD, Gordon W. (1976): „Die schöne Brunnenquell". Zu einigen Huldigungen für Damian Hugo von Schönborn, in: ZGO 124 (1976), S. 335–361.

MARIGOLD, Gordon W. (1981a): Damian Hugo von Schönborn in Hamburg. Norddeutsche Künstler ehren einen katholischen Staatsmann, in: ZGO 129 (1981), S. 339–367.

MARIGOLD, Gordon W. (1981b): Die Bekehrungswelle im 17. und 18. Jahrhundert und die Familie Schönborn, in: Jahrbuch für fränkische Landesforschung 41 (1981), S. 89–117.

MARIGOLD, Gordon W. (1985): Damian Hugo von Schönborn und die Literatur, Bausteine zu einer Kulturgeschichte, in: Oberrheinische Studien VI: Volker PRESS/Eugen REINHARD/Hansmartin SCHWARZMAIER (Hrsg.) (1985): Barock am Oberrhein, Karlsruhe 1985, S. 329–344.

MATZ, Klaus-Jürgen (1997): Länderneugliederung. Zur Genese einer deutschen Obsession seit dem Ausgang des Alten Reiches (Historisches Seminar. Neue Folge 9), Idstein.

MEDIGER, Walther (1967): Mecklenburg, Rußland und England-Hannover 1706–1721. Ein Beitrag zur Geschichte des Nordischen Krieges (Quellen und Darstellungen zur Geschichte Niedersachsens 70), Hildesheim.

MEESE, Johanna (1958): Die Ballei Koblenz unter ihren letzten Landkomturen. Untersuchungen zur Geschichte der Ballei von 1698 bis 1809, Diss. phil. Köln.

MEJER, Otto (1853): Die Propaganda, ihre Provinzen und ihr Recht. Mit besonderer Berücksichtigung auf Deutschland dargestellt, Band 2, Göttingen.

MEYER, Otto (1957): Kurfürst Lothar Franz von Schönborn inmitten der Geschichte seiner Zeit und seines Hauses, Bamberg-Wiesbaden.

MEYER, Otto (1981): Damian Hugo von Schönborn. Deutschordenskomtur, Kardinal, Fürstbischof von Speyer und

Konstanz, in: Dieter WEBER (Hg.) (1981): Varia Franconiae Historica. Aufsätze, Studien, Vorträge zur Geschichte Frankens, Band 3, Würzburg.

MÜLLER, Klaus (1976): Das kaiserliche Gesandtschaftswesen im Jahrhundert nach dem Westfälischen Frieden (1648–1740) (Bonner historische Forschungen 42), Bonn.

NAUMANN, Martin (1936): Österreich, England und das Reich 1719–1732, Berlin.

NIEDERQUELL, Theodor (1953): Geschichte der Deutschordensballei Hessen von Beginn des 16. Jahrhunderts bis zu ihrer Auflösung 1809, Diss. phil. Marburg.

NOPP, Heinrich (1881): Geschichte der Stadt und ehemaligen Reichsfestung Philippsburg von ihrem Entstehen aus der Burg und dem Dorfe Udenheim bis zum Anfalle derselben an Baden, Speyer.

PHILIPPI, Hans (1976): Landgraf Karl von Hessen-Kassel. Ein deutscher Fürst der Barockzeit (Veröffentlichungen der Historischen Kommission für Hessen 34), Marburg.

PIEPER, Anton (1886): Die Propaganda-Congregation und die Nordische Mission im 17. Jahrhundert. Aus den Acten des Propaganda-Archivs und des vaticanischen Geheim-Archivs, Köln.

POLITISCHES TESTAMENT („Väterliche Ermahnung") Kurfürst Friedrich Wilhelm I. (1640–1688), in: Heinz DUCHHARDT (Hg.): Politische Testamente und andere Quellen zum Fürstenethos der frühen Neuzeit (Ausgewählte Quellen zur deutschen Geschichte der Neuzeit 18), Darmstadt 1987, S. 171.

POTH, Friedrich (1970): Die wirtschaftlichen Verhältnisse und deren Entwicklung innerhalb der Gemeinde Edesheim – Das 18. Jahrhundert, in: Edesheimer Heimatpost. Nr. 30 (1970), S. 2–5.

PRESCHER, Johann Philipp Heinrich (1790): Geschichte und Beschreibung der zum fränkischen Kreise gehörigen Reichsgrafschaft Limpurg, Band 2, Stuttgart.

PRESS, Volker (1985): Das Hochstift Speyer im späten Mittelalter und in der frühen Neuzeit, in: DERS. (Hg.): Barock am Oberrhein (Oberrheinische Studien 6), Karlsruhe, S. 252–290.

PRIES, Robert (1955): Das Geheime Regierungs-Conseil in Holstein-Gottorf 1613–1773, Neumünster.

RAAB, Heribert (1989): Johann Kaspar Barthels Stellung in der Diskussion um die Concordata Nationis Germanicae. Ein Beitrag zur Würzburger Kanonistik im 18. Jahrhundert, in: DERS.: Reich und Kirche in der frühen Neuzeit. Jansenismus, kirchliche Reunionsversuche, Reichskirche im 18. Jahrhundert, Säkularisation (Freiburger Veröffentlichungen aus dem Gebiete von Kirche und Staat 28), Freiburg im Üchtland, S. 121–162.

RAMCKE, Rainer (1969): Die Beziehungen zwischen Hamburg und Österreich im 18. Jahrhundert. Kaiserlich-reichsstädtisches Verhältnis im Zeichen von Handels- und Finanzinteressen (Beiträge zur Geschichte Hamburgs 3), Hamburg.

RAUERT, Matthias Heinrich Theodor (1983): Die Grafschaft Rantzau. Ein Beitrag zur genaueren Landeskunde, Elmshorn.

RECKERS, Ernst (1929): Geschichte des Kölner Priesterseminars bis zum Untergang der alten Erzdiözese, Köln.

REICH, Hermann (1933): Der Zustand des Fürstentums Bruchsal bei der Übergabe an Baden 1802, in: Aus Bruhrain und Kraichgau. Bruchsaler Geschichtsblätter 9 (1933), S. 1–3.

REINHARDT, Rudolf (1966): Die Beziehungen von Hochstift und Diözese Konstanz zu Habsburg und Österreich in der Neuzeit. Zugleich ein Beitrag zur archivalischen Erforschung des Problems „Kirche und Staat" (Beiträge zur Geschichte der Reichskirche in der Neuzeit 2), Wiesbaden.

REMLING, Franz Xaver (1847): Das Hospital zu Deidesheim, Speyer.

REMLING, Franz Xaver (1854): Geschichte der Bischöfe zu Speyer, Mainz.

RENNER, Anna Maria (1936): Die Schloßkirche zu Rastatt und ihr Meister Michael Ludwig Rohrer (Heimatblätter „Vom Bodensee zum Main" 43), Karlsruhe.

RHEINWALD, J. (1863): L'abbaye et la ville de Wissembourg, Wissembourg.

RIFFEL, Paul (1930): Die wirtschaftliche Entwicklung der Stadt Bruchsal von 1690 bis zur Gegenwart, Bruchsal.

ROEGELE, Otto B. (vor 1939): Damian Hugo Graf von Schönborn als Diplomat im Dienste von Kaiser und Reich, Diss. phil. Straßburg (vermißt).

ROEGELE, Otto B. (1948): Wendelin Thierry. Bruchsal Chronik 1581–1797, in: ZGO 96 (1948), S. 337–414.

ROEGELE, Otto B. (1950): Damian Hugo Kardinal von Schönborn und das Kapuzinerkloster zu Bruchsal, in: FDA 70 (1950), S. 21–42.

ROEGELE, Otto B. (1951): Damian Hugo von Schönborn und die Anfänge des Bruchsaler Priesterseminars, in: FDA 71 (1951), S. 5–51.

ROEGELE, Otto B. (1954): Ein Schulreformer des 18. Jahrhunderts. Kardinal Damian Hugo von Schönborn und die Reorganisation des Schulwesens im Fürstentum Speyer, in: Historisches Jb. 74 (1954), S. 351–362.

ROEGELE, Otto B. (1955a): Die drei Berliner Missionen des Grafen Damian Hugo von Schönborn (1712 – 1713), in: ZGO 103 (1955), S. 426–467.

ROEGELE, Otto B. (1955b): Randbemerkungen des Kardinals Damian Hugo, in: Fritz HERZER (Hg.): Bruchsaler Heimatgeschichte, Philippsburg, S. 132–141.

ROEGELE, Otto B. (1984): Das „System der Familie". Kommunikation als Mittel des Aufstiegs des Hauses Schönborn, in: Land und Reich, Stamm und Nation, Festgabe für Max Spindler zum 90. Geburtstag, Band II (Schriftenreihe zur bayrischen Landesgeschichte), München, S. 137–155.

ROEGELE, Otto B. (1994): Damian Hugo von Schönborn (1676–1743). Eine Karriere im System von Familie, Reich und Kirche, in: ZGO 142 (1994), S. 165–182.

ROTTENKOLBER, Joseph (1927): Der Koadjutorstreit unter dem Kemptner Fürstabt von Bodmann, in: Zeitschrift für Bayrische Kirchengeschichte 2 (1927), S. 34–41, 154–158.

ROTTENKOLBER, Joseph (1933): Geschichte des Hochfürstlichen Stift Kempten, München.

RÜCKLEBEN, Hermann (1970): Die Niederwerfung der hamburgischen Ratsgewalt. Kirchliche Bewegungen und bürgerliche Unruhen im ausgehenden 17. Jahrhundert (Beiträge zur Geschichte Hamburgs 2), Hamburg.

SAMMLUNG der Bischöflich Speierischen Hirtenbriefe und Diöcesanverordnungen aus dem Jahre 1720 bis 1786, Bruchsal 1786.

SAMMLUNG der Hochfürstlich-Speyrischen Gesetze und Landesverordnungen. Zweiter Teil: Vom Jahre 1719 bis 1743 unter der Regierung seiner Hochfürstlichen Eminenz Damian Hugo Kardinal von Schönborn, Bruchsal 1790.

SARTORI, Joseph Edler von (1788): Geistliches und weltliches Staats-Recht der deutschen catholisch-geistlichen Erz-, Hoch-, und Ritterstifter, Band 1, Teil. 1, Nürnberg.

SARTORI, Joseph Edler von (1790): Geistliches und weltliches Staats-Recht der deutschen catholisch-geistlichen Erz-, Hoch-, und Ritterstifter, Band 2, Teil 1, Nürnberg.

SAX, Julius (1857): Geschichte des Hochstiftes und der Stadt Eichstätt. Ein Versuch, Nürnberg.

SCHAAB, Meinrad (1971): Territoriale Entwicklung der Hochstifte Speyer und Worms, in: Willi ALTER (Hg.): Pfalzatlas, Textband II, Speyer, S. 760–782.

SCHLÖSSER, Susanne (1997): Interregnum, Kaiserwahl und -krönung: Die Politik des Mainzer Erzkanzlers 1740–1742, in: Peter Claus HARTMANN (Hg.): Der Mainzer Kurfürst als Reichserzkanzler (Geschichtliche Landeskunde 45), Stuttgart, S. 111–129.

SCHMIDT, Peter (1964): Das Collegium Germanicum in Rom und die Germaniker. Zur Funktion eines römischen Ausländerseminars (1552–1914) (Bibliothek des Deutschen Historischen Instituts Rom 56), Tübingen.

SCHNABEL, Berthold (1978): Die territoriale Entwicklung und die verwaltungsmäßige Gliederung des Hochstifts Speyer, in: Deidesheimer Heimatblätter, 1 (1978), S. 7–15.

SCHÖNBORN, Erwein Graf von (1931): Die Romreise des Cardinals Hugo Damian von Schönborn zum Conclave 1730, in: Archiv des historischen Vereins von Unterfranken und Aschaffenburg, 69/1 (1931), S. 47–80.

SCHRÖCKER, Alfred (1973): Besitz und Politik des Hauses Schönborn vom 14. bis zum 18. Jahrhundert, in: Mitteilungen des Österreichischen Staatsarchivs, 26 (1973), S. 212–234.

SCHRÖCKER, Alfred (1978): Ein Schönborn im Reich. Studien zur Reichspolitik des Fürstbischofs Lothar Franz von Schönborn (1655–1729) (Beiträge zur Geschichte des Reichskirche in der Neuzeit 8), Wiesbaden.

SCHRÖCKER, Alfred (1991): Die Patronage des Lothar Franz von Schönborn (1655–1729). Sozialgeschichtliche Studie zum Beziehungsgeflecht in der Germania Sacra, Wiesbaden.

SEEL, Heinrich (1880): Chronik der Stadt Deidesheim mit besonderer Berücksichtigung der Rechts-Verhältnisse der Gemeinde, Deidesheim.

SIEPMANN, Maria Dorothea (1977): Das Deutschordensschloß Altenbiesen. Die ehemalige Landkommende des Deutschen Ordens in Belgisch-Limburg. Die Anlage und ihre Entwicklungsgeschichte. Bedeutung für den Schloßbau des 16. Jahrhunderts, Innsbruck.

SMOLINSKY, Heribert (1993): Kirchengeschichte der Neuzeit I, Düsseldorf.

STAMER, Ludwig (1957): Damian Hugo Philipp Graf von Schönborn, Bischof von Speyer, in: Neue Deutsche Biographie, Band 3 (1957), S. 500.

STAMER, Ludwig (1959): Kirchengeschichte der Pfalz, 3. Teil, 2. Hälfte: Von der Reform zur Aufklärung. Ende der mittelalterlichen Diözesen (1685–1801), Speyer.

STANISZEWSKI, Gertrud (1962): Die Sendung des Grafen Hugo Damian von Schönborn in den Niedersächsischen Kreis, Diss. phil. Wien.

STEINHUBER, Andreas (1906): Geschichte des Collegium Germanicum Hungaricum in Rom, Band 2,2, Freiburg i. Br.

STIER, Bernhard (1988): Fürsorge und Disziplinierung im Zeitalter des Absolutismus. Das Pforzheimer Zucht- und Waisenhaus und die badische Sozialpolitik im 18. Jahrhundert (Quellen und Studien zur Geschichte der Stadt Pforzheim 1), Sigmaringen.

STIMMING, Manfred (1909): Die Wahlkapitulationen der Erzbischöfe und Kurfürsten von Mainz (1333–1788), Göttingen.

STRNAD, Alfred A. (1972): Kardinal Damian Hugo von Schönborn im Lichte neuer Quellen, in: AMK 24 (1972), S. 107–153.

STRUBE, David Georg (1742): Von der teutschen Dom-Capitul Erb- und Grundherrschaft, Hildesheim.

SÜSS, Gustav Adolf (1956): Geschichte des oberrheinischen Kreises und der Kreisassoziationen in der Zeit der Spanischen Erbfolgekrieges (1697–1714), in: ZGO 103 (1955), S. 317–325 und ZGO 104 (1956), S. 145–224.

THOMA, Albrecht (1895): Geschichte des Klosters Frauenalb, Freiburg.

TOEPKE, Gustav (1903): Die Matrikel der Universität Heidelberg, Vierter Teil: Von 1704 bis 1807, Heidelberg.

VITENSE, Otto (1920): Geschichte von Mecklenburg (Deutsche Landesgeschichte 11), Gotha.

VOIGT, Johannes (1859): Geschichte des Deutschen Ritterordens in seinen zwölf Balleien in Deutschland, Band 2, Berlin.

WACKERNAGEL, Rudolf (1919): Geschichte des Elsasses, Basel.

WALTER, Friedrich (1922): Das Mannheimer Schloß (Heimatblätter „Vom Bodensee zum Main" 20), Karlsruhe.

WALTER, Peter (1981): Zur Ausbildung am Collegium Germanicum im 18. Jahrhundert. Reformvorschläge der zwei geistlichen Reichsfürsten aus dem Hause Schönborn, in: Quellen und Forschungen aus italienischen Archiven und Bibliotheken 61 (1981), S. 362–379.

WEIGLE, Fritz (1962): Die Matrikel der deutschen Nation in Siena (1573–1732), Band 2, Tübingen.

WEILAND, Elisabeth (1922): Markgräfin Franziska Sybilla Augusta von Baden-Baden. Ein Beitrag zu der Geschichte eines fürstlichen Frauenlebens um die Wende des 17. Jahrhunderts, Diss. phil. Freiburg.

WEIS, Markus (1986): Das Hochfürstlich-Speyrische Bauamt zu Bruchsal 1754–1772, Karlsruhe.

WETTERER, ANTON (1904): Cardinal Damian Hugo von Schönborn, sein Lebensbild nach der Trauerpredigt von Jacob Jaeger, Bruchsal.

WETTERER, Anton (1915): Das religiös-aszetische Leben des Kardinals Damian Hugo von Schönborn, Fürstbischof von Speyer (1719–1743) und Konstanz (1740–1743), in: FDA 43 (1915), S. 151–166.

WETTERER, Anton (1922): Das Bruchsaler Schloß (Heimatblätter „Vom Bodensee zum Main" 21), Karlsruhe.

WHABEY, Joachim (1985): Religious toleration and social change in Hamburg (1529–1819), Cambridge.

WILD, Karl (1896): Johann Philipp von Schönborn, genannt der deutsche Salomon. Ein Friedensfürst zur Zeit des Dreißigjährigen Krieges (Heidelberger Abhandlungen zur mittleren und neueren Geschichte 8), Heidelberg.

WILD, Karl (1904): Lothar Franz von Schönborn, Bischof von Bamberg und Erzbischof von Mainz 1693–1729. Ein Beitrag zur Staats- und Wirtschaftsgeschichte des 18. Jahrhunderts, Heidelberg.

WILLE, Jakob (1900): Bruchsal. Bilder aus einem geistlichen Staat im 18. Jahrhundert, Heidelberg.

WOKER, Franz Wilhelm (1886): Agostino Steffani, Bischof von Spiga i.p.i., Apostolischer Vicar von Norddeutschland 1709–1728, Köln.

Abkürzungen

Archive

DDAM	Dom- und Diözesanarchiv Mainz
DOZA	Deutschordenszentralarchiv, Wien
EAF	Erzbischöfliches Archiv Freiburg
GLA	Generallandesarchiv Karlsruhe
HHSW	Haus-, Hof- und Staatsarchiv, Wien
HSM	Hessisches Staatsarchiv Marburg
LAS	Landesarchiv Speyer
MEA	Haus-, Hof- und Staatsarchiv, Wien – Mainzer Erzkanzlerarchiv
MRA	Bayrisches Staatsarchiv Würzburg – Mainzer Regierungsarchiv
NSW	Niedersächsisches Staatsarchiv Wolfenbüttel
NWSM	Nordrheinwestfälisches Staatsarchiv Münster
RH	Rijksarchiv Hasselt
SA	Bayrisches Staatsarchiv Würzburg – Schönbornarchiv
SHLA	Schleswig-Holsteinisches Landesarchiv, Schleswig

Zeitschriften

AMK	Archiv für mittelrheinische Kirchengeschichte
FDA	Freiburger Diözesanarchiv
HZ	Historische Zeitschrift
ZGO	Zeitschrift für die Geschichte des Oberrheins

Währung

fl.	Gulden
kr.	Kreuzer
Rtlr.	Reichstaler

Bildnachweis

Stadtarchiv Bruchsal: Abb. 1, 21, 22, 23.
Stadtarchiv Speyer: Abb. 18 (Bestand 234/I 106).
Bildarchiv Foto Marburg: Abb. 2 (Archivnummer 83.005), 13 (15.182),
    16 (1.002266), 20 (7.176).
Landesdenkmalamt Baden-Württemberg. Außenstelle Karlsruhe:
    Abb. 19 (Negativnummer 15854), 24 (4675/27), 25 (15853), 26 (214/34).
Bayrische Verwaltung der staatlichen Schlösser, Gärten und Seen. München:
    Abb. 3 (Negativnummer 18.778), 4 (19.914), 7 (15.195), 14 (18.675),
    17 (17.562).
Herzog Anton Ulrich-Museum. Braunschweig: Abb. 5 (Aufnahmenummer NN
    568), 6 (NN 6381), 11 (NN 2938).
Herzog August-Bibliothek. Wolfenbüttel: Abb. 10.
Historisch Studiecentrum Alden Biesen: Abb. 15.
Braunschweigisches Landesmuseum. Braunschweig: Abb. 27 (Negativnummer
    132/91).
Staats- und Universitätsbibliothek Bremen: Abb. 8 (Signatur K I 50).
Staats- und Universitätsbibliothek Hamburg: Abb. 9.
Privatbesitz: Abb. 12.
Die Stammtafel des Hauses Schönborn wurde mit freundlicher Erlaubnis des Germanischen Nationalmuseums in Nürnberg entnommen aus: Die Grafen von Schönborn. Kirchenfürsten, Sammler. Mäzene. Nürnberg 1989.

Veröffentlichungen der Historischen Kommission der Stadt Bruchsal

Bisher sind erschienen:

1	Georg Manz	Die mittelalterlichen Kapellen in Bruchsal	1981
2	Werner Greder	Bruchsal und die Eisenbahn (vergriffen)	1983
3	Hubert Bläsi	Stadt im Inferno (vergriffen; Neuaufl. s. Bd. 11)	1985
4	Martin Schneider	Musik und Musiker am Bruchsaler Hof im 18. Jahrhundert	1986
5	Kurt Andermann/ Otto B. Roegele	Residenzen der Bischöfe von Speyer	1989
6	Anton Heuchemer	Zeit der Drangsal (vergriffen)	1990
7	Peter Huber	Flügel	1991
8	Werner Greder u. a.	Beiträge zur Geschichte der Stadt Bruchsal	1992
9	Werner Greder	Die Evangelische Kirchengemeinde zu Bruchsal	1993
10	Anton Heuchemer	Aus Bruchsals bewegter Zeit	1994
11	Hubert Bläsi	Stadt im Inferno (überarb. u. erw. Aufl.)	1995
12	Stadtarchiv (Red.)	„Diesen Anblick werde ich nie vergessen…"	1995
13	Robert Megerle	Heimatlexikon Bruchsal	1996
14	Werner Greder	D' Brusler Dorscht	1997
15	Steffen Maisch	Der Weg ins „Dritte Reich"	1997
16	J. M. Goldschmit	„In unsrer sonst so ruhigen Stadt…"	1998
17	Werner Greder	Bruchsal als Garnisonsstadt	1999

Hinweis: Ab Band 10 erscheinen die Bände im verlag regionalkultur, die früheren Bände können über das Stadtarchiv Bruchsal bezogen werden.

verlag regionalkultur

Stettfelder Straße 11 • 76698 Ubstadt-Weiher • Telefon 0 72 51 / 6 97 23 • Fax 6 94 50
E-Mail: verlag_regionalkultur@t-online.de • www.verlag-regionalkultur.de